KB190574

그 날에 족하니라

牧師正岩朴允善之墓

1905년 12월 11일 ～ 1988년 6월 30일

내일 일을 위하여 염려하지 말라
내일 일은 내일 염려할 것이요
한날 괴로움은 그날에 족하니라
마태복음 6장 34절

그 날에 족하니라

-한국교회 큰 스승 박윤선 목사 회고담-

엮은이 | 유영기
발행인 | 성주진
펴낸곳 | 합신대학원출판부
주 소 | 443-791 수원시 영통구 원천동 산 42-3
전 화 | (031)212-3695
팩 스 | (031)212-6204
홈페이지 | www.hapdong.ac.kr
총판 | (주)기독교출판유통 (031)906-9191
값 10,000원

ISBN 978-89-86191-91-2
잘못된 책은 교환해 드립니다

이 도서의 국립중앙도서관 출판시 도서목록(CIP)은 e-CIP 홈페이지
http://www.nl.go.kr/cip.php에서 이용하실 수 있습니다.
(CIP 제어번호 : CIP2009003425)

* 이 책은 화평교회, 군포제일교회, 온누리 합신 동문들, 좋은나무교회의 후원으로 만들다.

그날에 족하니라

한국교회의 큰스승, 박윤선
그분에 대한 우리의 기억들

유영기 엮음

합신대학원출판부

머리말

정암 박윤선 박사는 하나님께서 한국교회에 보내주신 소중한 선물이다. 한국 교회의 신학적 형성기에 학문적인 정초를 세우고 교회의 신학적인 방향을 제시한 지도자였다. 그가 남긴 발자취는 하나님의 말씀에 목말라하는 사람들에게 진리의 좌표요 경건의 표지로 남아 있다. 이렇게 박 박사님의 진리 탐구에 대한 열정과 교회에 대한 사랑, 그리고 경건의 자세는 그리스도와 그 말씀을 전심으로 사랑하고 따르고자 하는 자들에게 그치지 않은 감화의 원천이 되어 왔다.

그동안 박 목사님의 신학적 업적은 다양한 논문 발표회와 세미나에서 연구와 토론의 대상이 되었다. 특히 지금까지 20회에 걸쳐 개최된 정암신학강좌의 주된 주제는 그의 신학이었다. 이러한 기회들을 통하여 그의 신학적 업적은 새롭게 정리되고 재조명되었다. 아직도 미진한 분야가 적지 않은데, 특별히 설교자로서의 박윤선 박사와 그의 설교의 정리 및 연구가 남은 과제라고 하겠다. 이러한 시점에서 다양한 상황에서 박윤선 목사님을 만났던 분들의 소중한 경험을 통하여 박윤선 목사님의 모습을 새롭게 조명하는 회고록을 출판하는 일은 실제적이고 교훈적인 중요성을 가진다고 하겠다.

세월이 흐르고 시대가 변하면서 인간 박윤선과 그의 신학을 모르는 이들이 많아지고 있는 것이 사실이다. 예를 들면, 신학교 입학생들 가운데서도 정암의 설교를 들어본 사람이나 그의 주석을 소장하고 참조하는 일이 줄어들고 있다.

이러한 참에 다양한 시각에서 그를 다시 바라보는 것은 그의 중요성과 적실성을 되살리는 의미가 있다. 박 목사님을 아는 분들이 생존해 계시는 동안에 그분을 잘 모르는 세대들을 위하여 그의 인격과 신앙, 그리고 영향을 잊지 않도록 정리하는 것은 누군가가 반드시 해야 할 필요한 일이라고 확신한다. 따라서 이번에 21회 정암신학강좌를 기하여 발간하는 박 목사님에 대한 회고록은 시의적절하고 참으로 그 의미가 깊다 할 것이다.

이 책이 나오기까지 바쁜 연구와 교수 활동 중에도 수고를 아끼지 아니한 정암연구소장 유영기 교수님께 감사를 드린다. 박윤선 목사님에 대한 유 교수님 개인의 유별난 사랑과 존경이 회고록의 출판으로 꽃을 피운 것은 참으로 감사한 일이다. 이 책의 출판이 가능하도록 귀한 원고를 보내주신 분들과 너그럽게 후원해 주신 분들께 깊은 감사를 드린다. 아무쪼록 이 회고록이 주를 사랑하는 모든 이들 손에 들려져서 영적인 감화와 유익을 새롭게 끼치는 기회가 되기를 소원한다.

2009년 10월
합동신학대학원대학교
총장 성 주 진

감사의 글

　정암 박윤선 회고담 『그 날에 족하니라』를 출간하면서 누구보다도 먼저 하나님께 감사드린다.

　"박 목사님을 미화시키려 하지 마세요."
　몇 년 전 고 이창숙 권사님이 생존해 계실 때 정암(正岩)과 교제를 가지신 분들과 그에게 배운 제자들의 글을 모아 정암 회고록을 출간하고자 하는 생각에 권사님에게 여쭈었다. 환영할 줄 알았으나 생각밖에 완강히 반대하셨다. 권사님은 "유 목사님, 박 목사님을 미화시키려 하지 마세요. 박 목사님은 그런 것 원치 않는 분이에요." 이 권사님의 반대도 있고 또한 마음에 감동을 먹고 더 이상 회고록을 추진할 생각을 하지 않게 되었다. 최근에 들어와서 정암이 어떤 분인가 하고 묻는 제자들이 있는가 하면 아예 박윤선이라는 이름조차도 들어본 적이 없다는 제자들을 보게 되었다. 그래도 내 맘은 동하지 않았다.

　"영영한 기념이 되리라"
　그런데 어느 날 하나님께서 여호수아에게 하신 말씀이 생각났다. 여호수아가 하나님의 명을 받아 요단 가운데서 돌 열둘을 취하여 "언약궤를 멘 제사장들의 발 앞에 세웠더니 오늘까지 거기 있더라"고 하였다. 하나님께서 이렇게 하심은 출애굽과 요단강을 기적 가운데 건넌 사실을 목격하지 못한 다음 세대에게 "요단 물이 여호와의 언약궤 앞에서 끊어졌었나니 곧 언약궤가 요단을 건널

때에 요단 물이 끊어졌음으로 이 돌들이 이스라엘 자손에게 영영한 기념이 되게 하시기 위함"이었다(수 4:7). 이 말씀과 함께 이창숙 권사님이나 정암이 원치 않을지라도 하나님께서 허락하신다면 출간 못할 것이 어디 있겠느냐는 마음이 들었다. 아니 출간하는 것을 하나님께서 기뻐하실 것이라는 생각이 들었다.

요단강 가에 서 있는 열두 돌이 영영한 기념이 될 수 있는 것은 하나님께서 출애굽과 광야 40년의 삶 속에 이스라엘 백성을 인도하셨기 때문이다. 그렇지 않다면 열두 돌은 아무 의미가 없을 뿐 아니라 이스라엘로 죄를 짓게 하는 걸림돌이 될 수밖에 없다. 그러기에 정암을 우리에게 주시어 우리의 마음에 존경과 사모와 그리움 가운데 회고의 글을 풍성하게 쓸 수 있도록 하신 하나님께 감사드린다. 우리의 영원한 스승이요 아버지이신 정암 박윤선 목사님은 1905년 12월 11일 평북 철산에서 출생하였다. 정암은 83년을 이 땅에 사시면서 주님의 나라와 그의 몸 된 교회와 신학교를 위하여 죽도록 충성(至死忠誠)하시다가 1988년 6월 29일 이 땅에서 선한 싸움을 다 싸우고 달려갈 길을 다 마치셨다. 그의 일생의 마지막 부분은 합동신학대학원대학교(이하 합신)과 대한예수교장로회 합신 교단(이하 합신 교단)을 위하여 드려진 삶이었다.

정암은 일생을 고난의 삶으로 일관하였다. 그의 고난의 삶은 "그러므로 내일 일을 위하여 염려하지 말라 내일 일은 내일 염려할 것이요 한 날 괴로움은 그 날에 족하니라"는 말씀을 되뇌이시면서 침묵정진(沈默精進), 여주동행(與主同行), 지사충성(至死忠誠)하며 개혁의 길을 걸어가는 순례자의 삶이었다. 그러기에 정암은 우리에게 영원한 감동을 주시는 스승이요 그리움의 스승이요 그의 뒤를 따르고자 하는 제자들의 사표가 되시는 영원한 스승이다.

나는 누가 뭐라고 하여도 합신과 합신 교단은 하나님의 특별한 섭리로 존재하게 되었다고 확신한다. 그리고 정암은 이 둘이 존재하게 되는데 결정적인 역할을 하신 분이시다. 그렇다면 합신과 합신 교단을 존재케 하는데 결정적인 역할을 하신 정암을 적어도 다음 세대를 이끌어 갈 합신 동문들과 합신 교단 목사님들에게 알려야 할 책임이 우리에게 있다는 마음을 갖게 되었다. 나는 감히 하나님께서 정암 회고록이 다음 세대를 책임지는 합신에 속한 자들에게 영영한 기념이 되게 하셨다는 확신 속에 회고록을 출간하도록 섭리해 주신 하나님께 먼저 감사를 드린다.

열두 돌이 되어 주신 분들에게 감사

다음으로 정암 회고록이 영영한 기념이 되도록 열두 돌이 되어주신 분들에게 감사를 드린다. 정암 회고록의 글들은 모두 다 정암을 사모하고 그리움에 사무치고 평생 감사하는 마음으로 헌정된 글들이기에 그 분들에게 감사를 드린다. 그 분들을 대표하여 정암의 기도 삼총사 중에 아직도 생존해 계시는 방지일 목사님(99세)에게 감사드린다. 방 목사님은 "누가 뭐래도 기도꾼은 박윤선"이라는 글을 제일 먼저 보내 주시면서 회고록 출간을 격려해 주셨다. 방 목사님! "닳아 없어질지언정 녹슬지는 않으시는 목사님"이시기를 소원합니다. 겸하여 지면 관계로 보내 주신 귀한 글 중에 상당 부분이 삭제된 것과 그로 인한 글의 내용에 손상을 가져온 점에 대하여 귀한 글을 보내주신 분들에게 양해와 용서를 구한다.

이 열두 돌은 무슨 뜻이냐?

요단강 가에 열두 돌이 놓인 후 이 열두 돌은 무슨 뜻이냐고 묻는 자가 없었다면 열두 돌을 놓은 일은 허사이었음이 분명하다. 정암 회고록 역시 읽어 주는 독자가 없다면 아무 의미와 가치가 없는 회고록이 될 수밖에 없다. 그러기에 이 회고록 읽어 주실 분들에게 진심으로 미리 감사드린다. 다시 감사를 드리면서 노파심에서 한 가지 부탁을 드린다. 모세를 앞세워 예수님을 십자가에 못 박은 바리새인이나 서기관이 회고록을 읽는 사람들 중에 나오지 않기를 바란다.

존경하는 선배 목사님에게 회고록을 써 주시도록 부탁드렸더니 한참 망설이다가 우리 교단이 잘못하면 "칼빈과 정암 때문에 망할지도 모른다"고 충정어린

말씀을 해 주셨다. 얼마 전에 오늘의 한국 사회를 풍자하여 공자의 제자로
자처하면서 필요에 따라 공자를 등에 업고 다니다가 무거우면 공자를 내려놓고
다니면서 공자를 팔아먹고 사는 자들을 빗대어 『공자가 죽어야 나라가 산다』는
책을 출간하여 한동안 회자된 적이 있다. 우리 중에는 정암을 등에 업고 다니면서
정암을 팔아먹는 자가 없어야 한다. 정암이 죽어야 합신 교단이 산다는 말이
우리 중에 절대로 회자되지 않아야 한다.

　열두 돌을 옮겨 놓으신 분들에게 감사
　회고록이 출간될 수 있도록 재정적으로 도움을 주신 교회와 개인에게 감사를
드린다. 교회적으로는 특별히 화평교회, 군포제일교회, 좋은나무교회, 온누리
교회 합신 동문들에게 말이다. 개인적으로는 특별히 정암의 아들 되신 박성은
교수와 추교명 장로와 정해철 집사에게 감사드린다. 다음으로는 자료 사용을
허락해 주신 영음사와 정암이 합신에서 하신 마지막 설교 "합심기도" 녹취문과
CD에 담은 정암의 육성 설교 파일들을 제공한 합신 설교센터 소장 정창균
교수에게 감사드린다. 또 설교를 담은 CD를 제작한 이창균 선생에게 감사드린다.
　다음으로 보내주신 글들의 초고를 교정해 주신 최용태 목사님과 사모님
에게 감사드린다. 박 목사님의 글들을 컴퓨터에 입력해 준 김대복 전도사에게
감사드린다. '그 날에 족하니라'는 제호를 써 주신 박순이 님께 감사한다. 독자가
회고록을 감동 있게 읽을 수 있도록 시간을 쪼개서 적재적소에 맞는 사진들을
선정하여 주신 김광중 전도사님께 감사드린다. 품위가 있는 회고록이 되도록
표지 디자인을 위해 수고하신 디자이너 이민희 님께 감사드린다. 누구보다도
보내 주신 글들이 더욱 감동되고 귀한 글들이 되도록 다듬고 교열하고 또한
영영한 기념이 되는 회고록이 되도록 글들의 자리매김을 위하여 이 모양 저
모양으로 여러 번 재배열하며 수고하신 출판부 조주석 실장님께 진심으로
감사드린다.
　끝으로 편집위원들, 특별히 총동문회 총무로 수고하는 이영래 목사님, 여러

선배 목사님들과 동문들에게 문자와 메일을 통하여 회고록 출간에 중요한 역할을
감당하신 김형민 목사에게 감사드린다.

2009년 10월
정암신학연구소
소장 유 영 기

박 윤 선(朴 允 善)
YounsunPark
1987

목차

1

우리의 기억들, 하나

묘소 앞에서

오랜 침묵沈默의
한마디 말씀 없어도, 사명에
백년을 생각하는 마음으로
험난했던 세월에
이 세상의 모든 염려와 시름
내려놓고, 하루하루
주신 삶에 감사하며

기로에서 일편단심一片丹心
정통 보수, 개혁신학의 정립과
목회자 양성 위해 헌신하시고

지금은, 영광의 주
재림의 날을 소망하며
아브라함 품에 안식하시는
존경하고 사모하는 박사님

당신의 평생 좌표座標
마 6:34, 뜻 가슴에 새길 때
떨어지지 않는 무거운 발길

이 시대, 영혼을 향한
필연적 선택, 보이신 모범 따라
빈자의 심정으로 엎드려

굳게 다짐하오니

주여! 이 결의決意 결로
변치 않게 하소서, 우리 다시
여주동행(與主同行)
지사충성(至死忠誠)

이후, 이 세상의
축복된 순례巡禮, 그래도
갈 길 먼
어둠의 거친 광야 길

분부 따라, 우리
부끄럽지 않은 소명자로
세상을 밝히는 등불로
소망 중에
다시 힘차게 일어서기를

묘소 앞에서 정암을 만난 사람들

유영기 교수(합동신학대학원)

평소 정암을 흠모하며 따랐던 분들이라면 정암의 묘에 대하여 특히 묘비에 무슨 말이 쓰여 있을 것인가 생각하는 것은 지극히 당연하다. 더욱이 정암 장례식에 참례하지 못한 나는 합신 교정에 들어서자마자 무엇보다 먼저 정암 묘소를 찾아갈 수밖에 없었다. 정암의 묘는 내가 예상한 대로였다. 어쩌면 정암 묘는 그의 말대로라면 가보지는 못했지만 칼빈의 묘보다는 더 나아보일지도 모르겠다. 그래도 성구가 쓰여 있는 묘비가 서 있기 때문이다.

정암의 묘소 앞에서 정암을 통하여 베풀어주신 하나님의 사랑과 은혜 또한 정암이 나에게 베풀어 준 사랑과 교훈을 마음에 새기면서 눈물의 기도를 하나님께 올려드렸다. 정암이 보여준 믿음의 삶을 뒤따라 살게 해 주시기를 소원하는 기도를 드렸다. 눈을 뜨자마자 주위를 한 번 돌아본 뒤 곧바로 묘비에 기록된 성구를 읽었다. 묘비에 적혀진 성구는 내가 예상했던 성구는 아니었다. 물론 묘비 옆면에 써 있는 "성도의 죽는 것을 여호와께서 귀중히 보시는도다"(시 116:15)라는 성구는 정암의 일생을 기리며 써 넣은 것이라고 생각했기 때문에 크게 생각되지 않았다. 나중에 그 성구는 일생 동안 정암의 손 역할을 감당하며 주석 완간에 숨은 역할을 감당한 고 이창숙 권사님의 뜻에 의하여 써 넣은 것임을 알게 되었다.

묘비 윗면에 쓰여 있는 "내일 일을 위하여 염려하지 말라 내일 일은 내일 염려할 것이요 한 날 괴로움은 그 날에 족하니라"(마 6:34)는 정말 예상 밖의 성구였다. 그렇게 관심을 가졌던 성구에 대한 모든 것이 사라지는 것 같았다. 그 후 나는 뒷산을 도는 버릇이 생겨 정암의 묘소를 지날 때마다 쳐다보기도하고 잠시 머물면서 정암을 그리워하기도 하였다. 그러기를 수년이 지난 후에 어느 날 전과 같이 잠시 머물면서 정암을 생각하는 중에 묘비 윗면의 성구가 바로 먼저 절 마태복음 6장 33절과 연결되면서 그 의미가 내 마음에 감동적으로 깨달아졌다. 그렇게 시간이 걸린 것은 아마도 34절 맨 앞에 있는 "그러므로"가 빠진 것도 그 이유 중에 하나라고 생각하게 되었다. 저의 깨달음은 다른 분들의 글 맨 뒤에 소개하겠다.

고 이창숙 권사님으로부터 윗면에 기록된 성구는 정암이 가장 좋아하는 성구라는 것을 알게 되었다. 권사님은 그분만의 특유의 미소를 지으시면서 박 목사님의 일생은 고난의 일생이셨다고 하셨다. 하나님께서 박 목사님으로 교만하지 못하도록 자랑하지 못하도록 하시기 위하여 그렇게 철저히 고난의 삶을 살도록 하신 것 같다고 하셨다. 그러기에 박 목사님은 끝까지 겸손의 종으로 살 수 있었다고 하시면서 그것도 하나님의 은혜라고 하셨다. 권사님은 이어서 "목사님들이 대개 자랑들은 하지 않지만 그래도 자식들 자랑은 하는데 하나님께서 박 목사님에게는 그것조차도 못하도록 조치하셨다"고 하셨다. 겸하여 일생 동안 계속 된 고난의 터널을 통과하신 정암의 경건을 후학들이 본받았으면 좋겠다는 마음을 전하여 주셨다.

정암의 일생이 고난의 삶의 연속인 것은 다 알려진 사실이다. 우리말에 설움 중에 가장 큰 설움은 배고픈 설움이라고 하였다. 그러나 정암에게는 베고픈 것이 그렇게 큰 설움으로 여겨진 것 같지 않다. 김영재 교수님은 『박윤선 평전』에서 한때 정암의 물질적인 어려움에 대하여 "박윤선의 생활은 초라하다 못해 비참하였다. 끼니를 이어가기조차 어려운 형편이었다."고 하면서 옛 기도의 동지 방지일 목사님이 작은 초가집을 전세 내어 살면서 좁은 방에 앉아 책에 파묻혀 성경주석을 집필하는 정암과 나눈 대화를 소개하면서 다음과 같이 회고하였다.

"아니 어떻게 이렇게 살고 있지요?" 하는 방지일 목사의 인사에 박윤선은

뭐가 어때서 그러냐고 대꾸하면서 그냥 천진하게 웃으며 반갑게 친구를 맞아주었
다. 때마침 함지박을 든 나이든 여자 한 분이 들어왔다가 손님이 와 있는 것을
보고는 함지박을 마루에 두고 나갔다. 함지박에는 쌀이 담겨 있었다. 박윤선과
그의 가족은 이런 식으로 도움을 받으며 지내고 있었다(『박윤선 평전』 150쪽).

　이화주 사모님이나 고 이창숙 권사님으로부터 경제적인 어려움을 당하셨다는
부분은 좀 더 상세히 들었다. 그러나 김영재 교수님이 지적하신 대로 정암이
가장 아프게 당하였던 고난은 물질적인 어려움이 아닌 것이 분명하다. 정작
정암이 당한 극심한 고난은 다른 데 있었기에 물질적인 고난은 정암에게는
크게 보이지 않았을 뿐 아니라 또한 이길 수 있었다고 생각된다. 사도 바울이
"내가 이제 너희를 위하여 받는 괴로움을 기뻐하고 그리스도의 남은 고난을
그의 몸 된 교회를 위하여 내 육체에 채우노라"고 하신 것처럼 정암은 하나님의
나라와 하나님의 의가 그리스도의 몸 된 교회를 통하여 이루어지기를 소원하며
교회가 당하는 어려움을 그리스도께서 실제로 당하고 계시는 고통으로 느끼시고
그 고난에 동참하는 것을 기쁨으로 여기셨다고 생각한다.
　그러기에 그리스도의 몸 된 교회가 그리스도의 몸 된 교회로서의 역할을
감당하지 못하는 것을 볼 때 정암의 고통이 어떠했으리라 우리는 상상할 수
있다. 사실 그리스도의 몸 된 교회와 그 교회를 바로 세워 나가기를 바라며
외칠 때 그의 외침이 외면당하고 교회는 계속 잘못된 길로 나아가는 것을 보면서
당하시는 고통 또한 크셨을 것이다. 정암의 고난은 우리는 잘하고 있는데 무엇이
잘못되었단 말이냐고 외면할 뿐 아니라 비난을 당하는 고난, 다시 말해서 정신적
영적 고난이 크셨다고 생각된다. 이것을 이길 힘 또한 하나님의 나라와 그의
의를 이루는 일에 최선을 다하심에 있었을 것이다.
　이런저런 이유로 나는 재학생들에게 정암의 묘비의 성구들을 소개하다가
몇 년 전부터는 묘비의 성구와 정암의 『성경과 나의 생애』를 읽고 감상문을
제출하는 과제를 주게 되었다. 다음에 소개되는 글들 중에 대부분은 정암을

생전에 만난 적이 없는 분들의 것들이다. 그러나 정암의 일생을 그의 주석과 글과 경건의 삶과 성구들을 통하여 받은 은혜를 나누기 위하여 여기 소개한다.

하나님께서 가인에게 "가라사대 네가 무엇을 하였느냐 네 아우의 핏소리가 땅에서 내게 호소하느니라"(창 4:10) 하신 말씀이 생각난다. 정암의 묘소 앞에 설 때마다 우리 모두는 정암이 좁게는 후학들과 넓게는 한국 교회를 위하여 호소하고 계신다는 것을 상기하며 우리 자신들의 삶을 점검하는 기회가 되었으면 한다. 혹시 우리가 가인처럼 살고 있는 것은 아닌가도 생각해 보아야 하겠다.

정암의 삼총사이신 방지일 목사님의 인터뷰를 읽으면서 정암의 묘소는 오늘의 합신과 우리가 살아 있도록 하신 합신의 무덤이요 나의 무덤임을 자각하고 살기를 바라는 마음 간절해졌다. 이런 의미에서 방지일 목사님의 인터뷰 중에 그 부분을 다시 소개하겠다. 다음은 방 목사님이 소개한 '무덤 일화'이다.

한국전쟁 때 어떤 사람이 너무도 정성스레 무덤을 돌보고 있었다. 지나가던 사람이 물었다. "부인의 무덤이오? 아니면 자식의 무덤이오?" 엉뚱한 답이 돌아왔다. "이건 내 무덤이오." 행인이 의아해서 물었더니 이렇게 말했다는 것이다. "나는 외아들인데 나 대신 전쟁터에 나가서 죽은 사람의 무덤이오. 그러니 내 무덤이오." 방 목사는 "예수의 무덤, 예수의 죽음도 그런 것"이라고 말했다.

정암의 무덤 앞에서 그것이 예수님의 무덤이요, 정암의 무덤일 뿐 아니라 나의 무덤임을 자각하며 살기를 소원한다.

그 동안 정암의 묘소에서 저녁마다 기도하는 재학생들도 많이 있었다. 정암의 묘소에서 삼 년 동안 화요일부터 목요일까지 저녁 10시가 되면 그곳에 모여 기도한 무덤파라고 불리는 동문들도 있었다. 그 장소가 무슨 신령한 장소가 되어서 그런 것은 아니었다. 도서관이 생기기 전에는 기숙사에서 멀리 떨어져 있어서 방해를 받지 않고 또한 방해를 주지 않기 때문인 줄 안다. 또한 몇 사람이 합심기도 하기 좋은 장소였기 때문일 것이다. 물론 정암을 생각하면서 기도하는 것이 좋다고 생각한 것도 이유 중에 하나였을 것이다.

사실 정암의 묘소가 그곳으로 정해지기까지 자동으로 된 것이 아님을 아는 분들은 다 알고 있다. 유족들은 정암의 시신을 기독교 공원묘지에 안장하기로 결정하고 모든 준비를 하였다. 그러나 교수님들과 이사회의 간곡한 권유로 학교 뒷산에 정암의 시신이 안장되었다. 어쩌면 정암의 묘소가 정암이 원하지 않는 그런 장소가 되지 않기를 바라는 마음에서일 것이다. 합신의 뒷산이 교수들이나 이사들의 공동묘지가 되는 선례를 남기기를 원하지 않으셨기 때문이라고 생각한다. 정암을 묘소 앞에서 만난 분들의 글들, 특히 재학생들의 글을 요약해서 소개하려고 한다.

"성도의 죽는 것을 여호와께서 귀중히 보시는도다"(시 116:15)

정암 박윤선 목사 묘지, 합동신학대학원대학교 뒷동산

무덤파 신학생들

이강우 목사(제23회 졸업)

나는 늦깎이로 1999년도 합동신학대학원대학교에 발을 들여 졸업한 동문이다. 20여년 만에 학교로 돌아온 탓에, 학업의 분위기가 몹시 어색하였고, 안정된 신학교의 첫 인상마저도 뒤숭숭해 보였다. 더욱이 나를 당황스럽게 한 것은, 내가 뵌 적도 없는 정암 박윤선 목사님께서 남아계신 학교의 모든 교수님들을 한 분 한 분씩 움직이고 계신다는 느낌이었다(?). 수업 때마다 인용되는 '박 목사님께서는'이라는 말씀은 나의 한계를 넘어서고 있었다. '누구시기에 소천하신 후에도 이렇게 큰 영향을 미치고 계시는가?'

입학 후, 한 달여를 보낸 후, 뒷동산에 정암의 묘소가 있다는 것을 알고 올랐다. 고인과는 면식도 전혀 없는 나로서는, 묘소를 왜 이리 양지바른 곳에 소중히 자리하였는지 알 리가 없었다. 당시 통성으로 기도하며 밤기도를 하기 원했던 나는, 박윤선 목사님의 묘소야말로 최적의 야간 산기도 장소였다. 입학하고 한 달이 지난 4월부터 졸업 때까지 이어진 뒷동산의 3년간의 산기도가 그렇게 시작되었다.

박윤선 목사님의 묘소에서 시작된 2명의 산기도는 참여자가 계속 늘어나 8~10명이 되었다. 자연스럽게 무덤에서 기도한다는 미명으로 무덤파라는 애칭이 붙었다. 밤마다 뒷산에서의 기도소리가 3년간 교정에 메아리쳤고, 힘을 더하여 갔다. 나보다 1년 앞선 선배님들 세 분이 참여하였는데, 모두 교회를 개척하며 졸업하였다. 지금의 주은혜교회(선형수 목사), 장관리교회(하영수 목사), 사곡리교회(유영덕 목사)이다. 현재, 장관리와 사곡리교회는 합해졌고, 하영수 목사님은 세네갈 선교사로 파송되었다. 나와 같이 졸업한 무덤파들 역시 졸업과 동시에 개교회에 부임하거나, 개척한 분이 많았다. 보개중앙교회(조정연 목사), 남원주은혜교회(신동범 목사), 양백교회(김한길 목사), 새길교회(김경수 목사), 좋은나무교회(이강우 목사)외에 사목(서요한 목사), 할렐루야교회(이호희 목사), C국에 파송된 정○○ 선교사님이 그들이다.

뒷산에 오르기 시작한 4월 어느 봄날, 나는 박윤선 목사님의 묘비에 새긴 말씀을 보았다. "성도의 죽는 것을 여호와께서 귀중히 보시는도다"(시 116:15). 나의 심중에 메아리친 이 말씀은 내게 큰 교훈으로 새겨졌다. 위대한 사람은 죽은 후에 더욱 그 빛이 찬란한 법이다. 우리 주 예수 그리스도께서 그 길을 가셨고, 그 분을 따르던 많은 사람들이 그 길을 갔다. 나와는 일면식도 없었던 박윤선 목사님도 그 길을 가셨다. 학교에는 더 이상 계시지 않지만, 그 분의 족적을 합신의 면면에서 늘 보았다. 나는 그 분의 죽음을 귀히 보시는 하나님의 기쁨을 사람들의 깊은 존경 속에서, 많은 책 속에서, 교정 곳곳에서 보았던 것이다. 하나님께 충성되게 살았던 땅에서의 복된 삶은, 하늘에서도 복되다. 주님께서는 그러한 영혼이 천국 문을 두드릴 때, 참으로 오랫동안 기다리시다가 기쁘게 맞으신다. 그가 육신을 뒤로하고 천국에 오는 것을 그렇게 기다리시는 것이다. 그 영혼을 진실로 귀히 보시는 것이다.

정암 박윤선 목사님을 생각한다. 우리가 사랑하는 합동신학대학원대학교의 기초를 예수님을 사랑함으로 세우셨던 스승이시다. 나는 오늘도 존경하는 교수님들을 통하여 그 분의 음성을 듣는다. 단호하면서도 자상하며, 어디를 가셔도 식사하시는 시간도 잊고 기도하셨다는 말씀의 스승이 말없이 나를 가르치고 계신다.(이 글은   쪽, '되는 일도 없고 안 되는 일도 없다'에서 계속됨)

묘비 글을 통해 건져 올린 상념들[1]

괴로움과 염려를 오늘로 한정하게 하는 지혜

묘소 성구를 보는 순간 두 가지 감정이 오갔다. 하나는 놀라움이요 또 하나는 반가움이었다. 지금은 대학교 2학년과 고3을 둔 아버지이지만, 당시 고3, 고1 자녀를 둔 나로서는 2년 전 신학을 하기로 결정할 때에 가장 어려웠던 점은 경제적인 문제였다. 물질적인 고통이 너무나도 크게 다가왔기 때문에 두려움이 앞섰다. 심한 정신적 스트레스가 나의 영혼을 짓누르고 있었다. 그러나 묘비에 쓰인 구절을 통해서 염려를 많이 내려놓을 수 있었다. 박윤선 박사님은 생계의 모든 것을 부인에게 맡겨놓고 오로지 '그의 나라와 의'만을 구하는 자세로 공부에 정진하여 훌륭한 신학자가 되셨다. 그러나 가장으로서 물질에 대한 염려가 없지는 않았을 것이다. 묘비의 말씀이 그것을 반추하게 해준다. 또한 아내의 불쌍한 죽음은 결정적으로 삶에 대한 괴로움을 한날의 괴로움으로 한정해버리고 싶었을 것이다. 또 어떤 일이 일어날지 알 수 없는 인간의 나약함에 대한 갈등은 삶에 대한 현명한 대처 방법으로 괴로움과 염려를 오늘로 한정하게 하는 지혜를 내게 주었다. 박윤선 박사님의 묘소에 쓰인 성경 구절이 소박하고 인간적임에 놀랐고, 나의 고민과 비슷함에 반가움이 더했다.

오늘의 괴로움으로 족하다고 속삭이시는 하나님

---

1) 아래의 글들은 2009년에 여러 합동신학대학원대학교 재학생들(2008년 입학)이 쓴 것들로서 요약하여 싣는다(엮은이).

마태복음 6장 34절 말씀은 목사님이 생전에 좋아하신 말씀이라고 한다. 그 이유가 무엇이었을까?

첫째로, 그분은 부족한 자신임을 항상 고백하는 분이었다. 우리는 마치 내일을 소유하고 있는 것처럼 생각하기 쉽지만 내일이라는 시간은 우리 손에 있는 것이 아니라 하나님의 손에 있다. 그 사실로 인해 우리는 자신의 짐을 내려놓을 수 있게 된다.

둘째로, 박 목사님은 하루의 시간을 기회의 때로 생각하셨다. 그분의 믿음은 하나님이 허락하신 그 하루를 사는 믿음이었다. 그 하루조차 힘들어하고, 믿음이 없는 것으로 인해 괴로워하는 인생들에게 오늘의 괴로움으로 족하다고 속삭이시는 하나님, 그분은 진정 우리의 모습을 아시는 신실한 우리의 아버지이시다. 그 믿음이 바로 하나님이 기뻐하시는 믿음이라고 나는 굳게 믿고 그 분이 걸으셨던 믿음의 길을 걸어가려고 한다.

내 마음을 울린 그 분의 권면

합신에 들어와서 지난 학기에 복학을 하고, 한 돌이 안 된 아이를 양육하며 공부를 하는 것이 정말로 쉽지 않다. 하지만 하나님 말씀을 제대로 전하기 위하여 감수해야 하는 수고로움이라는 생각으로 눈물로 기도하며 학 한기를 버텨온 것이다. 이번 학기를 시작할 때는, 시작하자마자 이미 마음은 지쳐 있었다. 지난 학기를 한 번 지내왔기에 합신의 생활이 어떠할지 알기 때문이다.

하나님을 아는 것이 정말 중요하다는 것을 알고는 있지만 현실에서의 나의 모습은 앎을 쉬엄쉬엄 하자는 마음이 더 강한 상태다. 그때마다 뒷산에 올라 박윤선 목사님의 묘 앞에 서며, 그 순간 나의 마음이 새로운 마음으로 가득 참을 느낄 수 있었다. 한평생 그분을 사랑하며 알기로 결심하고 충성하기를 죽기까지 하며, 심지어는 내일 일에 대한 모든 염려와 죽음까지도 그분께 맡기고 하루하루 충실히 살아가라는 그분의 권면이 내 마음을 울렸고, 다시 한 번 하나님 앞에서 나도 그렇게 살겠노라고 결심하였다.

하나님께서 내게 주신 마지막 선물

마태복음 6장 33절을 왜 그의 묘비에 기록했는지 정말 궁금했다. 이 말씀을 묵상하다가 '오늘'이라는 시간이 나에게 주어졌음에도 늘 오늘의 일을 내일로 미루는 습관들이 있음을 또 알게 되었다. 아직 내 앞에 닥치지도 않은 일에 대한 염려가 내 안에 있음을 발견할 수 있었다. 그러면서 문득 들었던 생각은 '그렇다. 정말 박윤선 목사님께서 그 묘비를 통해서 우리에게 말하고자 하시는 것은 그 글을 보는 이로 하여금 오늘이 하나님께서 주신 소중한 선물임을 깨닫고, 오늘을 마지막 날이라는 마음으로 세월을 아껴서 오늘의 삶에 최선을 다하며 살아가라는 강력한 메시지구나.' 하는 것이었다.

성경을 볼 때 건성으로 보지 말고 생각하고 연구하고 기도하며 보기를 원하시는 박윤선 목사님의 마음이 느껴졌다. 내가 비문을 읽고 느낀 점은, '오늘'은 하나님께서 내게 허락하신 소중한 선물이기에 이 '오늘'이 내 생의 마지막 날이라는 마음으로, 하나님께서 내게 맡겨 주신 모든 일에 있어서 하나님의 영광을 위하여 최선을 다해야겠다는 마음이다.

묵상의 끈을 놓지 못하게 하는 말씀

그 분이 이 세상을 뒤로 하고 하나님께 가셔야 했던 그 순간에도 그 마음 한 구석에는 이 짐이 남아 있었으리라. 그러나 자신의 염려와 고민도 이제 하나님의 절대 주권에 의탁하시고 맡기신 것이라 생각한다. 그분의 묘비에 거창한 문구가 새겨지지 않고 생각할수록 알쏭달쏭한 이 성경 구절이 오히려 우리로 더욱 그 분을 생각하게 하고, 쉽게 이 말씀에 대한 묵상의 끈을 놓지 못하게 하는 이유가 아닐까 생각한다. '정암 20주년 기념행사'에서 그 분의 아드님이 나와서 간증을 하셨다. 박 목사님은 당시 혼란스러웠던 교회 상황 속에서 많이 괴로워하셨고 그런 일들이 다시 되풀이 되지 않게 하기 위해서 많은 제도적인 보안도 생각하셨다는 이야기가 아직도 내 기억 속에 생생하다.

　가슴 속 한 구석에서 서러움이 묻어난다. 오늘날 한국 교회에 많은 목사들과 뛰어난 신학자들은 많지만 왜 박윤선 목사님이 더욱 그리워지는가? 한국 교회의 미래가 어두운 이때에 박윤선 목사님 같은 지도자들이 많이 배출되어서 쓰러져 가는 조국 교회를 바로 세우며 다시 한 번 이 땅에 부흥의 역사가 일어나기를 간절히 소망해 본다. 오로지 "기도일관", "진실노력"의 삶과 마지막 순간까지 "침묵정진"으로 주님만을 높인 정암 박윤선 목사님을 그 시대에 세워 주셨던 하나님께 감사와 영광을 돌린다.

오늘에 충실한 삶이야말로

　박윤선 목사님은 어느 시점에서든지 당신 자신에게 맡겨진 사역을 위해 최선을 다하며 '오늘'을 자신의 생의 마지막 날이라고 생각하고 오늘에 충실한 삶을 사셨다. 하나님께 나의 삶을 의탁한다는 것이 어떤 것인가에 대한 참된 교훈을 준다. "내일 일을 염려하지 말라"는 말씀이 단순히 염려에 대한 것이 아니라 주님께 대한 절대적인 믿음과 신뢰를 의미하고 있음을 몸소 삶의 교훈으로 보여주었다. 매 순간순간 하나님께서 나의 삶의 주인이심을 인정하고 자신이 하고 있는 일을 그분의 뜻에 맡기며 오늘에 충실한 삶이야말로 참 믿음의 자세임을 일깨워 주셨다.

　박윤선 목사님은 마태복음 6장 33절 말씀처럼 주님의 교훈이 단지 땅의 것을 두고 하신 말씀이 아니라는 것을 그의 사역을 통해 나타내 보이셨다. 자신의 사역이 세상적인 영광이나 자신의 야망을 위한 것이 되지 않도록 늘 경계하셨으며, 하나님의 나라와 하나님의 의를 위한 것이 되도록 노력하셨다. 박 목사님은 자신의 묘비에 새겨진 주님의 말씀을 진정으로 사랑하셨을 뿐 아니라 그 말씀의 참된 의미를 아시고 그대로 사셨다.

귀중하고 복된 삶

묘비에 기록된 말씀은 박윤선 목사님의 전 생애를 잘 표현해 주는 것이라 생각된다. 목사님도 하나님의 종으로 부름을 받았지만, 보통 사람들과 동일하게 부족한 인간임을 잘 인식한 것 같다. 그래서 자신의 사명을 감당해 가는 과정 속에서 자신의 믿음이 약하여 염려가 될 때, 자신을 부르신 하나님께 나아가 전심으로 그분을 의지한 모습을 잘 보여주는 것 같다. 또한 연약한 인간으로서 내일 일을 알 수 없기 때문에 하나님의 절대주권을 신뢰하며 전적으로 하루하루 맡기는 삶을 살며, 부질없이 염려하기보다는 그 시간에 간절히 기도하는 삶을 통해 평안을 얻었음을 보게 된다.

개인적으로 빡빡한 일정 속에서 많은 리포트를 제출해야 하는 일, 교회에서 새롭게 맡은 사역을 잘 감당해야 하는 부담감, 사랑하는 아내와 자녀들과 주중에는 떨어져 있으면서 그들의 필요들을 채워줘야 하는 일, 경제적인 필요들, 얼마 후에 있게 되는 이사, 육신적인 피곤함 등 이런 많은 것들이 때로는 나의 마음을 누르며 염려하게 만들지만, 다시금 "내일 일을 염려하지 말라"는 하나님의 말씀을 듣고 염려하기보다 나를 부르신 하나님께 전적으로 맡기며, 오늘 내가 할 수 있는 최선을 다하는 데 집중하는 삶을 살아야겠다고 결심하게 되었다. 현재 이곳 선지동산에서 익히는 신학공부를 통하여 주님의 사람으로 변화되고, 맡겨주신 사명을 충성되게 감당하다가 죽음을 맞이한다면, 그 죽음이 박 목사님의 생애처럼 하나님 앞에 귀중하고 복된 삶이 되리라 생각한다.

묘비에 겹쳐진 나의 그림자

우리는 장래 일을 알지 못하기에 '오늘'을 살 수밖에 없다. 하지만 영원하신 하나님께서는 우리의 '내일 일'을 알고 계신다. 아니 친히 계획하시고 우리를 빚어가고 계신다. 박윤선 목사님께 그렇게 하셨듯이, 하나님께서는 우리에게도 동일한 은혜를 주실 것이다. 우리는 이 하나님을 믿는 믿음으로 '오늘'을 살아야 한다. 이것이 박윤선 목사님의 생애를 본 우리가 마땅히 해야 할 바일 것이다.

점심을 먹고 친한 전도사들과 함께 박윤선 목사님의 묘소에 다녀왔다. 2009년이 되어서는 처음 가는 길이었다. 산책을 겸한 것이기에 깊은 묵상을 할 시간은 없었다. 다만 사진 한 장을 찍고 내려왔다. 의도한 것은 아니었는데, 마침 사진 속에는 사진을 찍고 있는 '나'의 그림자가 함께 찍혀버렸다. 마치 이 사진이 내게도 이 말씀이 말하는 삶 속으로 초청하는 듯하다. "내일 일"은 "내일"에게 맡겨두고, 그날그날 어떠한 현실 속에서도 묵묵히 주님을 바라보며, 주님의 나라와 주님의 의를 위한 '오늘'을 사는 것이 바로 내게 맡기신 주님의 사명인 것을 새롭게 되새겨본다.

내 인생의 전환점

환갑을 눈앞에 둔 나는 합신에 입학하기 전에는 삶의 방식과 생각을 나의 이성적 판단에 따라 결정하고 행동하였다. 미래에 대한 계획과 재정에 이르기까지 한 달 계획, 상반기 계획, 일 년 계획, 삼 년 계획까지는 늘 생각하면서 미리 걱정도 하고 대응도 하였다. 그러나 지나온 삶을 돌이켜 보건대 하나님이 나를 오래 기다리시면서 인도하심을 확신하게 되었다.

마태복음 6장 34절은 나에게 오늘은 현금이고 내일은 약속어음이라는 것을 믿게 하였다. 참으로 본문은 합신의 입학과 함께 내 인생의 전환점이 된 구절이다. 박윤선 목사님의 그 방대한 주석과 저서들을 보면서, 교수님이 회고하셨듯이, '내가 이대로는 주님 앞에 갈 수가 없다'라고 하셨던 하루하루의 삶에서 철저하게 최선을 다하면서 남기신 유작들을 생각해 본다. 하나님께서는 박윤선 목사님이 주님 앞으로 가신 것을 귀하게 여겼을 것으로 생각한다.

영적 거장의 뒤를 따라

작년에 '정암기념대회'에 참석했던 나는 솔직히 놀라지 않을 수 없었다. 정암 박윤선 목사님이 돌아가신 지 어언 20년이라는 세월이 흘렀는데, 그렇게 많은 목회자들, 성도들이 단 한 사람을 추모하기 위해 모이다니…… 목사님의 생애를 추억하고 그 분에 관한 일화를 내어놓으며 서로 즐거워하고, 은혜를 받던 그 시간을 통해 그분의 영적 영향력이 얼마나 대단한 것인가 다시 한 번 놀라지 않을 수 없었다.

그러나 그 분의 무덤은 크기만 초라했던 것이 아니라 무덤을 둘러싸고 있는 경관과 무덤을 장식하는 유일한 도구였던 묘비 또한 그랬다. 오히려 이것들이 나에게 큰 감명으로 다가왔다. 틈만 나면 어디서든 하나님과 깊은 대화에 몰두하셨던 분답게 본인의 고난을, 근심을, 염려거리들을 기도로 하나님께 의탁하는 삶을 사셨던 것이다.

영적 거장은 아무나 되는 것이 아니다. 철저히 하나님만 의지하는 삶, 성경을 열정적으로 사랑하고 늘 기도로 하나님과 교통하며 하나님이 보시기에 인정할 만한 경건한 삶, 바른 생활의 삶을 산 자에게 주어지는 칭호일 것이다. 영적 거장 정암 박윤선 목사님이 세우신, 목사님의 신앙관과 목회철학이 여전히

살아 숨 쉬는 합신에서 나는 2년째 훈련을 받고 있다. '바른 생활'을 통해 하나님과
깊이 있게 교제하고, '바른 신학'을 통해 하나님을 바르게 알며, '바른 교회'를
세우기 위해 하나님의 종으로서 일생을 바칠 것을 다시 한 번 다짐해본다.

절대 믿음, 절대 헌신

  박윤선 목사님의 하나님을 향한 절대 의존적 믿음과 헌신은 어떤 두려움과
장애물에도 조금도 흔들림이 없는 신앙의 선배라는 교훈을 나에게 주었다.
하나님을 철저히 신뢰하지 못하는 나 자신의 교만함을 보게 하셨고 불투명한
미래의 막연한 두려움을 나 자신의 지혜와 경험과 지식으로 해결해 보려는
미련함 또한 보게 하셨다. 지금 이 순간에도 나를 억누르는 무거운 삶의 염려
앞에 다시 한 번 박윤선 목사님의 믿음을 생각하며 "염려로 인해 두려움으로
떨고 있을 것인가 아니면 나의 삶의 주관자이시며 인도자이신 하나님을 바라보며
그분께서 약속하신 말씀을 붙잡고 당당히 서 있을 것인가"를 생각해 본다.
"주여 마음을 다하고 힘과 지혜를 다하여 주님을 사랑하도록 도와주시고 오직
주님의 나라와 그 의를 먼저 구할 때 나의 모든 형편을 아시고 인도하실 주님께
나의 염려와 두려움을 맡기는 믿음을 주시옵소서. 아멘."

중국의 영혼을 위해

  마태복음 6장 34절, "그러므로 내일 일을 위하여 염려하지 말라 내일 일은
내일 염려할 것이요 한 날 괴로움은 그 날에 족하니라"는 말씀이 묘비에 적혀
있는 것을 보며, 내일 일을 온전히 하나님께 맡기시고 한평생을 믿음으로 섬기신
박 목사님의 모습을 느낄 수 있었다.

　　나는 지금 합신 2학년으로 내년에 졸업을 앞두고 있다. 특별히 중국의 영혼을 위해 바른 신학을 배우려는 마음을 가지고 합신에 들어왔다. 이런 나에게 중국 가정교회에서는 많은 기대를 하고 있다. 그러나 사실 연약한 나는 항상 염려하고 있다. 나머지 학업을 어떻게 할까, 중국에 가면 무엇을 해야 할까, 항상 고민하고 있다. 그렇지만 나는 또한 이렇게 소망한다. 하나님에 대해 더 깊이 알고 싶다. 공부를 더 열심히 하고 싶다. 기도를 더 많이 하고 싶다. 하나님의 말씀을 연구하면서 많이 깨닫고 싶다.

　　박윤선 목사님이 좋아하셨던 이 말씀을 내 마음에도 새기며, 합신에 처음 들어왔던 그때 그 마음을 다짐해 본다. 하나님께서는 우리를 창조하시고 우리에게 구원을 주셨다. 하나님께서 자기의 독생자도 나에게 주셨기 때문에 다른 것도 더 주실 수 있다. 항상 염려하기보다 내 안에 있는 염려들을 물리치며, 항상 감사하고 기도하고 하나님께 영광을 돌리려고 노력할 것이다. 박윤선 목사님이 쓰신 책인 『성경과 나의 생애』에 보면 목사님이 친필로 쓰신 아홉 개의 글이 실려 있었다. 이 아홉 가지에 대해서 묵상해 보았다.

　　진실노력眞實努力, 기도일관祈禱一貫, 신앙충만信仰充滿, 추구성결追求聖潔, 침묵정진沉默精進, 성결화목聖潔和睦, 항상감사恒常感謝, 신실과단信實果斷, 지사충성至死忠誠 등이다.

　　眞實努力: 우리는 하나님 앞에서 변하지 않고 힘쓰고 부지런히 일해야 한다. 공부도 목회도 진실되려고 노력해야 한다. 박윤선 목사님도 이 말씀을 따라 한평생 진실되시려고 노력하셨다.

　　祈禱一貫: 우리의 인생은 기도의 인생이다. 박윤선 목사님 묘비에 쓰인 마태복음 6장 34절처럼 우리의 염려는 기도를 앞설 수 없다.

　　信仰充滿: 우리의 믿음 생활에는 항상 성령이 충만해야 한다. 마귀는 시험을 주지만, 이것을 이길 무기는 바로 성령 충만의 '믿음'이다.

　　追求聖潔: 히 12:14 "모든 사람과 더불어 화평함과 거룩함을 따르라 이것이 없이는 아무도 주를 보지 못하리라"의 말씀을 꼭 지켜야 한다.

沈黙精進, 우리의 신앙은 성장해야 한다. 젖을 계속 먹는 것이 아니라 하나님의 말씀을 듣고 나서 행하며 성장해야 한다.

聖潔和睦, 성결한 사람이 화목할 수 있다. 화목은 '죄 없는'이라는 뜻이다. 성결한 사람은 죄가 없다.

恒常感謝, 잘 감사하는 사람은 이 세상에서 제일 아름다운 사람이다. 우리 모든 것이 다 하나님께서 주신 것이기 때문에 감사할 수밖에 없다. 감사하면서 사는 것이 우리 삶의 지표가 되는 것이다.

信實果斷, 시험과 유혹 당할 때 과감하게 끊어야 한다. 마귀의 유혹은 아주 간교하다.

至死忠誠, 하나님 앞에서 죽는 날까지 말씀을 잘 순종하고 기도를 부지런히 하면서 하나님께서 맡긴 일을 끝까지 잘 마무리해야 한다.

이 아홉 개의 글을 묵상하면서, 앞으로 목회와 사역에 있어서, 하나님의 말씀을 중심으로 하여 살겠노라 결심하였다. 십년 이십년이 지나면 중국교회도 한국 교회처럼 큰 부흥을 이룰 것이다. 그때를 위하여, 아홉 가지의 깊은 뜻을 새기고, 변함없이 중국 교회, 중국 영혼을 위해 하나님 앞에 충성, 至死忠誠 하고 싶다.

나는 밤에 잠자리에 들 때마다, 모든 염려를 주께 맡기고, 주님과 함께 하는 십자가와 연합되길 소원하는 기도를 드린다. 그러면 내일 어떤 염려스러운 일이 있을지라도, 그리고 오늘 어떤 후회스러운 일이 있었더라도 주님 안에서 깊고 온전한 쉼을 얻을 수 있다. 앞으로도 나의 모든 아침은 부활의 주님과 새롭게 시작하는 새로운 인생을 맞이하는 시간이면서 하나님께서 모든 것을 채워주심에 감사드리는 시간이 될 것이다.

훗날 내 인생은 어떻게 요약되려나

대학생 시절 나는 셰익스피어를 나름대로 열심히 공부했으나 인간 셰익스피어에 대해 존경심을 갖지는 못했다. 핵심은 인격의 감화에 있는 것이다. 정암 박윤선 목사님의 『성경과 나의 생애』를 읽기 시작하면서 신사참배 문제로 한국 교회가 힘겨울 때 자신 또한 한 번의 신사참배의 과오를 저질렀다는 고백은 신선한 충격을 주었다. 분명 부끄러웠을 죄였지만 회개하는 심정으로 공개적으로 자신의 자서전에 이런 고백을 썼다는 것이 놀라웠다. 나 자신 또한 하나님 앞에서 참된 회개를 이루어야겠다는 생각을 하게 한 부분이었다.

힘들면 무덤에 가서 기도하라던 조병수 교수님의 말씀이 떠올라 뒷산에 올랐었다. 그때 바닥에 누워있는 그의 묘비의 문구를 보고 마음에서 뜨거운 것이 올라와 주저앉아 하염없이 울었던 생각이 난다. 사실 나의 마음은 절망감과 두려움으로 가득 차 있었다. 내가 회복할 것은 하나님의 말씀을 온전히 신뢰하고 하나님을 전심으로 사랑하라는 것이었다. 그것이 내가 박 목사님의 묘 앞에서 얻은 깨달음이다.

일 년 후 다시 박윤선 목사님의 자서전을 읽으면서 그때 받았던 감동에 잠겨본다. 아픔을 부여잡고 사명을 위해 끝까지 충성되게 달려가길 소원했던 그의 삶을 통해 많은 이들이 감화와 감동을 받았기에 그의 음성이 아직도 힘 있게 메아리치는 것이리라. 어려움 속에서도 약속으로 주신 말씀을 붙들며 기도했던 그의 진지한 믿음은 후학들에게 하나님의 살아계심을 보여주는 증거가 되었다. 나도 주님 앞에서 걸어가는 한 성도로서 나의 인생은 훗날 어떤 문장으로 요약이 될 것인지를 깊이 생각해본다.

누가 내일 일을 염려하지 않아도 되는가

정암을 가끔가끔 만난 곳은 합동신학대학원 뒷동산에 있는 정암의 묘에서다. 제2차 유학을 마치고 돌아와 설레는 마음으로 정암의 묘를 찾게 되었다. 분명 무슨 성구가 새겨져 있을 것이라는 생각과 함께 그것이 어떤 성구일까 하는 마음으로 묘소를 향하여 갔다. 묘비에 새겨진 성경 구절은 내가 상상했던 그런 구절은 아니었다. 묘 앞에 가로 놓인 묘비에 성경 두 구절이 새겨져 있었다. 넓은 부분에 새겨진 성경은 "그러므로 내일 일을 위하여 염려하지 말라 내일 일은 내일 염려할 것이요 한날 괴로움은 그 날에 족하니라"(마 6:34)였다. 그렇게 새겨진 성구를 보면서 큰 감동이나 다짐이 있기를 스스로 원했으나 솔직히 그 성경 구절 앞에서 무슨 큰 다짐 같은 것은 없었다.

내가 상상했던 성구는 "죽도록 충성하라"든지 "나의 생명을 조금도 귀한 것으로 여기지 아니 하노라"든지 그것도 아니면 "먼저 그의 나라와 그 의를 구하라"는 것이었다. 그러면서도 묘소 앞을 지날 때마다 종종 묘비에 새겨진 그 성경 구절을 되새기곤 하였다. 몇 년이 지난 후 어느 날이었다. 묘소 앞에 서서 묘비에 새겨진 성구를 보다가 예수님뿐 아니라 정암이 나에게 염려하지 말라고 하신다는 생각이 마음에 박히게 되었다.

누구에게 염려하지 말라는 말인가? 누가 내일 일을 염려하지 않아도 되는가? 먼저 그 나라와 그의 의를 구하는 자에게 주신 말씀이라고 깨달았다. 먼저 그의 나라와 그의 의를 구하는 자는 내일 일을 염려하지 않아도 된다는 깨달음이었다. 구하되 전심으로 구하는 자에게 주신 말씀으로 깨닫게 되었다. 정암은 그의 나라와 그의 의를 구하는 일에 최우선 하였으며 전심을 다하신 우리의 스승으로 우리에게 그렇게 살아가라고 하심을 교훈한다고 생각하게 되었다.

되는 일도 없고 안 되는 일도 없다

유영기 교수

정암은 합동신학교(현 합동신학대학원대학교, 이하 합신)에는 되는 일도 없고 안 되는 일도 없다는 말씀을 하시곤 하였다. 무슨 일을 시작하려고 할 때는 모든 주위 환경과 여건으로 볼 때 될 수 없다고 말할 수밖에 없었던 때가 많았다. 그러나 정암은 그것이 그의 나라와 그의 의를 구하는 일과 관계된 일이면 염려하지 않고 간절히 간구의 기도를 드리고 전심을 다하였다. 때로는 전심으로 기도하고 구하였음에도 불구하고 기도한 대로 이루어지지 않는 것을 보았다. 그러나 정암이 기도할 때마다 마지막은 항상 우리의 뜻이 이루어지는 것이 아니라 하나님의 뜻이 이루어지게 해달라는 것이었다. 심지어는 합신이 하나님이 원하는 신학교의 모습을 잃을 때는 망하게 해달라는 기도를 드리곤 하였다. 그런 관점에서 보면 어떤 기도는 응답되지 않는 것이 응답되는 것이라고 생각한다. 결국 정암은 우리의 기도가 우리의 뜻이 아닌 하나님의 뜻대로 이루어진다는 것을 확신하셨고 합신의 역사 속에서 이 사실을 여러 번 경험하셨다.

정암은 합동신학교 때문에 또 하나의 장로교단이 생기는 것을 원하지 않았다. 합동신학교의 합동이라는 단어가 그것을 보여 준다. 정암의 마음에는 언젠가는 신학교가 합해지는 소원이 있었다. 물론 정암이 항상 주장한 대로 "진리 안에서 하나이 되는 것"이다. 정암이 말하는 진리는 입으로만 외치는 진리가 아니라 삶이 뒷받침하는 진리를 말함은 우리 모두는 알고 있다. 합동신학교가 개교한 지 한 달 정도 지난 후 당시 정부는 사이비 신학교를 정비한다는 명목으로 일 교단 일 신학교만 존속할 수 있다는 조치를 내렸다. 교단의 배경이 없는 신학교는 자진 폐교하라고 하였다. 합신이 합법적으로 존속하기 위해서는 불가피하게 교단 배경이 있어야 했다. 정부의 이 조치가 합신이 합신 교단과 인준 관계를 맺게 되는 계기가 되었다.

당시 합신 교수님들은 총신을 떠난 바로 그 해 11월에 합신을 개교할 의사가 없었다. 이 말은 저의 독단적인 말이 아니고 당시 졸업반 학생이었던 목사님에게서 들은 내용이다. 그 목사님은 현재 선교사로 사역하시는 1회 동문이다. 그 선교사님은 교수님들의 의사를 확인하고 나서 급해질 수밖에 없었다. 당시 졸업반 학생들 중에는 대학부부터 시작하여 거의 7년에서 10여년을 신학을 공부 한 전도사들이 있었다. 사실 그들은 자신들을 몇 년씩 가르쳐 주신 존경하는 스승님들에 의하여 졸업하고 싶은 간절한 열망이 있었다.

그들의 간절한 열망이 교수님들을 감동시켰고 그런 가운데 합동신학원은 당시 교수님들의 생각보다 빨리 개교하게 되었다. 만일 당시 교수님들이 합신 개교를 한 달만 늦게 시작하려고 했더라도 어쩌면 합신은 이 땅에 존재하지 못하였을지도 모르겠다. 왜냐하면 교수님들이 신학생들을 선동하여 신학교를 세우고 그 신학교를 중심으로 하는 교단을 설립할 생각이 전혀 없었기 때문이다. 교단 배경이 없는 신학교를 폐교시키겠다는 마당에 교단과 관계없는 신학교를 세우시기를 원했던 교수님들이 아무리 학생들이 졸라댈지라도 신학교를 설립할 리가 만무하기 때문이다. 이렇게 합동신학원은 하나님의 특별한 섭리에 의하여 설립되었다고 생각된다.

이러한 주장을 지지하는 여러 가지 섭리적 일들로 합신이 오늘에 이르게 되었다. 합신이 수원 원천동에 터전을 마련하기 전에 당시 이사장님이 지금 과천 의왕 고속화도로 중간에 위치한 백운호수 뒤쪽에 있는 자신의 땅을 교지로 사용하도록 기부하신다고 해서 교수님들과 재학생들이 기쁨과 감사가 충천하여 그곳에 가서 감사예배까지 드렸다. 그러나 그 일은 성사되지 못했다. 지금 돌이켜 볼 때 성사되지 않은 것 역시 하나님께서 모든 것을 합력하여 선을 이루도록 하셨다고 고백할 수밖에 없다. 그 후 이곳저곳 교지가 될 만한 장소를 물색하다가 합신은 현재의 장소에 자리 잡게 되었다.

이 장소 역시 세상적인 말을 빌린다면 우여곡절 끝에 우리의 손에 들어왔다. 원래 토지공사 소유로 된 이 땅을 우리가 살 수 있다 없다는 실랑이 과정을 거쳐 가면서 본래 이 땅을 사서 수련원으로 사용하려 했던 정부 기관은 땅 값만 내려놓고 사지 못하고 결국 우리가 매입하게 되었다. 사실은 경기도청에서 그곳은 학교부지로 책정되었기 때문에 그 땅을 절대로 수련원으로 용도 변경할 수 없다 해서 정부기관이 손을 들게 되었고 우리가 이 땅을 매입하게 되었다. 이와 비슷한 예는 얼마든지 들 수 있다.

이러기에 정암은 "합신의 일은 되는 일도 없고 안 되는 일도 없다"고 말씀하셨다고 생각한다. 그런 깨달음이 있은 후에 정암의 『성경과 나의 생애』를 통해 묘비의 성경 구절이 왜 그가 가장 좋아하는 성구인 것을 알게 되었다. 그의 해석을 통하여 정암이 전심을 다하여 최선의 삶을 살았음을 알 수 있었다. 정암이 최우선적으로 한 일은 그(하나님)의 나라와 그(하나님)의 의를 구하는 일이었다. 정암은 그 일에 최선을 다하고 그 다음 모든 염려를 하나님께 맡기며 사신 우리의 스승이셨다. 우리도 그 스승에 그 제자답게 살아야 하겠다.

두 번째 성경구절은 "성도의 죽는 것을 여호와께서 귀중히 보시는도다"(시 116:15)이다. 나는 이 말씀의 뜻을 평암 장경재 목사님 발인예배 때에 화성교회에서 기도하는 중에 새롭게 깨달았다. 당시 나의 마음에는 일말의 염려가 있었다. 합신과 정암을 그렇게도 사랑했던 평암 장경재 목사님까지 가셨으니 앞으로 합신의 장래는 어떻게 될까 하는 염려가 있었다. 웃시야 왕이 죽던 해에 이사야는 왕좌가 비워질 때도 있겠지만 하늘보좌는 영원토록 비워지지 않는 사실을 보고 염려한 것을 회개하였다는 것이 생각나면서 정암의 묘에 기록된 "성도의 죽는 것을 여호와께서 귀중히 보시는도다"는 말씀이 기억났다.

만일 하나님께서 장경재 목사님의 죽음을 귀중하게 보신다는 말은 발인하는 시간부터 하관예배를 드리고 돌아오는 동안 날씨를 주장하시고 그 어느 순간에는 하늘에서 빛을 비추시어 하나님께서 장경재 목사님을 환영하는 환영식이 열리고 있음을 모든 성도들이 알도록 하신다는 의미일까? 라는 물음이 던져졌다. 물론 그럴 수도 있겠다. 그런 일이 있었다고 한다 하더라도 장경재 목사님이 본향으로 가신 후 그렇게 되지는 않겠지만 만일 화성교회가 없어진다 할지라도 하나님께서 장경재 목사님의 죽음을 귀중하게 보신다고 말할 수 있을까? 하는 생각이 드는 동시에 "그것은 아니다"라는 생각이 강하게 들었다.

그렇다면 이 말씀은 무슨 뜻일까? 성도의 죽음을 귀중하게 보신다는 의미는 죽은 성도의 살았을 때의 삶을 귀중하게 보시고 그가 살았을 때 이루어 놓은 사역을 그의 죽음 뒤에도 하나님께서 계속하여 귀중하게 돌보신다는 의미라고 깨닫게 되었다. 바로 그 순간 하나님께서 정암의 죽음을 귀중하게 보신다면 그의 마지막 사역인 합동신학교를 귀중하게 보실 것이라고 깨닫게 되었다. 그렇다면 정암이 본향으로 간 뒤 합동신학교가 폐교되었다는 말은 있을 수 없을 것이다. 둘로 갈라졌다는 말도 있을 수 없을 것이다. 총회와 신학교의 관계가 묘하게 되었다는 말도 있을 수 없을 것이다. 이 모든 일이 있어서도 안 될 것이다.

하나님께서 정암의 죽음을 귀중하게 보신다면, 또한 우리가 그의 제자라고 자처한다면 우리 역시 정암의 죽음을 귀중히 보아야 할 것이다. 그것은 정암이 우리에게 부탁한 것을 이루어 드리는 것이다. 무엇보다도 그의 유언적인 부탁에 걸맞는 삶을 살아야 할 것이다. 정암이 1988년 6월 19일 늦은 시각에 정암이 가족들에게 마지막으로 부탁한 말이 있다. "하나님의 사람이 되어라. 진실한 삶을 살아라. 무엇보다 성경을 사랑하라. 딸에게는 '남편보다 하나님을 더 기쁘시게 하도록 하여라!'고 부탁하셨다. 우리는 비록 그 자리에 없었지만 우리 모두 정암의 합신 가족이기에 우리에게 주신 말씀이라고 생각한다. 우리는 이 유언적 부탁을 마음에 새기고 살아가야 할 것이다. 또한 당시 합동신학교 교수들(신복윤, 김명혁, 윤영탁)에게는 신학교를 잘 돌보도록 부탁하셨다. 당시 정암 곁에 계셨던 교수들도 언젠가는 정암 곁으로 갈 것이다. 그러나 정암의 유언적 부탁은 다음 세대로 이어져야 할 것이다. 그러기 위하여 우리 모두는 우리의 신학교를 잘 돌보아야 할 것이다.

정암의 죽음을 하나님께서 귀중하게 보신다고 모두가 고백할 수 있도록 하는 일을 누가 하여야 하겠는가? 그 일은 정암의 제자들이 하여야 할 것이다.

이 일이야말로 하나님께서 정암의 제자들에게 맡기신 사명이라고 생각된다. 우리 모두는 정암(正岩)이라는 글자가 의미하는 대로 정암(正岩)이 세워 놓은 바른 반석, 경건과 학문 위에 우리 자신을 세워야 하겠다. 또한 우리 모두는 우리 위에 후배들이 그 위에 서도록 정암(正岩)이 되어야 하겠다. 한국 교회에 참된 경건의 열매가 주렁주렁 맺혀지기를 원하셔서 경건을 생명의 씨앗처럼 이 땅에 심으신 우리의 스승 정암을 뒤이어 우리도 경건의 싹이 나도록 물을 주면서 소망 중에 기다려야 하겠다. 그렇게 할 때 자라게 하시는 하나님께서 우리의 후배들을 통하여 경건의 열매가 주렁주렁 열리게 하실 것이다(고전 3:6~7).

2

우리의 기억들, 둘

추 모 시

권 태 진

동방의 큰 별 진리로
여명의 아침을 밝혔어요

기도의 사람 정암의 가슴
십자가 사랑의 꽃향기
온누리 가득했어요

인본이 교권을 입고
가난과 무지가 진리를 엄습할 때
혈혈단신 십자가 사랑안고
인재 키운 위대한 스승

바른 신학
바른 교회
바른 생활로
성령의 열매 세상에 녹이는 삶
광야의 소리 되었어요

성경 말씀의 비전이
박토에 복음의 빛 흐르게 했어요

시공을 초월하여 조용히 피어난
스승의 거룩한 삶 닮아 세상을 이겨갑니다.

스승의 모범

더 없이 소중한 나의 스승

이선웅 목사(제2회 졸업)

내가 박윤선 박사님에게 배울 수 있었던 것은 하나님의 은혜였다. 특별히 그것은 나에게 큰 복이었다. 지금까지 30년을 목회해 오면서 항상 내가 박윤선 박사님께 배웠다는 사실이 그렇게 자랑스럽고 긍지가 느껴지고 고마울 수가 없다. 내게는 예수님 다음에 생각나는 분이 바로 박윤선 박사님이시다. 내가 못난 모습을 하고 있을 때, 내 자신을 돌아보면서 내가 그래도 박윤선 박사님에게 배운 사람이 아닌가, 그런데 어째서 이렇게 무력해져 있어야 하는가? 내가 왜 이렇게 온당하지 못한 생각을 하고 있는가? 생각하고 돌이킬 때가 한두 번이 아니었다.

박윤선 박사님은 이미 1988년에 세상을 떠나셨지만 그러나 그분의 가르침과 그 분이 보여준 모본은 지금도 변함없이 나에게 영향을 주고 있다. 물론 박윤선 박사님을 나만 존경하고 사랑하는 것은 아니다. 그렇지만 나에게는 더 없이 소중한 스승이다. 내가 사용하고 있는 목양실에는 박윤선 박사님의 사진과 박윤선 박사님께서 친히 쓰신 '침묵정진'이라는 큰 액자가 언제나 나의 시선을 그쪽으로 돌리게 한다. 나에게 그처럼 존경하는 스승을 주신 하나님께 감사드린다.

박윤선 박사님은 살아 계실 때 우리 학생들의 장단점을 파악하고 계셨다. 그래서 그것을 놓고 기도하셨고 격려도 해주셨고 권면도 해주셨다. 물론 나에게도 예외는 아니었다. 부족하지만 오늘의 내가 있기까지 박윤선 목사님께서 내게 끼친 영향이 그만큼 컸다. 내가 박윤선 박사님을 따라 가려해도 따라갈 수는 없지만 그러나 그분의 후학으로서 부끄럽지 않은 삶을 살아 드리고자 하는 소원과 열심을 가지고 있다. 다시 한 번 나에게 박윤선 박사님과 같은 훌륭한 스승을 주신 하나님께 감사드린다.

영원한 나의 스승

이신우 선교사(제2회 졸업)

내가 박윤선 목사님을 처음 뵌 것은 신학교 입학 후 채플 시간이었다. 창피한 말이지만 이전에는 목사님을 알지 못했다. 처음 목사님의 설교 말씀을 받았을 때 목사님의 말씀은 살아있고, 활력이 있어서 마음의 아픔을 치료해 주셨다. 뿐만 아니라 삶의 방향도 제시해 주셨다. 나의 아내도 박 목사님의 설교 시간에 몰래 와서 은혜의 말씀을 듣고 삶의 양식으로 삼았다. 목사님의 가르치심을 생각하면 지금도 가슴이 뭉클하다. 항상 열정적으로 강의 하시고, 학생들을 따스하게 대해 주셨다.

목사님에 대한 나만의 특별한 기억이 있다. 졸업반 때였다. 그때 나는 학급 반장으로 봉사하고 있었다. 어느 날 반장인 나를 박 목사님이 급히 찾으신다는 연락을 받았다. 잘못한 일이 있어서 부르시는지, 아니면 졸업생들이 실수한 일이 있어서 부르시는지, 마음을 졸이며 박 목사님을 찾아뵈었다. 그런데 생각과는 달리 목사님은 특별한 부탁을 나에게 하셨다.

첫째, 학생들이 그룹을 만들어서 수업 후에 교실에 남아서 기도하거나, 공휴일 같은 때는 기도원에 가서 기도 운동을 하는 것이 어떻겠느냐고 하셨다.

둘째, 졸업할 학생 중 자신의 실력이 모자란다고 생각하는 학생이 있으면 한두 해 더 공부한 후 졸업하는 것이 어떻겠느냐고 제안하셨다.

나는 목사님의 말씀을 학급에 전하였는데, 순종하는 사람이 아무도 없었다. 바빠서 기도할 시간이 없다고 하거나, 대개는 무관심하였다. 지금 돌이켜 보면 후회가 된다. 나라도 한 해 더 공부할 걸 하는 생각이 지금 든다. 박 목사님은 저희의 영적 수준과 지적 수준이 모자란다고 보신 것이다. 그 말씀을 듣지 않고 저희들 마음대로 행동한 것이 후회스럽다.

졸업 후 자주 찾아뵙지 못한 것도 후회가 된다. 건강이 좋지 않으시다는 소식을 들었지만 문병 한 번 못한 죄인이다. 목사님 소천 후 모든 분들이 그분은 성자 같은 삶을 사셨다고 이구동성으로 이야기한다. 가까이 모시던 분 중 김군섭 목사님께 전해들은 말씀이 감명 깊어서 소개하려고 한다.

병원에서 투병 생활을 하시면서도 목사님은 기도 수첩을 마지막까지 가지고 계시면서 늘 기도하시던 목사님이셨다. 기도 수첩에는 중보기도 할 분들이 너무 많아서 기도 시간이 길었다. 누구나 병원에 문병 오시면, 일일이 문병 오신 분들에게 기도해 주셨다. 주객이 전도된 것이다.

어느 때는 너무 기도를 크게 하셔서 옆 병실 환자가 항의하러 왔는데, '어, 박윤선 목사님' 하면서 쥐구멍이라도 찾고자 했다는 것이다. 그분은 평소 박 목사님을 너무나 존경하는 분이었기 때문이다. 그래 항의하러 왔다가 도리어 박 목사님께 기도 받고 돌아간 것이다. 이처럼 박윤선 목사님은 강의실이든 가정이든 마지막 병상이든 어디서든지 성자의 삶을 사신 분이라고 누구나 이야기한다.

요즈음 어떤 모임에서는 자기를 소개할 때가 있다. 그 순서 중에 '자신이 가장 존경하는 스승님이 누구십니까?'라는 질문에 대답해야 할 경우 나는 주저 없이 박윤선 목사님이라고 말한다.

스승의 초상
서요한 교수(제2회 졸업)

끝없는 광야 길의 침묵정진
1980년 11월 11일, 당시 신대원 2학년이던 나는 대학 시절 건강상의 이유로 그동안 소홀했던 학업에 집중하였다. 그러던 중 어느 날, 문득 돌아보니, 이제

1년 후면 졸업하고 목회 일선에 나가야 하는데, 갑자기 두려움이 엄습하였다. 그때 내가 할 수 있는 일은 무엇이 있을까 곰곰이 생각하니 잠을 이룰 수 없었다. 마음을 새롭게 한 후, 다음 날부터 남은 학기 과목별 과업을 위해 최선을 다하는 중에 교회 본당과 지하실에서 배우는 신학 공부는 맛이 새로웠고, 무엇보다도 고난과 역경 중에 교수님들의 설교는 꿀보다 꿀송이보다 더 달았고 강의는 항상 새로운 도전이었다.

   그런데 당시 정암 박윤선 박사는 설교든 강의든 말씀이 간단명료하고 문장이 간결하셨다. 오랜 묵상과 깊은 사색에서 우러나오는 한마디 한마디는 신학도의 마음과 폐부를 파고들었다. 당시 정암의 연세로 볼 때, 신학생들은 나이 어린 아들과 손자 같았음에도 불구하고, 세대 차이를 느끼지 못할 정도였다. 그의 말씀과 강의를 놓칠 수 없다고 생각한 학우는 녹음을 하였고, 말씀과 은혜를 사모하는 몇몇 성도들이 일부러 설교와 강의를 듣기 위해 함께 하곤 하였다.

   교수님들의 강의와 별도로 매주 모든 목회자 후보생, 신학생들이 설교 연습 시간에 각각 주강사가 되어 교수님과 학우들 앞에서 목청을 높인 일들은 평생 잊을 수 없는 추억의 한 토막이다. 이 시간에 많은 에피소드들이 만들어졌는데, 노회의 위탁을 받은 목회자 후보생들이 영혼 구원을 위해, 장차 교회를 개척하거나 기존 교회를 다양한 위치에서 섬겨야 할 텐데, 어떻게 효과적으로 하나님의

제1회 합동신학원 졸업식 1981년 2월 24일

말씀을 선포해야 하는지를 직접 실습하는 시간이었다. 주어진 일정과 순서를 따라, 먼저 준비한 설교문을 제출하고 모든 교수님들과 학우들 앞에서 약 10여분 동안 돌아가며 설교하였다.

그때 나는 기도하며 원고를 준비했지만, 숫기 없고 급한 성격에 당황한 나머지 횡설수설, 무슨 말을 했는지 전혀 기억이 나지 않았다. 다른 학우의 설교를 들었을 때는 스스로 재판관이 되어 이러쿵저러쿵 여과 없이 평가했지만, 막상 내가 그 자리에 올랐을 때, 정작 나는 아무것도 할 수 없었다. 설교를 마친 후에 좀 더 잘 할 수 있었을 텐데, 일순간에 자조섞인 후회감이 가슴을 짓눌렀다. 설교 후에 교수님들의 촌평이 이어지고, 마지막으로 주시는 정암 박윤선 박사님의 짧은 멘트가 압권이었다. 그는 말미에 설교자는 사생결단하는 마음으로, 십자가 정신으로, 심장에 못을 박듯이, 오직 하나님의 말씀에 집중할 것을 주문하였다.

교단과 교계가 주목하는 중에 정암(正岩))은 오직 하나님만 바라는 신앙으로, 모든 것을 포기한 듯, 침묵정진(沈黙精進)하셨다. 서양 속담에 침묵이 금이라는 말이 있지만, 정암에게 침묵은 하나님이 위로부터 주시는 축복과 은총의 계시였다. 그는 가마솥처럼 끓어오르는 세상의 잡다한 소리를 들으면서도 전혀 동요하지 않고, 오직 믿음의 반석 위에 하늘을 향해 마음을 열었다. 이후 침묵정진은 학교의 교훈으로, 우리 모두의 평생 좌표요 삶의 모토가 되었다.

신앙을 실천한 경건한 신학자

1982년 졸업 후, 필자는 목사 안수를 받고 한 교회의 목사요 또한 학생 운동(IVF) 단체에서 간사로 활동하였다. 그러던 중, 친구의 도움으로 갑자기 영국 유학길에 올랐다. 2~3년의 계획 속에 목회에 필요한 자료와 정보를 얻으려 했지만, 학위 과정에 도전하면서 10년 세월이 흘렀다. 그동안 피곤에 지쳐 쓰러져, 죽을 고비를 여러 번 넘겼다. 그때마다 그 옛날 남서울교회 지하실에서 배웠던 정암 박윤선 박사님의 말씀이 뇌리를 스쳤다. 당시 말씀은 마태복음

14:22~33, 제목은 "풍랑 중에 임한 계시"였다. 갑자기 마음이 달아오르며 학문에 대한 용기와 열정이 되살아났다. 강의 시에 종종 "계시 의존 사색"을 강조하셨던 박사님의 말씀에 잠자던 욕구가 부활한 것이다.

학위를 받고 귀국하여 목회자를 양성하는 위치에서, 나는 어떤 길을 가야하는 지 지금까지 고민하며 지내왔다. 급속한 변화 속에 정체된(?) 오늘의 한국 교회와 특별히 신학교의 문제점을 현장에서 목격하면서, 언젠가 학창 시절에, 내가 존경하는 스승은 누구인가를 자문하였다. 여러 스승들 중에 정암은 덕성과 지성, 영성을 겸비한 이 시대 우리의 영원한 스승이셨다. 세월이 가고 나이가 들어가면서 그분에 대한 그리움이 더욱 가슴에 사무친다. 어느 시인의 고백처럼, 그때 일을 지금 알았더라면, 후회 없는 삶을 살아갈 텐데…… 그러나 우리의 스승 정암은 이 마음을 아는 듯 모르는 듯, 불러도 대답 없이, 단지 귓전을 맴돌 뿐이다. 실로 정암은 어렵고 힘들어도 조용히 속으로 삭이시며, 오직 주님만 바라보시며 지사충성(至死忠誠) 하신 침묵의 선지자, 평생 말씀을 연구하시며 강단에서 온 힘을 다해 에너지를 쏟으시던, 감히 젊은 30~40대에 도전하시듯, 열정적으로 말씀을 선포하신 광야의 설교자, 에스라가 소원한 학자의 혀로, 말씀을 주경하며 우리 시대에 제기된 제반 신학적 문제들을 예리하게 분석하고 논평하신 대 학자로, 신학자 중의 신학자이셨다. 그렇다면 나는 오늘 어떤 사람이 되어야 하는가. 존경할 만한 스승이 없는 시대를 살아가면서, 한 시대를 침묵정진, 여주동행(與主同行)으로 오직 주님의 나라와 교회를 위해 헌신 하신 스승, 정암이 사모되며 세월에 더욱 그분이 그립다. 나에게 영원한 영적 멘토를 주신 하나님께 감사드린다.

박윤선을 말하다
안만수 목사(제3회 졸업)

주님 사랑이 특별한 분이시다

매일 매일의 삶 속에서 주님 외에 다른 데 마음을 빼앗길까 봐 항상 깨어 있는 분이셨다. 목사님 내외분을 어느 날 서울 대공원에 모시고 간 적이 있었다. 장경재 목사님도 함께 계셨다. 호기심 어린 눈으로 각종 동물 구경에 마음을 쏟고 계시다가 갑자기 중단하시고 총총걸음으로 나무 그늘 밑 의자로 오시어 앉으셨다. 나중에 안 일이지만 주님 아닌 다른 데 마음을 빼앗기는 것이 내키지 않아 동물 구경을 중단하셨다는 것이다.

가슴이 넓고 뜨거운 분이시다

대부분의 제자들이나 동역자들 대부분은 목사님 앞에 서면 어려워하고 긴장하는 것이 보통 모습이다. 고려파 초 보수에 꼬장꼬장하시고 완고하실 거라는 선입견 때문일 것이다. 그러나 그분을 가까이 대하다 보면 넓은 가슴으로 품는 이해심과 포용력이 있으신 분이란 사실을 알게 된다. 게다가 뜨거운 사랑을 아낌없이 쏟아 붓고도 항상 부족을 느끼시는 분이셨다. 나는 그분에 비해 하늘과 땅 차이를 느껴야 할 처지였지만 그럼에도 불구하고 나는 그분 앞에서 하고 싶은 말을 다 할 수 있었고, 속에 있는 생각을 거침없이 말할 수 있었다. 심지어 다른 사람의 흉도 보고 비판도 했다. 그런 나의 모습과는 판이한 인격을 갖추신 분이면서도 침묵 일관으로 어리고 철없는 모습을 그대로 받아 주셨고 여전히 사랑해주셨음을 경험했다.

자기 발전을 위해 항상 총력을 기울이신 분이시다

얼마 전 방지일 목사님께 들은 바, 박 목사님은 요한계시록을 암송하셨는데 한글뿐만 아니라 영어와 헬라어로도 암송하시고 이를 거꾸로도 암송하실 정도였다고 한다. 그런데 이는 머리가 좋다기보다 대단한 노력파셨기에 가능했다고 한다. 박 목사님은 옛 습관이나 관습에 젖어 요지부동일 듯 생각되기 쉬우나, 실은 그와는 정반대였다. 예를 들면 어느 젊은 교역자의 설교 스타일과 제스처가 마음에 드시고 발전적이라 생각되면 주저 없이 모방하려 애쓰시고 시도해 보실 만큼 자기 발전을 위하는 데 적극적이셨다.

스승의 여러 면모들

이병태 목사(제5회 졸업)

박윤선 박사님이 살아계시다니

내가 처음 박윤선 박사님의 이름을 접했을 때 그는 책의 저자일 뿐 이 세상에는 계시지 않는 분으로 생각했다. 그런데 81년도 가을 즈음에 부산 청년 연합 집회의 강사님으로 오신 홍정길 목사님을 통해 그분이 생존해 계심은 물론 합동신학원 원장님으로 계신다는 사실을 알게 되었다. 그리고 그것이 계기가 되어 82년도에 합신에 입학하게 되었다.

그때 나는 경남 통영에 있는 작은 섬에서 합동 측 교회를 섬기고 있었다. 그런데 타 교단 신학교에 입학한 것 때문에 나는 일방적으로 노회에서 쫓겨났고 다섯 식구들을 대리고 무작정 상경할 수밖에 없는 어려움과 결단이 있어야 했다. 그러나 나는 이러한 고통 때문에 당시 군소 교단을 배경으로 한 합신을 선택한 것에 대해서는 조금도 후회하거나 원망해 본 기억이 없는 것 같다.

박윤선 박사님을 비롯한 모든 교수님들의 신앙의 인품과 개혁 신앙에 대한

가르침은 매 시간마다 나를 변화시키는 용광로와 같았다. 이런 과정을 통하여
하나님이 내게 주신 사명은 젊음이 있을 때에 한 교회라도 더 개척하여 후배들의
사역지를 확보하고자 하는 데 있었다.

그런데 합신을 졸업하면서 뜻하지 않게, 박윤선 목사님이 개척하신 장안교회
로부터 파송받아 충청도 부여에 있는 팔충교회(충화제일교회)를 섬기게 되었고
이로 인해 나는 목사님을 가까이에서 뵐 수 있는 계기가 되었다.

목사님에 대하여 나 같은 사람이 이렇다고 피력하기에는 주제 넘는 일인
줄 알지만 '내가 만나 뵌 박윤선 박사님'에 대하여 후학들의 이해를 돕는데
조금이라도 도움이 되었으면 하는 마음에서 용기를 내게 되었다.

훌륭한 상담가

내가 상담을 접하게 되었을 때는 82년도였던 것으로 기억이 난다. 그때만
하더라도 한국 교회는 기독교 상담이 거의 보급되지 않는 상태였고 83년도에
당시 남서울교회(홍정길 목사 담임)에서 세계적인 기독교 상담학의 권위자였던
게리 콜린스 박사님을 모시고 한 주간 동안 강의를 한 것이 고작인 것으로
알고 있다.

그럼에도 불구하고 박윤선 목사님은 80대인데 이미 훈련된 상담가이셨다.
그분은 주석가로서 그리고 영성과 목회의 경험이 있으시기 때문에 다른 목사님들
처럼 내담자(성도)들의 문제를 시원하게 해결해 주실 수 있는 분이시다. 그러나
그분은 내담자에게 직감적으로 답하는 것을 피하셨다. 그의 대답은 '그래요',

상담하는 박윤선 목사

또는 '나도 그런 일이 있었소'라는 대답으로 내담자의 말을 공감하며 끝까지 경청해 주고 인정해 주시는 것뿐이었다. 솔직히 처음에는 문제 해결책을 받기 위한 마음으로 목사님을 찾아 갔었는데 '그래요'라는 말씀만으로 일관하시니 당시에는 답답함도 있었다. 내가 온 것은 '그래요'라는 말을 듣기 위해서가 아닌데 하는 마음이었다. 그런데 저의 말을 다 들으시고 난 후에 자신의 간증을 해 주셨다. 옛날 고려신학교 교수로 계시면서 경남 칠원(칠원교회)이라는 곳에서, 그리고 진해에서 목회하셨던 경험들을 이야기하시면서 문제를 말씀으로 접근하여 적용할 수 있도록 해 주셨고 내담자로 하여금 스스로 결론을 내리고 기도할 수 있도록 해 주셨다.

지금에 와서야 아, 목사님은 이미 그때 기초상담의 과정이 몸에 습득된 상태였구나. 그분은 이미 기독교 상담가로서 모든 것을 숙지하고 계셨으며 훈련된 분이 아니신가 하는 생각을 하게 되었다. 나의 경험을 돌이켜 봐도 그때 내가 상담한 내용들은 별로 기억에 없다. 그렇지만 나의 말을 끝까지 들어주시면서 '그래요' 하고 공감해 주셨던 그 부분들은 지금도 가슴에서 떠나지 않고 있다. 지나고 보니 박사님의 상담이 정말 상담 중에 상담이라는 사실을 공감하게 된다. '그래요'라고 하는 그 대답이 날이 갈수록 그분의 인격을 다시 음미하게 되는 계기가 되었다고 할까. 박윤선 박사님, 그분은 나로 하여금 남의 말을 자연스럽게 경청할 수 있는 사람으로 만들어 주셨다.

능력을 겸비하신 영적 지도자

나는 군대를 갓 전역한 젊은 나이에 뜻하지 않는 일을 당하게 되었다. 연탄가스로 3시간 만에 깨어난 일이 있었는데 그 이후로 기억 상실증이란 고통을 안고 살아야 했다. 의사의 말로는 뇌세포가 죽은 상태이기 때문에 회복이 불가능하다는 진단이었다.

그후로 주님께 부름을 받고 신학교를 노크했을 때에 기억 상실증은 걸림돌이 되었고 많은 고민을 하게 했다. 신앙의 연수도 짧고 몸 상태도 좋지 않아 지방

신학교를 선택하고는 백분 수업 버티는 것으로 만족해야 했다. 3년이 넘도록 헬라어를 배웠지만 단어 하나 제대로 기억하지 못할 정도였다고 할까. 그런 사람이 이 대 일의 경쟁을 뚫고 합신에 들어간 것은 하나님의 은혜로서 내 자신도 이해할 수 없는 일이다.

그러던 어느 날, 합신 2학년 신학기에 하루는 김영철 교수님께서 장학금을 전달해 주셨다. 박윤선 목사님께 개인적으로 주시는 장학금이라면서 받으라는 것이었다. 나는 자신을 돌아 봤을 때 장학금을 받을 수 있는 정도의 사람이 아니었다. 왜냐하면 환경적으로 나보다 몇 배나 어려운 학생들이 많이 있었기 때문이다. 이들은 합신에 입학한 관계로 나와 비슷한 상황이면서도 더 어려움을 겪고 있는 학생들이었다. 그래서 나는 교수님에게 진정한 마음으로 다른 학생에게 돌려 줬으면 좋겠다고 사양을 했었는데 나중에 김 교수님께서 나한테 다시 봉투를 전하시면서 정색을 하시는 것이었다. 박 박사님께서 기도로 결정하신 것인데 이렇게 하면 결례라는 것이었다. 나는 그 봉투를 가슴에 안고 퇴교하는 버스 안에서 기도하는 도중에 뜨거운 체험을 하게 되었다. 얼마나 울면서 뜨겁게 기도를 했던지 남들은 나를 보고 불쌍히 여기고 동정하는 표정이었다. 그 이후로 나에게 정말 놀라운 변화가 일어났다. 기억력이 회복되어 수업에 필요한 헬라어 단어들은 등교 길 차 안에서 해결할 수 있게 된 것이다. 이러한 체험으로 나는 박윤선 박사님의 기도의 능력을 알게 되었고 그분은 능력을 겸비하신 영적 지도자임을 깨닫게 되었다.

기도의 모본을 보이신 분

박사님은 말씀을 참으로 아끼시는 분이시다. 그런데 그날따라 저에게 자상하게 말씀하시기를 내게는 미국에 두 아들이 있는데 둘 다 의대를 졸업하고 인턴 과정을 밟고 있다고 하시면서(저의 기억으로는), 나는 이 둘을 목사로 만들기 위해 기도했는데 하나님께서 내 기도를 들어주지 않으셨다고 안타까워하시는 모습이었다. 나중에 이화주 사모님께서 둘째가 의료 선교하겠다고 약속했다며 기뻐하셨다.

　박사님께서 하루는 두 아들을 목사로 만들어 복음을 전하게 해 달라고 기도하시
는데 귀한 깨달음을 주셨다는 것이다. 신학생들을 가리켜 '이 모두가 다 네
아들이 아니냐'라는 음성이 마치 주님이 귀에 대고 하시는 말씀 같았다고 하셨다.
그 이후 박사님은 신학생들을 가르치는 것이 마치 당신 자식을 양육하는 마음과
같다고 하셨다. 이처럼 그분은 우리들을 위해서 아들같이 여기시고 기도하며
양육하시는 분이셨다.

　그분은 주님께서 주신 메시지를 생명시하셨다. 생애의 마지막을 간이 다
녹도록 신학생들을 가르치는 일로, 주님이 주신 기도의 응답대로 순종하시는
분이셨으니 말이다. 그는 기도에 제한을 받지 않으셨다. 한번은 아무런 통보
없이 저녁 시간에 박사님을 찾아야 할 일이 생겨서 방문하여 벨을 눌렀는데
인터폰을 끄지 않는 상태로 두셨다. 그 이유는 집안의 상황을 알리려고 한
것 같았다. 가정 예배를 드리고 있는 중이었는데 통성기도 속에는 목사님의
음성이 가장 컸던 것으로 기억한다. 그때도 그랬었고, 목사님의 기도를 통해
항상 느낀 것은 '내 앞에 계시는 하나님 앞에서 애끓는 모습으로 부르짖는
아기와 같은 순수한 모습'이었다.

　그분은 기도의 은사에 대해서도 인정하셨지만 나타내지는 않으셨던 분이셨다.
나는 목회 중에 기도하면서 나타나는 현상들에 대해서 여러 가지로 궁금증이
생길 때가 있었다. 무엇인지를 분명히 알지 못하는 수련 과정에서 기도에 대해
조심스러운 마음으로 움츠리면서 말씀을 드린 경우도 있다. 그런데 목사님은
나의 염려와 달리 뜻밖에 말씀을 하셨다. 목사님은 오히려 신바람이 나시는
듯 '이 전도사! 나도 그랬어!'라고 하시는 것이 아닌가. 하나님이 주신 선물을
귀하게 여기고 잘 사용하라고 당부하셨다.

어린아이와 같은 겸손한 지도자
　권위적인 그 시대에 박사님의 모습은 우리들을 깜짝깜짝 놀라게 하신 일이

한두 번이 아니다. 학교에 갓 입학한 학생들의 방자하고 오만한 태도들은 아마도 그때나 지금이나 동일할 것 같다. 수업 중에 가슴을 뜨끔하게 하는 질문들로 증조할아버지격인 박사님에게 자존심을 상하게 하는 일들도 있었다. 이러한 때에 박사님께서는 '학생 이름이 누구지요? 나중에 내 방에 좀 오시오'라고 하셨다. 이때 동료들은 한결같이 '당신 이제 끝장이야!'라고 했다. 그런데 나중에 들려오는 이야기는 '학생, 그 질문의 내용이 어느 책에서, 누가 말한 내용이지요? 그 책 좀 내게 알려 주시오. 나도 공부해 보게' 하시고는 질문에 대한 긍정적인 부분들을 격려해 주시더라는 것이다.

한번은 언어학 교수로 독일에서 공부하시고 합신에 강사로 청빙 받은 박용삼 교수님을 박사님께서 당시 남서울교회 본당 이층에서 대화하시는 모습을 목격하였다. 되돌아오는 메아리에 의하면 박 교수님께 무엇을 배우시기 위해서 그렇게 하셨다는 것이다. 이렇듯 목사님은 항상 열린 마음으로 누구에게든지 좋은 점은 배우고 수용하는 입장이셨다.

그런가 하면 그분은 잘못된 부분을 우유부단하게 묵과하시는 분이 아니셨다. 박사님이 부산 고려신학교에 봉직하실 때에 찾으셨던 무척산 기도원의 원장님과의 사이에 있었던 한 일화를 소개하려고 한다(당시 고신 측에 소속한 기도원). 명향식 원장님은 능력이 대단하신 분으로 그분은 공식적으로 40일 금식기도를 27번을 하신 분이며, 그분을 만나는 사람들마다 변화되지 않는 사람이 없었다고 한다.

그런데 박사님은 그의 설교를 들으신 후에 원장님을 불러서 '이것도 설교냐'고 호통을 치셨다는 것이다. 그 이후 원장님에게 '존경하고 무서운 사람'이 생겼다고 하는 말을 직원들을 통해서 듣게 되었다. 이러한 일들을 직간접적으로 들으면서 박사님은 어린아이와 같으신 분이시지만 진리를 위해서는 표호와 같은 분으로 느끼게 되었다.

진정한 나의 영적 멘토

평소에 목사님은 사모님과 너무 잘 지내시는 모습을 우리들에게 보여 주셨다. 목사님이 소천하신 후 나는 사모님이 이를 어떻게 극복하실까 하고 진심으로 염려하는 자 중에 한 사람이었다. 장례 후 몇 주가 지나서였다. 사택인 도곡동으로 찾아 갔을 때 내가 보았던 사모님의 얼굴은 너무나 밝은 모습이었다. 무슨 말로 어떻게 위로할 수 있을까를 염려했던 내 자신이 부끄러웠다. 도리어 큰 위로를 받고 돌아오게 되었으니 말이다. 뿐만 아니라 역시 그 어른(박윤선 박사님)의 모습을 이화주 사모님을 통하여 보는 듯했기 때문이다. 내가 염려하는 말을 내비치자 사모님은 "이 전도사, 나도 간다. 나도 가! 하나님께서 내게도 위로해 주셨어"라고 하시는 것이 아니겠는가.

1985년 1월 5일, 박윤선 목사님이 개척하신 노량진에 위치했던 장안교회에서 나는 파송을 받아 충청도 부여에 있는 충화제일교회(구: 팔충교회)에 도착했다. 내가 파송되어 찾아간 교회는 이미 문을 닫은 지 4개월이 넘은지라 완전히 해체된 상태였다. 이때에 내가 알게 된 것은 목회는 지식으로 할 것이 아니라 덕과 많은 영적인 경험이 있어야 한다는 사실이었다. 쓰러진 교회를 다시 세우는 것이 때로는 힘들고 어려운 일이었다. 그럴 때마다 목사님을 찾아뵈었는데 목사님과 사모님은 영적으로나 현실적으로 '나의 위로였고 힘'이었다. 만약 조금이라도 박윤선 목사님께로부터 어떤 권위적인 부담감을 느꼈다면 내가 어떻게 목사님의 사택을 드나들 수 있었겠는가.

당시만 하더라도 시골 교회의 전도사들은 당회장 목사님이 방문하실 때면 큰 절을 해야 하는 시대였기에, 시골 교회의 전도사가 박윤선 목사님의 사택에 방문했다고 해서 맨발로 뛰어 나오셔서 반갑게 맞이하는 경우는 있을 수도 없었을 뿐만 아니라 이해가 안 되는 때였다. 그런데 목사님은 어린아이와 같이 순박하셨고 진실하시며 겸손한 지도자의 모습을 보이셨다. 그때 나는 목사님을 대하면서 나의 잘못된 신앙의 모습을 발견하게 되었고 고치게 되었다. 그분을 통해 목회자의 진정한 권위가 무엇인가를 확실히 배울 수 있었다.

그렇게 나는 어려울 때마다 수없이 방문하며 내가 사역한 일에 대하여 권면과 칭찬을 받으며 지도를 받은 결과 팔총교회는 만 18개월 만에 행정적으로 구입할 수 없는 대지를 300평가량 확보하게 되었고 하나님의 은혜로 교회와 사택을 지을 수 있었다. 이 모든 것은 그분이 나의 영적 멘토였기에 가능한 일이었다.

지금도 여전히 그분은 나의 영적 멘토이시다. 그분의 책을 접할 때마다 내게는 실지로 그분의 음성을 듣는 것 같고, 지금도 나를 낳으신 아버지 이상의 사랑이 그리고 아버지로서도 할 수 없는 사랑을 느끼게 하고 있다. 참으로 박윤선 박사님은 우리의 생각에서 영원히 지울 수없는 영적 지도자요, 이 시대에서 찾아 볼 수 없는 멘토라고 고백할 수밖에 없다. 우리들 역시 주님이 주신 사명을 감당하기 위해 마지막까지 애쓰며 노력해야 할 것이다.

박윤선 목사님, 참 고맙습니다

김덕천 목사(제5회 졸업)

나는 정암의 기도 삼총사 중에 한 분으로 불리는 고 김진홍 목사의 작은 아들이다. 1981년에 합신에 입학하여 5회로 졸업하였다.

1956년 봄 고려신학교 구약학 교수로 부임하시는 아버지를 따라 부산으로 이사 갔다. 부산 송도에 방금 건축을 마친 신학교 교사 한 쪽에 마련해 놓은 임시 거처였다. 말이 교수 사택이었지, 교사 신축에 필요한 건축자재 창고를 개조하여 방을 만들어 비바람이나 겨우 피할 수 있는 곳이었다. 정확하게 부산시 서구 암남동 산 34번지가 우리가 사는 집 주소이자, 신학교 주소였다. 도착하자마자 나는 송도초등학교 4학년으로 편입하였고, 1958년 부산중학교에 입학하였다.

나는 자연스럽게 박윤선 목사님의 자녀들 가운데 내 나이 또래였던 '은란'이와는 친구 사이가 되었고, 나보다 두세 살 적은 '단열'이와 동네친구가 되었다. 이 두 사람은 모두 하늘나라에 간 지 오래되었다. 은란이는 어릴 때 장기려 박사님의 집도로 위암 수술을 받았으나 회복하지 못한 채 복음병원(현 고신의료원) 입원실에서 죽었고, 동생 단열이는 미국에 이민 가서 잘 살다 간암으로 죽었다. 그리고 나보다 훨씬 나이가 많았던 목사님의 따님 '혜란' 누님을 늘 '누나'라고 부르며 따랐으며, 지금도 계속 교제를 나누고 있다.

1958년 중학교에 입학하자마자, 주일과 수요일 저녁에는 아버지를 따라 고려신학교 강당에서 드리는 어른 예배에 참석하곤 했다. 매번 단골 설교자는 박윤선 목사님이셨다. 아마 박 목사님의 설교를 가장 많이 들었던 사람, 그리고 가장 나이 어릴 때부터 들었던 사람이 있다면, 그 가운데 나도 포함된다고 생각한다. 그때 예배에 참석하는 분들이란 신학교 교직원 가족들과 기숙사에서 생활하는 신학생들이 전부였다.

중학생이 박윤선 목사님의 설교를 얼마나 이해할 수 있었겠습니까만, 이화주 사모님을 비롯한 여러 어른들의 강력한 주장으로 선택의 여지도 없이, 그 길고 지루하고 따분했던 예배에 참석하지 않을 수 있는 자유는 결국 누리지 못하고 말았다. 그때 무슨 본문으로 어떤 내용의 말씀을 설교하셨는지 정확한 기억은 남아있지 않다. 그러나 너무 많이 듣고, 그것도 여러 번 반복해서 들었던 구절은 아직도 기억에서 사라진 것이 아니다. 설교를 시작하시면, 얼마 되지 않아 등장하는 한 외국인의 이름이 있었다. 그 분은 칼 바르트였다. 기억을 더듬어 보면 매번 반복되었던 내용은 이러했다.

"바르트의 신학은 틀렸쉐다. 이 사람은 우리가 하나님을 결코 만날 수 없다고 합네다. 사람이 하나님과 접촉했다 하면, 이내 떨어진다고 해요. 그것은 초절주의지 초월주의가 아닙니다. 하나님을 만났다 하면 이내 떨어지고 말면 그것은 개혁주의 신학이 아니에요. 개혁주의 신학은 초월주입네다…"

대충 이렇게 반복되는 말씀을 들으면 "아, 목사님께서 그 말씀을 또 시작하시는구나"라는 생각이 들었고, 이 길고 지루한 말씀이 언제쯤 끝날까 몸을 이리

틀고, 저리 틀곤 하였다. 그것도 그럴 것이 당시 신학교 강단은 맨 마룻바닥에
책상다리하고 앉아 예배를 드렸기 때문에 얼마간 시간이 흐르면 익숙하지 않아
다리가 얼마나 아픈지 견딜 수 없었기 때문이다. 이때 소년의 마음에 각인이
된 '칼 바르트'라는 신학자의 이름은 훗날 그의 이름을 듣거나 책에서 읽게
될 때, 마음속에서 칼 바르트는 마치 신학자가 아니라 외계인이 아닌가 하는
착각이 일어날 정도로 강렬한 충격이었다.

　1960년 가을 학교 수업을 마치고 귀가했는데 집안 분위기가 심상치 않았다.
그날 낮 신학교 긴급교수회의에서 소위 주일성수 문제로 박윤선 목사님의 신학교
교장직을 정직시켰고, 아버지도 부당한 결의에 동의할 수 없어서 함께 사표를
냈다는 어머니의 말씀이셨다. 아무래도 서울로 이사 가야 할 것 같다는 말씀도
해 주셨다.

　그 이듬해 1961년 중학교 졸업을 한 다음 곧 고등학교 진학을 위해 나는
혼자 상경하여 대광고등학교에 입학시험을 치르고 진학하였다. 곧 이어 박
목사님 가족과 저희 집도 서울로 이사를 했고, 박 목사님은 서대문 동산교회
담임목사로 시무하시는 한편 동산교회 예배당에서 아버지와 박 목사님 두 분은
개혁신학교를 시작하셨다. 그러나 개혁신학교는 5·16 군사혁명 후 집회와
시위에 대한 엄격한 감시와 서대문경찰서의 제재로 인하여 신학교 문을 곧
닫고 말았다. 이때 개혁신학교 신학생으로 공부하면서 중등부 전도사님으로
계셨던 정성구 목사님을 몇 해 전 반갑게 만나 뵌 적이 있다.

　동산교회에 출석하던 고등학생 때 고등부 예배를 마쳐도 변함없이 주일
낮예배와 저녁예배는 반드시 참석해서 박 목사님의 설교를 들어야 하는 것이
나의 책임이요 의무였다. 게다가 고등학생이니만큼 한 가지 의무가 더 생겼다.
그것은 박 목사님의 설교를 노트에 받아 적는 것이었다. 영적으로 거듭나지
못했던 때였는지라, 그 때 그렇게 열심히 받아 적고, 들었던 박 목사님의 설교
가운데 기억에 각인될 만큼 강력한 말씀은 지금 나의 뇌리 속에 남아있지 않다는
것이 안타까울 뿐이다.

고등학생일 때 동산교회 고등부 지도 전도사님은 현재 시카고 갈보리교회 원로목사님으로 계시는 고응보 목사님이셨다. 당시 나는 고응보 전도사님의 속을 무던히 썩이는 문제 학생이었다. 90년대 말 시카고 갈보리교회를 방문하고 목사님을 찾아뵈었을 때, 고 목사님은 여전히 나의 이름을 기억하고 계셨다. 동산교회 고등부 시절 목사님의 마음을 아프게 해드렸던 일이 기억나느냐고 질문 드렸고, 또 용서를 구했던 것이 기억난다. 또 장경두 목사님은 그때 균명고등학교 교사로 재직하시면서 고등부 교사로 수고하셨다. 장경두 목사님은 동산교회 집사 시절 고등부에서 줄곧 나를 맡아서 성경을 가르쳐 주셨고, 집으로 데리고 가서 지나온 이야기와 함께 많은 이야기를 들려주시면서 격려해 주시고 용기를 북돋아 주셨던 기억이 아직도 생생하다.

나는 1964년 숭실대학에 입학하였고 전공은 영문과를 택했다. 앞으로 신학을 공부하려면 영문학을 하는 것이 좋겠다는 아버지의 권유도 있었지만, 내 자신이 영어 공부를 좋아했고, 또 영어 공부가 재미도 있었기 때문이다. 그러나 대학 3학년 때 깊은 영적 회의에 빠져 교회를 등지게 되었다. 당시 영적 회의에 빠진 이유 중의 직접적인 원인은 중학생이었을 때 주일성수 문제로 인하여 박윤선 목사님이 고려신학교 교장직을 사임하셨던 일과 그로 인하여 나의 부친도 함께 교수직을 사임하시고 서울로 이사하게 된 사건이 마음에 영적으로 큰 상처가 되었던 모양이다.

서울에서 고등학교를 다니는 동안 주일성수 문제로 인한 마음의 상처는 치유되기보다 오히려 더 혼란스럽게 되고 말았다. 왜냐하면 주일날 너무도 당연하다는 듯이 버스를 타고 교회 갈 수 있었고, 주일 예배가 끝나면 친구들과 함께 빵집에서 사 먹을 수 있는 것은 물론이요, 주일 예배 후 때로는 유년주일학교 서기 선생님이 중국집에서 사 주시는 자장면을 맛있게 먹을 수 있었기 때문이다. 월요일에 치러야 하는 시험공부를 주일 저녁에 마음 놓고 할 수 있어서 더욱 좋았던 것이다.

대학생이 된 다음 내 마음속에는 그러면 예수 믿는다는 것이 무엇이냐?

하는 질문에 대한 적절한 답을 찾을 수 없었다. 그렇다고 동산교회에서 나의 영적 방황을 지도해 줄 수 있는 청년부나 대학부가 그 당시에는 존재하지도 않았고, 또 지도 전도사님 또한 계시던 시절도 아니었다. 대학 3학년 때 이렇게 예수 믿을 바에는 차라리 내가 하고 싶은 대로 하고 살자는 결심을 하고 교회를 등지고 말았던 것이다. 그 후 13년간 계속된 영적 방황은 마치 탕자의 삶과 방불한, 어둠에 속한 삶으로 이어졌다. 1969년 군대를 제대하고, 신학공부를 하고 싶다는 뜻을 아버지에게 말씀드렸더니, 소명이 없으면 신학공부를 할 수도 없고, 또 해서도 안 된다는 부친의 만류로 신학 공부를 접고 말았다.

나는 장래의 진로를 무역회사에 입사하여 마음대로 해외 시장을 개척하면서 경험을 쌓아, 10년 후에는 무역회사의 사장이 되는 꿈을 키워보는 쪽으로 정했다. 한 중견무역회사에 입사하여 주로 사우디아라비아와 쿠웨이트, 요르단과 같은 중동시장에 직물 원단을 수출하는 일을 시작하였다. 그리고 중동지역을 여행하고 시장개척을 하면서 아랍 여인들의 옷감을 파는 일을 10년 가량하였다.

정확하게 표현해서 하나님의 때가 되었다고 믿을 수밖에 없는 일이 벌어졌다. 1979년과 1980년 두 차례에 걸쳐 장기 입원을 해야 되는 상황이 벌어지고 말았다. 병원에서 퇴원한 다음, 13년이라는 신앙생활의 긴 공백이 있었던 나는 어머님과 누님의 강력한 권고, 아내의 간곡한 요청, 그리고 주일 예배 때마다 내 손을 잡아주시면서 "마음을 강하게 하고, 담대하라"는 말씀으로 격려해 주시는 박윤선 목사님과 이화주 사모님의 권유에 용기를 얻어, 합동신학교에 입학할 것을 결심하였다.

1980년 가을쯤 신학교 입학을 결심하고, 부친의 가장 절친한 친구 목사님 두 분을 찾아뵈었다. 그때 나의 영적 상태를 가장 잘 알고계시는 아버님은 강력하게 신학 공부를 만류하시면서 어머니와 누님을 책망하셨다. 그러나 아내를 포함하여 세 여인의 강력한 바람으로 신학을 공부할 수밖에 없었다. 그러나 신학 공부를 결심했던 가장 중요한 이유는 따로 있었다.

초등학교 4학년 때 일이었다. 다음에 커서 아버지처럼 신학교 교수를 하는 목사님이 되겠다고 혼자 결심했던 기억이 떠올랐고, 병원에 장기 입원 치료를 받는 기간에 성경을 통독하면서 신명기를 읽을 때 "네 하나님 여호와께 서원하거든 갚기를 더디 하지 말라 네 하나님 여호와께서 반드시 그것을 네게 요구하시리니 더디면 그것이 네게 죄가 될 것이라"(신 23:21)는 말씀을 읽는 순간 신학 공부를 더 이상 미룰 수 없음을 깨닫게 되었던 것이다.

누님과 함께 도곡동 개나리아파트에 사시던 박윤선 목사님을 찾아뵙고 인사를 드렸더니, "덕천이, 목사는 진실하고 정직하면 돼" 이 한 말씀을 하신 다음 나를 위해 간절하게 기도를 해 주셨다. 박윤선 목사님 댁을 나선 다음 여의도 진주아파트에 사시는 방지일 목사님을 찾아뵈었을 때, "임자, 앞으로 신학하고 목사가 되면 예수님 다음에 바울을 놓고, 바울 다음에 어거스틴 놓고, 어거스틴 다음에 칼빈 갖다놓고, 칼빈 다음에 덕천이 갖다 놓으면 돼, 그 사이에 아버지나, 윤선이나, 방지일이 갖다 놓으면 안 돼"라고 말씀해 주신 후 기도해 주셨다.

박윤선 목사님이 강의하시는 신약신학 첫 수업이었다. 첫 수업이 시작되자마자 목사님의 입에서 칼 바르트의 이름이 나왔던 것이다. 중학생 시절 부산 고려신학교에서 저녁 예배 때마다 들었던 말씀이 다시 반복되었다. 그때 제 마음속에는 "아, 박윤선 목사님은 칼 바르트하고 철천지 원수지간이로구나"라는 생각이 각인되는 순간이었다.

마지막으로 박윤선 목사님에 대해서 잊을 수 없는 기억이 있다. 신학교 졸업반 시절 박윤선 목사님께서 친히 설교실습을 지도해 주셨다. 호명을 하면 한 사람씩 앞으로 나가서, 박 목사님과 학우들 앞에서 10분 설교를 하였다. 내 차례가 되어, 떨리는 마음으로 설교를 하였다. 수업이 끝나기 전 목사님은 그 날 설교했던 신학생들의 이름을 부르시면서 꼼꼼하게 적어놓으셨던 메모지를 보고서 평가하셨다. 목사님은 나를 제외한 다른 신학생들의 설교를 대단히 칭찬하셨다.

그런데 내 이름을 부르신 후, "김 전도사는 설교를 할 때 조용한 음성으로 하면 듣는 사람들이 모두 다 좋아요. 영혼을 구원하려면 열정적으로 힘찬 목소리로 외쳐야 돼요." 그날 박 목사님의 평가는 제 마음의 아픔이었다. 아니 오히려 섭섭함이었다는 표현이 더 정확할 것이다. 그런데 이것이 웬일인가? 학기말 성적 열람을 하는데 박윤선 목사님의 설교실습은 D학점이었다. 아, 그 날 이후 한동안 "나는 낙제를 겨우 면한 설교자로구나!" 하는 생각이 제 마음을 늘 무겁게 짓누르곤 하였다.

그 날 이후 나는 주님께 부르짖는 기도를 드리기 시작하였다. 인천 송월교회 교육전도사 시절 고등부 교사들과 함께 요한복음을 공부하면서, 나는 다시 한 번 구원의 확신을 강력하게 체험하게 되었다. "내가 진실로 진실로 너희에게 이르노니 내 말을 듣고 또 나 보내신 이를 믿는 자는 영생을 얻었고 심판에 이르지 아니하나니 사망에서 생명으로 옮겼느니라"(요 5:24). 말씀이 육신이 되신 예수님의 음성을 귀 기울여 듣는 것이 이토록 영생을 소유하는 지름길임을 깨닫게 된 것이다. 내 마음속에는 더 이상 죽음에 대한 두려움이 자리 잡을 수 없었다. 내 몸과 영혼은 마치 새가 나는 듯이 가볍고 춤이라도 추고 싶을 만큼 기뻤다. 이 체험 이후 물 붓듯이 쏟아부어주시는 하나님의 은혜를 체험하면서 말씀 묵상 가운데 말씀의 진수를 체험하게 되었다. 이 얼마나 큰 축복인지 모른다. 이것은 오로지 박윤선 목사님이 저를 있는 대로 평가해 주시고, 적절한 조언을 해 주셨기에 가능하였다고 믿는다.

박 목사님께서 나를 너무나 잘 아시고, 내 설교를 있는 그대로 지적하시고 평가 해 주셨기에 오늘 나는 중국을 오가면서 성경을 가르칠 수 있고, 말씀 묵상을 지도할 수 있게 된 것이라고 굳게 믿는다. 여행 중 힘들고 외로울 때마다 마음속으로 가만히 되뇌어 보는 귀한 말씀, "침묵정진 여주동행"(沈默精進 與主同行). 이 한마디 말씀이 용기를 북돋아 주고, 여행을 계속할 수 있는 힘을 공급해 준다. 훗날 천국에서 박윤선 목사님을 만나 뵐 때 진실하고 정직한 목사로 살다가 왔다고 고백할 수 있도록 박 목사님께서 주신 교훈을 마음에 새기며 힘쓰고 있다. "박윤선 목사님, 참 고맙습니다."

박 목사님은 전설이셨다

이승구 교수(제7회 졸업)

박윤선 목사님을 가까이서 뵈옵고 모신 분들은 많이 있을 것이다. 박 목사님을 늘 멀리서 뵈옵던 우리 학생들에게는 늘 박 목사님을 지근에서 모시던 분들의 이야기를 듣는 것이 큰 기쁨이다. 박 목사님과 관련된 그런 이야기들을 들을 때마다 평소에 박 목사님께서 설교하시고 말씀하시고 강조하시던 그 목소리가 되울리는 것을 발견하게 되기 때문이다.

박 목사님은 우리들에게는 일종의 전설이셨다. 당신께서 살아 계실 때부터도 말이다. 장로교회에서 자라난 모든 사람들이 그러하였듯이, 우리들의 모든 목사님들의 선생님이시요, 우리들의 모든 목사님들이 자랑스럽게 박 목사님의 말씀을 하시고, 박 목사님의 주석을 인용하시는 것을 들으면서 자라난 우리들에게 박 목사님은 전설이셨다. 그 박 목사님께서 신구약 주석을 완간하셨다는 소식을 듣고, 또 총신대학교 강당에서 있었던 주석 완간 감사예배에 참석하면서 박 목사님으로 인하여 하나님께 감사드리면서 큰 기쁨을 얻었다. 그즈음에 대학원장으로 취임하신 박 목사님의 설교도 학교 채플 시간에 들을 수 있었고, 신약학 강의도 들을 수 있었다. 박 목사님의 설교와 강의를 듣는다는 것은 우리에게 매우 큰 영적인 축복이요 기쁨(a spiritual treat)이었다. 박 목사님께서 강조하시는 말씀, 말씀을 우리들은 항상 기억하지 않을 수 없었다.

박 목사님의 설교는 우리를 하나님 앞에 세웠고, 성경을 하나님의 말씀으로 귀하게 여기면서 그 교훈을 받는다는 것이 무엇인지를 아주 분명하게 해 주었다. 성경을 정확무오한 하나님의 말씀으로 받아들인다는 것이 무엇인지를 실질적으로 가르쳐 주셨다. 때때로 학교 채플에서 있었던 성경과 관계없는 이야기들이나 성경을 풀이하되 매우 이상하게 설명하던 설교들이나 성경에 대한 피상적 접근들과는 달리 박 목사님께서 과연 이 본문을 어떻게 설명하여 주실까 하는 것이 항상 우리의 관심이었다. 더구나 당신의 삶과 인격의 무게가 실린 박 목사님의 설교는 항상 성경의 뜻을 더 밝게 해 주었고, 성경의 가르침을 우리에게 클로우즈 업 해 주셨다.

그러므로 교단의 정치적 문제 때문에 신대원 학생들이 교단 정치에 영향을 받지 않는 새로운 학교, 그저 성경과 교수님들의 개혁 신학을 바로 배워 그대로 목회할 수 있는 새로운 학교를 세워주기를 요청하고, 이 요청을 심각하게 받아들이신 대부분의 교수님들께서 새로운 학교를 세우시는 것에 동의하시고 박 목사님 께서도 이에 동참하기로 하셨다는 소식을 들으면서, 저를 비롯한 대부분의 학생들은 신대원 과정은 박 목사님과 대부분의 교수님들께서 수종들어 세우기 원하시는 학교에서 공부할 수 있기를 원했다. 그것은 우리 학생들에게는 그저 자연스러운 과정이었다.

어른들은 교단과 관련해서 다른 이야기를 할 때도, 또 어떤 친구들은 교육 전도사 자리를 사임하고 나올 수밖에 없었지만 대부분의 우리들에게는 남서울교 회 지하실에 있는 합동신학교에 입학하는 것이 매우 당연한 일이었다. 이 때를 생각할 때마다 나는 합동신학교에 장소를 허락해 주신 남서울교회 성도님들과 담임목사님이셨던 홍정길 목사님께 감사하지 않을 수 없다. 수년 동안 교우들이 많이 불편했을 텐데도 남서울교회는 그 불편을 감수해주었다. 다시 한 번 더 감사드린다. 또한 그 시기의 저의 선배 되는 1~4회 선배들께 감사드리지 않을 수 없다. 제가 듣기로 이때의 선배님들은 새로운 학교 출신이라는 것 때문에 기존 교단에서 허락하지 않아서 평생 목사가 못되고 평생 전도사로 섬길지라도 성경과 교수님들께서 가르치시는 대로 목회하겠다는 다짐을 했었다고 한다.

희생을 각오하고 나아가신 선배님들이 참으로 개혁 정신에 투철한 분들이었 고, 성경에 충실한 개혁신학을 배워서 개혁파적으로 목회하겠다는 것을 대내외로 천명하신 역사적 인물들이라고 생각했다. 그 당시 우리들은 교회사 속에서만 보았던 진리를 위해 희생하고 평생을 그것을 위해 헌신하시는 분들을 바로 우리의 눈앞에서 보는 영광을 얻었다. 우리 합신의 모든 졸업생들이 바로 이 정신으로 계속해서 목회할 수 있었으면 한다. 개혁신학적 목회야말로 합신이 이 세상에 있는 목적이기 때문이다. 적어도 나에게는 그것이 나의 선배들이 보여 준 정신이었다. 그러므로 우리들은 박 목사님과 선생님들의 가르침을 따라가는 것이 동시에 이런 진정한 개척 정신을 지닌 귀한 선배님들을 따라 가는 것이었다.

이런 선배들과 저희들에게 박 목사님께서는 일사각오의 정신과 지사충성의 자세를 강조하셨다. 그야말로 주마가편(走馬加鞭)이었다. 박 목사님의 강조에 따라 학력을 위조해서 총신에 입학했다가 합신으로 따라 나왔던 선배 한 분은 이런 사람이 신학을 하면 안 된다고 판단하시고 신학과 목회의 길을 그만 두고 돌아 가셨다는 말씀도 들었고, "공부하다가 죽었다는 학생이 있었으면 좋겠다." 는 박 목사님의 말씀 때문에 그야말로 열심히 공부하시던 분들이 많았다. 물론 교수님들께서는 우리들의 부족한 모습을 많이 보셨겠지만, 그때 우리에게는 공부하는 것과 경건한 것은 별개의 것이 아니었다. 하나님 앞에서 사는 자세로 공부했고, 개혁신학이 가르치는 대로 우리들의 교회가 변할 것을 기대하고 그렇게 목회하기를 원했다.

박 목사님께서 설교를 담당하신 날은 강대상에 서시어 언제나 양복 안주머니에서 설교 원고를 꺼내어 강대에 놓고 설교하셨다. 처음에는 한두 번 그러시겠거니 했으나, 제가 기억하는 한 박 목사님께서는 항상 그렇게 하셨던 것 같았다. 주석을 완간하신 박 목사님께서 설교하실 때는 항상 새롭게 설교를 준비하신다는 것을 생각하게 되었고, 설교 시간 전까지 준비하신 그 내용을 항상 심장 가까운 곳에 두시기 원하시며, 그 심장으로부터 전하는 심령으로 말씀을 전하시려고 하는 것을 느낄 수 있었다. 물론 박 목사님께 이것에 대해 감히 묻지는 못했다. 그러나 아마 그런 심정으로 그리 하였으리라고 짐작해 본다. 훗날 하늘에서 박 목사님께 여쭈어 보고 싶다.

박 목사님의 설교와 강의 속에서 항상 강조되는 말은 "성경이 자증하시는 하나님"이라는 말이었다. 특히 변증학 강의에서 박 목사님은 항상 "성경이 자중하시는 하나님"을 강조하셨고, 그 분을 위한 변증을 하셨다. 그리고 "진실함", "교역은 하나님의 일을 수종드는 것이라는 것" 등이 강조되었다. 따라서 교만이라는 것은 그리스도인과 특히 교역자에게는 있을 수 없는 것임을 아주 자명하게 만드셨다. "성령님의 감화 없이 목회하려는 것은 목사에게는 가장 큰 욕이다"라고 하신 말씀도 강하게 기억되며, 신학의 강조를 따라서 말씀과 성령님을 늘 연관시키면서 제시해 주셨다. 성령님께 충성하는 것은 바로 하나님 말씀에 충실하는 것이라고 아주 분명히 해 주셨다. 박 목사님의 가르침에 의하면 개혁신학에서 성령론이 약하다든지 부족한 것이 있다든지 하는 말은 있을 수 없는 말이었다. 항상 성령님께 온전히 충성할 것을 가르치시는 박 목사님은 언제나 성경에 충실하셨다.

합신에서 특히 강조하신 것은 성경이 가르치는 전체 교회의 모습을 제시하신 것이라고 생각한다. 박 목사님께서는 노회와 총회가 상회(上會)가 아니며, 더 높은 기관이 아니고 보다 많은 사람들의 지혜를 모으는 더 넓은 회의체라는 것을 개혁신학의 정신에 따라 매우 강조하셨다. 그 누구도 주관하는 자세를 가지지 않도록 하시려는 그 정신이 박 목사님의 강조점에 고스란히 나타났던 것을 기억한다. 그래서 박 목사님께서는 '당회장', '노회장', '총회장'이라는 용어들을 사용하지 않도록 하셨고, 회의할 때만 '당회 의장', '노회 의장', '총회 의장'이라고 해야 한다고 하셨다. 총회는 개회할 때마다 새로 조직하는 이유가 지난번에 폐회(閉會)함과 동시에 파회(罷會)되기 때문이라는 것도 강조하셨다. 우리가 현실적으로 전혀 경험하지 못하던 장로교회의 정신을 잘 드러내어 주셨던 것이다. 이런 것을 합신의 헌법에 반영하셔서 그 헌법을 학생들에게 손수 가르치신 그 모습이 지금도 선하다.

박 목사님께서는 항상 하나님을 언급하실 때 "당신님"이라고 지칭하셨다. 기도 중에서나 설교에서나 강의에서도 성부, 성자, 성령 하나님을 지칭하실 때 독특하게 사용되던 박 목사님의 독특한 표현법이다. 하나님에 대한 경외가 잘 나타나는 어투라고 생각한다. "우리들로 하여금 당신님의 뜻을 잘 배워

알게 하옵시고, 당신님의 나라 백성 역할을 잘 감당하게 하여 주옵소서." 하나님께
이렇게 기도하시던 박 목사님의 그 기도와 심지어 어투까지도 우리에게 나타나기
를 원한다.

그 정신이 오늘 우리에게 그대로 있어서 학교와 합신 교단과 다른 교단들도
모두 박 목사님의 이런 강조점과 개혁신학적 가르침을 배우고 구현해 보려고
할 수 있기를 원한다. 박 목사님은 우리만의 박 목사님이 아니시기 때문이다.
따라서 이러한 박 목사님의 가르침을 한국 교회 전체가 잘 받아 나가도록 하는
것이 우리 합신과 합신 교단의 목표여야 한다고 생각한다. 우리가 말로만이
아니라 진정으로 박 목사님의 가르침을 받은 사람이 될 수 있도록 하나님께서
그런 은혜를 주시기 원한다.

내 인생과 목회의 버팀목

유익순 목사(제7회 졸업)

모 교단의 교회를 시무하던 나는 총신을 진학하기 위해 과정을 밟고 있었으나
정암의 가르침을 받기 위해 합신의 문을 두드렸고 정암께서 살아생전 전 학기
마지막 강의를 받은 행운의 제자가 되었다. 합신을 선택하는 데 대한 대가는
너무 커서 시무하던 교회 성도들과 생이별을 하게 되었고 입학과 함께 새로이
교회를 개척하고 또 건축해야했던 것이다. 이미 교회를 개척하고 있던 나는
정암의 가르침이 실천신학 이상의 과목이 되어 한 말씀도 가벼이 여길 수 없게
되었고, 특별히 사도행전 2장의 말씀을 가르치시며 오순절 성령 강림의 장면을

강론하실 때의 그 진지함을 지금도 잊을 수 없다.

정암께서는 고령임에도 불구하고 여느 교수님들보다 가장 많은 과목을 가르치신 것으로 기억이 된다. 더 늦기 전에 집필을 하시라고 권하는 제자들이 있음에도 불구하고 정암께서는 자신의 저서를 남기시는 일보다 제자들을 가르치시는 데에 몰두하셨다. 어느 날엔가 수업이 시작되기에는 이른 시간에 2층 강의실로 올라오셨다. 놀란 제자들이 "교수님 아직 시간이 많이 남아있는데 너무 빨리 올라오셨습니다." 라고 말하자 "어 그래" 하시며 곧 내려 가셨다. 그러나 불과 몇 분 후 곧 올라 오셔서 아직 이른 시간에 수업을 시작했던 기억이 있다.

학교로 들어서는 차도를 걷노라면 종종 정암께서 타고 오시는 낡은 승용차와 만나곤 했다. 연로하신 터라 늘 몸이 불편하셔서 똑바로 시트에 앉지 못하고 뒷좌석에 누어 출근하시는 모습이 눈에 띄곤 했다. 어느 날 수업을 마치고 정문으로 향하는 내리막길을 걷고 있는데 마침 집으로 돌아가시는 차가 스치듯 지나치고 있었다. 아주 잠깐 짧은 시간에 꾸벅 인사를 했는데 이내 차가 멈추어 섰다. 걸어가는 저희를 보시고는 같이 타고 가자시며 승차를 권하셨다. 당황하며 "요 아래 기숙사까지만 가면 됩니다"라는 우리 대답에 "아 그러냐"고 지나시더니 조금 더 가서서 다시 멈추시고 정중하게 타라고 권하시는 것이 아닌가? 하는 수 없이 타고 가던 기억이 아물거린다.

목사가 되면 강단에서 절대 권위를 드러내는 자가 되지 말라시며 친히 강단에서 모양만 거룩한 척하는 목회자의 모습을 웃으시며 직접 보여주셨고, 설교 시간에 준비하신 한 장의 원고를 내어 놓으시고 사력을 다하여 전하시던 모습이나, 외국의 유수한 학자들을 불러 강의를 들으시다가도 당신의 보기에 잘못 전하는 것 같으면 대뜸 일어나셔서 손가락으로 그를 가리키며 큰 소리로 지적하시던 당당하신 모습이 오늘의 목회 현장에서 나 자신을 지켜 나가는 버팀목이 된다.

세월이 지나 정암은 우리 곁을 떠나셨다. 친히 볼 수 없고 만날 수 없다. 이제는 잊혀 질 때도 되었고 그를 알지 못하는 많은 후배들이 그가 세우신 울타리 안으로 들어왔으나 정암께서 남기신 교훈은 너무나 커서 세월이 갈수록 목회자인 내 마음속에 큰 힘이 된다.

　신학의 혼돈 시대에 살면서 정암과 함께 했던 한 시대는 나에게 무척 행복 자체였다. 수없이 많은 세미나의 홍수 속에서도 괘념치 않을 수 있었던 것은 내 안에 탁월하셨던 정암의 신학이 있었기 때문이다. 큰 교회를 시무하는 목사가 아니어도 부자가 아닌 가난한 목회자일지라도 감히 당당할 수 있는 것은 내 안에 성령과 함께 정암의 정신이 있기 때문이다. 뿐만 아니라 목회가 고난의 길이요 어려움에 부딪혀도 당황하지 않고 비굴하지 않을 수 있었던 것은 정암께서 당부하시던 교훈이 내 안에 있었기 때문이다.

　신학이 무엇인가? 그 많은 진리를 다 깨달을 수 있는가? 그 많고 많은 책을 다 읽을 수 있는가? 한 시대를 책임지셨던 정암을 아는 것이 일만 서적을 다 읽는 것보다 더 귀하고 소중한 진리임이 틀림없다. 비록 더 탁월한 신학으로의 발전이 계속된다 해도 그 분은 당신의 시대에 보석이셨으며, 그를 알고 있는 제자들의 가슴속에 버팀목이시다.

내가 기억하는 박윤선 목사님

오성민 목사(제9회 졸업)

　나는 78년 총신에서 처음 목사님을 뵙게 되었다. 물론 이미 그 명성은 학교 오기 전부터 알고 있었으며, 개인적으로 당시에 존경하는 한국의 목사님들 중에 두 분을 꼽으라면 박윤선 목사님과 한경직 목사님을 생각하고 있었다. 총신에서 채플 시간에 설교하시는 목사님들 중에 박윤선 목사님을 비롯하여 후일 합신으로 오신 교수님들의 설교 시간이 특히 기다려지는 시간이었다. 당시 채플 시간에 수백 명의 신학생들이 자연스럽게 4부로 목소리를 합창하며 찬송을 부를 때 그 감동이 또한 잊혀지지 않는다.

당시에 내가 기억하기로는 목사님이 개척하신 교회를 후배 목사에게 맡기고, 노량진에 조그마한 교회를 새로 개척하셨다는 것과 박 목사님의 설교가 듣고 싶어서 그곳으로 찾아갔던 기억이 난다. 그 일도 목사님의 인격을 보여주신 한 장면으로 기억된다.

그 후 나는 개인적인 사정으로 군에 입대하였으며 어느 날 신문을 통해 총신에서 교수님들이 나오시고 새로이 신학교를 시작하신다는 것을 알게 되었으며, 그 명단을 보는 순간 자연스럽게 나도 그 교수님들이 계신 곳으로 가겠다는 생각을 하게 되었다. 왜냐하면 당연히 존경하는 분들이 다 나오셨기에 그분들이 가시는 곳이면 함께 한다는 생각이 있었기 때문이다.

제대 후 총신에 복학하였으나 예전의 그 채플 시간의 그분들의 설교를 들을 수 없는 아쉬움이 있었다. 당시 함께 공부하던 학우들 중에는 신설 교단으로 간다는 것이 많은 어려움이 있을 것이라는 충고들이 있었으나 이미 정한 마음을 돌이킬 수 없었다. 드디어 총신을 졸업하고 합신에 입학하여 박 목사님을 가까이서 뵙게 되었을 때 그리고 그 강의를 들을 때는 은혜와 감동의 시간이었다. 목사님의 모습과 인품 자체가 좋았으며 설교 시간과 강의 시간마다 은혜의 시간이었던 것을 기억한다. 마지막 학년 강의 때까지도 인쇄물까지 손수 준비하여 성심으로 가르쳐 주시던 모습이 떠오른다. 특히 칼 바르트의 신학의 문제점을 자주 깨우쳐 주셨다.

재학생 때 또 한 가지 기억나는 것은 83세에 당시 목사님의 목회 50주년 기념예배를 남서울교회에서 드리던 자리에 나오셔서 소감을 하시던 첫마디가 나는 83세 된 죄인이라고 하신 말씀이 참 충격이고 감동이었다. 보통 그런 자리에서는 자기를 자랑하거나 최소한 자기의 단점을 언급하지 않을만한데도 오히려 살아올수록 더 자신이 죄인인 것만 보인다는 고백은 경건을 향하여 나아가는 사람이 자신도 모르는 사이에 점점 더 깨끗해지는 모습이라고 느껴졌기 때문이다.

종종 학교에서 아르바이트를 하느라고 수업이 끝나고 나서 학교에 남아 일을 보다보면 일층에 있던 박 목사님 교수실 옆을 지나칠 때 "주여! 주여!" 하시며 무언가를 기도하시던 목소리가 들려오곤 했다. 한번은 큰 길에서 학교로 들어가던 길에 목사님이 몸이 불편하셔서 승용차 뒷자리에 누워계시다가 지나가던 학생을 태우려고 차를 세우시던 모습을 본 기억이 난다. 개인적으로는 설교 시간에 전도서 12장 11~13절 말씀을 가지고 설교 주제를 택하였을 때 그 의미를 바르게 주석하도록 훈계해주시던 일도 생각난다.

강원노회 김승권 목사님을 통해 들은 이야기 중에, 한번은 박 목사님과 학교에서 마주쳐 인사를 드렸더니 목사님이 대답을 하시고 지나가시다가 돌아서서 다시 부르시길래 무슨 일인가 했더니 전도사님이 인사를 하는데도 다른 생각을 하느라 건성으로 인사를 받은 것이 마음에 걸려 사과를 한다는 이야기를 듣고 감동을 받은 일이 있었다.

박 목사님 장례식 날 느낀 점은 만일 박 목사님이 한경직 목사님처럼 크게 알려지셔서 그 이름이 충분히 소개되었더라면 장례식이 이처럼 작은 모양으로 치러지지는 않았을 텐데 하는 생각과 세상이 목사님을 알아주지 않는다는 것에 아쉬움이 남았다. 그러나 개인적으로는 그날 이렇게 좋은 분이 가신 곳이라면 나도 그곳에 가고 싶다 하는 생각이 문득 나도 모르게 들었다. 전에는 한 번도 그런 생각을 가져본 적이 없었다. 그러면서 사랑하는 사람들의 죽음을 겪으면서 사람들이 죽음을 친숙하게 여기는 것이 이런 이유 때문이란 것을 알았다. 우리 시대에 귀한 목사님을 보내주셔서 함께 하게 하신 하나님의 은혜에 감사한다.

부친과 비슷한 외모에 친근감 느껴

최용태 목사(제9회 졸업)

내가 합동신학교에 입학한 때는 1985년이었다. 그때 내 나이 38세였으니 꽤 늦게 신학을 한 것이다. 그러나 육십을 넘긴 지금에서 돌이켜 보면 그때가 행복한 시절이었던 것으로 추억된다.

당시에 합신에 입학하게 된 동기는 단순하였다. 25세에 초등학교 교사로 사회생활을 시작했었는데 인생에 새로운 도전을 시도하다가 삶의 마지막 바닥까지 추락한 상황이었다. 물론 신앙생활은 고등학교 시절부터 시작하였으니 꽤 오랜 연륜(?)이었다고 생각하지만 구원에 대한 확실한 개념도 없었을 뿐 아니라 신앙의 깊은 맛도 알지 못한 상태였다. 그런데 고단한 삶을 이어가는 중에 1984년 11월 어느 날 자신의 존재에 대해서 회의하게 되었고 그때 신학을 하여야겠다는 생각이 마음에 벼락처럼 찾아왔다. 신학을 잘 알지도 못하였고, 어느 신학교가 있는지도 몰랐는데 어느 목사님의 추천으로 합신을 지원하게 되었다.

당시의 합신은 남서울교회에서 공부하였으며, 그 해를 마지막으로 수원 캠퍼스를 옮기게 되었다. 학교에 지원서를 내고, 합격하여 봄에 수원 캠퍼스에서 처음 공부하게 되었고 덕분에 서울에서 멀리 수원까지 날마다 통학하였다. 입학하여 학업을 하는 중에 박 목사님으로부터 설교학과 변증학을 배우게 되었다. 다른 동기생들은 이미 박 목사님에 대해서 입학하기 전부터 많은 것을 알고 있었으나, 나는 합신에 와서야 박 목사님이 어떤 분이시다는 것을, 그것도 약간 알게 되었다. 그러므로 나는 신학적인 면에서 박윤선 목사님을 보기보다는 인격적인 면에서 먼저 살펴 볼 수 있게 되었으며, 그 점이 나에게는 강렬한 인상으로 지금까지 남아있는 것으로 안다.

특별히 목사님의 인상이 돌아가신 부친의 외모와 비슷한 점이 있어서 친근감을 느꼈다. 수업 시간의 열정적인 강의와 설교하실 때의 결의에 찬 모습과 단호함과 강렬한 호소력이 매우 인상 깊게 느껴졌었다. 신학에 대한 생소함과 더불어 교과목의 생소한 개념들을 이해하는 데 꽤 많은 시간들이 소요되었던 것 같다. 더불어서 신학은 목회를 하기 위한 전제이지만 나로서는 목회라는 것이 무엇인가 그리고 목회는 어떻게 하는 것인가 하는 실제적인 면이 더 궁금했었다. 그런데 훌륭한 많은 교수님들이 계셨지만 이미 첫 인상에 부친의 외모와 비슷한 박 목사님을 만났으니 그분을 주시하게 되었고, 그분이 나에게 더 많은 영향력을 끼쳤다고 생각된다.

박 목사님을 통해서 목회에 대한 개념을 어느 정도 확립하게 되었다. 물론 구체적인 접촉을 통해서가 아닌 강의 시간과 채플 시간의 설교와 학생들을 대하시는 태도를 통한 것이었다. 해박한 성경 지식과 하나님을 향한 거침없는 사랑과 매사에 침묵하시지만 정진하시는 모습을 통해서 목회라는 것도 하나님을 사랑하는 뜨거운 마음과 성경에 대한 해박한 지식의 필요성 그리고 성도들에게는 인자하고 따뜻한 마음을 가지고 배려해 주는 것이라는 것으로 이해하게 되었다. 박 목사님의 인품을 볼 수 있었던 장면이 있었는데, 특히 학생들의 질문 중에는 엉뚱한 것도 있었고, 때로는 목사님의 신학을 마치 점검하는 듯한 질문도 있었지만 박 목사님께서는 조용한 말씨로 대답하시었다.

급우 중에 한 분이 "방언에 대해서 어떻게 생각하십니까"라고 질문하자 박 목사님께서는 "주석을 읽어보시오"라고 작은 목소리로 답하시고 끝내시는 것을 보았다. 그 학생은 그 질문을 하기에 앞서서 박 목사님의 주석을 먼저 살펴보는 것이 순서였을 것이지만 이 과정을 놓치고 질문한 것을 크게 나무라지 않으시고 조용하게 말씀하시는 모습이 지금도 생생하게 남아 있다.

동기생들은 연령별로 동아리를 만들어서 학업에 열중하였는데, 나와 나이가 비슷한 동기들이 예수님처럼 낮은 자세로 목회를 하며 섬기는 삶을 살자고 다짐하면서 '아래로'라는 동아리를 만들었다. 지금까지 각지에서 훌륭하게 목회 하는 '아래로' 친구들을 보면 너무 감사하고 친구들의 음성을 들을 때마다 옛날이 그리워지고 달려가 만나고 싶은 충동을 느낀다. 2학년 때인가 우리들의 동아리

친구들이 하루는 이제 이름을 부르기 거북한 때가 되어가니 호를 지어서 이름 대신 부르기로 하고, 서로 알맞은 호를 짓게 되었다.

그런데 친구들이 나에게는 '자네는 박 목사님을 너무 좋아하니 소암(小岩)으로 하게' 하였는데, 그때는 철없이 좋아하였지만 지금 생각하니 너무 송구스럽고 부끄러울 따름이다. 박 목사님은 성경 연구와 후학 양성에 오로지 한 길로 헌신하셨지만 나는 너무나 부족한 목회를 함으로 제자로서 흠모하는 스승에게 누를 끼치고 있지는 아니하는지 심히 염려된다. 이 글을 쓰기 전에 주석 책에 실려 있는 박 목사님의 사진을 보면서 그 위에 나의 아버님의 얼굴을 겹쳐 보았다. 좋은 스승은 더욱 더 그리워지는 것처럼 세월이 흐르고 나이를 먹으면서 나의 은사이신 박윤선 목사님이 더욱 그리워진다.

하나의 기회, 두 가지 기억

김석만 목사(제10회 졸업)

3학년 1학기 기말고사를 마치자 박윤선 목사님은 하나님의 부르심을 받으셨다. 마지막 병원에 입원하시기 전까지 강의를 하셨는데 하나님나라로 가실 때가 가까워 오신 것을 아셔서 그러셨는지 마지막 학기는 더욱 열과 성을 다하셔서 진액을 짜내며 설교하시고 강의하시는 큰 혜택을 입은 우리들이다. 목사님께서 소천하시자 장례위원회가 구성이 되었는데 그때 우리 동기들은 학우회 임원을 맡고 있어서 실무적인 일을 맡아 감당했다. 장례식장을 학교 마당에 설치하고 묘지를 만들고 운구를 하는 일 등을 여러 어르신들의 지도를 받아 1,2학년 학우들과 함께 섬길 수 있었다. 귀한 스승 목사님을 위해서 조금이나마 섬길 수 있는 기회를 가질 수 있었던 것은 큰 축복이었다. 개인적으로는 두 가지가 생각이 난다.

첫째는 내가 합신에 응시한 것은 자신의 뚜렷한 소명보다는 주위 분들의 권고가 더 크게 작용했다는 것이다. 주위로부터 목회하는 것이 좋겠다는 권유를 많이 받아 왔지만 선뜻 결정하지 못하고 있었다. 언젠가는 목회자가 되어야 할지 모른다는 생각에 또 주위에서 권유하시니 시험이나 한번 보고 그 후에 결정하자 하는 심정으로 입학시험에 응했고 면접시험을 보는데 면접위원 중 한 분이 박윤선 목사님이셨다. 문을 열고 자리에 앉자 대뜸 하시는 말씀이 "그래 목사가 되기로 했어요?"라고 물으셔서 나도 모르게 "아~ 네~에" 하고 대답하게 되었다. 그후로 한 번도 목회자가 된 것을 후회하지 않고 감사하면서 부족하지만 달려가고 있다.

둘째는 신약신학을 박 목사님께서 강의하셨다. 기말고사를 치른 후에 성적을 통보 받았는데 생각보다 점수가 잘 나오지 않았다. 그때는 성적 이의를 신청하는 제도가 있어서 성적 이의 신청을 했다. 연세 드신 목사님께 죄송한 일인데 지금 같으면 하지 않았을 것이다. 박 목사님께서 친필로 답변하시기를 "죄송합니다. 채점을 하고 집계를 하는데 실수가 있었습니다."라고 하시며 점수를 수정해 주셨다. 아주 자상하신 목사님의 일면을 볼 수 있었다.

학문보다 더 힘 있는 신앙 인격

심의화 목사(제12회 졸업)

내가 박윤선 목사님을 처음 만난 것은 개혁신보(?) 논단에 실린 짧은 글을 통해서였다. "양의 피를 빨아먹는 이리떼들아! 양의 가죽을 벗겨 자기 유익을 취하는 이 늑대들아!" 한 번도 얼굴로 뵌 적도 없고 이름도 들은 적 없었던

시절, 한국 교회 목양 현장을 향한 살아계신 하나님의 대언을 읽으면서 나는
그분의 심장을 느낄 수 있었다. 주님을 향한 진실한 사랑과 하나님의 충직한
종의 겸손이 내 가슴에 메아리쳐왔다. 1987년 주께서 신학의 길로 부르셨을
때 내게는 합동신학교 외에 다른 선택의 여지가 없었다. 연로하신 박 목사님이
살아계신 동안 꼭 그분의 심장을 배우리라는 일념으로 합동신학교 문을 두드렸다.

신학교 입학 후 약 한 달 만에 있었던 성역 50년 감사예배 때 그분의 모습은
지금도 내 영혼에 채찍이 된다. 박윤선 목사님의 말씀을 기대하며 달려간 청중들
이 의아해하는 가운데 정작 본인의 모습은 보이지 않은 채 박 목사님께 배운
제자 목사님들의 기념논문발표 형식으로 예배가 끝났다. 나중에 안 사실이었지만
박 목사님께서 50년 성역을 기념하는 예배 자체를 극구 반대하셨다는 것이다.
"다 주님께서 하신 일인데 왜 사람이 영광을 받게 하느냐"는 것이 이유였다.
모든 순서가 끝난 후 사회자가 마지막으로 박 목사님께 후배들을 위하여 한마디만
부탁드렸을 때 목사님은 마지못해 나오셔서 한참 허공을 쳐다보시더니 짧게
말씀하셨다. "나로 말할 것 같으면 83년 묵은 죄인이올시다." 그 한마디가
거기 있던 모든 사람들의 가슴을 울렸고 모두 주체 없이 흘러내리는 눈물을
닦았다. 더 이상 무슨 말이 필요하겠는가?

1988년 여름 학기말 시험 중 소천하시기까지, 1년 반이라는 짧은 기간 동안
가까이서 뵌 박윤선 목사님의 모습은 20년이 지난 오늘 같은 '종의 길'을 걷는
한 사람으로서 내 가슴 속에 살아있는 영원한 모델이요, 도전이요, 위로다.
그 분의 학문보다 더 힘 있는 신앙 인격이, 그분의 말보다 더 뜨거운 그리스도의
심장이 나의 푯대가 되었다. 병원에 입원하신 후 하나님의 부르심을 받으신
그 날까지 한 달 동안 날마다 우리에게 들려온 소식은 그동안 우리가 들어왔던
어떤 설교보다 가장 강력한 마지막 설교였다.

그 고통 중에서도 항상 그렇게 하셨던 것처럼 변함없이 새벽 2시면 일어나셔서
5시까지 큰 소리로 한국 교회를 위해서, 신학교들과 후배 목사들 한 사람 한
사람 이름을 부르며 기도하신다는 소식, 위문하러 간 제자 목사님들 한 사람

한 사람 붙잡고 때로는 경고로, 때로는 권면과 위로로, 사력을 다하여서 하나님께 부탁하는 기도로 마지막 인사를 나누신다는 소식, "내 무덤을 만들지 말아라. 묘비도 세우지 말아라. 무익한 종이 하나님께 쓰임 받은 것도 감사한데 내 이름 석 자가 하나님 영광 가리지 못하게 하라." 그 유언으로 인해 가족들과 제자들과 학교 사이에, 그 분의 뜻을 따라 유언대로 실행해야 한다는 의견과 그 뒤를 따라야 할 많은 믿음의 후배들을 위하여 그래도 무덤을 남겨서 그 분의 발자취를 기억하게 해야 한다는 의견 사이에 많은 논란이 있었다는 소식, 이 모든 것이 지금도 나의 목회 현장에서 되살아나는 박 목사님의 음성이다. 나는 많은 순교자들과 믿음의 위인들과 함께 박 목사님을 한국 교회에 선물로 주신 하나님께 감사드린다.

박윤선 박사의 행동하는 믿음과 학문

김재성 목사(제2회 졸업)

한국 교회의 기둥과 터

한국 교회 초기에 길선주 목사님과 주기철 목사님, 이기선 목사님과 손양원 목사님 같은 분들이 큰 지도자로서 설교를 통해서 감동을 주었다. 그리고 일제 해방기를 맞으면서 박형룡 박사님과 박윤선 박사님 같은 학문을 겸한 지도자들이 그 후배 세대들을 이끌었다. 이들 두 분은 선생과 제자이면서도 함께 같은 시대를 살아갔다. 이 두 분을 근간으로 해서 수많은 제2세대의 신학자들과 목회자들이 배출되었다. 화성교회의 고 장경재 목사님, 그리고 신복윤 교수와 한철하 박사 같은 분들과 초기 합동신학대학원의 교수진들 김명혁 교수, 윤영탁 교수, 박형용 교수 등이 박윤선 박사님의 다음 세대로서 같은 신앙의 길에

섰다. 고려신학대학원의 한상동 목사와 이근삼 박사, 총신대학의 거의 모든 교수진들, 명신홍 교수, 김희보 학장, 정성구 학장 등의 세대가 역시 박윤선 박사를 빼놓고 말할 수 없는 분들이다. 지금은 제3세대가 주도하고 있는 변화와 발전기에 속해 있다.

벌써 박윤선 박사의 소천 이후 21년의 세월이 지났으니, 그를 모르는 다음 세대가 출현하여 한국 교회의 새로운 흐름을 만들어 가고 있다. 하지만, 박윤선 박사의 존재와 생애를 다시금 서로 나누는 것은 그 분의 삶 전부가 잊혀지지 않고 오래 지속되기를 바라는 진리에의 뿌리이기 때문이다. 필자가 이렇게 말하는 것은 조금도 과장이 아니며, 아첨도 아니다. 박윤선 박사의 신앙과 신학을 너무나 과소평가 하는 경우가 많다. 우리가 누구에게 배워서 아는 것이라 면, 한국 교회 그 어느 누구에라도 남아있는 참된 복음의 흔적에는 박윤선 박사의 기도와 손길이 배어있다.

1975년도에 총신대학에 입학했을 때에, 박윤선 박사는 한국에 계시지 않았다. 이미 은퇴를 하시고, 미국으로 건너가셔서 신구약 주석 작업의 마지막에 심혈을 기울이고 계셨다. 그래서 검은 색 장정의 주석 책을 보면서, 지금 이 분은 어디에 계시는가? 혼자서 두리번거린 적이 있었다. 그런데 한국 교회의 혼란이 가중되자, 1979년 총신대학교에 부름을 받고 다시 돌아오셨다. 그러니까 내가 목사님을 체험한 것은 생애의 마지막 9년간이었다. 이 기간 동안 목사님의 마지막 부분을 총신대학의 혼란기에 그리고 합동신학교의 설립기에 진리의 수호자로서 힘쓰시면서 모든 것을 다 내어놓으셨다.

그때 우리는 신학대학원 학생으로서 가르침을 받은 처지라서 그저 박윤선 박사님이 주시는 헌신과 열정에 대해서 너무나도 염치없이 받기만 했다. 목사님 은 주석에서 나오는 모든 수익금을 학생들과 학교를 위해서 주셨고, 정암장학금 을 받았던 우리는 진심으로 감사할 줄도 모르는 자들이었다. 그런데 아무도 알아주지 않는 길에서 박윤선 박사님은 모든 것을 제자들을 위해서 한국 교회를 위해서 쏟아 부으셨다.

평생을 기도와 주석 작업으로 경건하게 살아가신 분이다. 그런 분이기에 하나님께서는 박윤선 박사를 한국 교회 신학의 형성과 발전을 이룩해내는 기초석으로 사용하였다. 그런데, 정말 탁월하게도 박윤선 박사는 그 역할을 잘 감당했다. 개척자 최초의 세대로서 구한말의 학문과 선교사들이 물려준 초기 신앙을 그 토대로 삼아, 끊임 없는 자신의 노력을 보탰다.

박윤선 박사의 유고집인 『개혁주의 교의학』을 내가 만든 것도 그러한 존경심 때문이었다. 박윤선 박사에게 소화된 개혁주의 신학은 먼저 잘 정돈된 그분의 강의안에서 찾아볼 수 있었기 때문이다. 성실하게 그리고 철저하게 더 많은 것을 배우고 읽히고자 노력한 흔적이 수없이 쌓여서 강의안은 해를 거듭하면서 늘어나고 커졌다. 피난 시절부터, 부산 고려신학교에서, 그리고 서울 사당동 총신대학에 이르기까지, 그리고 마지막 변증학 교재는 합동신학대학원에서 마지막 판이 인쇄되어 학생들에게 나눠졌다.

박윤선 박사는 한국 교회의 대들보와 같은 역할을 담당하셨다. 지난 백 오십 여년의 한국 교회의 흐름과 역사를 되돌아 볼 때에, 지금 우리가 서있는 자리에서 이런 모습이라도 감당할 수 있는 것은 모름지기 박윤선 박사와 같은 분을 통해서 신학을 배울 수 있었기 때문이다. 그분의 삶을 통해서, 그분과 같이 머물러 있는 하나님의 은혜를 함께 받았기 때문이다. 일제하에서는 평양신학교에서, 그리고 일본 강점 말기에는 만주 봉천신학교에서, 해방 이후 고려신학교에서, 그리고 1960년대부터 이십 년간은 총신대학교에서, 마지막으로 1980년 이후로는 합동신학대학원에서 남기신 열정과 기도 덕분에 한국 장로교회는 지금도 제 자리에 서 있을 수 있는 것이다.

살아있는 신앙: 아는 것과 믿는 것의 일치

박윤선 박사님은 젊은 나이에 미국 웨스트민스터 신학대학원에 두 번 유학을 오셔서 신학석사 과정에서 공부하였다. 그리고 나중에 화란으로 가셔서 거의 일 년 동안 독학으로 공부하셨다. 미국 웨스트민스터 한국 유학생으로는 박윤선 박사님이 첫 학생이었다. 그리고 웨스트민스터 신학대학원에서 명예신학박사 학위를 받은 최초의 한국분이기도 하다. 웨스트민스터 신학대학원 개교 50주년에 즈음하여 부르스 헌트 선교사와 박윤선 목사에게 처음으로 명예박사 학위를 수여하였다.

박윤선 박사의 학문적 선택과 방향은 훗날 많은 한국 유학생들이 웨스트민스터로 오게 하는 원동력이 되었다. 심지어 필자도 여러 학교를 놓고 선택의 갈림길에 이르렀을 때에 역시 여러 스승들을 생각하면서, 특히 박윤선 박사의 신학의 계보를 잇고자 하는 마음으로 웨스트민스터를 택하여 최종 학위를 마치게 되었다.

박윤선 박사가 필라델피아 웨스트민스터 유학 시절에 어떤 과목을 잘 하고, 어떤 과목에 흥미를 가졌는가 그분의 학적부를 열람하여 도움을 받은 적이 있다. 두 번이나 박윤선 박사는 성경 과목들, 특히 신약의 메이천 박사, 변증학의 반틸 박사, 구약의 에드워드 제이 영 박사, 그리고 신약의 스톤하우스 박사와 조직신학의 존 머레이 교수 등에게서 열심히 강의를 받았다. 그러나 교회사 과목은 흥미가 별로 없으셨던 것으로 드러난다.

훗날 한국 교회의 기초석이 되는 성경 주석에 흥미를 안고서, 이에 도움이 되는 공부를 착실히 계속한 것이다. 미국 교수들의 인격과 태도를 배우고, 개혁주의 신학의 흐름을 파악한 이후에, 그 안에서 성취하고 발전시켰다. 그래서 박윤선 박사의 교재와 강의안에는 철저히 준비하여 과목마다 충실하게 소개하려는 교육자의 헌신이 담겨있다.

그런데, 박윤선 박사에게는 배우고 깨우쳐서 아는 것과 믿는 것이 일치되고자 하는 일관됨이 보인다. 이것이 놀라운 부분이다. 지식만으로 그치거나, 학식으로 소개하려는 '재치' 박사가 아니라, 몸으로 실천하려는 수행자요 고행자의 모습이다.

한국 교회를 사랑하신 하나님께서는 정암 박윤선 박사를 귀하게 사용하시고, 큰 그릇으로 빚으셨다. 한국 장로교회에 끼친 박윤선 박사의 공헌과 기여를 생각해 보면, 한국인으로서 가장 훌륭하게 신학을 소화하여 설교자들에게 제시한

나침반의 역할이었다. 먼저는 그분 자신의 성실함으로 배우게 하시고, 일제하에
서 그리고 해방 이후로는 모든 것이 어설프고 부족한 가운데서 한국 개혁주의
신학의 교과서 역할을 감당하였다.

기독교는 막연한 진리를 나열하는 철학이 아니다. 그래서 신학 이론의 체계가
아니다. 확실히 아는 것에 기초한다. 박윤선 박사는 성경의 사람이다. 그에게서
성경은 게할더스 보스 박사가 제시한 바와 같이 하나님의 정확무오한 계시며,
구원에 이르는 완전한 진리이다. 계시의 점진성과 통일성을 강조하는 보스의
신학은 박윤선 박사가 편집하여 만든 『성경신학』이라는 책에 고스란히 담겨있다.
보스 박사가 화란 개혁파 신학자로서 미국 프린스턴 신학대학원에서 은퇴하기까
지 가르친 모든 것들을 누구보다도 일찍이 섭렵하고, '이미-아직 아니'라는
긴장된 그리스도 중심적인 종말론을 그대로 주석에 반영한 것이다. 필자는
요한계시록을 가르치면서, 보스 박사의 종말론을 강조하시던 박윤선 박사님의
모습을 지금도 기억하고 있다.

또한 화란 개혁파 신학의 최고봉을 남긴 헤르만 바빙크의 신학을 가장 잘
활용하고 섭렵하였다. "계시의존 사색"은 헬라적 철학과 계몽주의를 극복하기
위한 성경적 개념이었다. 박윤선 박사는 이를 매우 즐겨 묵상했고 강조했다.

"단 하루도 쉬는 날이 없었다"

나는 아내와 함께, 미국 유학 기간이던 1988년 1월 1일, 로스엔젤리스 남쪽
헌팅턴 비치에 있는 목사님 댁으로 세배를 드리러 갔었다. 당시 박윤선 박사님은
따뜻한 곳에 집을 마련하시고, 방학이면 자녀들과 함께 지내셨다. 우리가 중국
음식 해삼탕을 좋아하시는 목사님을 모시고 근처의 중국집으로 안내하여 점심을
대접했다. 그런데 뜻밖에도 귀한 가르침을 주셨다.

박윤선 박사님은 한국 신학자로서는 그 누구도 하지 못한 성경 주석 작업에
일생동안 매달려서 자신의 모든 시간을 다 바쳤다. 항상 성경 해석에만 모든
관심을 집중하고 있으셨다. 그래서 세상이나 가정 일이나 별로 큰 관심이 없으셨

다.

하지만, 마음에 담고 계셨던 일을 털어놓으셨다. 아마도 누군가에게 털어놓고 싶으셨던 이야기였던 것 같다. 한국에 계실 때의 일이다. 어느 날 목사님이 삼계탕을 들고 계셨는데, 자녀 중에 한 명이 그 앞에서 바라보고 있었다고 한다. 그런데 나중에 아이가 울어버렸다는 것이다. 목사님이 한 쪽이라도 주면서 격려해야 하는데, 아무런 생각 없이 다 잡수셨기 때문이었다.

그리고 한 가지 마음에 '리그렛' 하는 일이 있으시다고 첨가하셨다. "내가 일생동안 크게 '후회'(regret)하는 일이 있는데, 아이들과 단 하루도 함께 놀러가지를 못한 것이다"라고 말씀하셨다. 단 하루도 '할러데이'(쉬는 날)가 없었다고 하셨다. 그러나 자녀는 그렇게 지내지 말라고 당부하셨다. 우리 부부는 노학자의 가슴에 남은 회한을 듣고 돌아오면서 마음이 찡했다. 단 하루도 본인을 위해서는 쉬는 날이 없으셨다니……

합동신학대학원 시절에 내가 학생회장으로서 학교 소풍날 예배 사회를 본 적이 있었다. 그때 우리는 과천 뒤쪽에 있는 백운호수로 갔다. 남서울교회 어느 장로님의 농장이 그곳에 있었는데, 우리는 그곳이 미래 캠퍼스가 되리라고 하는 이야기를 들었다. 축사를 개조해서 수업하게 되리라는 상상을 품고 있었다. 목사님은 그때 그 일을 기억하시면서, 그 피크닉에서 김 목사가 앞에서 사회를 보고 있는 모습이 좋았다고 하셨다. 그 날도 목사님은 아직도 제대로 캠퍼스도 없이 건축 중이던 "남서울교회" 지하 교육관에서 수업을 하던 시절이라 학교 걱정으로 마음이 편치 못하셨다. 그리고 돌아가서 원고 준비를 하실 일에 마음 편안히 쉴 수 없으셨을 것이다.

훗날 나는 그 농장 소유자였던 장로님을 미국 로스엔젤리스에서 만나 뵈었다. 그리고 어찌하여 잘 되지 않았는지 그 나중 이야기를 들을 수 있었다. 그분에게도 개인적으로 아쉬움과 후회할 일들이 겹쳐지고 있었던 것이다. 그리고 그 해 초여름, 박윤선 박사님은 하나님의 부르심을 받고 돌아가셨다. 우리는 미주 서부지역 추모 예배를 나성한인교회에서 드렸다. 고신, 총신, 합신 동문들이 모이고, 김의환 박사, 이진태 박사, 황보연준 목사, 조천일 목사 등 원로 그룹들이 앞장서고, 여러 평신도들이 함께 참여하여 고인의 삶과 은혜를 추모하였다. 그 누구도 세월 앞에 장담하지 못하니, 그분의 생애를 아쉬워할 뿐이다.

미국 시민권을 갖으셨던 이유

박윤선 박사께서는 중국 만주 땅 심양에서 피난기를 보내셨다. 물론 박형룡 박사님과 함께 만주 봉천 신학교에서 가르치셨다. 일제의 핍박으로 한국에 있던 모든 선교사님들이 쫓겨나고, 신학교가 문을 닫았다. 수십 만 명의 한인들이 비교적 박해가 덜한 만주 땅에서 독립운동과 생계를 위해서 살고 있었다.

그리고 심양에서 가르치면서 "오가황교회"를 개척하였다. 그래서 심양 근처에는 박윤선 박사의 제자들이 많았다. 실제로 필자가 심양 서탑교회 오혜련 목사님을 만나, 박윤선 박사의 제자요 신학교 교수라고 소개하자, 그분도 어린 시절에 박윤선 목사님의 설교를 듣고 감화를 받은 적이 있다면서 반갑게 대해 주셨다. 그리고 언제든지 방문하여 좋은 말씀을 달라고 하셨다.

박윤선 박사님은 그곳에 가고 싶어 했다. 한국과 수교가 없는 중국에 들어갈 수 없기에, 미국 시민권을 가지고 언젠가는 방문해서 보고 싶어 하였다. 험난한 피난살이에도 자신의 신앙을 지킬 수 있게 해 주었던 곳을 오랫동안 그리워하셨다. 지금 중국 지역에서 활동하는 많은 제자들은 남달리 중국 복음화에 관심과 기대를 갖고 계셨던 박윤선 박사의 영향을 받은 분들이 많다.

언젠가 내가 이런 마음을 가지셨던 선생님을 대신해서 '오가황교회'를 방문하였다. 지금은 처음 장소에서 다소 떨어진 곳에 다시 세웠다고 한다. 문화대혁명 기간에 교회는 완전히 문을 닫았었고, 벽돌은 모두 다 근처 초등학교 건축에 사용되고 말았다. 땅도 없어지고, 모든 소유권이 없어졌지만, 다시 복원되어 일부를 되돌려 받았다고 했다. 그리고 나는 오가황교회에서 인사를 하면서 이 교회를 현재 담임하는 목사님이 박윤선 박사처럼 훌륭한 목회자가 되었으면 한다고 기원했다.

　　박윤선 박사를 모시고 배움의 기회를 가졌던 세대는 행복한 사람들이다.
우리는 하나님의 종의 진실된 모습을 눈으로 볼 수 있었고, 기도하면서 경건하기
에 힘쓰는 종을 만날 수 있었기 때문이다.

　　동시에 박윤선 박사를 모르는 세대에게는 그분의 일화를 소개하면서 부끄러움
을 금할 수 없다. 그토록 한국 교회에 다시 나오기 힘든 분에게서 큰 감화를
받았다면서 어찌하여 오늘도 이것 밖에 안 되는 것인가를 통렬히 반성해야
하기 때문이다.

스승의 교훈

기도하는 바보가 되라

양영학 선교사(제1회 졸업)

1980년 총신에서 학교 문제로 학생들은 학생들대로 교수님들은 교수님대로 이사님들은 이사님들대로 홍역을 치루고 있을 때가 있었다. 학교가 이렇게 소란해도 박 목사님은 아무 말씀을 하지 않으시고 침묵하고 있으셨다. 졸업반 학생들이지만 학우회 임원들은 이 소용돌이 속에서 문제를 해결하려고 동분서주하며 학생들과 교수님들 그리고 이사 몇 사람들 사이를 분주히 만나며 뛰어다니고 있었다. 밤에 잠을 자지도 못하고 강당에 모여 기도하기도 하고, 회의를 하기도 하였다. 수업은 제대로 진행이 되지 않고 교수님들 사이도 정치 목사님들의 영향으로 나누어지고 있었고, 일부 교수님들은 학생들을 이해하는 편이기도 하고 대부분 교수님들은 침묵하고 있었고 일부는 학우들을 나무라는 분들도 있었다. 이 큰 교단의 노련한 정치 목사님들을 단순한 학생들이 어떻게 대항할 수 있겠는가? 지금 생각해보니 이길 수 없는 싸움을 하고 있었던 것이다.

이런 와중에 침묵을 지키셨던 박 목사님이 하루는 저를 찾는다는 전갈을 받고 박 목사님 방으로 가면서 다른 교수님들이나 이사들이 부르면 담담했던 마음이 어찌나 긴장했던지 박 교수님 방 앞에 거의 다 와서는 다리가 떨리기 시작했다. 언젠가 어떤 교수님의 충고로 박 교수님 찾아 갔다가 아무 말씀 안하시고 나가라고만 하시던 박 목사님이 갑자기 찾는 이유를 알 수 없었기에 무슨 말씀을 하려고 나를 부르시는 것일까 하는 생각을 하면서 박 목사님 방을 노크하고 들어갔다.

저를 한참 바라보시다가 한동안 침묵하시던 박 목사님이 하시던 번개 같으신 한마디, "돌아다니는 똑똑이가 되지 말고 기도하는 바보가 되라"는 말씀을 하시고 나가라고 하셨다. 나는 방을 나오면서 눈물이 핑 돌았지만 한편으로는 드디어 박 목사님이 이 일에 관심을 가지셨다는 안도감과 더불어 그날 저녁으로 바로 기도원에 가서 기도하고 3일 만에 응답받고 내려왔다. 그 후로 학교 문제는 한 가지씩 주님의 뜻대로 가고 있는 것을 보았다. 그때 박 목사님이 이 아둔한 나에게 하신 말씀은 내 평생 잊지 않고 지금도 분주할 때는 기도하는 바보가 되자고 다짐하곤 한다. 그 외에도 자주 만나서 책망은 많이 듣지 못했지만 박 목사님을 힘들게 한 이 제자를 용서해 달라고 기도하곤 한다. 주님! 박 목사님이 책망하신 말씀대로 더욱 기도하는 바보가 되겠습니다.

젊은 사람이 설교 잘 하기 쉽지 않네

박삼열 목사(제3회 졸업)

박윤선 목사님과의 개인적 만남은 합동신학교 3학년에 재학하던 시절인 1983년 가을이다. 박 목사님이 바울서신 강해 시간에 나를 가리키며 일어나 그 다음 부분을 읽으라고 하셨다. 그 시간이 끝나자 박 목사님께서 나를 복도에서 좀 보자고 하셨다. 지금 어디서 사역하고 있느냐고 물어오셨다. 인천의 어느 교회에서 일한고 대답했다. 그분은 잠시 생각에 잠기시더니 내년부터 내가 봉사하는 교회에서 일해 보지 않겠느냐는 것이었다. 생각해 보고 말씀드리겠다고 했다. 그러나 내심으로는 가지 않겠다는 생각이었다. 박 목사님은 몇 번 거듭 물으셨다. 나는 몇 번의 사양 후 '목사님이 저렇게까지 말씀을 하시니 순종해야 하는 것 아닐까…' 하는 생각이 들어 그렇게 하겠다고 말씀드렸다. 그렇게 해서 나는 그 다음 해부터 장안교회에서 일하기 시작해서 교육전도사, 전도사, 강도사 부목사를 거치면서 만 4년을 지내며 여러 가지를 느낄 수 있었다.

주여, 주여, 불쌍히 여기어 달라고 기도하는 정암

나는 종종 그 분 옆에서 사회를 보았고 목사님은 설교를 하셨다. 그런데 그 당시 목사님은 이미 80을 넘은 연세였기 때문에 단에 오르시고는 거친 숨을 몰아쉬곤 했다. 저렇게 숨이 차면서도 어떻게 설교하실까 하는 생각이 들 정도였다. 설교 순서가 될 때까지 목사님은 의자에 앉아 고개를 깊이 숙이고 몸을 흔들면서 "주여, 주여" 기도하시곤 했다. 그러면서 '불쌍히 여기어 달라'고 말씀하시곤 했다. 한참 어린 내가 생각할 때 당시 유명한 대부분의 부흥사들은 단에 오르면 이미 여유만만하고 당당해서 그것이 성도들에게 든든함과 함께 권위를 느끼게도 하던 시절이었다. 그에 비하면 목사님은 성경 전체를 다 주석하신 분이시고 일평생 신학생들과 목회자들을 가르치고 인도하신 분이신데 무엇이 저토록 부족하게 만들고 또 간절하게 할까 생각해 보기도 했다.

찬양대의 찬양이 끝나고 목사님이 설교하실 시간이 되면 주저함 없이 나오셔서 단에 이르러 몇 마디 숨차게 말을 시작하시지만 쩌렁쩌렁한 목소리로 외치며 간절하게 성도들을 다그치곤 하셨다. 아마도 생전의 목사님을 기억하는 이들은 그 분의 설교 시간의 그 특유의 찡그린 모습과 일그러진 입모양을 기억할 것이다. 그렇게 온 몸을 다해 외치곤 하셨다. 그 모든 힘은 하나님의 말씀에서 비롯되었고, 그 말씀을 전할 때의 목사님은 어느덧 뜨거운 영육의 소유자로 바뀌어 있곤 했던 것이다. 그것이 하나님의 계시의 말씀이었기에 마지막 순간까지 말씀을 잘 전하기 위해 불쌍히 여겨 달라고 간구하다가 정작 단에 서면 뜨거운 영력에 쌓여서 전하곤 했던 것이다. 목사님은 성경에서 비롯된 진실하고도 뜨거운 영력의 목사님이셨다.

무슨 말씀을 전해야 하나요?

목사님은 우리로 하여금 성경을 더욱 가까이 하게 하신 분이시다. 한 번은 성탄절 전야 설교를 제가 하게 되었다. 성도들의 맨 앞자리에 목사님이 앉아 계셨던 것은 물론이다. 그렇게 성탄절을 지낸 후 26일 되었다. 목사님이 신년 목회 계획을 의논하자고 당시 목사님이 사시던 개나리 아파트 사택으로 오라고 하셨다. 가서 내 놓으시는 차와 다과를 먹다가 가만히 있었으면 좋았을 텐데 제가 그만 "지난 성탄전야 저의 설교가 어땠나요?"라고 여쭈어 보았다. 목사님은 여러 번 헛기침만 하셨다. 사실 훌륭하지 못했던 설교였다. 목사님께서 입을 여셨다. "젊은 사람이 설교 잘 하기 쉽지 않네!"라고 하셨다. 그래서 제가 여쭈었다. "목사님, 설교 어떻게 해야 하나요?" 이 질문에 들려주신 이야기는 아주 귀한 가르침이었다.

당신께서는 주일 설교를 위해 주초부터 하나님 앞에 계속 여쭌다는 것이다. "무슨 말씀을 전해야 하나요?" 그러다보면 떠오르는 말씀이 있다는 것이다. 혹시 아닐 수도 있다고 생각하시면서 하루 이틀 더 기도한다는 것이다. 그러는 중에 다른 본문이 더 이상 떠오르지 않고 그 본문이 점점 더 확실해 지면 그 말씀을 전하시기로 한다는 말씀이셨다. 그러면서 그 본문을 새로운 마음으로 다시 대하는데, 이미 목사님이 다 주석한 본문이지만 다시 더 깨닫기 위해 하나님께 간구한다는 것이다. 그래서 다시 원문도 보고 다른 주석들이 있으면 또 참고하신다는 것이다. 쉽지 않은 생활이라고 지금도 생각한다. 많은 목회자들이 어느 정도 연륜이 쌓이면 더 이상 주석을 보는 노력을 하지 않는다는 말을 듣기 때문이다. 그러면서 목사님은 이런 말씀도 들려주셨다.

누구든지 진실하게 대하면 다 해석할 수 있는 성경

"성경은 해석이 되라고 주신 책이기 때문에 그러므로 누구든지 진실하게 대하면 다 해석할 수 있다. 그럼 해석은 어떻게 하는 것이냐? 분해가 곧 해석이다. 여러 번 본문을 읽다 보면 단락이 구분되는데 그 단락이 말씀하는 내용을 하나씩 정리하고 그것을 엮으면 그것이 본문을 통해 하나님이 말씀하시는 내용이다"라는 말씀이었다. 분해 = 해석이라. 지금도 귀하게 간직하는 교훈이다. 그렇게 말씀하신 후 설교에 대해 덧붙여 말씀하셨다. "설교는 성경공부와는 달라서 그 깨달음을 다 전하는 것이 아니다. 나의 경우는 보통 3가지 정도로 대지를 정한다"는 것이었다. 그리고 그 다음도 중요한데, "젊은 목회자는 그 말씀대로 살아본 경력이 짧기 때문에 그 말씀을 실감 있게 전하기 어려우므로 좋은 실제적인 예가 있으면 토요일 저녁 부산까지라도 다녀올 생각을 해야 한다"고 하셨다. "하나님의 말씀은 그대로 살면 반드시 꿀이 있는데 그것을 살아본 사람의 실제적인 예를 알아보라"는 말씀이셨다. 나는 목회를 아주 소중한 일로 생각한다. 목회가 소중한 것은 그것이 성경을 다루는 일이기 때문이다. 이 모든 것은 목사님을 통하여 형성된 것이다.

전도를 위한 제2의 천성을 주시옵소서!

목사님의 전도에 대한 안타까움을 가지셨던 분이다. 이 이야기도 어느 연말에 나눈 이야기이다. 목사님이 부르셔서 갔다. 시중에 전도 교재 어떤 것이 있느냐고 물으셨다. 왜 그러시느냐고 답하면서 당시 많이 쓰이던 학생신앙운동단체들의 것을 말씀드렸다. 그리고는 목사님이 하나 쓰시면 어떠냐고 말씀드렸다. 목사님은 먼데를 바라보시면서 이런 말씀을 하셨다. 당신은 그동안 한국 교회 신학 정립을 위해 달려오셨다는 것이다. 그러면서 목회자들을 배출하려고 했고, 많은 신학자들도 배출된 것 같다고 하셨다. 그런데 지금쯤 정말 보고 싶은 것은 열심히 전도하면서 점점 성장해 나가는 성도들의 교회를 보고 싶다는 것이었다. '그 동안의 신학 교육이 진정 교회로 하여금 생동적으로 복음을 전하게 하는 것이었나'를 돌아보시는 것 같았다. 나는 그 이후 기도하기 시작했다. "하나님 아버지, 전도를 위한 제2의 천성을 주시옵소서!" 나는 지금 전도를 강조하는 목회를 하고 있다. 그것은 박 목사님의 노년의 안타까운 권면 때문에 비롯된 것이라고 말씀드릴 수 있다.

박 목사님은 80세 후반 하늘나라 가시던 그 해도 설악산에서 전국의 교직자들을 모아놓고 간절히 하나님의 뜻을 외치셨다. 그런데 이상하게 식사를 잘 못하셨다. 집회를 마치고 돌아오신 후 세브란스 병원에 입원하셨다. 당시 목사님의 아들 박성은 교수가 의사로 있던 병원이었다. 목사님을 검진한 결과 간이 극도로

약해져 있었다. 간이 남아있지 않았다. 주초를 하신 분도 아니신데 간이 없었다. 다 닳도록 사용하신 것이었다. 그렇게 마지막 순간까지 온 힘을 다하신 것이다. 목사님은 주여, 주여를 계속하시면서 하늘나라에 가셨다. 하나님께서는 한국 교회를 세우실 때 목사님을 통하여 우리에게 성경 사랑함을 가르치셨던 것이다. 나는 그 분을 만나게 하신 하나님 앞에 고개를 숙인다. 부족한 목사이지만 그 가르침을 충실히 따르려도 다짐하곤 한다.

나의 심장에 기도의 열정을 심어주신 선생님

정창균 교수(제5회 졸업)

84년 12월 14일, 불광동 기독교 수양관.

졸업을 일주일 앞둔 합동신학원 5회 졸업생들의 사은회가 그곳에서 있었다. 우리는 전 날 저녁에 모여서 박윤선 목사님을 모시고 수련회를 하였다. "예수를 팔아먹을 사람!" 그것이 박 목사님의 수련회 설교였다. 그 다음날인 14일에 아내들과 교수님들이 그곳으로 오셔서 사은회를 가진 것이다.

모든 순서가 다 끝나고 우리는 일렬로 서 계시는 교수님들 앞을 지나가며 마지막 인사를 나누는 순서를 가졌다. 서 계시는 교수님들 앞을 지나가며 인사를 드리면, 교수님들은 손을 내밀어 악수를 하시면서 의례적인 권면이나 격려 혹은 축복의 말씀을 한마디씩 해주시고, 우리 제자들은 "예, 감사합니다" 등으로 답하며 지나가는 방식이었다. 나도 그 대열에 끼어 교수님들 앞을 지나갔다. 그런데 박윤선 목사님 앞에 이르렀을 때였다. 내 손을 잡으시면서, "기도를 많이 하시오!" 하셨다. 나는 의례적인 말씀으로 받아들이고, "예"하고 대답을 하였다. 그리고 지나가려 하는데 교수님은 내 손을 놓지 않으셨다. 다시 말씀하셨

제2회 합동신학원 졸업사은회 1982년 2월 9일

다. "기도를 많이 하라구!" 나는 다시 대답하였다. "예, 알겠습니다." 그리고
이제 가려는데, 교수님은 여전히 손을 놓지 않으시고 다시 말씀하셨다. "기도를
많이 해야 돼!" 나는 다시 대답하였다. "예." 그리고는 내 손을 놓아주셨다.
물 흐르듯 잘 흘러가던 학생들의 대열이 멈추어 서고 잠시 교통 체증 현상이
일어났다. 나는 지금도 그 때의 박 목사님의 그 음성과 그 어투를 그대로 흉내낼
수 있을 만큼 확실히 기억하고 있다.

오른쪽 중간 쯤 부분의 테이블이 내 자리였다. 자리로 돌아온 나는 얼굴이
달아올라서 견딜 수가 없었다. 박 목사님께서 사은회 마지막 인사의 자리에서
내게 그렇게 하신 것은 둘 중에 하나일 것 같았다. 평소에 보실 때 너무나
기도를 하지 않고 빼들거리는 얄미운 전도사여서 마지막 헤어지기 전에 안타까움
으로 그렇게 하셨을 가능성, 아니면 너무 사랑스럽고 좋은 학생이어서 축복하는
심정으로 그러셨을 가능성. 그러나 테이블에 앉아서 아무리 생각하고 생각해도
첫 번째가 틀림없었다. "기도하지 않고 빼들거리는 얄미운 전도사. 그냥 그대로
내보내는 것이 마음이 놓이지 않고 위태위태한 전도사." 화끈거리는 얼굴을
주체하지 못하면서 나는 그 자리에서 눈물로 결심을 했다. 반드시 기도를 생명처
럼 알고 무엇보다도 기도를 많이 하는 목사가 되겠다고!

한 교회에서 5년 1개월의 부교역자 사역을 마치고 유학을 떠나려 하니, 교인들
이 인사를 한다며 집으로 찾아오곤 하였다. 하루는 여 집사님 서너 분이 찾아와서
인사를 하고 가면서 우정숙 집사님이 제게 말했다. "목사님을 오래오래 잊지
않고 기억할 거예요." 제가 물었다. "저 같은 사람 무슨 기억할 만한 것이 있다고요."
그랬더니 그 집사님이 대답했다. "기도 많이 하는 목사님으로 기억할 거예요."

나는 눈물이 핑 돌았다. 그 말이 너무나 감격이 되었다. 한을 푼 것 같은 시원함을 느꼈다. 박 목사님이 살아계시면 찾아가서 나 그런 소리 들었다고 알려드리고 싶었다. 그래서 목사님의 그 한마디가 5년 후에 어떻게 열매로 나타났는지를 알려드리고 그분을 기쁘게 해드리고 싶다는 마음이 간절하였다. 박 목사님은 8개월 전에 세상을 떠나신 때였다. 사실 나는 기도를 많이 하는 목사는 분명 아니었다. 그러나 교인들에게 인상이라도 그렇게 주었다는 것이 나는 너무 기뻤다.

박윤선 목사님은 내게 목사는 기도를 많이 하는 사람이어야 된다는 철학을 심장 속에 심어주신 분이었다. 그리고 그것이 나의 피가 되고 정신이 되게 해주신 분이었다. 지금은 나의 후배들과 제자들을 향한 또 하나의 가르침이 되게 해주신 분이다. "나는 하늘에서 별을 따오는 재주가 있어도 기도하지 않는 사람은 신뢰하지 않고, 그런 사람과는 같이 일하지 않는다!" 내가 목회할 때 새벽기도 하기를 힘들어하는 부교역자들에게 자주 했던 말이다. 나는 그것을 박윤선 선생님에게서 배웠다.

우리에게 주신 세 가지 말씀

최성대 목사(제5회 졸업)

정암에 대한 기억은 도봉산 제일기도원에 그의 기도 동굴이 있다는 말을 간접적으로 들은 것이 처음이다. 고 손퍼득 목사는 항상 금요일이면 자신의 기도 동굴이 있는 도봉산 제일기도원을 왕래하셨다. 고등학교 시절 여름에 도봉산 버섯바위 위에서 학생들과 합심 기도를 한 장면이 회상된다. 언젠가 그 누군가를 따라 추운 겨울 도봉산 기도 동굴에 갔었다. 그 다음날 아침 일어나

보니 도봉산 전체가 신천신지처럼, 흰 눈으로 하얗게 덮인 기억은 지금도 내 마음을 새롭게 한다. 1973년 12월 11~12일 불광동 우국기도원에서 기도하는 중에 하나님의 부름을 받고, 1974년에 사당동 총회신학대학(현 총신대학교)에 입학했다.

정암을 채플 시간 때 뵐 수 있었다. 경건(영성)이 구비되지 못한 젊은 나이인지라 정암의 말씀을 잘 이해하지 못했고, 말씀을 단 마음으로 받아들이지 못했다. 1979년(?) 시국이 혼란하여 전국 대학교의 학생들이 가두시위를 벌이기 시작할 때였다. 우리 총신대 학생들도 어깨동무를 하고, 가두시위 현장을 향해 전진했다. 사당동 사거리를 좌회전하여 이수교 사거리 방향을 향해 전진하는 길 도중에 학장 대리 직무를 맡고 계신 정암은 거리까지 직접 나오셔서 데모를 거두고, 수업에 복귀하도록 소리쳤던 때를 기억한다. 학자이면서도 현장의 사람이셨다.

1981년 합동신학원에 입학하여 정암의 신약학 강의를 듣고 시험을 치렀다. 성적이 좋지 못했다. 성적이 좋지 못한 이유는 분명하다. 정암이 요구하는 경건과 학문의 의도를 잘 이해하지 못했고, 성경신학에 아직 미숙했기 때문이다. 신학원 1년을 마칠 쯤 12월에 청파동에 위치한 개척교회의 창립을 시작할 때, 정암을 설교자로 모셨다. 신학원 채플 때마다 정암은 설교 후에 학생을 향해 회개기도를 요청하셨다. 정암의 설교에 은혜를 받고 심령이 움직였던 나는 자리에 벌떡 일어나 대표기도를 하곤 했다. 정암은 손자 같은 저에게 직접 내려 오셔서 네 이름이 무엇인가 물으시며 메모하신 모습이 생생하다. 이름을 메모하신 것은 중보기도를 해주시겠다는 인격적 사랑의 표현으로 이해한다.

남서울교회에서 "이데올로기로부터 선교까지"라는 주제로 학술 세미나가 열렸다. 학우회 총무이므로 개회예배의 사회 순서를 맡았는데 정암은 설교 강단 뒷자리에 올라오시자마자 계속 머리를 흔드시면서 기도하는 모습이 내게 매우 인상적이었다. 정암 강의 시간은 시작할 때마다 학우 전체가 기립하여 3년 동안 한 목소리로 암송한 요절이 있다. 예레미야 17:9이다. "만물보다 거짓되고 심히 부패한 것은 마음이라 누가 능히 이를 알리요마는"이다. 우리

겉 사람의 부패성과 동시에 우리 속사람 안에 숨어있는 무한한 잠재력의 가능성의 양면성을 항상 일깨워주었다. 우리 안의 잠재력의 가능성을 일깨워 줄 수 있는 분은 오직 진리의 성령밖에 없다. 그러므로 침상에 누어있지 말고, 항상 깨어 기도하도록 강조하셨다.

정암은 연로한 몸을 이끄시고 기도원까지 찾아오셔서 졸업을 눈앞에 둔 우리에게 예수님께서 제자들에게 유언의 말씀을 하신 것처럼, 우리에게 세 가지의 말씀 주신 것을 지금도 기억한다.

첫째, 졸업하여 목회 현장에서 사역할 때, 기도와 병행하여 말씀에 더 집중하라. 사람은 나를 기도의 사람이라고 하지만 나는 기도와 병행하여 하나님의 말씀에 더 집중했다.

둘째, 성경을 여기저기 주제별로 설교하지 말고, 성경을 처음부터(창세기) 끝까지(계시록) 체계적으로 공부하고, 묵상하라.

셋째, 입술의 말을 앞세우지 말고, 사랑의 삶으로 주님의 말씀을 전하라.

졸업 후에 세 가지의 가르침대로 살려고 노력했지만 결코 쉬운 길이 아니었음을 고백한다.

총회 목회자 세미나가 강릉(?)에서 개최되었을 때 찬양대원으로 참여하여 말씀을 청종했다. 그때가 정암의 말씀이 생애 마지막이 될 줄은 아무도 몰랐다. 설교 후 몸이 좋지 않아 병원에 입원하여 진찰한 결과는 간이 녹았다는 진단이었다. 간이 녹은 상태까지 어떻게 사역에 임했는가? 진리의 성령의 기쁨이 노구의 몸과 마음을 빛나게 했다고 믿어진다. 정암의 마지막 설교의 태도는 어린아이의 모습이었다(참고, 요 1:47). 말씀 도중에 실제로 자신의 어린 시절을 회상하셨다. 어린아이가 엄마를 간절히 부르는 흉내를 내셨다. 마태복음 18절 3절에 "천국은 어린아이의 것"이라고 하지 않았던가! 정암은 자신의 소천을 마친 예견하신 것은 아닐까? 어린아이가 진리의 성령인 어머니에게 매달려 젖을 달라고 보채듯이 엄마 엄마라고 부르짖는 정암의 말씀은 이제 돌이켜보니 "천성에 입성한 높고도 겸손한 경지"라고 믿어진다.

우리는 제2의 정암 같은 주님의 마음에 합한 후학들, 즉 하나님의 긍휼과 예수 십자가의 말씀의 토양과 연결된 다음 세대를 위해 예수 성령의 말씀과 기도에 더욱 정진해야 할 것이다. 하나님의 사람 정암에게 존경과 사랑을 진정으로 표하고 싶다.

아, 역시 그 분은 스승이시다

이순근 목사(제6회 졸업)

내가 존경하는 박윤선 박사님을 처음으로 알게 된 것은 로마서 주석을 통해서이다. 박 목사님을 직접 뵙게 된 것은 총신대 종교교육과로 편입해서 가끔씩 채플 시간에 박윤선 박사님의 설교를 직접 듣게 되면서다. 지금도 잊혀지지 않는 것은 그 분의 열정이다.

한번은 이런 적도 있었다. 박 목사님께서 채플 시간에 설교를 하시는데, 소위 클라이맥스 부분에 와서 강한 어조로 "…그러면, 되겠습니까" 하고 소리를 아주 높이셨다. 그러신 후 잠시 아무 말씀도 하지 않으셨다. 이렇게 잠시 침묵한 후 "이제 기도하겠습니다" 하시곤 설교를 끝내셨다. 나는 그 때, 속으로 송구스럽습니다만 한편 우습기도 했다. 그럴 경우, 보통은 설교자들이 마무리를 짓고 기도하는데 비해 박 목사님은 그런 설교의 형식보다는 내용에 충실하셨던 분이시기에 그러셨다고 생각했다. 오히려 그런 순박하신 모습에 머리가 숙여졌다. 어린아이처럼 가식이 없으신 모습, 그것이 잊혀지지 않는 그분의 한 모습이다.

어느 핸가 졸업식 때였다. 졸업식 설교를 마치시고 운동장으로 나오신 박윤선 목사님의 모습이 지금도 인상적이다. 마치 시골에서 아들 졸업식에 가기 위해 모처럼 양복을 잘 차려입고 나오신 아버님의 인상이셨다. 아마도 내가 그런 인상을 받았던 것은 의상이나 외양 때문만이 아니라, 그 분의 몸짓과 표정, 그리고 풍기는 전체적 분위기 때문이었던 것 같다. 그 때 역시 나는 그 분의 소탈하심이 참 좋았다. 학자 중의 학자이신 분이 그렇게도 겸손하시고, 격의 없으신 모습은 그 분의 깊은 신앙 인격을 잘 드러내는 것 같았다. 그래서 나도 늘 그 모습을 본받고 싶다.

요즘, 기도 많이 하시는가?

83년도 합신에 입학한 후 곧바로 큰 딸 아이가 태어났다. 아이 출산 때문에 수업을 참석할 수 없어서 박 목사님 시간에 퀴즈를 못 보았다. 그래서 나중에 박 목사님께 퀴즈를 추가로 보게 해 달라고 부탁을 드렸다. 빈방에서 시험지 답안을 작성한 후 박 목사님께 갖다 드렸다. 그때 내 시험지를 받으신 후, 박 목사님께서 그 인자하신 미소를 띠면서, 내 손을 꼭 붙잡고 아주 가까이서 내 얼굴을 바라다보시면서 뭔가를 말씀하시려고 하셨다. 그때 나는 속으로 '아이가 건강한가, 예쁜가?'라는 질문을 하실 줄 알았는데 전혀 뜻밖의 말씀을 하셨다. "요즘, 기도 많이 하시는가? 기도 많이 해야 합니다!"

나는 뜻밖의 질문에 할 말을 잃었다. 두 가지 이유 때문이었다. 첫째는 너무 예상 밖의 질문이었던 까닭이다. 둘째는 내가 그 당시 아이 출산 때문에 기도 생활을 제대로 못하고 있었기 때문이었다. 그런데 그 질문이 요즘까지도 나를 일깨워 준다. 내가 기도에 게으를 때마다 그 말씀이 생각난다. "요즘 기도 많이 하시는가? 기도 많이 해야 합니다!" 얼마 전에 김해에 있는 무척산 기도원에 다녀왔다. 그곳은 박윤선 목사님께서 주석을 쓰시다가 기도하러 가신 곳으로 알려져 있다. 본문 해석을 하시다가 여러 다른 주석을 보셔도 맘에 드는 해석이 없으시면, 기도원에 가서서 밤새 기도하셨다고 한다. 박 목사님은 제게 말씀의 중요성뿐 아니라 기도의 중요성도 가르쳐 주신 스승이다.

3학년 때 어느 날 수업 시간에 박 목사님께서 책 한 권을 사서 다 읽으라고 하셨다. 김진홍 목사님의 『내가 새벽을 깨우리로다』라는 책이다. 우리는 그때 한참 구약신학과 신약신학에 빠져서 그런 류의 책이 아니면, 너무 가볍다고 생각해서 잘 읽으려고 하지 않았었다. 그런데 의무적으로 그 책을 읽어야 할 뿐 아니라, 숙제도 내 주셨는데, 그 책을 읽고 매번 그 책의 이야기 중에서 설교에 쓸 예화를 10개 씩 적어서 내라는 것이었다. 나를 비롯한 우리 학우들 대부분이 투덜투덜 대면서 그 숙제를 했던 기억이 난다.

그런데 나는 시간이 상당히 흐른 후에야 박 목사님의 깊은 배려를 이해할 수 있었다. 박 목사님은 그 책을 통해서 나에게 두 가지를 가르쳐 주시려고 했던 것 같다. 첫째, 그런 희생과 봉사를 실천하라 둘째, 설교에 있어서 예화는 대단히 중요하다. 사실 그 당시 나는 설교에 있어서 예화의 중요성을 잘 몰랐었다. 졸업 후에 설교를 하면서 깨달았다. '아, 역시 그 분은 스승이시다' 라고 한 때 고백한 순간이 있었다.

엉뚱한 욕심 아, 틀렸구나!

학교를 졸업하고, 목사 고시를 거쳐 87년 가을에 동서울노회에서 목사 안수를 받게 되었을 때, 나는 엉뚱한 욕심이 생겼다. '이왕이면, 박윤선 목사님께 목사 안수를 받고 싶다. 그러면 나도 그분처럼 말씀을 깊이 있게 깨닫는 사람이 되지 않을까?'라고 생각을 했다. 그래도 욕심이라는 생각이 들어 한두 번 기도했다. 당시 목사 안수를 받는 동역자들이 15명 가량 되었다. 강단에 올라가서 주위를 둘러보니, 박윤선 목사님은 저 멀리 계셨다. 그래서 속으로 '아, 틀렸구나!' 하고 포기를 했다.

그런데 안수위원들이 여러분 더 올라오시고, 자리를 재배치하느라고 안수 받을 후보생들이 원을 이루면서 자리를 정돈하였는데 조금 씩 조금 씩 움직이다 보니 내가 바로 박 목사님 앞에 자리하게 되었다! 그렇게 해서 박 목사님의 오른손이 내 머리 위에 올려졌다. 나는 얼마나 감격스러웠는지 모른다. 나의 작은 기도에도 응답하시는 하나님께 송구스러우면서도 감사했다. 그것이 나에게는 큰 격려와 도전이 되었다. 박 목사님만큼은 안 되어도 십 분지 일이라도 되어야겠다고 결심하였었다.

정암의 '리더십 평생 개발론'
유순아 교수(제7회 졸업)

우리 모두는 자신의 마음속에 오래도록 살아 있는 사람이 있다. 그가 성경 속의 인물이든, 역사 속의 인물이든, 현존하는 인물이든, 책 속에서 만난 인물이든 생각만 해도 마음이 따뜻해지고, 만나서 얘기를 나누고 싶고 그리고 닮고 싶은 사람이 있다. 나의 생각에 전환을 가져다주고, 언제부터인가 나도 모르게 그가 말한 대로 살고 있는 영향력까지 받는다면 그는 내 속에 살아 있는 사람이다. 현대 용어로 그런 사람을 우리는 '리더'라고 부른다. 정암은 나에게 있어서 바로 그런 분이시다.

영원한 '리더'이신 정암
박윤선 박사님이 소천하신 지 22년이란 시간이 흘렀지만, 생전에 계실 때부터 그분을 아는 사람들은 여전히 그 분을 기억하며 닮고 싶어 한다. 왜 그럴까? 그 분을 아는 사람들은 그 분의 개혁신학에 대한 열정과 경건한 삶 때문이라고 말할 것이다. 나도 이에 동의한다. 그렇다면 정암이 한국 교회에, 합동신학대학원에, 목회자에게 그리고 성도 개개인에게 바라셨던 것은 무엇이었을까? 아무래도 그 분은 역시 개혁신학과 경건한 삶을 원하셨음이 분명하다.

합신에서 정암이 내게 보여주셨던 개혁주의 신학에 대한 열정과 영혼에 대한 사랑, 그리고 말씀을 사랑하고 기도에 힘썼던 모습은 오늘의 내가 있기까지 나의 사역과 사역 철학 및 전략을 형성해 주는 원동력이다. 이 글을 쓰면서 여전히 내 안에서 생생하게 기억되고 나를 부추기는 정암의 말씀들을 또 다시 곱씹어 보았다. 그 분께서 쓰셨던 글들을 읽으면서 "글 쓰기는 그 자체가 신앙 행위"(E. B. Whiter)라는 것을 고백하게 된다. 정암의 제자로서, 한국 교회의 한 여성 사역자로서 지금의 내가 있기까지 영적인 성숙과 개인의 리더십에 발전을 가져올 수 있도록 해주신 그 가르침을 나누려 한다.

정암의 리더십 평생 개발론

> "공부하다 죽어도 좋다."
> "계속 공부하지 않으면 신학교 졸업한 지 3년만 지나면 거짓말을 하게 된다."
> "하나님의 말씀을 먹지 않고는 나가서 사역할 수가 없다."
> — 박윤선 —

처음 합동신학대학원을 졸업하고 교회에서 사역할 때에는 할 말이 너무 많았다. 학교에서 배운 개혁주의 신학에 대한 자부심이 있었고 내가 알고 있는 것들을 성도들에게 다 전해 주고 싶었다. 심지어 유치부 설교를 하면서도 난 구속사적 흐름을 따라 설교를 했다. 하지만 3년쯤 지났을 때 내 안에 알 수 없는 공허함이 찾아오며 할 말이 점점 줄어들고 있다는 사실을 느끼기 시작했다. 매번 같은 내용의 훈련과 사역을 반복하는 동안 사역에 대한 긴장감이 사라지며 매너리즘에 빠지게 되었다.

하나님과의 교제 시간도 충분히 갖지 못하고 형식적이 되었으며 예배와 개인 경건의 시간 그리고 사역을 통해서 이전에 경험했던 하나님의 임재하심과 기쁨을 체험하기가 갈수록 어려웠다. 사역자로서 나 자신의 영적인 성숙과 리더십에 대해 회의적인 생각이 들기 시작했던 것이다. '이렇게 사역을 계속해야 하나?' 하는 질문과 더불어 내 자신과 사역에 대한 위기를 느끼게 되었다.

그때 신학대학원 재학 시절 정암이 수업 시간에 여러 번 강조하여 하신 말씀이 생각났다. "목회자가 계속해서 공부하지 않으면 신학교 졸업한 지 3년만 지나면 거짓말을 하게 된다. 하나님의 말씀을 먹지 않고는 나가서 사역할 수가 없다." 바로 이거였다! 그때는 단지 학생 된 우리에게 열심히 공부하는 것을 강조하기 위한 말씀이라고 단순하게 생각했다. '어떻게 말씀보고 기도하지 않고 사역을 할 수 있는가? 사역자가 어떻게 거짓말을 할 수 있을까?' 하면서 나에게는 있을 수 없는 일이라고 무심히 넘겨 버렸다. 그런데 지금 바로 그 위기의 현장에 내가 서 있는 게 아닌가?

이러한 경험은 신학 교육이 사역의 현장에서도 지속되어야 하고 개인의 경건한 삶과 사역으로 반드시 재해석되어야 생명력과 연속성이 있고 재생산이 가능하다는 큰 교훈을 가져다주었다. 그때부터 지금까지 나는 사역을 계속하면서 스스로 공부하는 학생이 되었다. 서점에 가서 필요한 책들을 사서 책 속의 저자들을 통해 교육을 받았고, 기회가 있을 때마다 정기적, 부정기적인 교육이나 세미나를 통해서 개인의 영적 성장과 리더십 발전을 위해서 노력하였다. 신학교에서 다 배우지 못한 나머지 공부를 다시 시작한 것이다.

이러한 형태의 공부는 사역 현장에서의 경험과 함께 더 폭넓고 풍성한 가르침으로 내게 다가왔다. 리더십은 doing이 아니라 being, 즉 존재로부터 흘러나오는 것이라는 것을 깨닫게 되었다. 다시 하나님과의 친밀감을 회복하면서 영혼이 소성되었고, 사역에도 기쁨과 변화가 일어났다. 그때의 경험은 한 번으로 그치지 않았다. 그 후에도 여러 번 반복되는 침체의 경험과 또 다시 정암의 가르침을 기억하고 거듭 공부하면서 회복되는 경험을 하였다.

이러한 경험은 나로 하여금 오랜 고민 끝에 한 여성 사역자로서 하나님께서 나에게 주신 소원을 이루기 위해 마침내 유학을 결정하게 하였다. 익숙하고 안정적인 사역을 그만 두고 떠난다는 것은 여러 면에서 모험이었다. 하지만 그때 결정이 한 여성 사역자로서 리더십이 발전되고 성숙한 사역자로서 발전하기 위해 필연적인 과정이었다는 사실을 공부하면서 확인하게 되었다. 이 모든 것이 정암의 가르침 덕분이었다. 그분의 리더십 이론이야말로 '리더십 평생 개발론'이었다는 것을 새롭게 이해한 것이다.

정암은 하나님께서 그에게 부여해 주신 특별한 잠재력과 책임감을 가지고 나로 하여금 나를 향한 하나님의 목적을 향해 움직여 나아가도록 계속해서 영향력을 미치고 있는 살아 있는 리더이셨다. 이제 우리는 선배들이 고민과 고난 속에 정암으로부터 받은 리더십을 우리에게 다시 분여(Empowerment)해 주신 것처럼 정암이 우리에게 주신 리더십의 특징(Character)과 기술(Skills)과 가치관(Value) 등을 후배들에게 전해 주는 것이 정암의 제자인 우리의 책임과 역할이라는 확신 가운데 이 글을 맺는다.

노 스승의 눈물어린 당부

이문식 목사(제9회 졸업)

정암 박윤선 목사님을 개인적으로 처음 뵙게 된 것은 총신대학 4학년 때였다. 당시 나는 총신사태로 말미암아 심령이 매우 피폐해져 있었다. 총회와 교단 지도자들의 지나친 교권주의적 행태 때문에 학교에 큰 분란이 일어났으며 학생들은 연일 데모를 하고 있는 상태였다.

이 때문에 수많은 신학도들이 안타까움과 분노 그리고 깊은 영적 좌절을 심각하게 겪고 있을 때였다. 그때에 박윤선 목사님께서 '학부생들을 위한 특별 강좌'를 여셨는데 바로 '산상보훈주해'였다. '눈에는 눈, 이에는 이'라는 극단적인 정서에 휩싸여 있던 젊은 신학도들에게 정암 박윤선 목사님은 의도적으로 이 강좌를 통하여 원수 사랑과 용서에 대하여 뜨겁게 강의하셨는데 지금도 그 열정적인 강의 장면이 눈앞에 너무 생생하게 그려진다. 정암 선생님은 지혜롭게 먼저 산상보훈의 신학적 배경, 그리고 예수 그리스도의 십자가와의 관계를 '산상보훈의 신학서론'으로 말씀하시기 시작하셨고 본론에 이르러서는 하나님

나라의 아가페 사랑에 관해서, 원수에 대하여 미워하기보다는 먼저 기도할
것, 그리고 그 기도의 힘으로 용서하고 사랑하기까지 이를 것을 젊은 신학도들에
게 깊이 당부하셨다.

　마치 할아버지처럼 긍휼과 자비의 마음으로, 앞으로 오랜 세월의 목회 생활에
서 부닥치는 수많은 갈등을 넘어가야 할 젊은 신학도들의 영혼 속에 그 능력을
깊숙이 아로새기기 위하여 혼신의 힘을 다하여 열강 하셨다. 노 스승의 이런
눈물어린 간곡한 당부와 열정이 뒤범벅이 된 평생 잊을 수 없는 명 강의요,
성령의 가르침이요, 간절한 제자훈이었다. 당시 교실에서는 강의를 듣다가
눈물을 흘리고 뒤에서 소리 내어 우는 학생들이 시간마다 속출하였다. 필자도
그 중의 한사람이었다. 지금도 그때 받은 그 은혜가 평생 사역의 현장에서,
또는 깊은 갈등의 자리에서, 또 때로는 분노와 좌절과 미움이 교차하는 영적
갈림길에서 아주 큰 힘이 되곤 한다. 마치 모세가 요단강을 건너서 가나안
땅으로 건너갈 광야 2세대의 이스라엘 백성들을 바라보며 최후의 혼신의 힘을
다하여 세 편의 신명기 설교를 하는 것과 같은 감동이 지금도 여전히 생생하다.

　그후 합동신학대학원(당시 합동신학교)에 입학하여 2학년이 되었을 때 정암
박윤선 목사님께 단독 면담을 요청한 일이 있었다. 당시 나는 2학년 과대표였고,
원우회의 일을 돕고 있었다. 당시의 사회역사적 상황은 소위 6월 민주화 운동이
진행되고 있는 중이었다. 그해 전두환 군사정권은 4.13 호헌조치를 발표하였고
전 국민은 이에 저항하여 연일 가두데모를 벌이고 있을 때였다. 그 와중에
박종철 고문치사 사건이 발표되어서 온 국민이 분노에 떨며 20여 일간 전국적으로
500여만 명이 참여하여 반독재 민주화를 요구하는 데모를 벌이고 있는 시점이었
다.

　당시 나는 전국 신학생 연합을 구성하고 복음주의 청년 연합이라는 단체를
만들어 전두환 정권의 4·13 호헌조치 철폐를 위한 전국 신학생들의 연서명을
받아 동아일보 등에 게재하는 일에 참여하고 있었다. 그래서 이 일에 이미
총신, 합신, 고신, 아세아 연합신학대학원생들이 다 연서명한 문서를 들고

박윤선 목사님을 찾아뵙고 이에 동참해주시기를 간절히 부탁하기 위하여 독대를 요청하였던 것이다. 당시 나는 박윤선 목사님만 서명해주시면 전국신학대학원의 교수님들, 그리고 신학생들이 다 대거 동참하여 큰 세력을 모을 수 있을 것이라고 생각하여 자못 비장한 마음으로 박윤선 목사님을 설득하러 간 것이다.

그러나 그때 박윤선 목사님은 "본인은 일제시대부터 독립운동과 해방 후의 정치운동, 그리고 사회운동 진영으로부터 여러 번 이 같은 요구를 받아왔습니다. 그러나 그때마다 한결같이 나는 민족이 회개하고 성결하게 되고 평화롭게 되기를 위하여 복음을 전파하고, 목회자를 양성하며, 기도하는 일에 헌신하기로 작정한 사람임을 밝히고 양해를 구해왔습니다. 때로는 비겁한 자세는 아닌가 하는 반성도 있었으나, 나는 복음과 후진양성에 힘쓰는 일이 사회민족 활동에 참여하는 일보다 더 크게 민족을 위하는 길이라는 확신을 가지고 살아왔습니다. 만일 이문식 전도사가 기도만으로는 부족하다고 여긴다면 소신을 갖고 이 일을 계속하시오. 그게 당신의 소명이라면 기도하듯이 하나님을 의뢰하고 행하십시오." 라고 충고하시며 나를 위해서 간절히 기도해 주셨다.

나는 이때 박윤선 목사님께서 가지고 있는 복음과 교회에 대한 헌신 그리고 나에 대한 개인적 격려 그리고 본인의 사명에 대한 확고한 입장을 다시 재확인하게 되었다. '아 목사님께서 평생 이런 원칙을 가지고 계셨기 때문에 신·구약성경 전권을 다 주석하는 일에 매진하실 수 있으셨으며, 고신·총신·합신 같은 여러 신학교 개척 사역을 그렇게 잘 감당해 오실 수 있었구나' 하는 새삼스러운 감동으로 박윤선 목사님 방을 나오게 되었다. '그래 노종이 평생 일관되게 해왔던 그 사역을 계속하시도록 더 이상 강권하지 말고 이것은 우리 시대의 우리들의 소명 중의 하나로 알아 평생 일관되게 살아가야 되겠다.' 하는 결심을 하게 되었다. 그날 나는 어떤 일이든지 부름 받은 그 사역을 평생 진실된 마음으로 일관되게 살아오신 분에게서만 나오는 큰 영적 설득력에 깊은 감화를 받게 되었다.

당시에는 조금 아쉬운 마음이 있었으나 오히려 노종이 보여준 일관된 사역자의 충성스러운 모습, 자신이 받은 사명을 위해 다른 모든 가치들도 우선순위에 따라 과감하게 내려놓고 전적으로 집중하시는 모습을 평생 마음 깊이 새기게 되었다. 이후로 나는 '내가 하고 싶은 것'과 '내가 할 수 있는 일'을 잘 구분하여 '할 수 있는 일에만' 집중하여 사역하는 귀한 사역 원리를 터득하게 되었다.

정암 박윤선 목사님은 한국 역사의 가장 고통스러운 시대를 겪어내시며, 그 모든 원수들을 아가페 사랑으로 넘어서서 복음을 전파하시는 말씀의 종의 모습을 일관되게 견지하신 분이다. 또 늘 기도에 힘쓰시며, 거기서 나오는 사랑과 관용을 가지고 사람들을 감동시키신 분이었다. 지금도 나는 때때로 목회 현장에서 어떤 인간적 갈등 관계에 빠지거나, 혹은 사회적으로 나와 다른 입장에 서 있는 사람들에게 쉽게 분노하거나 미움이 싹트려고 할 때마다 내 영혼의 큰 스승이자 산상보훈의 아가페 사랑의 실천자이셨던 박윤선 목사님을 다시금 떠올리며 조금씩 극복해 나가고 있다.

제일 싼 묘지 값이 얼마인가

임석영 목사(제9회 졸업)

큰 스승 박윤선 박사님께 감사의 글을 늦게나마 쓰게 된 것을 기쁘게 생각한다. 큰 나무 밑에 있는 작은 나무는 혜택이 적으나 사람은 큰 사람 밑에 있으면 큰 혜택을 많이 입는다는 옛 말같이 '큰 스승님 밑에 가서 배우자' 하고 박윤선 목사님이 세우신 학교에서 목회자 계절학교, 목회학석사(M. Div.) 과정, 목회학박사(D. Min.) 과정 합쳐서 십 년을 넘게 배움의 은혜를 누렸고 그분이 세우신 총회인 합신 총회에서 30년의 세월을 목회하는 즐거움을 누렸으며 오늘은 총회장으로 글을 쓰게 된 것에 대하여 감사드린다. 박윤선 박사님을 생각하면 감사할 내용이 참으로 많다.

저는 철부지여서 박윤선 목사님이 제자들을 편견하신다고 긴 글을 써서 올렸던 적이 있었다. 그때 시간이 얼마 지나 직접 전화를 주셔서 '그렇지 아니하다'고 어린 목회자에게 직접 전화를 주셨던 때가 있었다. 그리고 노회장의 신분으로 목회학석사 과정을 하고 있을 때, 박윤선 박사님 과목을 수강하였는데 강의하시기 전 저에게 오셔서 제 손을 잡고 "고맙습니다. 고맙습니다" 하며 제자에게 인사하시던 모습을 보고 저는 박윤선 박사님의 겸손을 뼈 속 깊이 심게 되었다.

총회 때마다 박윤선 박사님은 총대로 참석하시어 노회 회원 자리에 앉으셔서 겸손하게, 끝까지 자리를 떠나지 않으시고 제자들의 말은 경청하시던 스승님의 회의 모습은 늘 저에게 가르침이 되었다. 그리고 말하기보다는 듣기를 즐겨하셨다. 한번은 식사를 같이하게 되었는데 종류가 여러 가지인데(뷔페 음식) 몇 가지 음식만 잡수시고 수저를 놓는 것을 보고 더 잡수시기를 권하였으나 맛있게 먹었노라고 웃으시던 모습을 보며 먹는 즐거움도 억제하시는구나 하고 생각하였다.

목사님께서 기도를 많이 하시던 모습을 보았다. (제66회 총회) 교단을 세우고 송월교회에서 제68회 총회를 하였다. 교단을 합치느냐, 그대로 하느냐 하는 긴장이 고조된 상태에서 결정을 해야 할 때, 목사님은 제자들의 소리를 들으시며 금식하고 계셨다. 육체를 움직이기 힘들어하면서 금식하며 결정을 주께 부탁하려는 스승의 모습을 옆에서 보았다. 늘 기도하는 모습을 우리에게 가르쳐 주셨고 임종이 얼마 남지 않은 시간에도 한국 교회와 합신 교단, 그리고 제자들을 위해 기도하시는 모습을 병상을 지킨 모 후배 목사님께 들은 적이 있다. 병상에 위로하러 가신 분들이 목사님께 기도를 받고 나오는 형태가 되었다고 한다. 우리에게 기도하시는 것을 삶으로 가르쳐 주신 스승님께 감사드린다.

임종이 가까워 올 무렵, 병실을 지키던 후배 모 목사님에게 들은 이야기다. 한번은 부르셔서 "말씀하세요, 목사님" 하였더니 "제일 싼 가격의 묘지 값이 얼마인가?" 하고 물으셨다는 것이다. 그래서 그 후배는 중간 정도 묘지 값을 이야기하여 드렸다고 한다. 왜 그리 대답하였냐고 물으니 제일 싼 공동묘지로 유언하실까봐 중간 가격으로 말씀드렸다는 것이다. 천국 가실 때까지 검소하게 사신 스승이기에 감사드린다.

그리고 합동신학교를 세우시고 건축하실 때, 결산보고를 보니 개인적으로 헌금하신 분 중에 박윤선 목사님이 제일 많이 헌금하셨다. 그 분은 돈이 생기면 합신 세우는 일에 모두 헌금하신 분이시다. 그래서 더 감사드린다.

오늘날, 안타까운 것은 박윤선 박사님의 제자라고 스스로 말하고 박윤선 박사님의 학문과 경건을 운운하면서 그분의 삶의 자세를 따르지 않고 반대로 하는 이들을 보면 안타깝다. 우리들의 스승 박윤선 박사님은 바른신학, 바른교회, 바른 생활을 몸소 실천하시려고 노력하신 분이시다. 제자는 스승의 가르침에 따라 열매를 맺어야 하겠고 합동신학 교수님들은 스승님의 신학과 삶을 이어가며 교단 목회자들은 목사님의 바른 교회 목회관으로 교회를 세워감으로써 이제 30년 된 합동신학교와 합신 교단이 한국 교회와 세계 교회 앞에 더욱 열매 맺어 하나님을 기쁘게 해 드렸으면 한다. 먼 훗날 천국에 가서 스승을 만날 때 기쁨이 있기를 소망한다.

목사는 다 어디가고 박사만

박봉규 목사(제9회 졸업)

목사님을 가까이 모시게 된 동기는, 1979년 합동측 일부 교권주의자들의 횡포 때문에 더 이상 총회신학교를 정상적으로 유지할 수 없어 박윤선 목사님, 신복윤 교수님, 김명혁 교수님, 윤영탁 교수님, 박형용 교수님을 위시하여 몇 명의 교수들과 함께 총신에서 나오셔서 합동신학교를 세우기 위해 기도하시면

서 노량진 오창옥 장로님 댁에서 개척한 장안교회(현재 안만수 원로 목사님이
시무하시던 화평교회와 1987년도에 합함)에서 장로로 봉사하면서 시작되었다.
합신이 교육부 인가가 나고 현재 교정에서 첫 번째 신입생을 정식으로 모집한
것이 1985년도인데 나는 그때 입학한 정규 1기생으로서 목사님에 대한 회고가
많지만 몇 가지만 적어 본다.

  목사님이 한식 식사 때 생선 조기를 좋아하셔서 주일 오전 예배 후 점심
식사 때 조기를 밥과 가까이 놓아 드리면 조기만 꼬리까지 계속 잡수셔서 옆에
계신 장로님이 "목사님 식사도 함께 드셔야지요" 하면 으응, 으응 하시면서
이번에는 밥만 계속 드시기도 하셨다. 그 이유를 나중에 안 사실인데 목사님은
중요한 기도 제목이 있으시면 식사 중에도 계속 쉬지 않고 기도하신 것이다.
사모님 말씀에 의하면 "언젠가는 식사를 드렸더니 한참 만에 수저를 놓으시며
식사를 다했다고 하셔서 밥그릇을 보니 밥은 몇 수저 드시지 않고 기도하시면서
밥만 뒤적이시다가 기도가 끝나셨는지 식사를 다하셨다고 말씀하신 적도 있다"고
하셨다.

  목사님을 뵈올 일이 있어 사택을 방문하는 손님에게 목사님은 하시던 일이
있으시면 손님에게 "소파에 앉아 기도하면서 기다리라"고 말씀하실 정도로
기도를 강조하셨고 학교가 방학이 되어 미국에 가실 때면 부족한 저에게도
손을 꼭 잡으시면서 목사님을 위해서 기도를 부탁하시는 겸손한 목사님의 모습이
존경스러웠다.

  목사님이 신학교 전도사 시절 주기철 목사님 집회에 참석하여 큰 은혜를
받으시고 주기철 목사님께 기도를 부탁하려고 집회 마지막 새벽 시간까지 참석하
며 기다리셨다. 주 목사님이 두 시간 이상을 기도하신 후 잠간 쉬시자 "저
박윤선 전도사인데 주의 일을 잘 할 수 있도록 기도를 부탁한다고 말씀 드렸으나
아무 말씀이 없었고 두 번째도 아무 말씀이 없어서 세 번째 말씀 드렸더니
한 번 뒤를 돌아보시고는 하시는 말씀이 기억나면 기도하리라고 하셨다"는
것이다. 누구나 기도를 약속하면 쉬지 말고 기도해야 되는데 그렇게 하기가

힘드니까 주기철 목사님처럼 기억나면 기도해 주시겠다고 하는 것이 정직한 사람이라고 말씀하셨다.

목사님이 하루는 교회 설교 시간에 "내가 며칠 전에 어느 교회 행사에 설교 초청이 있어 갔었는데 예배 순서지에 있는 담당자 8명의 존칭 전부가 박사라고 되어 있어 교회 행사에 하나님이 주신 성직은 다 어디가고 박사만 있느냐고 하셨다. 그것도 비공인 박사들이라며 교회 행사는 목사가 인도해야 되고 학교에서는 학자들이 인도해야 한다"고 강조하신 말씀에서 성직의 귀함이 생각난다.

목사님이 임종하시기 직전 병원 중환자실에 계실 때 당시 합신 총무처장 임정일 집사님께 목사님 장지는 어디로 정했는가 물었더니 "목사님 가족들이 은평구 쪽에 있는 기독교 공원묘지에 겸손하게 모시기로 했다"고 해서 제가 강권적으로 말씀드리기를 학교 뒷동산에 작지만 겸손하게 묘소를 만들면 목사님의 가르침과 교훈이 계속 전해질 수 있고 목사님의 제자들과 후학들에게도 도움이 될 것이니 가족들을 설득하시라고 말씀드렸는데 설득이 잘되어 지금의 공원묘지 형태의 묘소가 생겨나 묘소를 볼 때마다 감사하고 있다.

합신이 개교하고 난 후 학생들이 산에서 기도하는 것이 학교의 트레이드 마크였는데 산에 벌레가 많아 기도에 지장이 있었다. 산에 있는 벌레는 잣나무가 있으면 벌레가 없어진다는 말을 듣고 당시 충현교회 시무 장로요 합신 입학 동기생인 이상현 장로님과 함께 잣나무가 많다는 충현기도원(경기도 광주 초월면 소재)를 찾아가 몇 그루만 주시라고 원장님께 말씀드렸다. 그러자 합신이 요청 공문만 보내면 얼마든지 주시겠다고 약속하셔서 합신에서 공문을 보내 1,200주를 허락받아 그중에 몇 백 그루를 뒷동산에 옮겨 심어 현재와 같은 아름다운 모습이 되었다.

듣고 배우는 것이 먼저다

박정수 목사(제12회 졸업)

정암 박윤선 목사님과의 첫 만남은 1988년 합동신학교 입학 후 첫 경건회에서 이루어졌다. 그 전까지는 출간된 박 목사님의 글이나 여러 목사님들을 통하여 간접적으로만 그분을 접했을 뿐 얼굴을 직접 뵌 것은 그때가 처음이었다. 경건회가 시작되기를 기다리면서 나의 시선은 자꾸 예배실 출입구를 힐끗 거렸다. 과연 박 목사님은 어떤 분일까 하는 설레임과 당대 신학의 거인을 만난다는 기대감 때문이었다. 이윽고 검은 긴 코트를 입으시고 머리가 희끗한 노 신학자가 맨 앞에 서시고 그 뒤를 이어 여러 교수님이 예배실로 들어서시는 모습에서 나는 눈을 뗄 수가 없었다. 그분은 맨 앞에 자리를 잡으셨다. 목사님은 연로하셔서 인지 보청기를 사용하시었는데, 보청기에 문제가 있는지 툭툭 치시면서 열심히 설교를 경청하시었다.

신학과 신앙의 존경을 받으시는 분께서 하나님의 말씀을 진지하게 경청하는 모습에서 겸손을 볼 수 있었다. 예배를 드리면서도 나의 눈은 여러 번 그분을 향하게 되었는데 그 날 박 목사님과 함께 드렸던 합동신학교에서의 첫 예배의 모습과 감격은 아직도 내 마음에 스케치되어 남아 있다. 박 목사님께 배웠던 첫 과목과 강의는 변증학으로 기억된다. 강의실에 입장하시어 그분께서 첫 입을 여실 때까지 강의실은 고요 그 자체였다. 나 자신도 그러했듯이 모든 학우들이 거인 앞에서 긴장에 사로잡히지 않을 수 없었기 때문이었다. 마침내 그렇게 긴장하며 기다리던 첫 목소리는 연로하심에도 불구하고 또렷하며 힘이 있었다. 그 또렷함과 힘은 신학을 아는 지식에서 나오는 것이라기보다는 하나님을 향한 열정에서 나오는 것임을 얼마 안 되어 알게 되었다. 그 열정은 여지없이 설교에서도 나타났는데, 설교는 더욱 힘이 있어 목소리가 카랑카랑 하였다.

그분의 강의와 설교에서 품어 나오는 진지함과 열정은 그분의 삶이 하나님에게 집중되어 있음을 알게 되었다. 어느 날 변증학 시간에, 한 학우가 질문을 하자 '아직 질문할 단계가 아니니 더 들으라'는 말씀은 아직도 귀에 쟁쟁하다. 그것은 우리의 위치가 아직 신학이나 신앙에 있어서 섣부른 상태니 겸손함을 가지고 듣는데 치중해야 할 단계였기 때문이었다. 그렇다 가르치려는 것이 먼저가 아니라 듣고 배우는 것이 먼저다. 평생 그렇게 해야 하는 것이 나의 위치임을 그분의 첫 강의를 통하여 배우게 되었다. 이런 짧은 만남만 남기고 목사님은 아쉽게도 1988년 6월 30일 하나님의 부르심을 받았다.

그분과 6개월의 만남이 너무나 짧았던 것이 참으로 아쉬웠으며 몇 년을 목사님께 배울 수 있었던 선배들이 부러웠다. 겸손하면서도 위대한 거인인 목사님의 가르침을 충분히 받고 싶었으나 하나님은 그 기회를 허락해 주시지 않았다. 그러나 나는 여전히 그분의 가르침을 오늘도 생각한다. 그분은 여전히 내 마음속에 계시기 때문이다. 비록 6개월의 짧은 만남이었지만 그분과의 만남은 나에게 하나님의 은혜와 축복이었다. 박 목사님의 장례식에 참여하면서 그분을 사랑하고 존경했던 분들이 그렇게도 많음을 알게 되었다. 사람은 사후에 반드시 평가를 받게 되는데 그분의 발자취가 참으로 한국 교회와 신학에 커다란 영향을 미친 것을 그렇게 확인하였다. 오늘도 여기저기서 많은 주의 종들이 그분을 이야기한다. 그것은 그분이 하나님 앞에 어떻게 살았는가를 입증하는 것이다.

정암 박윤선 목사님이 사신 인생의 흔적은 남기 마련이다. 또한 그 흔적은 반드시 평가를 받게 되어 있다. 정암 박윤선 목사님이 나에게 남기신 흔적은 무엇인가? 그분이 하나님의 부르심을 받은 후 여기저기 남긴 흔적을 신학교에서 날마다 보았다. '지사충성', '침묵정진', '여주동행', '죽도록 공부하고 싱싱하도록 기도하라.' 이 모든 가르침과 흔적은 모두가 그분이 주님을 사랑하는 열정과 섬기는 삶에서 나온 것들이다. 그분의 가르침은 머리와 입술에서 나온 것이 아니라 주님을 향한 마음에서 절로 맺어진 것들이라 생각한다. 바울이 빌립보 교회에 편지를 쓸 때 하나의 서신이 아닌 그리스도의 심장으로 권했듯이 박 목사님은 그리스도의 심장을 가지신 분이다. 그 심장을 가지고 우리에게 대변한 것이다. 누구에게 보이기 위한 것도 아니고 후대의 평가를 의식해서도 아닌 매순간 주님을 사랑하고 섬기려는 진실과 성실 그리고 겸손에서 맺어진 열매라 생각한다.

나는 예수 그리스도의 제자요 정암 박윤선 목사님의 제자이다. 그러나 예수 그리스도 앞에, 박 목사님 앞에 한 없이 부끄럽고 연약한 종에 불과하다. 예수님과 박 목사님의 이름을 들먹거리는 것조차 부끄러운 생각이 든다. 그러나 내 중심은 예수님을 닮고 싶고 정암 박윤선 목사님을 닮고 싶다. 이것이 내 진심어린 고백이다. "주여 이 연약하고 부끄러운 나를 도우소서."

진실해라

권태진 목사(제20회 졸업)

박윤선 목사님께서는 바른 신학, 바른 교회, 바른 생활을 강조하셨다. 신학과 신앙을 삶 속에서 균형 있게 적용하신 분이셨다. 한때 가짜 박사학위가 난무할 때가 있었다. 많이 배운 사람들이 대우를 받았던 시절이라 박사 가운으로 자신의 위치를 나타내려고 했었다. 그때 스승 박윤선 박사님께서는 학위나 명예 같은 것에 연연하지 않으셨고 진정한 하나님의 사람으로 소년처럼 순수하셨다. 학문의 깊이뿐만 아니라 시대의 문제를 통찰하는 눈을 가졌음에도, 그것을 자신의 부(富)나 명예가 아닌 오직 인재 양성을 위해 쓰신 분이셨다. 합동신학교가 남서울교회 지하실에서 수업을 할 때였다. 교단의 설립과 교역자 양성을 위해 박사님께서는 항상 수장(首長)이 되어 젊은 목회자의 마음에 성령과 말씀을 통한 다짐을 새롭게 하셨다. 사람을 키우기 위해 몸부림치셨던 박윤선 박사님을 만난 후, 나는 새로운 것을 깨닫게 되었다.

오래 전 보은 속리산 가까운 곳에서 교단 수련회를 한 적이 있었다. 새벽기도회를 마치고 산에 오르는데 울창한 숲 사이로 한 걸음 한 걸음 오르시는 박윤선 박사님을 만났다. 목적지에 이르니 절이 있었다. 입장료를 내야 들어갈 수 있었는데 마침 박사님이 지갑을 가지고 오지 않으셔서 표 두 장을 끊어 들어갔다. 이것을 계기로 함께 우물물을 마시고 잠시 머물다가 숙소로 향하면서 이야기를 나눌 수 있었다. 나는 가슴이 벅찼고 그동안 궁금했던 것을 여쭈어보고 싶었다. 훌륭하신 분을 만나 그분의 철학에 대해서 여쭈어보고 배우고 싶었던 것이다.

"목사는 어떻게 살면 바르게 사는 것입니까?"라고 여쭈었다. 그때 스승님은 진지하게 가슴 깊이 묻어 두었던 말씀을 해 주셨다. "목사는 하나님의 종이므로 하나님의 말씀에 온전히 순종해야 하고, 무엇보다 진실해야 된다"고 하셨다. 그 말씀을 가슴에 새겼고 그때부터 나의 목회는 아주 단순해졌다. 하나님의 종으로 말씀을 따라 살려고 노력하였고, 사람의 숲에서 방황하지 않고 하나님을 진실 되게 따르려고 애썼다. 그 만남 이후에 스승님의 강의라면 어디든지 달려가 즐겨 경청했다. 그후 오색약수터 수련회에 오셨다가 몸이 약해지셔서 힘들어하시는 모습을 보고 안타까움을 금할 수 없었다. 오랜 세월이 지난 지금에도 "예수 안에서 진실하라"는 말씀이 나의 삶을 이끌고 있다.

만남은 마음을 따뜻하게 하고, 지식과 사상을 낳게 한다. 사상은 행위를 만들며, 행위는 행복과 불행을 만든다. 스승님의 신구약 주석은 나의 길잡이가 되었다. 주석은 1977년 결혼할 때 처가에서 장롱 구입비로 준 금액으로 구입한 것이다. 지금도 박윤선 주석은 나의 목회와 설교의 길잡이가 되고 있다. 인생은 짧으나 그의 작품은 길다는 말을 실감하게 한다. 목사님은 인간 정치와 교권의 타락을 사전에 알게 해 주신 분으로 지금도 나의 가슴에 살아계신다. 이 글을 쓰면서 그때의 교훈을 다시 또 떠올려본다.

특별한 레슨들

양승헌 목사(제1회 졸업)

나는 빚진 자다. 나는 많은 사람에게 많은 사랑의 빚을 진 사람이다. 특히 좋은 스승님들에게 많은 빚을 졌다. 마음에 각인된 여러 스승님들 중에 박윤선 박사님이 있다. 난세에 겨우 졸업한 합신 1회 졸업생으로서, 실제로 내가 박윤선 박사님의 강의를 들은 것은 딱 한 학기 한 과목뿐이었다. 강의 내용은 내 안으로 다 스며들어 기억조차 희미하지만, 그분의 경건하고 열정적인 인격과 삶을 통한 가르침은 오늘의 나를 세우는 소중한 자산이 되었다. 오늘의 나를 세우는데 축복이 되었던 그분의 가르침을 몇 가지만 나누고 싶다.

첫째, 그분은 내게 배우는 사람의 행복을 가르쳐주셨다. 박윤선 박사는 언제나 배우기를 쉬지 않으셨다. 마치 배움을 유일한 취미로 사시는 것 같았다. 어느 날 나는 사무실에서 뜬금없는 전화 한 통을 받았다. 박윤선 박사님의 카랑카랑한 목소리로 나를 찾으셨다. "양 목사, 내가 오늘 밤 어느 교회 주일학교 교사 헌신예배에 가서 설교를 해야 하는데, 무슨 설교를 해야지?" 나는 너무나 황공하고, 너무나 부끄러웠다. 젊은 목사로서 난 한 번도 누구에게 무슨 설교를 해야 할지를 물어 본 적이 없었다. 우선 자존심도 상하고, 나도 나름 메시지를 가지고 있다는 교만한 마음 때문이었을 것이다. 성경을 펴면 그 안에서 말씀하시는 성령의 음성을 누구보다 정확하게 들으시는 밝은 귀를 가지신 어르신이 나 같은 사람을 "어린이 사역 전문가"로 여기시고 찾아, 기꺼이 배울 것을 찾으시는 겸손함 앞에 나는 너무나 큰 충격을 받았다. 그분에게서 나는 배워야 가르칠 수 있다는 것을 배웠다. 히브리어로 가르친다는 말이나 배운다는 말은 같은 어근에서 나왔다고 한다. 배우는 사람만 가르칠 수 있고, 가르치기를 원하는 사람은 배우기를 원해야 함을 의미한다. 박윤선 박사님은 평생 학자이기 이전에 학생이셨다. 그래서 나도 언제나, 어디서나, 누구에게나, 무엇이나 배우는 즐거운 학생으로 살고 있다.

둘째, 그분은 내게 생각을 성경적으로 하는 법을 가르쳐주셨다. 박윤선 박사님이 즐겨 사용하시던 용어, "계시 의존적 사색"이란 말은 처음 들었을 때나, 지금이나 귀에 낯설고 어렵게만 느껴진다. 그러나 쉬운 말로 푼다면, think biblically, 성경적으로 생각하기라고 할 수 있을 것이다. 인간적인 사변이나, 경험, 감정에 기초한 생각이 아니라, 하나님의 말씀에 기초하여 생각한다는 뜻으로도 볼 수 있겠다. 개인적인 삶의 문제나, 교단적인 문제들을 봉착하실 때마다 박윤선 박사님은 성경이 뭐라고 말하는가를 찾는데 집중하시는 것 같았다. 그분은 지금도 개혁주의 사역자로서, 경건한 크리스천으로서 늘 성경적 사색을 하신 모델로서의 삶을 사셨다. 그분이 떠나신 지 이십년이 넘었지만, 지금도 그분은 내 앞에 서서 내 어려운 문제들을 향한 성경의 가르침을 찾고 계신 것같이 느껴진다. 박윤선 박사님은 내게 성경의 사례가 되었던, 성경적인 원리가 되었던, 성경적인 진리의 적용이 되었던 성경을 잣대로 삼아 내 생각과 판단을 거르는 습관을 심어주신 분이시다.

셋째, 그분은 삶을 기도로 꿰는 법을 가르쳐 주셨다. 나는 여러 사람으로부터 박윤선 박사님이 웨스트민스터 신학교 유학시절 교정에서 새벽마다 기도하시는 습관을 교수들이 보고 감동을 받았다는 이야기를 들었다. 합신 채플 시간에 그분의 설교의 주제는 종종 기도에 관한 강조였다. 온 얼굴 근육을 찡 그려 가시며 기도하라고, 목숨 걸고 기도하라고 외치실 때, 우리가 기도로 살고, 기도로 사역하기를 원하시는 그분의 안타까운 호소를 들었다. 내가 시카고 트리니티 신학대학원에서 교육학을 공부할 때, 그 가르침은 내 삶에 얼마나 실제적인 힘이 되었는지 모른다. 새벽마다 트리니티 대학의 축구장 관중석 끝자리에 올라가 은혜 주시기를 간구하면서 하루를 시작했다. 내 노력과 내 능력으로는 그 힘든 박사학위 과정을 끝낼 수도 없었지만, 끝냈다고 해도 무슨 유익과 축복이 되었을까. 기도 없는 학문이 하나님의 나라에 얼마나 기여가 될까. 그 기도 시간에 자주 웨스트민스터 신학교 교정에 엎드려 기도하시는 박윤선 박사님을 상상하며 기도하였다. 내가 기도와 삶을, 기도와 학문을, 기도와 사역을 통합하는 법을 배운 것 역시 박윤선 박사님께 진 큰 빚이다.

마지막으로, 그분은 사람을 세우는 일이 가장 중요하고 지혜로운 투자임을 가르쳐 주셨다. 박윤선 박사님의 평생은 두 개의 키워드로 줄일 수 있다. 성경 주석과 목회자 양성. 박윤선 박사를 생각할 때, 바나나 나무의 지혜가 떠오른다. 바나나 나무는 생후 6개월이면 서너 개의 새순을 틔운 뒤, 나머지 6개월 동안 꽃피고, 열매를 맺은 다음 죽는다고 한다. 어미 나무가 죽으면 새순들이 그 몸을 양분 삼아 자라며, 어미가 했듯이 새순을 틔우고 열매를 맺고 죽는 똑같은 방식의 반복을 통해 온 동산을 바나나 동산으로 만든다고 한다. 박윤선 박사의 생애는 사람을 키움으로써 이 땅을 십자가로 덮은 지혜로운 생애였다. 그의 그루터기 위에서 많은 새순들이 자라고 있다. 박윤선 박사의 그러한 헌신은 내게도 가장 중요한 모델이 되었다. 유학의 길에서 돌아온 후 지금까지 14년간 "바나나 농장"이란 이름의 교육 지도자 훈련 과정을 통해 이 땅의 교회 교육 지도자들을 세우고 있다.

나는 박윤선 박사님의 그루터기 위에 선 한 줄기 새순으로 그분이 가르쳐주신 삶과 사역을 밑거름으로 오늘을 살아가고 있다. 청출어람이청어람(靑出於藍而靑於藍)이라고, 그의 열정과 경건과 헌신이 내 삶과 사역 속에서 더 아름다운 꽃으로 피어나야 하는 숙제를 부담으로 갖고 살아간다.

소명과 충성

목회지에서 뼈를 묻을 생각을 하라

김현국 목사(제1회 졸업)

그 분께 배우던 때

그토록 흠모했던 박윤선 박사님을 대면하였을 때 나의 감격은 이루 말할
수 없다. 그분이 개척하시고, 김진택(2004년 소천) 목사님을 후임 목회자로
세우신 교회는 한성교회였다. 나는 1978년 총신에 입학하여 1980년 초반까지
이 교회에서 교육전도사로 섬긴 것도 큰 복이었는데, 박윤선 박사님을 설교목사
로 모신 장안교회에서 수석전도사로 행정을 맡아 봉사까지 할 수 있었다. 이
장안교회는 총신(현 총신대학교 신학대학원)에서 합신(현 합동신학대학원대학
교)이 분리되자 한성교회에서 갈라져 나와 세워진 교회다. 이 교회에서 바른
교회관을 갖게 하신 그 분의 가르침에 따라 나는 그 분의 참 제자 되기를 원했던
것을 기억한다.

박사님께서 계시록을 강의하는 시간에 경고적이고 책망적인 대목을 강의하시
는 동안 나는 앞자리에 앉아 경청했다. 그런데 갑자기 저를 향하여 책망을
하셨다. 매우 심각한 순간에 웃고 있었던 것이다. 나는 본래 웃는 얼굴(smile
face)을 가지고 있었는데 재미있게 강의를 듣는 나의 얼굴에 미소를 띤 것은
당연했다. 그 때문에 책망을 들은 황당한 순간을 잊을 수 없다.

나는 노총각으로 지내다가 하나님의 긍휼하심을 입어 지금의 아내와 결혼을
하였다. 1982년 5월 18일 남서울교회(당시 홍정길 목사 담임, 초창기 합신
임시 캠퍼스)에서 결혼식을 가졌는데, 박윤선 박사님께서 주신"독립 인격자가
되라"는 주례사는 나의 인생 전체에 지배적인 교훈이 되었다.

미국에서 그 분과의 교제

1983년 4월 19일 합신 1회 졸업자로서 제1호로 미국으로 이민해 왔다. 1985년

박윤선 목사님께서 필라델피아를 방문하셨을 때, 박 목사님과 윤종호 목사님(당시 필라성산교회 담임)과 나는 델라웨어에 계신 공광식 목사님 문병을 갔다. 가서 윤 목사님이 사회를 보시고, 나는 기도를 하고, 박 목사님께서 말씀을 증거하신 일이 있었다. 식사를 하고 대화를 하던 중 또 다시 박 목사님의 경책의 말씀을 듣게 되었다. 그 이유는 내가 생애 처음으로 나의 팔 길이만큼이나 큰 잉어를 낚은 것을 자랑했기 때문이다.

당시 필라델피아한인연합교회를 담임하셨던 임택권 목사님과 내가 Penn State University가 있는 State College를 방문하게 되었다. 그때 차종률 강도사(지금은 목사요 교수)가 스테이트 칼리지 한인장로교회를 담임하고 있었다. 점심 식사 후 그곳에 있는 댐(Dam)에 가서 낚시를 했는데 팔뚝만한 잉어를 낚아 올린 것이다. 지금까지 내 생애에 전무후무한 일이었다. 박 목사님께서 "어느 목사님이 낚시를 너무 즐기다가 주일 설교 시간에 늦었다"는 이야기를 하시면서, 낚시 즐기지 말라는 경고와 경책을 주신 것을 잊을 수 없다. 또 "김 목사는 목회지에 가면 뼈를 묻고 나올 생각을 하라"는 말씀을 주셨다. 나는 지금 중소 도시에 있는 교회를 26년간 섬겨왔고 4년을 더 섬기면 만 30년이 되며 70세로 은퇴하게 될 것이다. "나의 나 된 것은 하나님의 은혜로 된 것이니"(고전 15:10)라는 바울 사도의 신앙고백처럼 나의 마지막 신앙고백도 그렇게 되기를 원할 뿐이다.

1988년 6월 30일 오전, 나의 영의 아버지요 나의 스승이요, 나의 멘토이신 박윤선 박사님이 소천하셨다. 그해 7월 28일 오후 7시 30분 웨스트민스터 신학교 Van Til Hall 강당에서 웨스트민스터 신학교 동문회, 고려신학교 동문회, 총회신학교 동문회, 그리고 합동신학교 동문회 연합으로 고 박윤선 박사님의 추모 예배를 드렸다. 웨스트민스터 신학교 동문회를 대표하여 김선운 목사님의 사회, 합동신학교 동문회를 대표한 김현국 목사의 기도, 총회신학교 동문을 대표하여 김인환 목사(전 총신대 총장)의 성경 봉독(빌 1:23~24)이 있었다, 그리고 당시 필라델피아한인연합교회를 담임하시던 임택권 목사(후에 ACTS신학교 총장 역임)가 "세상을 떠나 주님과 함께"란 설교를 하셨고, 함부선 선교사의 조사, 고려신학교 동문회를 대표한 김만우 목사의 조사, 김정도 목사의 고인의 약력 소개, 친족을 대표하여 김수홍 목사의 인사가 있었으며, 당시 웨스트민스터 신학교 학장이신 George Fuller 목사의 축도로 은혜로운 추모 예배를 드렸다.

그때 나의 기도는 참으로 간절했다. 유족들을 위하여, 후배들을 위하여, 신학교들을 위하여, 목사님들을 위하여, 교단을 위하여, 고 박윤선 목사님께서 끼치신 교훈과 정신과 신앙과 겸손하신 자세를 언급하며 기도했다. 원고 없는 기도가 어찌나 논리적으로 질서 있게 간절히 기도하였는지 감동을 받았다고 많은 분들이 이야기하는 것을 들었으니, 그 모든 것은 전적으로 성령님의 감동이요 고 박윤선 목사님으로부터 배움의 결과일 뿐이다.

또 필라델피아한인연합교회의 성가대를 지휘하시며, Temple University 음대 주임교수이신 조영호 장로가 "하늘가는 밝은 길이"로 또 영생장로교회 성가대가 흑인영자 "Let My People Go"로 하나님께 찬양함으로 추도 예배의 영적 분위기를 더 한층 높였다.

합동신학대학원대학교가 바른 신학, 바른 교회, 바른 생활을 표지로 삼고 있는 것에 대하여 감사한다. 나도 교회의 표지를 "바른 신앙, 바른 교회, 바른 생활"로 정하고 지금까지 그 정신과 신조로 목회를 하고 있다. 고 박윤선 박사님을 회고하는 글을 쓰면서, 그 이름을 향한 존경심과 감사함으로 고개가 숙여진다.

문 전도사, 설교 은사가 있으니

문태주 교수(제2회 졸업)

1981년 겨울

합동신학교에 입학하여 이제 3년간의 모든 신학 수업이 끝났다. 일주일
후면, 이 학교와도 작별이다. 창밖을 스쳐가는 스산한 초겨울의 바람처럼,
미래에 대한 막연한 두려움과 막막함이 마음을 시리게 한다. "문 전도사, 들어가
보시오. 교수님들이 부르시오." 선생님들이 졸업반 학생들을 하나씩 하나씩
교무실로 불렀다. 마지막으로 차 한 잔을 함께 나누며 덕담과 기도하는 시간을
가지고 있는데, 마침내 내 차례가 온 것이다.

말이 좋아 교무실이지 실상은 좁은 공간에 학무과, 행정과, 도서실, 그리고
창고까지 합쳐 놓은 다용도실이다. 그곳에 들어가니 30여 년이 다 된 지금에도
항상 생생하게 내 기억 속에 자리하고 있는 몇몇 분들이 나를 기다리고 계셨다.
신복윤, 김명혁, 윤영탁, 박형용, 유영기 그리고 박윤선. 그날 그분들이 돌아가며
한마디씩 해 주셨으나, 무슨 말을 했었는지 잘 기억나지 않는다. 그런데 마지막으
로 정암의 차례가 되었을 때, 그분은 수첩을 뒤적거리시다가 어느 한 페이지에
시선을 고정시키셨다. 그러더니 조용히 한 말씀 하셨는데, 그 말은 이토록
무수한 세월이 흘렀지만 지금도 바로 엊그제 들은 말처럼 생생하게 내 가슴에
각인되어 있다. "문 전도사, 설교의 은사가 있으니 기도 많이 하여 좋은 설교자가
되길 기대하겠네." 그 말을 듣는 순간 나도 모르게 흐르는 눈물이 뺨을 적시는
것을 느껴야만 했다.

나는 신학교에 다니면서 고아원 사역에 헌신하다가, 졸업 무렵엔 노동자
선교에 뛰어들어 활동하고 있었다. 나면서부터 버려진 아이들 60여 명을 기르는
사역을 3년여 동안 했는데, 70년대 말과 80년대 초반 한국사회에서는 고아들보다
도 더 절망스럽게 사는 이들이 노동자들이라는 깨달음이 들어, 고아 사역을
접고 구로 공단을 중심으로 산업 근로자들을 대상으로 전도와 제자훈련에 동분서
주하고 있었다. 그 당시 한국 사회의 가장 열악한 환경 속에서 소외 받은 거친
사람들과 더불어 살면서, 나아가 그들을 학대하는 세력들에 대한 분노 내지는
저항 의식에 젖어 나도 모르게 웬만한 일엔 눈물을 보이지 않는 자가 되어
있었다. 그런데 그날은 그냥 눈물이 글썽거렸다.

신약학 강의 1973년

　아마도 두 가지 사실이 겹쳐 그런 감정이 발산된 것이라 여겨진다. 며칠 전에 설교 실습 시간이 있었다. 모든 학생들과 선생님들이 참석한 자리에서 설교를 했다. 평소에 가장 자신 있어 하던 부분 중의 하나가 설교였기 때문에 소신껏 힘 있게 설교를 했다. 그런데 옥한흠 교수께서 정해진 시간 안에 설교를 마무리하지 못했다는 이유로 B―를 주었다. "옥 목사님, 개척하신 사랑의교회를 위해 여러 번 주변 아파트를 돌면서 전도까지 해주었는데, 이것은 너무하지 않습니까?" 한마디 하고 싶은 생각이 전혀 없었던 것은 아니었다. 허나 원칙을 중시하는 분인 것을 알기에 씁쓸한 마음을 달래며 꾹꾹 눌러 참아야 했다. 목회자의 가장 중심 사역이 설교인데, 설교학 점수가 나쁘게 나왔다는 사실이 나를 많이 기죽게 했다. 그런데 정암께서 설교 실습 시간에 참석하여 적은 수첩을 보시면서 하신 말씀이다. "자네에게 설교 은사가 있다." 그 말이 짓눌려 있던 내 가슴을 뭉클하게 움직였던 것이다.

　나아가, 정암은 개인적으로 내게 여러 번 은혜를 베풀어 주셨다. 한두 가지만 소개하면 이렇다. 그 해 5월 결혼하게 되었을 때, 내겐 봉사하는 교회가 없었다. 수 년 간 교육전도사로 봉사하던 교회로부터 총신이 아닌 합동신학교로 나갈 것이면 사임하라고 하여 졸지에 무직자가 되어 있었다. 마침 신부 될 자매가 정암이 세우신 한성교회 출석 교인이었기 때문에, 정암께 주례를 부탁 드렸다. 그랬더니, 결혼 주례에 대한 부탁이 너무 많은데 다 들어줄 수가 없기 때문에, 오래 전부터 결혼 주례를 하지 않는 것으로 원칙을 세웠으니 양해해 달라고 하셨다. 그리하여 신복윤 박사님께서 주례를 맡아 주셨다. 그런데 정암께서는

어린 제자의 결혼식 날을 기억하고 계셨다가 끝날 무렵에 참석하여 축도와
함께 귀한 책을 선물로 주셨다.

또 한 번은, 3학년 2학기 때 형편이 어려워 마감을 며칠 앞두기까지 등록을
하지 못하고 있었다. 이 문제를 가지고 아내와 함께 여러 날 동안 기도하면서
주의 인도하심을 기다리고 있었는데, 하루는 등교하였더니 정암께서 강의실
앞에 서 계셨다. 인사를 드리자마자, "내가 자네 기다렸네. 나 좀 보세." 옆의
빈 강의실에 들어가자마자 품 안에서 하얀 봉투를 하나 꺼내 주시면서 말씀하셨다.
"학비에 보태 쓰도록 하게." 그리고는 인사드릴 틈도 주지 않으시고 총총히
밖으로 나가셨다.

그 봉투 안에는 마지막 학기 등록을 위해 필요한 만큼의 액수가 담겨져
있었다.

2009년 현재

오늘의 내가 있기까지, 한 인간으로서, 크리스천으로서, 지난 긴 세월 동안
런던에서 개척교회를 할 때나 오타와에서 담임목회를 할 때나 주보 앞에 "바른
말씀 위에 바른 교회 세워서 바르게 살자"는 모토를 내세우고 주님의 교회를
섬겨 오면서, 그리고 이제 설교학 교수로 자리매김하기까지 하나님이 베풀어
주신 은혜로운 계획의 한복판에 한 사람, 결코 잊을 수 없는 분이 계시니 바로
정암 박윤선 목사님이시다.

이 글을 쓰고 있는 지금, 뉴질랜드에 와서 산 지도 벌써 9개월째로 접어들고
있다. 오랫동안 미국과 캐나다에서 살던 내가 뉴질랜드로 온 것은, 이 나라에서
나름대로 최고의 역사와 전통, 그리고 복음주의적 학문성을 자랑하는 Laidlwa
College(구 New Zealand Bible College)에 객원교수(Visiting Scholar)로
오게 되었기 때문이다. 뉴질랜드를 선택한 것은, 대체적으로 온화한 기후 환경인
이곳에 1~2년 정도 머물면서 많이 쇠약해진 우리 부부의 건강이 회복될 수
있기를 기대했기 때문이다.

그런데 전혀 계획하지도 않았던 일이 벌어졌으니, 지난 7월 중순에 시작된 후학기부터 설교학(Introduction to Biblical Preaching & Advanced Biblical Preaching)을 가르치게 된 것이다. 첫 강의부터 짧은 찬송가 두 개를 부른 다음 기도하고 시작한다. 먼저 부르는 찬송가는 Amazing Grace(나 같은 죄인 살리신)이니, 이 곡을 택한 두 가지 중요한 이유 중에 하나는 바로 나 자신의 간증이 담긴 고백적 의미가 있어서다. 꿈에라도 꿈꾸어 보지 못했던 설교학 선생이 되어 영어로 강의하게 된 것은 전적으로 하나님의 은혜임을 고백하지 않을 수 없기 때문이다.

지난 20년 동안 잘 섬겨오던 교회의 담임목사직을 내려놓고 건강상의 문제로 정든 제2의 고향인 오타와를 떠나 낯선 나라에 오면서 다짐했던 일이 있었으니, 인생이란 어차피 하나님의 선물인즉 그분께서 길을 열어 주시는 데로 무조건 담담히 순종하며 남은 생애 살자는 것. 그래서 순종하는 마음으로 설교학 교수직을 맡으면서 두 가지 전략을 가지고 두 주간 동안 강의 계획안 작성에 몰입하였다.

먼저는 인터넷을 통해 세계 전역에 흩어져 있는 영어권의 신학교들로부터 현재 진행 중인 설교학 강의안 약 40여 개 이상을 모아 비교 분석에 들어갔다. 이 일을 통해 설교학 강의에 대한 시대적인 경향과 일반적인 공통점들, 그리고 그로부터 드러나는 여러 가지 문제점들을 지난 30년 이상 설교해온 자의 안목으로 판단할 수 있는 인식의 자리에 설 수가 있었다. 다음으로는 100여 권 이상의 설교학 관련 서적들을 읽고 체크하면서, 지난 수십 년 간에 걸쳐 설교학이 어떻게 발전해 왔으며, 어디로 가고 있는가를 정리할 수 있었다.

지금 이 글을 쓰고 있는 9월 첫 주에, 세 시간씩 열두 번 해야 하는 강의의 절반이 끝났다. 이제는 점차 자신감이 확장되면서 보람과 기쁨의 폭도 넓혀지고 있다. 강의 내용은 항상 세 가지에 초점을 맞춰 균형을 이루어가려고 애쓴다. 학문성(Academic ability)과 영성(Spirituality)과 인격성(Personality)이다. 다시 말하면, 설교라는 주제에 대한 성경적, 역사적, 신학적으로 탁월한 지식을 연마함과 동시에 하나님과의 친밀하고 생명적인 관계, 나아가 설교자로서의 경건성과 인격 함양 등의 세 가지 면에 조화를 이루고자 힘쓰고 있다.

이러한 나의 교육 목표 통하여 가르침을 받고 있는 학생들이 누구인가 하는 것을 인격적으로 알게 되었을 뿐만 아니라, 각 개인의 약점과 장점을 파악하고 현실과 비전을 전망하면서 단순히 지식 전달자가 아닌 멘토 또는 친구가 되고자 힘쓰고 있다. 이로 인해 학생들이 많이 감사해 하는 바 이 또한 기뻐할 일이 아닐 수 없다. 그러니 주님의 은혜를 어찌 찬양하지 않을 수 있으랴!

다시 2009년 9월

요즘 뉴질랜드는 한 겨울이 지나가고 봄의 길목에 들어서 있다. 나는 이곳에서 난생 처음 참으로 희한하고 아름다우며 따스한 겨울을 보냈다. 그도 그럴 것이 지난 20년 이상 캐나다에 살면서 10월 중순부터 4월초까지의 긴 겨울 동안 영하 20~30도는 보통이고, 한 해 겨울 평균 4미터 이상의 눈이 내리는 곳에서 살던 나에게 뉴질랜드는 전혀 다른 새 땅일 수밖에 없었다. 한 겨울에 하얀 목련을 비롯한 형형색색의 즐비한 꽃들을 보면서 익어가는 귤과 레몬을 맛볼 수 있다는 것은 짜릿한 감동이다. 겨울의 한복판에서 고추와 상추를 텃밭에서 따다 먹는 맛이란 둘이 먹다 하나 죽어도 모른다는 울릉도 호박엿과도 비교할 바가 아니다.

20년간 섬겨온 교회를 내려놓기가 결코 쉽지 않았지만, 그토록 어렵고 힘들다는 이민교회 목회를 한 교회에서 20여 년 했으니 이대로가 하나님의 은혜 아니던가? 그래서 모든 것 내려놓고 기약 없는 나그네로 새 일을 찾아 뉴질랜드까지 왔던 것이다. 그런데 이처럼 따스한 날씨로 인해 지난 12월 이곳에 도착한 이후부터 오늘까지 거의 매일 한 시간 가량 바닷가를 산책할 수 있었던 덕분으로 건강이 많이 회복 되어 점차 바빠지고 있는 일정들을 큰 무리 없이 잘 감당할 수 있게 되었으니 크게 감사할 일이다.

"자네에게 설교 은사가 있으니, 기도 많이 하여 좋은 설교자가 되길 기대하겠네." 정암의 이 말은 내 인생에 하나의 좌표가 되었다. 지난 30여년 목회 여정에 너무도 힘들고 어려워 주저앉아 버리고 싶을 때가 한두 번이 아니었지만, 노은사님의 진심 어린 충고는 위로의 말로, 예언의 말로 가슴에 뿌리를 내려 내 목회 인생을 붙들어 주는 이정표가 되었다. 그분께서 기대하실 만큼의 "좋은 설교자" 또는 "훌륭한 설교자"가 되었는가? "그렇다"고 대답하기에는 여전히 자신이 없다. 그러나 부끄럼 없는 목사, 최선을 다하는 설교자로 살고자 열심히 달려 왔노라고 말하고 싶고, 앞으로도 그리할 것이라고 말하고자 한다. 그리고 이제 주어진 기회를 통해 나보다 훨씬 더 훌륭하고 아름다운 설교자가 될 수 있도록 후학들을 도와주는 일에 혼신의 힘을 기울이고자 한다. 나의 스승 정암이 보여준 길을 이제는 내가 다른 이들에게 보여줄 수 있기를 소원하면서……

박 목사님의 성도는 신학생이었다

최충산 목사(제4회 졸업)

장면 하나: 당돌한 질문

나는 73년에 총신대학 신학과에 들어갔다. 대학부에서는 박 목사님의 강의를 들을 수 없었다. 채플 시간에 영감 있게 전하는 설교로 감동을 받곤 하였다. 그저 박 목사님을 먼발치에서 우러러 볼 뿐이었다. 그런데 79년도 학교 데모 사태가 나면서 총학생회 총무 일을 보고 있었던 나는 데모 사태 중심에서 활동하고 있었다. 학생들은 학생회 차원에서 학교의 문제와 함께 교단의 문제가 공론화되기를 원했다. 당시 학교 행정을 틀어쥐고 좌지우지하는 교권에 대하여 문제점을 지적하며 교단 개혁을 부르짖고 있었다. 학생 대표들은 교계가 존경하는 박 목사님이 해결의 열쇠를 가지고 있을 것이라 믿었고, 학생들의 문제 제기에 응원을 해주면 큰 힘을 얻을 수 있을 것이라고 생각했다.

　나는 총학생회 총무의 자격으로 박 목사님께 면담을 요청하였다. 목사님은 면담을 응낙해 주셨다. 나는 목사님의 연구실에 들어가 단독으로 목사님과 대면했다. 목사님은 독이 오를 대로 오른 건방진 나를 자리에 앉으라 하시고 내 얼굴을 쳐다보셨다.

　나는 거두절미하고 당돌하게 질문을 던졌다.

　"존경하는 목사님께 일곱 가지 질문을 드리겠습니다."

　"첫째, 개혁할 필요가 있습니까?"

　"있지."

　"둘째, 개혁할 일은 있습니까?"

　"있지."

　"셋째, 학생들의 주장에 일리가 있습니까?"

　"있지."

　"넷째, 그렇다면 교수님 같으신 분이 학생의 주장을 지지한다고 선언하실 수 없습니까?"

　"……"

　"다섯째, 이렇게 지도자로서 침묵하는 것은 진리에 반하는 것 아닙니까?"

　"……"

　박 목사님은 아무 말씀이 없었다. 목사님은 매우 곤혹스럽게 표정을 지으셨다. 그 다음 질문은 무엇을 했는지 기억이 나지 않는다. 나는 그때 목사님의 당혹해 하는 표정이 지금도 지워지지 않는다. 목사님은 그 이후 미국에 다녀오신 뒤 총신에서 나와 합신 개교에 앞장 서셨다. 목사님은 용기 있는 분이셨다.

장면 둘: 개혁 노선

　1981년 합동신학원 1학년으로 남서울교회 지하실에서 공부하고 있었다. 그때 "합동신학원 어디로 갈 것인가?"라는 주제를 빨간 글씨로 크게 써 놓고 각 학년마다 한 명씩 발제했다. 모든 교수님이 배석하셨다. 나는 1학년 대표로 맨 마지막에 발표했다. 나는 개혁 철학 논의를 활발하게 해야 한다고 주장하면서 당시 현 단계 개혁운동의 문제점과 전망을 날카롭게 지적하고 논의를 진행하는 가운데 박 목사님의 노선에 대한 부분을 운운하기 시작했다. 나는 박 목사님의 노선을 "내면적 진실주의요 내향적 점진주의"라고 규정하면서 이 시점에서 박 목사의 지도 노선도 논의의 대상이 되어야 한다고 주장했다. 왜냐하면 모든 개혁 운동은 그 역사적 파고의 리듬을 잃어버릴 때 역동성과 파급력이 사라지면서 이데올로기처럼 이념화 또는 주변화 되는 경향이 있기 때문이라고 믿어서였다.

당시 나의 영적 깨달음의 수준에서는 박 목사님 노선이 답답하게만 느껴졌다. 이런 논조로 발표를 하고 있었는데 박 목사님이 갑자기 벌떡 일어나시더니 소리치셨다. "그만 해. 학생은 성경을 모르기 때문에 개혁할 수 없어." 분위기는 완전히 파장 분위기가 되어 버렸다. 그후 학생들은 공부를 열심히 했고, 자신의 진로와 소속된 공동체의 진로 문제는 공적으로 논의할 수 없었다. 개혁 운동에 대한 활발한 논의는 그후로 더는 없었다. 학생들은 모든 면에서 객관화되었고 수동적이 되었다. 그야말로 착한 학생이 되었다. 이제 자신의 현실적인 목회적 진로를 생각하지 않을 수 없었다. 그렇다면 박 목사님을 잘 배웠어야 할 터인데 지금 우리의 현실은 어떠한가? 과연 우리는 박 목사님을 잘 배운 제자인가?

셋: "기도 운동에 힘써 주게."

나는 합동신학원 학우 회장에 단독으로 추천되어 당선되었다. 사실은 나와 같은 사람이 학우회장이 된다는 것은 어울리지 않았다. 조용히 공부만하고 싶었다. 학부 때 공부를 진지하게 못했을 뿐 아니라 교수님들과 친구들에게 공부는 내팽개치는 사람이라는 말을 듣고 싶지 않았기 때문이다. 나는 다시 사람들 앞에 나서고 싶지 않았다. 그러나 "회장을 맡아서 할 사람이 친구뿐이다'고 하면서 학우들이 나를 단독 추천했다. 그러나 내가 당선된 것은 박 목사님에게는 걱정스런 일이었다. 경건에 힘쓰지 않고, 학생 본연의 자세를 떠나 학교의 구조적인 문제를 이슈화하지 않을까 걱정하셨을 것이라 생각하였다.

　회장이 되고 며칠 후 박 목사님은 남서울교회 지하실에서 따라오라고 하시더니 본당 2층 구석 한적한 곳까지 데리고 가셨다. "내가 할 말이 있네. 기도 운동을 열심히 이끌어 주게. 기도해야 되네." "네." "기도 운동을 일으켜 주게." "네." "기도 운동을 일으켜 주게." "네."

　더 이상 데모만 하지 말고 진실하고 경건한 제자 되라고 말씀하시는 것 같았다. 위대한 스승이 지하실 계단을 지나 2층 끄트머리까지 데리고 와서 그 말씀을 하실 때 나는 압도되고 말았다. 말씀을 하시고 난 후 나를 위해 뜨겁게 기도해 주셨다. 나는 스승의 뜻을 다 행하지 못한 제자이지만 그의 사랑과 관심에 감동했다. 나는 뜨거운 눈물을 흘렸다. 박 목사님은 당신의 두툼한 손으로 내 손을 꽉 쥐어주셨는데 그 힘을 스승의 아름다운 체취로 기억하고 있다. 지금도 그가 원했던 기도 운동은 잘 시중들지 못하고 있지만 그는 분명 위대한 기도의 사람이요 사랑의 사람이다.

장면 넷: 스승의 심방

　합동신학원에서는 무감독 시험을 처음부터 실시했다. 82년 중간고사 때부터라고 기억한다. 한 학우가 커닝을 했다. 시험지를 쓰고 나왔다 다시 자료를 가지고 들어가 답안을 보충한 것이다. 이것이 교수님들께 알려졌다. 교수회의에서 퇴학이 결정되었다. 당시 원장이셨던 박 목사님은 고통스러우셨다. 그 학생의 아버지는 당시 총회에서 알려진 분이고, 큰 교회의 목사님이셨다.

　나는 사실 한참 뒤에 박 목사님이 퇴학을 통보하기 하루 전에 그 친구의 가정을 심방하셨다는 말을 친구로부터 직접 전해 들었다. 박 목사님이 학생의 가정을 심방하는 일은 거의 없는 일로 알고 있다. 오셔서 위로의 말씀을 하셨다고 한다. 심방하시고 기도해 주시고 그 다음 날 퇴학을 공식적으로 공고했다. 그 친구는 아무 불만이 없었다.

　이것이 그의 목회였다고 본다. 박 목사님의 성도는 신학생이었다. 그 친구도 나도 박 목사님을 스승으로 알고 그리워한다.

21년간, 나의 선교 후원자 가족

허충강 선교사(제4회 졸업)

1980년 총신에 입학했으나, 신학교가 나누어지던 때 나는 존경하는 박윤선 목사님과 몇 분 교수님들을 따라서 남서울교회 지하실에 바른 신학과 바른 신앙의 둥지를 틀었다. 실제로 그때에 많은 동문들이 교회 개척을 하며, 숱한 고생을 했다. 어떤 친구는 밭에 비닐하우스를 설치하고 거의 일주일 내내 라면으로 끼니를 때우면서 개척 교회를 시작했다. 오늘날 우리 교단의 건강한 교회들의 이면에는 초창기 수많은 고난의 개척 교회 역사가 바탕을 이루고 있다.

나는 재학생 시절에 등록금은커녕 가족의 생활비도 충당할 능력이 없었다. 너무나 생계가 어려워 신학교를 휴학하기로 했다. 여자 고등학교의 음악교사로 임용되어 교직 생활을 했다. 그러나 박 목사님의 일사각오와 지사충성의 가르침은 나로 하여금 합동신학교를 포기하지 못하게 했다. 음악 교직 생활 일 년만에 다시 합신에 복학하였다. 그 당시 학교장이 여러 가지 좋은 조건을 제시하며, 사임하지 말고 계속 함께 일하자는 제안을 했다. 그러나 그것이 존경하는 스승님 박윤선 목사님의 생전에 합신에서 신학 공부를 하고 싶은 열망을 가로막지는 못했다.

한번은 설교학 수업 때의 일이다. 기말시험은 실제 5분 설교로 평가되었다. 나는 음악과 출신으로 그 당시 주로 성가대 사역과 청년부 교육전도사로 사역하고 있었다. 그러므로 대예배에서 설교할 기회가 별로 없었기 때문에, 설교에는 항상 자신이 없었다. 필자의 5분 설교의 본문은 빌립보서 3장 7~9절이었다. 5분 설교 중에 1분 정도 사용하여 청중들을 실컷 웃겼다. 은혜가 없으면 호탕하게 웃게라도 하자는 계획이었다.

먼저 급우들이 각각 평가를 해주었는데, 설교가 너무 가볍다는 등, 본문에 충실하지 않았다는 등의 평가가 나왔다. 마지막으로 박윤선 목사님은 설교에서

적절한 유머 사용은 매우 중요하다고 강조하셨다. 목사님 자신은 그것이 잘 안 되는데 어떻게 하면 그렇게 될 수 있느냐고 겸손하시게 물으시면서, 앞으로 좋은 설교자가 될 가능성이 있다고 긍정적인 평가를 해주셨다. 그리고 의외로 점수를 'A'라고 공개적으로 말씀하셨다. 나는 박 목사님의 평가 덕분에 오늘날도 감사함으로 러시아어로 러시아 성도들에게 설교하는 러시아 선교사가 되었다.

나는 수많은 어려움을 헤치고 합신을 제4회로 졸업했다. 남들에게는 별로 대단한 일이 아닐지 몰라도, 나에게는 일사각오의 가르침의 영향이었고, 대단한 감동과 결단이었고, 영광스러운 졸업이었다. 나는 아내와 함께 1991년 구소련의 철의 장막이 무너지던 순간에 러시아 선교사로 헌신하였다. 1991년 9월에 모스크바 선교사로 파송되어, 러시아 현지인을 위한 "모스크바 미르교회"를 창립하고 오늘날까지 19년째 선교사역을 하고 있다.

선교지는 영적 전쟁터의 최전방이다. 나는 러시아의 복음의 문이 열리는 초창기에 선교사로 들어왔다. 한국의 이단들이 선교지에 들어와 적극적으로 활동하고 있는 것을 보고 바른 신앙 서적들이 보급되어야 함을 절실히 느끼고, 박윤선 목사님의 주석을 번역하는 사역을 시작했다. 이미 사도행전이 번역되었고, 현재 마지막 교정 작업과 출판을 준비하고 있으며, 이번에는 요한복음 번역을 시작하게 된다. 박윤선 목사님의 뜻을 받들어, 바른 신학의 불모지인 선교지에서 목사님의 주석을 번역 출판하는 사역으로 스승님의 은혜를 조금이라도 보답하고 싶다.

선교사가 되어 멀리 떠나 있고, 박윤선 목사님이 우리 곁을 떠나신 지 21년이 되었지만, 지금까지도 박 목사님 사모님의 이름으로 매달 선교 헌금이 10만원씩 총회선교부로 입금되고 있다. 몇 년 전에 캘리포니아에서 투병 생활하시는 이화주 사모님을 문병했던 적이 있었다. 사모님은 대부분 기억을 못하셨고, 심지어 가족들조차도 다는 알아보지 못하셨다. 사실 사모님과는 몇 번 뵌 것 외에는 특별한 만남이 없었기에, 필자를 기억하지 못하실 것이라고 생각했다. 그러나 허충강 선교사가 모스크바에서 왔다는 말을 듣고, "허충강 선교사가 왔어!" 하시면서 무척 반가워 하셨다. 그때에 박성진 집사님이, "어머니! 허충강 선교사가 누구인지 아세요?"라고 물었을 때에, "그럼, 알지! 우리가 후원하고 기도하는 허충강 선교사를 내가 왜 몰라!"라고 분명하게 말씀하셨다.

나는 그 순간 큰 감동을 받았다. 우리의 모스크바 미르교회 선교 사역을 위해 이화주 사모님께서 선교 헌금뿐만 아니라, 강력한 기도로 후원하셨다는 사실을 깨달았다. 이화주 사모님의 침실에 필자가 약 15년 전에 선물해 드렸던 북한 사람이 수놓은 '숭어 액자'가 걸려 있는 것을 보고, 가슴이 뭉클해졌다. 고향이며, 박 목사님의 사역의 시발점이었던 북녘 땅을 그리워하시고, 북한을 품고 기도하셨던 것을 느낄 수 있었다.

스승님! 감사드립니다. 학문을 가르쳐 주실 뿐만 아니라, 삶으로 모범을 보여주시고, 한국 교회는 물론 세계교회와 선교지까지 계속적으로 광범위하게 영향을 끼치시는 것에 감사드립니다. 우리에게 위대한 스승님을 보내주시고, 다시 천국으로 인도해 가신 우리 주 예수 그리스도께 무한한 감사와 영광을 돌립니다.

슬라바 보구!(Glory to God!) 아멘!

공부하다 순교한 사람이 나타나기를

유기남 선교사(제5회 졸업)

나는 고 박윤선 교장님을 생각할 때면 늘 아쉬움만 남는다. 그분의 사랑과 가르치심에 비해 언제나 부족함만 느끼기 때문이다. 신학교 2학년 때였다. 박 교장님의 디모데전서 시험에서 제3장을 요약해서 써야 하는데 제2장 내용을 부지런히 답지에 쓴 것이다. 혹 과락이 되지나 않을까 염려했으나 나중에 알고 보니 선처해주셔서 점수가 잘 나와 큰 격려를 받고 감사한 적이 있다. 그에 비해 제자로서 지금도 부끄럽고 죄송스럽게 생각되는 것이 두 가지 있다. 3학년 때, 박 교장님이 저를 부르시더니 한 용어에 대해 조사해 오라고 하신 적이 있었다. 그때 난 막 결혼한데다 학우회와 교육전도사 일로 하루하루 정신없이 보내고 있던 터라 도서관에서 용어를 조사해서 보고해야 하는 일을 차일피일 미루다 잊고 말았다. 그 뒤 박윤선 박사님은 이 일에 대해 한 번도 언급하지 않으셨다. 그러나 나는 이 일을 계기로 내 자신에게는 학문 연구에 필요한 자질이 다소 부족함을 스스로 깨우치고, 애초 품고 있던 선교 사명에 더욱 집중해 나갈 수 있었다.

또 하나는 선교사로 일본에 들어간 지 얼마 안 되었을 때 박윤선 목사님께서 친히 편지를 써 보내신 적이 있다. 나는 너무도 반가워 두근거리는 마음으로 편지를 받아들고 읽어보니, 권재남 선교사가 동경에 설립한 교회에서 사역자를 구하고 있는데 저한테 그리로 갈 수 없느냐는 내용이었다. 그런데 당시 일본 OMF는 함께 협력하는 현지 교단 이외의 교회에서 일하려면 OMF를 떠나야했고, 개인적으로는 언어 공부를 시작한 지 몇 달밖에 되지 않아 나로서는 고민이 되지 않을 수 없었다. 그때 난 심히 송구스런 심정으로 그리로 가기 힘든 자초지종을 자세히 써 보냈으나, 그후 얼마 안 되어 박 교장님께서 하늘로 부르심을 받으셨다. 다시는 찾아뵙고 인사드릴 기회조차 가질 수 없게 되어 가슴이 크게 쓰라림을 금할 수가 없었다. 스승 박윤선 목사님의 깊은 관심과 사랑에 비교해 볼 때, 제자로서의 나의 모습은 너무나 초라하고 부족함이 많았다는 것을 지금도 깊이 깨닫게 된다.

아직도 결코 잊을 수 없는 큰 충격과 교훈이 하나 있다. 박윤선 박사님은 강의나 설교 중에 "여러분 중에 공부하다가 순교하는 사람이 나타나기를 바랍니다. 내가 죽기 전에 그런 사람이 나타나기를 기도하고 있어요"라고 하실 때가 종종 있었다. 아쉽게도 1982년도에 입학한 5회 동문은 숫자는 많았음에도 불구하고 죽을 만큼 힘써 공부하는 사람이 없었다. 그런데 3년 뒤인 1985년도에 입학한 8회 동문 가운데 박 교장님의 소원대로 죽기까지 공부했던 후배가 있었으니 바로 최원국 전도사이다. 그는 당시 예수제자운동(JDM)의 제1호 간사여서 캠퍼스 사역을 해나가면서 신학 공부를 하고 있었다. 졸업을 코앞에 두고 3학년 마지막 시험을 치르다가 쓰러져서 하늘나라로 갔는데, 소속 단체인 JDM은 그가 부름을 받은 1987년 12월 1일을 기념하여 매년 100여명의 사역자들이 모여 선교센터에 걸려있는 그의 사진을 바라보며, 그의 숭고한 뜻과 헌신을 기념하고 있다. 정암 박윤선 교장님이 1988년 6월에 세상을 뜨셨으니, 6개월 전에 최원국 전도사가 그 분의 뜻을 이루어드린 합신에서 신학을 공부하다 순교한 인물이 되었다. 나는 지금도 춘천 JDM 본부를 방문할 때마다 선교센터 응접실에 걸려있는 최원국 간사의 큰 사진을 바라볼 때면 가슴이 아려오고 눈시울이 뜨거워지곤 한다.

어느덧 신학교를 졸업한 지 벌써 26년이 되었는데도 박윤선 목사님의 어린아이 같은 해맑은 웃음과 천진난만한 표정이 그립다. 그리고 외국인 교수들과 나누던 유창한 영어와 해박한 지식, 나이를 초월한 뜨거운 열정과 영감으로 넘쳤던 강의와 설교, 방대한 신구약 성경주석과 집필 도서들, 따스한 인격적 접촉과 영적 감화의 소중한 기억들을 통해 오늘날도 여전히 나의 삶 깊숙이에는 존경하는 스승으로 살아계심에 진심으로 주님께 감사를 드리고 있다.

박 목사님이 더 그리워지는 가을밤에

이철수 목사(제6회 졸업)

박윤선 목사님!

깊어가는 가을밤입니다. 이 밤에 지난 여러 추억들을 생각하는 가운데 박 목사님을 생각하면 그리움이 더해갑니다. 총신대와 합동신학원에서 목사님의 강의와 말씀을 듣던 그 시절이 너무 행복했었기에 더욱 그리워집니다. 부교역자 시절 사랑의 교회와 화성교회에 자주 오셔서 바른 교회와 바른 생활을 통한 진리에 대한 파수꾼들이 되라고 설교하시던 모습을 생각하면 사모함이 더해 갑니다. 지금도 설교 준비를 하며, 성경주석으로 목사님을 대할 때마다 너무 뵙고 싶기만 합니다.

박윤선 목사님! 오늘의 모든 목회자들은 자신의 목회 사역을 위한 멘토를 구하거나 갖고 싶어 합니다. 목사님은 저희들의 스승이요, 멘토로서 목회 사역에 얼마나 큰 도움이 되었는지 감사할 뿐입니다. 그러나 오늘 이 시대에 목회자들이 존경하며 사랑하고, 목회 사역에 대한 조언과 도움을 구할 멘토가 없다는 것이 너무 아쉽기만 합니다. 주님의 부르심을 받으실 때까지 저희들의 멘토가 되어주셨고, 성도들과 목회자들을 위해 말씀을 가르치시고, 성경적인 바른 신학과 바른 신앙생활을 강조하셨던 우리의 큰 스승이신 목사님이 안 계신 자리가 너무 크기만 합니다.

박윤선 목사님! 현대 목회자들은 자신의 여러 분야에 멘토를 두고 성경도 잘 가르치고 설교도 잘하고, 이상적인 목회 사역을 감당하고 있습니다. 그러나 이렇게 목회 사역을 잘하고 있지만, 참으로 존경하고 아름다운 인격과 예수님을 닮은 목회자를 만나기가 얼마나 어려운지요. 특별히 목사님은 설교를 잘하고, 성경을 잘 가르치는 목사도 귀하지만, 먼저 목회자가 자신의 인격을 하나님 보시기에 아름답고 바르게 만들며 항상 진실할 것을 말씀하셨지요. 그리고 이 인격 위에서 바른 신학과 바른 교회와 바른 생활을 살아가며, 목회 사역을 감당하기 원하셨던 것을 되새겨봅니다.

그러나 오늘의 목회 사역 가운데 많은 부분이 목사님의 가르치심과 강조하셨던 것들과는 다른 것 같습니다. 목사가 먼저 주님을 닮아가는 진실한 인격으로 자신을 만들어 가며, 이어서 주님이 맡기신 양떼들을 역시 하나님 앞에서 신실한 성도로 살아가도록 만들어 가야 하는데 그렇지 못하기 때문입니다. 목회자가 하나님 앞에서 진실하지 못하면서도 설교를 잘하고, 많은 성도들이 모이는 큰 교회를 목회하는 모습을 보기 때문입니다.

박윤선 목사님! 제가 목회하는 교회는 서울 남산 기슭에 있는 시골교회와 같은 작은 전원교회입니다. 최근 주변의 여러 동역자들은 교회 부지 500평을 팔아 일산이나, 파주 등 수도권의 신개발지로 교회를 옮겨보라는 권면을 해주고 있습니다. 그래서 큰 교회도 건축하고 목회 사역의 남은 기간 동안 멋진 목회를 해보라는 것입니다. 이러한 권면을 들으면서 많은 것을 생각하게 되었습니다. 이는 오늘의 한국 교회와 교계는 오래 전부터 목회 사역의 성공과 실패를 눈에 보이는 예배당의 크기와 많은 성도가 모이며, 명예와 물질을 가지고 있는 목회자를 실력 있는 목회자로 평가하는 것이 현실이기 때문입니다.

박윤선 목사님! 목사님이 지금도 우리와 함께 계시다면 어서 목사님을 찾아뵙고 조언을 구하며 목사님의 말씀을 들었을 텐데 하는 아쉬움이 몰려옵니다. 그러나 목사님은 우리와 함께 계시지 않지만, 지난 날 합동신학원에서의 바른 가르치심이 가슴 속에 남아 있기에 이미 답을 제게 주셨다고 믿습니다. 하나님의 주권 속에서 목사님을 통해 성경적인 바른 개혁주의 신학을 배우게 하셨고, 목회 사역이 목사 개인의 영광과 영화를 위한 것이 아니라, 하나님의 영광을 위한 것임을 인정할 때. 이미 답을 찾은 것 같습니다.

비록 작은 성도들을 맡겨주신 목사로 부름을 받았을 때. 때로는 힘들고 어려운 일들이 있음을 목사님께서도 잘 아실 것입니다. 그러나 이러한 어려운 목회 현실을 불평과 불만하지 않겠습니다. 다시금 진실한 목사로 자신을 만들어 가며, 성도들을 바른 생명의 길로 인도하도록 더욱 힘을 쓰겠습니다.

박윤선 목사님! 많은 스승들 가운데 박 목사님을 통해 성경을 배울 수 있었던 시간들은 하나님의 은혜와 사랑이었습니다. 지금도 목사님은 저의 목회 사역에서 예수님 다음으로 보이지 않는 멘토로 계시기에 역시 기쁠 뿐입니다. 박윤선 목사님을 이렇게 신실한 종으로 만드시고 한국 교회와 주의 종들을 위해 아름답게 사용하신 하나님께 다시금 감사와 찬양과 경배를 드립니다. 아멘.

계승하고 발전시켜야

장창수 선교사(제9회 졸업)

　정암 박윤선 목사님과의 만남은 나의 인생에 있어 하나의 충격이었고 동시에
큰 감동이었다. 그러나 그를 만나기까지 나의 인생에는 우여곡절이 많았다.
　나는 홀어머니 밑에서 자랐다. 늘 가난했고 이로 인해 항상 진학 문제가
걱정이었다. 특히 중학교나 고등학교 졸업할 때마다 학업을 포기해야 했고
공장에서 일하고 회사의 급사로도 일했다. 그 때마다 처절한 절망감에 사로잡혀
하나님께 나아가 진학의 문을 열어달라고 간구했다. 이렇게 두 번 서원 기도를
올렸다. 시간이 걸렸지만 하나님은 서원 기도를 들어주셨고 3년 늦었지만 마침내
대학까지 졸업했다. 당시 대기업에 취업해서 서서히 나의 삶도 안정되었다.
하나님의 서원 기도를 서둘러 이행하여야 했지만 나는 완전히 까맣게 잊고
살았다. 그러나 하나님은 잊지 않으시고 서서히 환경을 통해 나를 압박하셨다.
　어느 주일 예배의 통성 기도 시간에 갑자기 이런 음성이 나에게 들렸다.
"장창수! 너 지금 무엇 하고 있느냐?" 이 음성은 내게 큰 충격이었다. 그리고
"정말 내가 무엇하고 있지"라는 질문을 자신에게 던졌다. 비로소 과거 서원
기도들이 생각나며 내가 얼마나 철면피였나를 깨달았다. "지금까지 충분히
족했다. 하나님은 내게 모든 것을 다 그리고 넘치게 안겨 채워주셨다. 이제부터
나머지 삶을 하나님을 위해 살아야 한다"라는 결단이 생겼다.
　이후 일 년 간 기도한 다음 1984년 초 정확히 한국 나이로 서른일곱에 사회생활

을 정리하고 예장 합동측의 신학원에 입학했다. 그곳에서 일 년 간 공부를 한 후 이듬해에 박윤선 목사님이 세운 합동신학원으로 편입했다. 목회자가 되려면 훌륭한 스승에게서 배워야 한다는 열정이 강했기 때문이다.

이렇게 정암 박윤선 목사님을 만났다. 그러나 당시 그의 열강을 다 이해하지 못했다. 솔직히 고백하건데 신학원에 들어오기 전까지 성경 일독도 제대로 못한 나였다. 이런 부족함 때문에 열심히 공부했다. 예전의 뜨거운 향학열이 이젠 진리에 대한 굶주림으로 바뀌었다. 철학을 비롯한 여러 개론 책들을 섭렵했다. 매일 매일의 배움은 경이로움의 연속이었다.

이 과정에서 박윤선 목사님의 모습과 행동 그리고 설교도 나에게는 감동 그 자체였다. 그는 개혁주의자답게 매 강의에 성실했고 열정적이었다. 수업 시간 10분 전 이미 강의실에 도착해 학생들을 기다리고 계셨다. 이에 반해 신학생원들은 종이 울려야 비로소 강의실로 시끄럽게 들어왔다. 이런 일은 좀처럼 개선되지 않고 매일 반복되었다. 그러나 한 번도 짜증내지 않고 수업을 시작하셨다.

박윤선 목사님은 참으로 겸손했다. 후배나 제자 목회자들이 설교자로 강대상에 설 때마다 가장 맨 앞줄에 앉아 제일 열심히 설교를 들으셨다. 그렇게 제자나 후배 목회자를 존중하며 격려해 줄 뿐만 아니라 그들에게도 배우겠다는 낮은 자세를 늘 취하셨다. 성숙한 인격자만이 보일 수 있는 겸손이었다.

그의 설교는 쉬우면서도 내용이 있고 의미가 깊었다. 성경 본문과 자신의 설교를 그가 충분히 소화했다는 증거였다. 그 동안 그의 제자들은 겉모습만 보았지 그의 마음을 전혀 이해하지 못했고 그래서 철부지 같았다. 그럼에도 불구하고 박윤선 목사님은 남아있는 열정을 아낌없이 불태우며 강의와 설교를 했고 그렇게 제자들을 끝까지 사랑하셨다(요 13:1).

어느 날 점심시간에 동기생 하나가 들고나는 본관 입구에서 박윤선 목사님과 마주쳤다. 그는 인사를 했다. 그러나 늘 그랬듯이 무언가 골똘히 생각 중이던 목사님은 못 본 체 그냥 지나가셨다. 잠시 후 박 목사님은 누군가가 자신에게 인사한 것을 알아차리셨다. 곧바로 다시 돌아가 그 동기생에게 머리 숙여 겸손하게 사과를 하셨다.

박윤선 목사님은 자신의 권위를 전혀 내세우거나 자랑하지 않았다. 그러나 그의 제자들인 우리들은 삶이 따르지 않는 주의와 주장만 한 것은 아닌지 생각하게 된다. 우리들은 박윤선 목사님의 겸손과 사랑을 배워야 하겠다.

금년에 정암 박윤선 목사님의 소천 20주년을 맞이했다. 이제 우리는 지난 20년을 되돌아보아야 하며 그리고 앞으로 전개될 또 다른 20년을 내다보아야 한다. 오늘 합신 교단과 합동신학원이 해야 할 일 두 가지가 있음을 암시해 준다. 첫째는 박윤선 목사님의 신학과 신앙을 제대로 계승 받아 살리는 것이요, 둘째는 그를 계승하여 발전시키는 것이다. 박윤선 목사님도 이를 간절히 원할 것이라고 확신한다. 우리의 새로운 20년이 예전의 20년을 이어가며 더 나아질 것을 기대해 본다.

정암의 말씀대로 목회는 죽는 길

김상배 목사(제9회 졸업)

나는 1987년에 합신에 입학했고 2학년 1학기를 마친 1988년에 정암은 하나님의 부름을 받으셨다. 그렇게 떠나가셨기에 정암에 대해서 개인적으로 잘 아시는 선배님들과는 달리 나는 그분에 대해서 그렇게 많이 알지 못한다. 또한 사람의 기억이란 세월이 가면서 첨삭되고 다른 사건과 조합을 이루어 믿을 것이 못되는 것으로 알려져 있다. 게다가 한국을 떠난 지 오랜 세월이 지난 관계로 정암에 대한 공동의 기억을 가진 사람들과 교분을 쌓으면서 기억을 새롭게 할 시간도 별로 없었다. 그런 까닭에 아마도 내가 회고하는 정암은 다른 사람의 회고와는 다소 다를 것이며 또한 역사적 사실과도 좀 다를 수 있을 것이다. 다만 이 글이 정암이 소천한 후 21년이 지난 후에 정암에 대해서 저런 식으로 기억하는 사람도 있구나 하는 것을 보여 주는 의의는 있으리라고 생각한다.

　많은 합신 출신들이 신학교에서 정암으로부터 변증학을 배웠는데 우리는 다른 교수님에게 배우게 된 관계로 정암의 명강의를 들을 수 없었다. 지금 생각해 보면 정암의 변증학을 배우지 못한 것이 상당히 아쉽다. 그 대신에 우리는 공관복음이란 과목을 정암에게 배울 수 있었다. 그는 당신이 집필한 주석을 기본 교재로 해서 공관복음의 내용을 설명해 주셨다. 그리고 우리는 매 시간마다 퀴즈를 보았던 것으로 기억한다. 어느 날 정암이 갑자기 종이 한 장을 들고 교실에 나타나셨다. "이 퀴즈 답안지가 100점인데 이름을 안 써서 누구 것인지 알 수가 없어요. 이게 누구 답안지입니까?" 가만히 보니 내가 쓴 답안지였다. "그거 제가 쓴 겁니다." 그런 사건이 있고 난 뒤에도 나는 정암의 특별한 관심을 받지는 못했다. 아마도 우리 동기중에 공관복음 퀴즈에 100점을 맞는 사람들이 많아서 그런 것 같다.

　또 한 가지 인상 깊게 남아 있는 일은 정암의 설교를 듣고 한없이 울었던 일이다. 1학년 언젠가 채플 시간에 정암이 설교를 마치고는 찬송가 363장을 찾았다. "내 모든 시험 무거운 짐을 주 예수 앞에 아뢰이면 근심에 쌓인 날 돌아보사 내 근심 모두 맡으시네 무거운 짐을 나 홀로 지고 견디다 못해 쓰러질 때 불쌍히 여겨 구원해줄 이 은혜의 주님 오직 예수." 이 찬송을 부르는데 왜 그렇게 눈물이 흐르는지, 생전에 울지 않던 내가 찬송이 끝날 때까지 걷잡을 수 없이 울었던 기억이 난다. 채플 시간에 이렇게 우는 사람은 아마도 나밖에 없을 것이라고 생각하고 부끄러웠는데 알고 보니 정암의 설교를 듣고 눈물을 흘린 학생들이 나 말고도 많이 있었다. 정암의 설교는 사람의 눈물을 흘리게 하는 특별한 능력이 있었다. 그 비결이 무엇인지는 아직도 잘 모르겠다.

　신학적인 면에 있어서 내가 정암에게 배운 가장 중요한 것은 그가 자주 강조하신 '계시의존사색'이다. 사람의 생각은 그의 인간됨, 즉 그가 어떤 사람인가

를 결정하는 것이므로 사색을 계시에 의존한다는 것은 하나님의 계시가 자신의
전 인격을 빚어 만들도록 한다는 것과 같다고 할 것이다. 또한 인간의 모든
사색은 하나님의 계시에 의존해야 된다는 것이 개혁주의 신학의 토대요 요체요
다른 신학 전통과 개혁주의 신학을 구분하는 시금석과도 같은 원리이다. 인간의
사색이 계시에 의존하지 않으면 다양하고 변화무상한 사람들의 의견에 의존할
수밖에 없고 그 결과는 혼동을 가져올 뿐이다. 오늘날 신학계의 혼란상이 바로
계시의존사색의 원리를 무시하기 때문에 생겨나는 것이 아닌가 생각된다. 정암이
가르쳐준 이런 귀한 원리는 오늘까지 나의 학문적 탐구의 방향과 방법론을
설정하는 지침을 마련해주고 있다.

2학년에 되어서 하루는 정암께서 부르신다는 전갈을 받았다. 나는 영문도
모르고 교무실에 불려가는 학생처럼 조심스럽게 연구실 문을 두드렸다. 정암은
내가 들어가자 나에게 자리를 권하시고는 나와 90도 방향으로 앉으셨다. 그처럼
정암과 독대한 시간은 아마 그때가 처음이자 마지막이었을 것이다. 면담 시간은
길지 않았는데 주로 나의 공부와 생활 혹은 장래 계획 같은 개인적인 일에
관한 내용을 물으셨다. 면담을 마치고 나오면서 왜 부르셨을까 하는 생각이
들었는데 며칠 후에 화성교회의 교육전도사로 부름을 받고 의문이 풀렸다.
정암의 추천으로 장경재 목사님께서 나를 불러 쓰신 것이었다. 나에게 있어서
정암은 이렇게 많은 은혜를 베풀어 주기만 하시고는 학기가 끝나기가 무섭게
세상을 떠나신 분이다.

지금도 정암과의 마지막 수업이 생각난다. 내가 정암에게 들은 강의 중에
가장 열정적으로 가르치신 시간이었다. 그 날 정암은 주역에 대해서도 설명해
주셨으며 무엇보다도 칼 바르트의 신학에 대해서 열강을 해 주셨다. 강의를
마쳤을 때 우리는 다음 시간에도 그러한 명강의를 계속해서 들을 수 있으리라
생각을 하고 무심코 지나쳤다. 그런데 그것이 마지막 강의였다. 좀 더 집중해서
강의를 잘 들을 걸 하는 아쉬움이 몹시 진하게 남는 그러한 강의를 남기시고
그 다음 주에 정암은 입원하셨다. 한국 교회사와 신학사에 큰 획을 그으신

우리의 큰 스승 정암 박윤선 박사께서 그렇게 떠나 가셨다.

정암에 대해서 기억하는 것은 그 정도이므로 내가 정암에게서 배웠다고 말하면 스승께 누가 될까 두렵기도 하지만 그것을 무릅 쓰고 이 자리에서 정암에게 배운 한 가지를 나누고자 한다. 1987년 겨울에 신학교 채플실에 우리가 처음으로 발을 들여 놓았을 때 정암은 우리더러 죽으라는 설교를 하셨다. 아마 설교 본문은 요한계시록 2장 10절에 나오는 "네가 죽도록 충성하라 그리하면 내가 생명의 면류관을 네게 주리라"는 말씀이었던 것 같다. 정암은 "이제 막 신학의 길에 들어선 사람들에게 죽으라는 말이 웬 말인가 하고 생각할 수 있겠지만 목회의 길은 죽음을 각오하고 가는 길입니다"라는 말씀으로 설교를 시작하셨다. 이 설교를 다 잊어버렸지만 지금도 이 말씀은 기억이 난다. 목회의 길은 죽는 길이다.

미국에서 박사학위 과정 중에 있는 어느 목사님이 교회에서 맡은 부서에 자기와 나이가 같은 대학 교수가 있었다. 자기는 아직도 학생인데 어떻게 그렇게 빨리 교수가 될 수 있었는가라고 물어보니 그 교수님이 말하기를 그 동안 죽으라고 공부해서 얻은 자리라고 한 것이다. 가만히 생각해보니 그러면 나는 그 동안 놀았는가 하는 생각이 들었다. 자기도 죽어라고 공부했는데도 아직도 이러고 있는데 저 사람은 왜 저렇게 빨리 출세하나 하는 억울한 생각도 들었다. 그는 도대체 목사가 되고 신학을 해서 다른 사람보다 더 좋은 것이 무엇인지 모르겠다고 했다. 그 자리에서 이야기를 듣던 우리들은 그래도 목사는 그런 사람들보다 은퇴를 늦게 해서 더 좋다는 등의 말로 위로했다. 그런데 지금 생각하니 묻는 자나 대답하는 자나 방향을 잘못 짚었다. 목회의 길에 들어선 사람이 다른 사람들보다 더 좋은 것을 기대하는 것 자체가 잘못된 것이었다.

합신이 세워질 당시 서울 강남 지역에서 주목을 받는 몇몇 교회들이 있었다. 실제로 어떤 목사는 "이제 합신에서 제대로 신학 교육을 받은 목회자들이 활동할 때가 오면 ㅇㅇㅇ 교회와 같은 교회들이 전국에 우뚝우뚝 일어날 것입니다"라고 설교하는 것을 들은 적이 있다. 당시 목회 지망생이 그리는 자신의 미래는 목회를 바르게 제대로만 하면 구름떼같이 사람들이 몰려들고 질적으로도 성장해서 높은 지성을 가진 교양 있는 사람들을 상대로 세련된 목회를 할 수 있을 것이라는 그림이었다. 이러한 사람들의 마음속에 목회자의 길이 죽음의 길이라는 생각은 별로 들지 않았을 것이다. 정암은 이러한 생각을 갖고 신학교에 갓 들어온 우리들에게 목회의 길은 죽는 길이니 죽을 생각을 하고 출발하라고 그런 말씀을 주신 것이다. 정암의 가르침을 20여년이 지난 후에 겨우 깨달은 것이다. 정암의 말대로 목회는 죽는 길이다.

하나님이 목회자를 세우신 목적이란 무엇일까? 하나님은 한심하고 더럽고 치사하고 지옥 아랫목이 딱 맞을 것 같은 구제불능인 인간 하나를 구원하시기 위한 희생물로 목회자를 세우시는 것이다. 그렇다. 목회자는 하나님의 구원 사역을 위한 희생물이다. 하나님은 저 한심하고 문제 많은 죄인 하나를 멸망에서 구원하시기 위해서 자기가 애지중지하는 귀한 목회자를 희생시키실 정도로 그를 사랑하시는 것이다. 하나님의 사랑의 위대성은 내가 보기에 우리 교회에 좀 나와 주면 좋겠다 싶은 탐나는 사람만이 아니라 내가 보기도 싫고 생각하기도 싫고 제발 우리 교회 안 나오면 좋겠다 싶은 그런 인간까지도, 오히려 그런 자들을 향한 것이기 때문이다. 다시 말하면 하나님은 내가 구제불능이라고 생각하고 꼴도 보기 싫어하는 그 죄인을 이처럼 사랑하사 그를 위하여 자기의 귀한 종을 희생시킴으로써 천하보다 귀한 그의 생명을 구원하시려고 목사를 세우시는 것이다.

하나님은 목회자에게 큰 교회를 약속하신 적이 없으며, 존귀한 자리를 약속하신 적이 없으며, 이지적인 문화인을 상대로 교양 있는 목회를 할 것이라고 약속한 적이 없다. 그 대신 우리 주님은 목회자에게 자기 십자가를 지고 죽는 자리로 가라고 당부하셨다. 목회자의 길은 죽음의 길, 그것도 날마다 죽는 길이다. 비난받고 조롱받고 모함받고 무시당하고 바보 취급 받고 험담을 듣고 핍박을 받는 길이다. 심지어 목회자뿐 아니라 목회자의 가정이 어려움도 겪을 수 있다. 목사의 아내나 자녀가 상처를 입는 일은 너무나 많고 심지어 탈선하고 가정이 깨어지는 일도 있다. 목사뿐 아니라 목사의 가족이 되는 것 역시 죽음의 길이라는 말이다.

이 글은 정암의 설교를 재구성한 것이 아니다. 내 기억력의 한계 때문에라도 그렇게 하지 못한다. 어쩌면 이 글이 정암의 가르침의 내용을 반감시키거나 손상시켰을 수도 있겠지만 이 글은 정암의 가르침을 내가 깨달은 대로 쓴 것이다. 어떤 스승의 가르침이든지 그 제자들의 깨달음을 통하여 후대로 전수되는 법이다. 정암을 더 가까이 모시며 더 깊이 배운 다른 제자들이 깨달은 것에 비하면 보잘것없는 내용일 수 있다. 그럼에도 불구하고 정암의 가르침에 대한 나의 작은 깨달음이 자기 십자가를 지고 말할 수 없는 환난과 절망과 고독과 고통 가운데서도 그리스도의 사랑에 강권함을 받아 묵묵히 주의 구원 사역에 힘쓰는 귀한 목회자들에게 힘과 용기와 위로와 기쁨을 주기를 소원하며 글을 맺는다.

입장을 바꾸어 생각해 보다

이상록 선교사(제9회 졸업)

내가 박윤선 목사님을 존경하는 이유는 그분이 그토록 오랜 세월 동안 초지일관하여 개혁신학과 경건의 균형을 위해 최선을 다했다는 데 있다. 요즘은 사람들이 신학의 순전함과 개혁의 열정을 유지하고 싶어도 일부 교권 세력의 매서운 횡포와 성장 지상주의를 당연시하는 교계 현실의 장벽 앞에서 자기도 모르게 변질하는 모습을 보곤 한다. 박 목사님께서 뭇 제자들의 존경받는 사표로 남는 이유는 혼탁한 교계 상황 가운데서 평생에 걸쳐 순전하고 투명하게 성경의 진리를 힘써 실천하며 비 진리와 타협하지 않으신 실천적인 개혁주의 자세를 하나님이 인정하셨다는 데 있을 것이다. 그분에게서 배울 때는 교수의 관점에서 그런 삶을 주장하며 살 수 있다고 생각했지만 이제 목사가 된 지 20년이 되고 더욱이 선교사로, 10년 밖에 안 된 척박한 선교지 신학교에서 힘들게 후학들을 양성하다보니 박 목사님이 얼마나 고되고 외로운 행군을 하셨는지 새삼 느낀다.

최근 우리 동기들은 졸업 20주년 행사를 윤영탁 교수님, 박형용 교수님, 김명혁 교수님, 김영철 교수님과 함께 가지면서 큰 절을 올렸는데 그 자리에서 박 목사님을 무척 그리워했다. 어느 선배는 합신 졸업식에 박 목사님이 참석치 못하고 미국에서 "참 목자의 도리"라는 글을 보낸 일도 서운했다던데 박 목사님의 자리가 비었던 20주년 사은회는 어딘지 허전했다.

경건과 신학에 대한 산 교훈

박 목사님과 나의 만남의 시작은 합동신학교에 입학하면서부터였다. 청년 시절의 영적 방황 끝에 내가 내린 결론은 하나님 말씀을 제대로 배우고 실천해야 한다는 것과 그 부분을 채워 줄 스승을 만나는 것이었다. 그래서 1985년에 미래에 대한 진로나 모든 계획을 접어두고 영적 갈급함에서 박윤선 목사님이 계신 합동신학교에 입학하였다. 나의 이 행로에 대한 대답은 계시 의존 사색과 지사충성을 실제로 보여주신 연로하신, 당시에 팔십이삼 세 되셨던 박 목사님의 삶과 가르침을 통하여 거의 얻었다고 할 수 있다.

입학시험을 보는 날부터 충격이었다. 그 날 지원생 앞에서 박 목사님이 하신 설교 내용은 내가 예상하던 사명감이나 헌신에 대한 것이 아니라 비평주의에 대항하여 성경의 진리를 보존, 실천할 것에 대한 대단한 열변이셨다. 시험 논문 주제도 "신학과 경건"이라고 기억하는데 첫날부터 의외의 자극들을 받았다. 내가 회상할 수 있는 내용이란 3년 학창 시절 동안 제자로서 큰 감화를 받았던 박 목사님의 경건과 삶이다.

박 목사님은 주로 신약신학과 변증학을 가르치셨고 일주일에 한 번 정도 경건회에서 설교하셨다. 산상수훈을 배울 때는 "기도한 사람이 죽은 후에라도 그 기도는 응답된다"는 교훈을 주시며, 바빙크나 크레이다누스를 인용하시며 화란어를 사용하시고, 우선 전체를 믿어야 부분들을 이해할 수 있다는 밴틸의 전제주의 변증학을 상세히 알려주시고, 성경 연구에서는 사본 비교를 해주시며, 천년 왕국에 대한 교훈에서는 문자적 천년이 아니라는 오묘한 영적 진리를 가르치셨다. 칼 바르트 사상을 강의하시다가는 갑자기 일어나셔서 신정통주의 오류를 지적하셨다. 당시에 그분은 연로하셔서 의자에 앉아서 강의하셨는데 강조할 부분이 있으면 자리에서 일어나 얼굴이 붉어지도록 열변을 토하셨다.

박 목사님은 강의록을 반드시 준비하셨는데 그것을 보면 A4 누런 시험지에 크게 30~40글자 정도로 여러 장을 기록하셨다. 강의하시기 직전에 직접 준비한 것임을 쉽게 알 수 있는 형식이었다. "학생이 죽도록 공부해야 한다. 그것이 학생 시절에 하나님께 순종해야 할 부분이다." 이렇게 강의의 불이 붙으면 종료 종이 울려도 수업이 30~40분 계속 되곤 했다. 우리는 그 시간을 지루하게 여기거나 빨리 끝내야 한다는 조급함을 가질 수 없었다. 이미 강의에 불이 붙어서 한창 퍼져나가기에 끝장을 보아야 했기 때문이다.

박 목사님은 말씀의 진리에 대한 어떤 타협도 용인하지 않으신 것으로 기억한다. 어떤 선교 신학자가 방한하여 선교 특강을 하며 문화적 포용성에 대한 사례로 중국에 있는 죽은 조상들에 대한 제사를 언급하자 특강 도중에 일어나셔서 "개혁주의에서 그런 사례를 용납할 수 없다"고 단언하셨다. 외국인 강사에 대한 적절한 통역의 문제를 지적하시기도 하고, "병자를 위해서 기도할 때 우선 치유의 은혜를 구해야 하지만 주님의 뜻이 어디 있는지 잘 분별하면서 기도해라," "사람들에게 전도할 때 회개하라는 말을 먼저 해야 변화 받는다. 나도 그런 경험이 있다" 등 지금도 가슴에 생생하게 살아있는 여러 교훈들이 있다.

설교 연습 시간은 학생 모두가 5분 설교를 하고 박 목사님이 설교 강단 앞에 앉아서 설교 평가를 하셨다. 그런데 그 평가는 설교 내용과 구성, 그리고 자세까지 너무 예리한 지적이어서 모든 설교자의 마음을 무너지게 하였다. "설교는 큰 주제에 작은 주제들이 달려 붙는 나무와 같이 체계가 있어야 한다."

"설교를 통해 설교자와 청중의 마음과 눈이 뜨겁게 부딪쳐야 한다."며 교훈을 주셨다. 나에 대한 평가를 돌이켜보면 박 목사님이 나의 속마음까지 읽어내는 부분이 많아서 몹시 놀랐다. 우리는 단점이 아니라 장점도 말씀해 주십사 간청하였는데 그후부터는 잘한 부분도 지적해 주시곤 하였다. 내가 선교지 신학교 교수의 입장에서 돌이켜보면 학생에 대한 비판적 지적은 어떠하든 제자를 위하고 모난 부분을 다듬어서 바르게 세우려는 교수의 애정 어린 마음에서 비롯되는 것이지 제자를 무시하거나 그를 미워해서 나오는 것이 아니다.

박 목사님이 설교하시면 얼굴을 제대로 들 수 없었다. 인간의 실상을 말하고 회개를 촉구할 때는 가슴이 떨리고 내 자신이 부끄러워서 하나님 앞에서 송구할 뿐이었다. "우리 신학교가 주님 뜻에 맞지 않으면 망하게 해 주소서"하는 기도 등이 동반된 그분의 설교는 강한 감화력과 하나님 중심주의에서 나오는 열정이 있었다. 1970년대 말에 총신에서 그분의 설교를 통하여 일대 회개 각성이 일어난 사건을 우리는 매주 경험하였다.

이렇듯 박 목사님의 설교와 강의가 영향력이 컸던 이유는 그분의 경건이 밑받침되었기 때문이다. 가끔 내가 수업 후에 도서관에 남아있다 보면 박 목사님이 1층 원장실에서 밤새 철야 기도를 하셔서 조심해야 하는 경우가 종종 있었다. 한번은 강의 중에 자신의 기도 체험을 말씀하셨다. 자신이 병원 중환자실에서 사경을 헤매고 있을 때 하나님이 자기를 찾아오셔서 치유의 은혜를 주셨다고 말씀하셨다. 그러면서 덧붙이셨다. "원천동 뒷산에서 학생들에게 기도를 많이 시키고 싶은데 뱀이 많아서 그렇게 못한다." 합신에서 공부하기에도 벅찼는데 그렇게 기도의 중요성을 강조하시니 우리는 제출하지 못할 숙제를 항상 안고 사는 기분이었다.

언어와 문화가 다른 선교지에서도 외국인 강사의 신실한 경건과 기도와 제대로 준비한 강의와 설교는, 비록 처음 방문자가 통역을 통해 전달을 하더라도 현지인들에게 감화를 준다. 그렇지만 경건의 기초가 없고 지위에 근거하고 경험에 의존해서 대충 전하는 내용들은 현지인들이 즉시 알아차리고 무시한다.

우리가 개혁주의라는 구호만 외쳤지, 박 목사님과 합신 스승들이 하나님의
주권에 사로잡혀서, 그리고 주님의 존전에 엎드려 간절히 기도하고 은혜를
사모하는 그런 수도자다운 모습을 잃어버리지 않았는지 가끔 생각한다.

제자들에 대한 사랑

박 목사님은 강의 시간도, 경건회 설교도 가장 많이 담당하셨다. 그것은
최선을 다해 전력투구하는 헌신이었다. 지금 내가 신학교 강의를 일주일에
13~14 시간하고 설교를 3~4번 하면 그 주간에 거의 초죽음 상태가 된다.
나는 매주마다 그렇게 하지 못하고 일정을 잡아서 하는 형편이고 방학 때가
가까이 오면 거의 탈진 상태에 도달한다. 박 목사님은 매주마다 그보다 더
많이, 그것도 철저하게 준비를 하셨다. 또한 평생 기도하시며 성경주석을 완간하
신 일도 결코 쉬운 일이 아니셨다.

나는 어느 출판사의 "호크마 시리즈" 일부를 강해 작업하고 편집한 경험이
있다. 원문 분석하고 자료를 수집하고 비평하고 글로 기록하며 교훈을 남기는
일이 생각처럼 속도가 나지도 않고 무척 힘들기에 오래 지속할 수 있는 일도
아니었다. 왜 박 목사님은 그런 고된 사역을 끝까지 지속하셨으며, 그런 힘은
어디서 나온 것일까? 지금 생각해 보면, "마음을 다하고 목숨을 다하고 뜻을
다하여 하나님을 사랑"(마 22: 37)했던 헌신이었다. 또한 아직 미약한 제자들을
사랑하고 안타까워하면서 성숙하기를 기대하며 끝까지 가르치신 예수님(요
13:1)의 마음을 따른 것이 아닐까?

학교의 재정이 어려울 때 집을 저당 잡히신 일도 있고, 실수한 제자가 박
목사님에게 밤에 전화했지만 실수보다는 제자의 신상을 염려하신다고 강의
중에 언급하신 일, 그리고 제자가 중병으로 병원에 입원하자 의료보험도 없던
시절에 치료비로 얼마를 지출하신 것과 그를 살려야 한다면서 기도하자고 하시던
일을 기억한다. 나는 그분 덕분에 등록금 걱정 안하고 합신을 다녔다. 한 학기에
한 번 원장실에서 박 목사님을 만나면 우리 얼굴들을 알아보시고 열심히 잘하라고

격려하셨다. 등교 길에 학생을 만나면 학교에 거의 도착했는데도 누워서 타고
가시던 자동차를 세워서 태워주시던 일, 어떤 제자들은 유난히 운동을 좋아해서
탁구와 족구를 쉬는 시간마다 학교 본관 앞마당에서 즐기다가 수업 시간에
방해를 주기도 하였는데, 그래도 운동하도록 허락해 달라고 박 목사님에게
조르면 그분은 오늘만 운동하라고 말씀하시곤 하셨다.

　3학년 1학기엔가 개혁주의와 복음주의의 관련성에 대한 학교 신문 사설을
놓고 일부 관계자들 사이에 논란이 있었다. 20년이 지난 지금 자세히 기억할
수 없지만 어떤 외부 강사의 특강 내용을 놓고 그런 논란이 있었다. 박 목사님과
직접 연관된 문제는 아니었지만 그분은 학교의 원장으로서 학교를 대표하는
입장이셨던 것 같다. 지금 생각하면 관계자들이 서로 성급한 측면들이 있었는데
서로의 상황을 존중하며 신중하게 대화하였다면 하는 아쉬움이 남는다. 학생들이
회의를 하고 그러다가 학생 대표들이 박 목사님과 대화하려고 만나서 일단
인사하며 큰 절을 올렸는데 박 목사님도 함께 큰 절을 하고 있었다. 그 자리에서
대표들이 눈물을 흘리면서 사죄하고 돌아왔다. 그후 제자들은 박 목사님과
같이 1박 2일 기도회를 갔다.

　박 목사님은 돌아가시기 한 달 전까지 학교에서 강의하셨고 그후 목회자
수양회에서 말씀 전하시고 병원에 마지막으로 입원하셨던 것으로 기억한다.
죽음 앞에서 자신은 아무 공로 없고 오직 주 예수의 긍휼만을 간구했는데 이
상황은 성역 50주년 예배를 드리면서 인사하신 "나는 83년 묵은 죄인입니다"는
언급을 상기케 하였다. 박 목사님은 수업하시기 전에 "허락하신 새 땅에"를
제자들과 같이 즐겨 부르셨는데 지금 그 찬송대로 하나님의 품 안에서 안식하신다
(편집자 주: 정암은 '허락하신' 대신에 '약속하신'이라는 표현이 어울린다고
하시면서 "약속하신 새 땅에"라고 부르자 하시고 불렀던 기억이 새롭다).

　요즘 나는 설교 준비를 할 때마다 박 목사님의 주석을 반드시 찾아본다. 예전에는
그러지 못했는데 세월이 지날수록 박 목사님의 경건과 신실한 설교가 가슴에
떠오르기 때문이다. 그분이 남겨 주신, 삶에 녹아든 바르고 선명한 교훈을

거기서 만난다. 자신의 생명과 모든 것을 걸고 개혁신학과 경건의 균형, 그리고 제자 양성에 애쓰신 박윤선 목사님에게 직접 배웠던 경험을 큰 특권으로 여긴다.

이런 신학교라면 한번

정마태 선교사(제11회 졸업)

1986년으로 기억한다. 그 때 나는 파키스탄으로 선교 사역을 위해 준비하고 있었다. 귀한 분들께서 내게 신학도 준비해야 한다고 조언해 주셨다. 그리고는 나더러 수원에 있는 합동신학교가 좋은 신학교이니 그곳에서 공부하라는 것이 아닌가. 그래서 나는 이 신학교가 어떤 분들이 가르치며, 어떤 종류의 신학교인지 정탐할 마음으로 같은 해 11월경 점심시간에 합동신학교에 도착하였다. 그런데 점심시간 직전에 예배 시간이 있다고 하여 그 예배에 참석하게 되었다. 예배실 맨 뒤편에 앉아서, 그날 처음으로 박윤선 목사님께서 설교하시는 모습을 보았다. 박 목사님께서는 설교의 마지막을 다음과 같이 도전하며 마무리하셨다.

"정치를 좋아하는 사람은 국회로 가시오. 돈을 좋아하는 사람은 사업을 하시오. 그러나 복음을 위해 생명을 바치고자 한다면 여기 남으시오." 나는 박 목사님의 그 설교를 통하여 감화와 도전을 받고, 이런 신학교라면 한번 삶을 바쳐서 배울 것이 있겠다고 믿어져서 합동신학교에 입학 원서를 내게 되었다. 하나님의 은혜로 나는 합격하여 박 목사님으로부터 신약학을 배우게 되었다.

어느 날, 박 목사님의 신약학 수업 시간이 막 시작될 즈음이었다. 수업 시간 직전이니 교실 안이 약간 시끄럽기도 했었다. 박 목사님께서 우리 교실에 들어오셔서 의자에 앉으시더니 반장을 손짓으로 부르시는 것이 아닌가! 그리고는 귓속말로 그 반장에게 조용히 무어라고 말씀하셨다. 그 반장은 약간 쑥스러운 표정으로 자신의 자리에 다시 앉았다. 수업이 끝나서, 우리는 박 목사님께서 그에게 무슨 말씀을 귓속말로 하셨는지 물어 보았다. 우리 학우 중 나이 어린 학우에게 그 반장이 이름을 부르고, 반말로 막말 하는 것을 박 목사님께서 들으시고, 그 반장에게 이름보다는 '전도사님'이라 부르고 반말을 쓰지 말며, 존댓말을 사용하라고 조용히 충고하셨다는 것이다.

물론 서로 간에 잘 아는 학우이어서, 거리감 없이 친숙히 터놓고 말을 한 반장이었지만, 성직자를 귀한 공인으로 여기시는 박 목사님의 생각과 이러한 일을 바로 잡아주시는 방법에 있어서도 나이가 어린 제자라고 해서 공개적으로 무참을 주지 않고 그를 충분히 배려하여 조용하게 인격적으로 다루시는 모습을 통하여 우리는 그날 어떻게 다른 이를 바르게 충고할지에 대해 산 교훈을 배우게 되었다.

어느 저녁에 우리 학우들 몇 명이 박 목사님 댁을 방문하였다. 간단한 메뉴였지만, 맛있는 저녁 식사였다. 그리고 우리는 박 목사님과 즐거운 교제와 대화를 나누기 시작하였다. 나는 호기심에 박 목사님께 여쭈어 보았다. '목사님은 젊어서 씨름 선수였다는데, 그게 사실인가요?' 박 목사님은 그저 빙긋이 미소만 지을 뿐이었다. "누가 그러는데, 목사님은 씨름을 아주 잘했다고 그러던데요?" 여전히 답은 안 하시고 미소만 짓고 계셨다. 지금까지도 나는 박 목사님께서 씨름을 잘하셨는지 모르겠다.

자신에 대한 자랑을 자신에게 욕하는 것으로 생각하라고 우리에게 가르쳤고, 가까운 사람도 잠깐 함께 지내다 보면 죄악의 냄새가 난다고 하시면서 자신을 쳐서 주님께 늘 복종하시길 노력하신 분이셨다. 박 목사님은 평소에도 불필요한 말은 거의 하지 않으신 분이셨다. 박 목사님께서는 문제를 늘 무릎으로 해결하셨다.

2학년 때 박 목사님으로부터 설교학을 배울 때였다. 학생들이 설교를 준비하여 학우들 앞에서 설교를 하고 박 목사님께서 평가를 해 주시는 시간이었다. 나는 예레미야 1장을 중심으로 설교하였다. 기도와 떨리는 마음으로 준비하여 박 목사님과 학우들 앞에서 설교를 하였다. 처음 도입부에서 나는 바로 내 앞에서 마주 보고 계시는 박윤선 목사님에 대해 감사의 말씀을 전하고, 그분의 훌륭하신 점을 칭찬하고 시작했다. 내 설교를 마치고, 박 목사님께서 평가를 하시는 시간이 되었다. 그런데 맨 첫 말씀이, "정경철 전도사는 이 설교에서 무엇을 낚으려는 것이지요?" 이 질문이 떨어지자마자 모든 학우들이 박장대소하였다. 물론 격려의 말씀도 해 주셨다. 나는 이때를 영영 잊지 못한다. 그 유머스러우면서도 일침을 주신 그 따끔한 한마디 충고로 인해 정말 하나님의 말씀이 선포되는 강단에서는 하나님의 음성만이 들려져야 함을 나는 깊이 새기게 되었다. 나는 설교 준비할 때마다 이 시간에 나는 이 말씀으로 무엇을 낚으려 하는가를 무릎 꿇으며 간구한다. 사람의 박수인가? 하나님의 인정인가?

합동신학대학원대학교 본관 전경

어느 신학교를 가야 하나

허태성 목사(제12회 졸업)

　지금으로부터 22년 전인 1987년 11월 나는 신학교에 가는 문제로 기도하며 고민하고 있었다. 문제는 '어느 신학교를 가야하나'였다. 하나님께서는 갈 바를 알지 못하고 있는 나를 합동신학교로 인도하셨다. 아마 지금도 그러하리라 생각하는데, 당시 합신에 지원하기 위해서는 타교파의 교회에서 신앙생활하고 있던 나는 두 분의 목사님의 추천서를 받아야만 했다. 처음 내가 집사로 섬기며 몸담고 있던 감리교회의 담임목사님은 내가 합신을 지원하는 것에 반대했다. 그 이유는 그 목사님이 이해하기로는 합신은 무인가(?) 지방 신학교인데다 박윤선 목사님이 근본주의자라는 것이었다. 한국에 많은 신학교가 있는데 왜 하필이면! 박윤선 목사님이 세운 학교를 가려고 하느냐는 질문에 나는 뭐라고 딱히 대답할 말을 찾지 못했다. 왜냐하면 나는 정암 박윤선 목사님을 잘 모르고 있었기 때문이다. 그래도 그 목사님은 마지못해 하면서 추천서를 써 주었다.

　또 하나의 추천서를 받기 위하여 이번에는 대학생 시절에 잠시 신앙생활을 했던 성결교회의 목사님을 찾아갔다. 그 목사님은 내가 합신을 지원하려 한다는 말을 들으시고는 박윤선 목사님이 계신 학교라면 다른 것은 아무것도 묻지 말고 무조건 합신을 가라고 기뻐하며 추천서를 써 주었다. 아무튼 나는 두 분의 추천서와 함께 합신을 지원했고 하나님의 은혜로 합격이 되어 '합신 가족'의 일원이 되었다. 나는 신학교에 들어올 때까지도 박윤선 목사님을 직접 뵌 적도 없었을 뿐만 아니라 잘 알지를 못했다. 당시 어떤 동급생 학우는 멀리 부산에서부터 박윤선 목사님에게 배우기 위하여 합신을 지원했다는 말을 들었을 때 나는 그 말을 잘 이해하지 못했다.

　아마 나처럼 신학계의 물정을 모르고 둔했던(?) 사람이 또 있었을까? 나도 박 목사님으로부터 한 학기라도 배웠으니까 그 분을 조금이라도 이해하게 되었고 어디를 가든지 내가 그 분의 마지막 제자라는 것을 자랑스럽게 말할 수 있게 된 것을 생각하면 나의 합신 지원을 반대했던 그 목사님을 어쩌면 이해할 수도 있을 것 같다. 내 생각에 박 목사님은 어떤 사람들에게는 잘 알려진 존경스런 학자요 목사님이셨지만 어떤 사람들에게는 많이 오해되거나 전혀 알려지지 않은 분이라고 여겨진다.

그 유명한 88서울올림픽이 개최되던 해에 합신에 입학하여 공부하게 된 나를 비롯한 합신 12기 학우들은 정암 박윤선 목사님의 마지막 학기 제자가 되는 특권을 누리게 되었다. 박 목사님은 우리들에게 변증학을 가르쳐 주셨다. 목사님은 어쩌면 당신께서 이번 학기가 마지막이 될 것을 아시고 계셨던 것처럼 온 힘을 다하여 강의실이 떠나갈 것 같은 우렁찬 음성으로 열강을 하셨다. 우리들에게 개혁주의 신학 사상을 심어주시기 위하여 최선을 다하셨다. 지금도 나는 박 목사님의 강의 내용을 선명하게 기억하고 있다. 특히 많이 강조하신 내용이 "인간의 마음이 만물보다 거짓되고 심히 부패하다는 것"(렘 17:9)과 "자기의 마음을 믿는 것은 미련하다는 것"(잠 28:26)이었다. 그래서 성경 말씀을 따라 '계시 의존 사색'에 힘써야지만 바른 생각을 할 수 있다는 것 등이다.

내가 합신에 와서 처음 뵙게 된 박 목사님의 얼굴 표정은 기대했던 것처럼 환하거나 밝은 것이 아니었다. 내가 느끼기에는 무엇인지는 몰라도 박 목사님의 얼굴에는 근심이 있었고 고통이 있었다. 아마 그것이 한국 교회에 대한 거룩한 염려와 자신의 생명이 다하여 가고 있다는 것을 알면서도 이제는 더 이상 무엇을 할 수 없다는 절박한 심정이 표출된 것이었을 거라고 생각한다. 그러나 자주는 아니지만 어떤 날은 어린아이처럼 환하게 웃으실 때가 있으셔서 그때나마 우리들은 긴장을 풀고 웃을 수가 있었다.

1988년 6월 30일 신학교 첫 학기 시험을 마친 우리들은 학교에서 그리 멀리 떨어지지 않은 곳에 위치한 기도원에서 퇴수회를 갖기 위해서 모였다. 저녁식사를 마치고 모임을 갖고 있던 우리들에게 비보가 들려왔다. 박윤선 목사님께서 운명하셨다는 소식이었다. 병원에 입원해 계신 것을 알고 건강 회복을 위하여 기도하고 있던 우리들을 포함한 합신의 교수, 직원, 동문, 학생 모두가 큰 충격을 받았다. 정말 큰 별이 떨어졌다는 표현이 딱 들어맞았다. 학교로 돌아온 우리들은 곧 장례식 준비에 동참하게 되었다. 당시 1학년이었던 우리들에게 부여된 책임은 합신 뒷산에 학교로부터 박 목사님 묘지로 지정된 곳에 길을 닦는 것이었다. 슬퍼할 겨를도 없이 우리들은 나무를 베어내고 땅을 파고 리어카로 흙을 실어 나르는 일을 하였다. 삼일 후 많은 이들의 눈물과 탄식 속에 장례식이 치러졌고 합신 뒷산에는 소박하다 못해 초라한 묘지가 하나 생겨났다.

그 유명한 대 신학자가 아주 낮은 봉분 밑에 자신의 고단했던 육신을 뉘어 놓고 찾아오는 모든 이들에게 오늘도 설교 사역을 계속하고 계신다. "그러므로 내일 일을 위하여 염려하지 말라 내일 일은 내일 염려할 것이요 한 날 괴로움은 그 날에 족하니라"(마 6:34). 여름방학을 마치고 2학기가 시작되어 다시 찾은 학교는 허전함과 쓸쓸함 그 자체였다. 교수님들도 힘이 쭉 빠져 있었고 학생들도 마찬가지였다. 합신이 과연 계속 존속할 수 있을까 하는 생각마저 들었다. 박 목사님의 빈자리가 그렇게 크게 느껴진 것은 결코 이상한 일이 아니었다. 그는 정말 우리들의 스승이셨으며 목자였던 것이다.

합신을 졸업한 후 나는 목회를 하면서 돈을 좀 모아서 박윤선 성경주석 전질을 구입하였다. 그리고 설교를 준비할 때마다 주석을 본다. 어느 때는 설교의 영감을 얻기 위해서 미리 보기도 하고 어느 때는 설교 원고를 다 작성해 놓고 내가 딴 소리를 하는 것이 아닌가 하는 마음에서 박 목사님 주석으로 검사를 받는다. 공주에서 교회 개척을 한 지 얼마 되지 않았던 어느 날 노회 내의 한 선배 목사님으로부터 양면이 코팅되어 있는 종이 한 장을 선물로 받았다.

그것은 박 목사님의 친필 휘호만을 모아서 축소 복사한 것인데 거기에는 다음 다섯 개의 글귀가 한자로 적혀 있다. "기도일관", "침묵정진", "진실노력", "추구성결", "지사충성"이란 글귀였다. 나는 이것을 항상 내 방의 가장 잘 보이는 곳에 놓아두고 읽어보며 그 교훈을 따르고자 노력한다. 그 휘호가 지금도 글을 쓰고 있는 강변교회 담임목사실 탁자에서 여전히 나를 지켜보며 훈계하고 있다.

나는 박윤선 목사님 육성이 녹음되어 있는 설교 테이프를 구입하여서 가끔씩 듣는다. 그리고 목사님의 얼굴 표정을 떠올려 본다. 그 분명한 진리에 대한 확신, 그 열정, 그 간절함을 절반이라도 닮고 싶다. 지난 6월 15일 밤 나는 안성 사랑의교회 수양관에서 개최된 제11회 한국목회자협의회(회장 손인웅 목사) 전국수련회 한목협의 밤에 설교자로 초청을 받아 설교를 한 적이 있다.

한국의 유수한 교단에서 교회 갱신을 고민하며 목회하는 400여명의 목사님들에게 나는 나의 스승인 박윤선 목사님이 내 마음에 심어주신 교훈을 소개하였다. 그 설교의 내용은 박 목사님께서 1986년 2월에 합신 제6회 졸업생들에게 훈사로 주신 내용을 원문 그대로 소개한 것이었다. 설교가 끝났을 때 많은 분들이 은혜를 받았다며 나에게 찾아와 감사의 인사를 하였다. 어떤 분들은 그 내용을 자신의 메일로 보내 달라고까지 부탁하였다. 그리고 내가 참 좋은 스승을 두고 있다고 부러워하기까지 하였다. 그 설교는 후에 합동측 교회갱신협의회 기관지인 「소리」에 이달의 말씀(제목: 잘 박힌 못, 본문 전 12:11)으로 소개되기까지 하였다.

이제 이 글을 마치려한다. 참으로 부족한 자가 박윤선 목사님의 제자가 되었고 그 교훈을 마음에 새기고 목회할 수 있게 된 것을 감사드린다. 목회를 마치는 그 날까지 그 가르침을 붙잡고 살며 또한 전하려고 한다. 훗날 천국에서 정암 박윤선 목사님을 만나게 되면 목사님이 가르쳐 주신 것이 있어서 그래도 조금이나마 바른 목회를 힘쓰다 왔노라고 고백하며 감사드리고 싶다. 좋은 스승을 만나게 하신 하나님께 감사를 드린다. 오직 하나님께 영광을!

해산할 힘이 없음을 한탄하다

이재철 목사(제12회 졸업)

　잠시나마 스승님 박윤선 박사님에게 가르침을 받은 지도 20여년이란 세월이 흘렀다. 연로하셨음에도 늘 열정적으로 강의하셨던 생전의 모습을 잊을 수가 없다. "목사는 늘 진실해야 한다. 사람은 거짓되나 하나님은 참 되시다. 성경은 덮어놓고 믿으라!"며 안타까이 호소하셨던 모습이 지금도 눈에 선하다.

　"공부하다 죽는 것도 순교다. 나는 공부하다 죽었다는 소리를 듣고 싶다"는 스승님의 말씀을 생각하며 교회 개척을 꿈꾸며 충남 서산을 향하여 내려올 때 나의 심정을 되새겨 본다. 나는 공부하다가 죽어도 좋다는 심정으로는 공부하지 않았다. 죽을 각오하고 목회하다가 죽어야겠다는 마음으로 했어야 하는데 그러하지 못했다. 참담한 현실 속에 두렵고 떨리는 마음으로 먹고 살기 위해 개척을 시작했다. 영혼을 사랑하는 마음도 교회를 바르게 세워야 하겠다는 것도 나에게는 사치였다. 그러기에 나의 모든 인생이나 개척은 부끄러움의 흔적일 뿐이다. 처음에는 살기 위해서 교인이 있어야 했다. 어찌 보면 전도라는 것보다 사람을 예수 이름으로 설득하여 교회로 나오게 하는 한 방편에 불과했다. 살기 위해 몸부림을 쳤다. 살기 위해 죽을 각오로 전도했다. 어느 때는 전도하기가 부담스럽고 싫고 거부 반응이 일어나기가 수 없이 있었다. 전도하다가 상대방의 거부 반응과 내 자신의 자존심 때문에 구역질이 날 때도 많이 있었다. 하기 싫어도 억지라도 살기 위해 했다. 주님은 그러한 저에게 속아 주셨다. 너그러이 기다려 주셨다. 시간이 지나면서 은혜를 회복시키심으로 영혼을 사랑하는 마음과 교회를 바르게 섬겨야 하겠다는, 진실해야겠다는 생각으로 바꾸게 하셨다. 나는 타락했으나 주님은 진실하셨고 스승님의 가르침의 씨앗은 여전히 미세하나마 가슴 깊이 남아 있었다.

　서산에 내려올 때는 이것이 하나님께서 나에게 주신 마지막 기회라는 생각으로

다만 목회에 전력투구했다. 하나님께서 불쌍히 여겨 내가 한 것도 없는데 생각
밖에 부흥을 주셨다. 본향교회가 점점 부흥이 되면서 나도 모르게 나태해졌음
고백할 수밖에 없다. 이제 20여년이란 세월이 흐른 이 시점에서는 교회부흥도
부흥이지만 가르침을 받은 자의 자리에서 마땅히 가르치는 자가 되었어야할
터인데, 여전히 헤매고 있는 자신을 바라보니 참으로 안타깝고 가슴이 아프다.
가르침을 받을 때에는 배우기만 하면 될 것 같다는 막연한 기대감과 소망이라도
있었는데, 이제는 배움도 있고, 신학의 내용도 있고, 수많은 정보도 있으나
행동과 실천이 없으니 어찌하면 좋은가?

'바른 신학'도 있고, '바른 교회'의 정의도 있고, '바른 생활'의 규범과 정보도
있는데 여전히 실천이 없는 이중성을 띤 나의 모습을 문득문득 발견하게 된다.
스승님의 가르침은 있으나 그 내용의 삶을 이룰 힘이 없음을 솔직히 고백한다.
잉태되었으나 해산할 힘이 없어서 한탄하는 여인처럼 여전히 시대 풍조와,
야망과 야심, 연약한 죄인의 굴레를 벗어던지지 못하고 현실 목회에 타협하고
있는 나약한 자신을 발견하면서 내 마음 깊은 곳에서 들려오는 나의 스승이신
박윤선 목사님의 교훈을 다시 생각해 본다.

정암 박윤선 설교에 나타난 자기부인

전화령 목사(제2회 졸업)

사랑하는 스승님이 천국에 가신 지도 어언 20년이 지났다. 그러나 그분이
남긴 청교도적 개혁주의 자취를 생각하며 미주에서도 정암강좌(2008. 6.30)를
개최하게 된 것을 귀하게 생각한다. 부족한 사람이 정암을 통해 받은 은혜를
함께 나누는 것을 특권으로 생각하나 한편으로 누를 끼칠까봐 매우 조심스러운

마음이 든다. 아무쪼록 우리가 사랑하고 존경하는 한국 교회의 성직자, 정암의 신학과 신앙 자취를 살펴 유익된 시간이 되기를 바란다.

내가 생각하는 개혁주의 심포닉 설교신학(Reformed Symphonic Preaching) 은 정암 박윤선 신학 사상으로 정리한 설교 이론이다. 심포닉이란 말을 붙인 것은 설교학계에 계속되는 해석과 적용 간에 생긴 일련의 갈등을 정암 설교관에서 정리할 수 있었기 때문이다. 이 시간에는 정암 설교의 핵심 가운데 하나인 설교의 궁극적 목표(sermon ultimate telos)로서의 '자기부인(self-denial)' 문제를 생각하려고 한다.

일반적으로 성경적 설교자들도 청중의 마음 변화, 곧 "self-denial"에 목표를 맞추고 있으나 정암 설교에는 이를 더 깊이 다루고 충실했다는 점이 필자의 관찰이다. 정암 설교의 설교(preaching)를 듣거나 설교(sermon)를 읽을 때 각 설교의 목표가 다양하지만 밑바닥에 설교의 최종 목표를 자기부인으로 몰고 가는 것을 발견하기 때문이다.

1979년도에 총신 강단에서 행한 정암 설교와 남서울 교회에서 있을 때 합동신학교 강단 메시지와 정암 설교집 3권에 나온 240편(주님을 따르자 90편/영생의 원천 118편/ 응답되는 기도 32편) 설교와 주석에 들어있는 설교들을 살필 때 그 관점이 분명하게 드러난다. 필자도 정암 설교로 감동을 받은 후 20여년이 지난 지금도 지워지지 않는 점이 바로 이 주제다. 정암 설교에서 받은 감동을 8가지로 정리할 수 있다.

1) 생명성을 강조한 성경관, 2) 응답을 강조한 기도관, 3) 인간의 무력과 하나님 주권이 동시에 강조되는 칼빈주의 경건관, 4) 무조건적 믿음의 적용으로 하나님 나라를 현장화하려는 설교관, 5) 구속사적 관점과 퓨리탄 관점이 융합된 개혁주의, 7) 순교 역사에 흐르는 생명에 동참하려는 긴장감, 8) 설교의 우위성 (1670년도의 웨스트민스터신앙고백의 공예배 모범)의 주제들인데 이것들은 모두 직접 간접으로 자아부정과 연결되어있다.

자기부인을 설교 목표로 삼은 정암의 신학적 동기

첫째, 계시의존 사색의 구원관에서 나온 것이다. 신성 중학교 시절에 성경이 하나님 말씀이라는 확신에 관한 영적 체험을 기점으로 설교 본문을 연구하다 말씀을 깨달은 후 "이대로 죽어도 좋겠다는 생각이 든다"는 체험적 고백은 "내가 너희에게 이른 말(성경)이 영이요 생명이라(요 6:6)"는 주님의 성경관을 따라 깊이 체험한 것처럼 보인다. 그래서 그의 『성경신학』에 "계시(기록된 말씀인 성경)의존 사색으로만 구원을 받는다"는 독특한 구원관과 연결되어있음을 보인다.

둘째, 칼빈주의에 대한 확신에서 나온 것이다. Calvin이 프랑스 개혁교회 평신도를 위해 그의 기독교 강요를 따라 집필한 것으로 알려진 "참된 그리스도인의 삶(The life of true Christian)"에서 신자의 삶을 ① 그리스도를 닮는 참된 생활– 겸손한 복종, ② 자기부인, ③ 십자가 지는 생활, ④ 내세의 소망, ⑤ 현실의 지침으로 밝히고 있는데, 열정 칼빈주의자인 정암은 자기부인의 비밀을 너무나 잘 알 뿐 아니라 케루소(딤후 4:2)가 전달(Communication)보다는 한 걸음 더 나아간 선포(proclamation)라는 의미를 지닌 것으로 깊이 이해한 것처럼 보인다.

셋째, 청교도신학(Puritanism)의 경건에서 나왔다. 정암을 청교도적 개혁주의자로 보는 것은 그의 설교와 삶 속에 퓨리탄의 경건이 흐르기 때문이다. 청교도 설교자인 존 번연, 존 오웬, 리처드 백스터, 등의 설교에서 자기부인의 주제가 무게 있게 다루어지는 것은 정말 놀라운 일이다. 1981년 어느 날 신학교 클래스에서 큰 책(Foxe의 순교사) 한 권을 들고 비장한 표정으로 "한국 교회는 영국 교회사에 나타난 피(생명)의 흐름을 배워야한다"고 강조하신 것을 보면 정암 신학은 칼빈주의를 실천한 청교도적 경건의 흐름에 동참하려는 종말적 긴장감이 지배한 것이 드러난다. 그래서 정암 설교의 목표가 자기부인을 강조한 청교도적 개혁주의자들과 같은 맥락이라고 확신할 수 있다.

넷째, 구속사 신학의 사변적 위험을 경계하는 확신에서 나온 것이다. 정암은 구속사 신학의 탁월성을 "소가 풀을 먹을 때는 사정없이 먹지만 벌이 꿀을 먹을 때는 골라서 먹듯이 성경의 무수한 사건 속에서 구속의 꿀을 먹는 사람들"로 설명한 일이 있었다. 그러나 보스(G. Vos)와 리델보스(H. Ridderbos)의 구속사 신학의 풍성한 은혜의 세계를 보는 것으로 멎지 않고, 이론적 개혁주의자의 교만에 떨어질 수 있는 육체 소욕의 교묘한 위험을 철저히 경계한 것을 볼 수 있다.

'자기부인'을 설교 목표로 삼은 적극적 이유

정암 설교의 대부분은 청교도 설교 방법처럼 설교 목표를 중심으로 2~3대지를 형성하여 마지막 대지 혹은 결론에 가서는 형식을 뛰어 넘어 "받은 말씀(big idea)"을 청중의 살크스에 강타하여 그 자리에서 결판을 보려는 열정이 흘러넘치는 것을 느낄 수 있다. 그래서 정암은 설교를 "못을 박는 것 같은 것"이라고 했다.(『응답되는 기도』, 50~52쪽: "설교란 결코 인간의 머리에서 나온 고민의 산물인 철학이 주는 것도 아니고……설교란 교역자 자신이 하나님의 말씀을 들어서 비로소 되는 것입니다……설교는 기도의 응답이란 그 말씀입니다.")

정암이 자기부인을 설교 목표로 삼은 더 적극적인 이유는 정암의 확신 속에는 ① 자기부인이 정상적 신자의 모습임을 알았기 때문이며, ② 교회 부흥은 개인의 자기부인으로 시작됨을 믿었기 때문이며 (1975. 7. 31. 『주님을 따르자』 설교집 서문에 "설교는 성경말씀을 그대로 전하는 것이다. 그러므로 설교자는 성경을 바로 깨닫고 전해야한다. 설교자는 성경 연구를 깊이 하는 동시에 기도를 많이 해야 되며 무엇보다도 설교자 자신이 말씀대로 살아야한다. 그대로 살지 않고 전하면 무력하다."), ③ 자기부인이 세상을 개혁하는 구체적 방법이었기 때문이다.

자기부인을 하나의 이론에 그치지 않고 설교자 자신이 먼저 그 자리로 나가야 한다는 정암의 일관된 방법은 ① 성경을 깨달을 때(자기 것으로 받아들이는 의지의 결단이 있을 때) 그 체험이 일어난다는 것이고(설교 정의: "성경말씀을 그대로 전하는 것이다." "설교하는 자리가 왕좌와 같다" 등), ② 성령의 역동성으로만 되는 것을 알고 기도하기를 힘쓰며 기도 응답을 강조하셨다. 정암이 성령의 기름부음(unction)이란 말은 쓰지 않았지만 퓨리탄 설교자들처럼 성경의 깨달음 속에 나타난 성령의 자유로우신 능력을 폭넓게 수용했다.

결론
진정한 개혁은 자기부인으로 시작되고, 자기부인으로 진행되고, 자기부인의 자리에 이르는 것이어야 한다. 설교자 자신이 먼저 그 자리에 나갈 때 정암이 예견한 현대신학의 교묘한 위협을 효과적으로 대처할 수 있을 뿐 아니라 비판으로 멎지 않고 교회가 취해야 할 가장 강력하고 효력이 있는 대안이기 때문이다. 고난의 자리에 육체의 방법으로 해결하려는 유혹을 받을 때 우리가 진정으로 택할 길은 자기부인이어야 하며, 특별히 설교 소명을 받은 목사들은 정암처럼 설교의 궁극적 목표로서의 자기부인(살크스—어태킹)의 관점을 양보하지 말아야 한다. 우리의 귀한 스승이신 정암처럼 "나를 따라 오려거든 자기를 부인하고 자기 십자가를 지고 나를 좇으라"는 주의 명령에 충실해야 할 것이다.

두 가지를 점검하시오
최홍준 목사(제1회 졸업)

나의 신학 시절은 매우 힘든 삶이었다. 여섯 식구의 가장으로 고정적인 수입이라곤 교회에서 교육전도사로서 5만원을 받는 것 외에는 까마귀의 공급만으로 생활을 하는 상황이었다. 그러니 주석 한 질을 산다는 것은 큰맘 먹지 않으면 살 수가 없었다. 그런데 주님의 손길에 의하여 주석이 주어졌는데 첫 번째가 박윤선 박사의 주석이었으니 얼마나 기쁘고 감사했는지 모른다. 또한 그 저자이신 박윤선 박사님의 강의를 들으며 공부를 한다는 자체는 흥분이요 감격이 아닐 수 없었다.

소명과 은사를 점검하고 결단하라

3학년 마지막 학기로 기억이 난다. 마지막 목회서신 강의를 마무리 하시면서 졸업을 앞둔 우리들에게, "여러분 지금까지 신학을 공부하고 각자 교회에서 사역을 한줄 알고 있습니다. 지금이 매우 중요한 시기입니다. 자신에게 두 가지를 점검하시기 바랍니다. 하나는 소명을 점검하시기 바랍니다. 또 하나는 은사를 점검하시기 바랍니다. 목사가 되는 것이 코스만 마치면 되는 것이 아닙니다. 신학을 했으니 목사가 되어야 한다는 것이 아니라는 것입니다. 소명을 확인하시고 결단을 하셔요. 그리고 말씀을 전하는 목사로서 은사가 아니라고 한다면 목회가 아니라도 길이 있을 것입니다."

졸업도 하지 말고 끝내라고 하는 말씀 같았다. 얼마나 충격이었던지 지금도 그때를 생각하면 아련한 추억 속에 잠시 머물게 되기도 한다. 그동안 신학교에 다니면서 채플이나 강의에서 기도할 때면 선지동산에 와있는 젊은 종들에게 축복해 주시고…… 하는 소리에 익숙해 있었던 때였다. 그러니 선지자가 다 된 양 착각하는 자동 소명자로서 추호도 의심하지 않고 난 목사가 되는 거야 하는 학생들이 대부분이었다. 그런데 이게 웬 청천벽력이란 말인가.

당시 얼마나 충격을 받았던지 그날 기억으로 집에 와서 잠도 제대로 자질 못한 것 같다. 학교를 다니면서 이런 갈등을 한두 번 겪은 것이 아니었다.

내가 신학교에 제대로 들어온 것 맞는가? 하나님께서 진정 날 부르셨는가? 신학교에 들어오기 전 1년 가까이 씨름을 하면서 수차례 금식하며 확인하고 확인했던 소명인데 종종 흔들리는 때가 있었던 것이다. 그 때마다 다시 소명을 재확인하고 여기까지 왔는데 대 스승으로부터 직접 듣고 보니 이만저만 충격이 아니었다고 생각한다. 물론 나 개인에게 하신 말씀은 아니었다 해도 그때는 나에게 하신 말씀같이 들렸던 것이다. 그래서 다시 점검해야지 그리고 시간을 내어 금식에 들어갔던 기억이 난다.

목회를 하면서도 이때의 충격은 쉽게 지워지지 않았다. 목회에서 문제에 부딪히게 될 때도 내가 목회 은사가 없는데 지금 하고 있는 것은 아닌가 하고 그때 박 목사님의 말씀이 떠오르곤 한다. 박 목사님을 생각하면 천진난만한 미소를 잊을 수 없다. 팔순이 넘으셨지만 진정 어린아이 같은 순수함을 잃지 않으셨던 목사님 그리고 설교에서는 온유한 모습보다는 선지자적인 준엄한 책망을 서슴지 않으신 모습이 더 기억에 남는다.

제자라고 하기에 부끄러운 자가

우리 합신에 박윤선 박사님께서 계시지 않으셨다면 우리 합신의 위상은 어떤 것이었을까? 유감스러운 것은 제자들 가운데 박윤선 박사님 존함을 거론하면서 자신만이 진정한 제자인양 주장하는 무리가 있음이다. 박윤선 박사님의 제자라면 그 스승의 모습이 보여야 하지 않겠는가? 00회 하면서 박 박사님의 철학을 되 뇌이면서 목회나 삶에서는 추호도 그의 모습을 찾아볼 수 없다면 오히려 박윤선 박사님을 모독하는 결과가 아닐까 한다. 우리 모두는 참으로 겸손한 주님의 종 박윤선 박사님의 제자로서 옷깃을 여미며 목회의 길을 가야 하겠다.

감히 박윤선 박사님의 제자라고 하기에 부끄러운 자가 평생 나의 스승이면서 우리의 스승이신 박윤선 목사님을 사모하며 추모하는 마음으로 이 글을 가름한다.

3

우리의 기억들, 셋

정암 박윤선 스승 신학사상 잘 배우자

— 제21회 정암 신학강좌를 축하하며—

오 동 춘

1905년 북한 철산에서 태어나신 정암 스승
일제 시대부터 칼빈 개혁사상 깊이 캐고 갈며
뜻 푸른 이 땅 선비로 하루 쉴 날 전혀 없었네

믿음 칼로 성령으로 신사(神社) 마귀 물리치며
땀 쏟는 신구약 66권 바른 풀이 다 이루니
해 같은 바른 성경이 바른 신학 심는다

1938년 9월 10일 평양 서문밖교회에서
제27회 조선예수교총회가 가결한 신사참배
그 죄값 6·25 비극 아닌가 정암 꾸중 높았다

성도여 회개하자. 회개 운동 횃불 되어
초량교회 집회 사회 정암 목사 보시며
일으킨 회개 큰 물결 온 나라에 퍼졌다

사탄 무리 날뛰는 땅 합동신학교 우뚝 세워
바른 신학 바른 교회 바른 생활 교육하여
정암이 기른 제자들 온 세계 큰 기둥일세

장수 더 못 누리고 83세로 소천되어
합신 언덕 누우신 돌에 시편 116편 15절
마태도 6장 34절이 함께 쓰여 정암 가슴 알게 한다

1989년 11월 6일 7일 이틀을 두고
1주기 추모하며 제1회 정암신학강좌로
주제는 "정암 박윤선의 삶과 문학"으로
충현교회에서 열었다

해가 갈수록 칼빈신학 더 갈고 닦아
구름떼로 모인 성도 개혁 이치 잘도 배워
가셔도 배움 주시는 정암께 존경 항상 뜨겁다

어느덧 21회 정암신학강좌 주제
"목회 관점에서 본 칼빈의 언약 신학"
다같이 귀 담아 듣고 주께 충성 다하자

정암 박윤선 스승께서 못 다 하신 일
개혁사상으로 우리 다 손잡고 이루리니
임이여! 저 높은 하늘 나라 큰 별로 길이 빛나소서.

박윤선 목사님과 나의 아버지

장덕순 장로(장경재 목사 차남)

참으로 이 시대의 참 목자이신 박윤선 목사님을 생각하면 감사가 먼저 나온다. 한국에 이런 귀한 믿음의 아버지를 주셨으니 우리 모두 감사하여야 할 것이다.

나는 장경재 목사의 둘째아들로서 오래 전부터 박윤선 목사님을 아버님과 각별하신 관계로 곁에서 자주 뵐 뿐 아니라 저희 집을 자주 방문해 주시고 화곡동 화성교회(현 김기영 담임목사)에 오셔서 많은 집회를 인도해 주셨다. 그뿐 아니라 현재 섬기는 역삼동 화평교회(현 담임목사 김병훈)의 초대 담임목사님으로 계셨으므로 자연히 가까이에서 뵈올 수 있는 기회를 남들보다 많았다.

장경재 목사는 나의 혈육의 아버지지만 솔직히 고백컨대 진짜 목사였다는 것과 박윤선 목사님을 가장 사랑하고 존경하며 받드신 참 제자였다. 박윤선 목사님은 모든 면에서 박학한 지식과 신령한 은혜를 겸비한 박사이시며 목자를 훈련시키고 양성해 내는 신령한 목자 훈련소 사령관임을 스스럼없이 말씀 드릴 수 있다.

지금도 한쪽 입술이 올라가면서 침이 입 주변에 괴여 외치던 그 당당하고 우렁찬 모습과 그 음성이 지금도 머릿속과 귀에 남아 있어 언제든 기억해 낼 수 있을 뿐 아니라 생각만 해도 새로운 은혜를 받게 된다.

나의 아버님은 만주 봉천에서부터 박윤선 목사님을 만나 알게 되었고 박 목사님 시무교회의 조사로서 일을 하였다. 아버지는 그 당시 일본 신사참배 반대로 이루 말할 수 없는 고통과 어려움을 당하시면서도 끝까지 굴하지 않고 승리하셨다. 죽음을 무릅쓰고 월남하여 다시 박 목사님을 만나 신앙의 스승으로 모시고 한결같은 마음으로 예수님 다음으로 박윤선 목사님을 따르셨다. 언제 어느 때 무슨 일이라도 박 목사님이 원하시는 일이라면 예수님 명령처럼 순종하였다. 한동안은 우리 가족끼리 '박 목사님은 좋겠소. 우리 가족보다 아버님이 박 목사님을 더 사랑하고 생각하고 염려하고 섬기니' 하며 질투 아닌 농담 섞인 투정의 말들도 하곤 했다.

박 목사님은 뵐 때마다 말이 적으시고 조용하고 천천히 꼭 필요한 말씀만 하시는 편이셨다. 자주 느끼며 보는 것이지만 대부분 무엇엔가 골몰하여 간혹 오해를 불러일으킬 때도 있곤 하였다. 한번은 저희 집에 오셨다 돌아가시는데 현관에 신발이 있는데 아래를 보시고 신으시면서 나가셔야 하는데 그냥 무작정 맨발로 현관을 내 딛고 나가셨다. 내가 '목사님, 신발 여기 있습니다'라고 하자 '응, 그래 고마워요'라고 하시는 것이다. 그런데 이런 일은 한두 번이 아니라 자주 목격한 바였다. 그 이유는 항상 신령한 은혜를 사모하시지만 그 당시 주석 문제로 연구와 기도로 골몰하시며 주석으로 인한 제작에 따른 일정과 자금 문제 등 신학교와 그 밖에 많은 하시는 일들이 있었지만 항상 마음속에는 주님 생각으로 가득 차 있어서 주님께만 집중하셨기 때문이라고 본다. 박 목사님의 이런 일들을 보노라면 어떤 묘한 느낌을 자주 느끼곤 하였다.

박 목사님도 아버님을 무척이나 아끼고 사랑하셨다. 항상 제자를 동역자와 같이 대하시며 모든 문제를 아버님께 물어보시고 함께 기도하셨다. 언제나 주님께서 들어주실 것을 확신하면서 두 분은 믿음의 형제로 동역자로서 함께 하셨는데 하나님의 생명책 첫 장에 두 분의 이름이 큰 글자로 기록 되어있을 것을 나는 확신한다.

나는 장경재 목사님이 나의 아버지라서 좋게 이야기하는 것이 절대 아니다. 정말로 요즈음에는 볼 수 없는 좀 희귀한 분이라고 감히 말하더라도 용서하시기 바란다.

어릴 적부터 아버님은 주님의 일꾼으로 쓰시기 위해 마련해 두신 거룩한 삶을 살아 오셨고 이미 예비해 두셨음을 의심할 여지가 없다.

박 목사님과 아버님 사이의 특별한 관계로 인하여 아버님은 박 목사님의 영향을 많이 받은 분이시므로 아버님의 생활을 소개하면 자연스레 박 목사님을 더 잘 이해할 수 있을 것이라 생각되어 여기에 아버님의 생활의 일부를 소개한다.

사람이라면 이렇게 살 수는 없다. 하나님의 사람이 아니라면 어떻게 이렇게 살 수 있었겠는가? 아버님의 생활은 세상의 사람들이 사는 방식으로는 간혹 너무 답답하고 짜증나는 삶이었다. 나의 생각으로는 무슨 맛으로 사셨는지 궁금하였으며, 불의와 거짓은 절대 용납 안하시고 주님 앞에는 타협이 없으신 아버님이 나로선 도저히 이해할 수 없었다. 당신께서는 하나님의 특별하신 은혜로 세상을 믿음으로 거의 완벽하게 사셨지만 저와 어머님과 우리 아들 오형제는 힘든 부분도 많았다.

요즘 같은 세상에 어찌 팔십 평생에 극장을 한 번도 안 가본 사람이 있을 수 있으며, 팔십 세가 지나서도 부인 손을 꼭 잡고 다니길 원하시지 않는 분이 있겠는가? 교회 일과 신학교 일 그리고 어려운 가정 심방으로 분주하시면서도 그 당시에 성도가 돌아가시면 직접 상갓집에 가서 염도 하셨는데 평생에 800구 이상을 직접 하셨다. 새벽기도, 가정예배, 심방, 설교준비와 또한 집에 오시면 청소와 가정 일을 하셨으며, 특히 어려운 사람을 보면 매우 가슴 아파하셨다. 모든 가진 것을 다 드리는 헌신적인 삶과 하나님이 특별한 은혜를 주셔서 전교인 1,000명 이상을 모두 외울 뿐 아니라 그 사람의 가정과 모든 대소사 일들을 잘 아시고 밤마다 모든 교우의 이름을 번갈아 불러 가며 기도하셨다. 그뿐만이 아니다. 50년 전의 교인들까지 다 기억하고 외우시는 것이었다. 그분들의 이름을 계속 기도하셔서 저절로 알고 계신지 일부러 외우신건지 내가 여쭈어 보지 않은 것이 매우 후회되고 궁금하다.

이러한 아버님을 어찌 박 목사님이 안 좋아 하시겠는가. 주석 집필을 위해, 신학교를 위해 밤낮으로 기도하시며 물질을 바치기 위해 온 힘을 쏟으시며 헌신한 것을 저는 너무나 절절이 잘 안다. 솔직히 나는 박 목사님도 아버님을 잘 만났다고 생각한다. 내가 장 목사 아들이라서 하는 말은 결코 아니다. 두 분은 항상 하나였으며 언제든 박 목사님 생각이면 모든 것에 순종할 뿐 아니라 하나님의 명령처럼 따르셨다.

박 목사님의 설교 말씀을 듣거나 말씀 도중 한마디씩 말씀하실 때 보면 정말 깜짝깜짝 놀라지 않을 수 없었다. 어찌 저런 신령한 말씀을 본 설교와 예화에 맞게 하실 수 있으며 생각해 내실 수 있을까 하고 말이다. 주석을 통하여 잘 아시겠지만 그 난해하고 힘든 부분을 너무 쉽게 누구나 이해할 수 있도록 오묘하고 특별한 해석을 하시는 것을 볼 때마다 감동과 은혜가 넘쳤다.

특별히 박윤선 목사님은 아무리 어렵고 고상하고 학식이 있는 어휘도 아주 쉬운 문장과 문맥으로 초등학생이 들어도 이해할 수 있는 쉬운 문장을 사용하셨다.

오래 전 항상 보면서 느낀 것은 그렇게 박식하시고 은혜로우신 박 윤선 박사님이신데 모든 교수님의 가방 중에서 가장 크고 무거웠다. 직접 들고 숭실대 입구에서 총신대까지(70년 당시 총신대는 산을 오르는 등산 코스처럼 힘든 등교 길이었다) 걸어 오셨다.

너무 자주 뵙고 말씀도 듣다보니 간혹 말씀이 지루한 적도 솔직히 있었다. 그러나 이것은 나 개인의 신앙 부족에서 온 것이며 수준이 낮아서 그런 것이었다. 나는 아버님의 설교도 답답하고 재미없었다. 그러나 지금 생각하면 그것은 우리가 먹는 음식 중에 배고프고 목마를 때 가장 먹고 싶은 것이 밥과 물이지만 귀한 것도 자주 먹다보니 식상한 것이 된 것이다. 피자 햄버거 스테이크 돈가스가 제일 좋아 보였고 콜라 아이스크림 주스 우유 등이 제일 좋은 음료인줄로 잘못 알았던 것과 같다 하겠다.

박 목사님과 아버님의 설교는 물과 밥과 같은 너무 귀한 말씀이었다. 그분들의 설교는 참 진리의 말씀으로 지루한 듯하고 새롭지도 않고 흥분되지도 않으며 산뜻한 매력이 없는 것처럼 느꼈으나 어려움이 오고 은혜를 사모하게 되면 그 빛이 발하여 그 가치를 느끼고 감사를 하게 된다. 특별한 일들이 없고 아무 어려움 없는 것이 어찌 보면 가장 큰 은혜이기도 한데 우리의 귀는 항상 새로운 것만 구하는 어리광 부리는 신앙이 아직도 그대로인 것 같아 이 글을 쓰면서 하나님께 감사를 올린다.

한 달 전 화평교회 당회원 수련회를 합동신학대학원에서 하루 밤 지내면서 김병훈 담임목사님(화평교회)과 장로님들이 밤 12시경 박윤선 목사님 산소에 둘러 함께 기도하면서 지난 날 합신 부지를 구하시려 불철주야 애쓰시던 아버님 생각과 박윤선 목사님 생각에 눈시울이 적셔오면서 우리나라에 이런 귀한 박윤선 목사님을 허락해 주셨음에 감사 드렸다.

　이번 기회를 통하여 박윤선 목사님에 이어 화평교회 2대 담임목사이신 안만수 목사님도 잊지 못한다. 아버님이 가장 사랑하시고 아끼시던 안 목사님을 보면 꼭 박 목사님이 아버님을 사랑하시는 것과 같았으며, 안만수 목사님에 대한 박 목사님의 사랑하심도 대단하였다. 모두 성령 안의 한 형제분들이었다. 아마 이런 신령한 믿음의 골드라인은 주변에서 찾아보기 힘든 특별한 경우인 것 같다.

　나 또한 이런 믿음의 명장들의 틈에 끼어 살게 하신 복을 주심에 주께 감사드리며 이 글로 인하여 정암 박윤선 목사님의 생전의 음성을 다시 되새기면서 하나님께 감사와 존귀와 영광을 올린다.

목사님들의 쉼터가 된 우리 집

김효중 장로(화성교회)

박윤선 목사님께서는 이 세상에서의 모든 생활을 하나님 사역에만 몰두하시며 생애를 다하신 목사님으로 개혁신앙생활을 하시는 성도님들께서는 목사님에 대하여 알고 계시는 분들이 많이 계실 줄 안다. 나는 화성교회에 등록하고 예수 그리스도가 어떤 분임을 알게 되었다. 담임목사님이신 장경재 목사님의 목회 활동에 차량이 필요하시다는 것을 알게 되었다. 나는 시간의 여유가 있을 때마다 새벽이든 낮 시간이든 밤이든 장경재 목사님을 모시고 조찬기도회, 총회, 개척교회, 합동신학교, 그 당시 반포에 있는 남서울 교회당을 빌려서 총회 사무실로 사용했었는데 그곳을 오가며 지역교회의 목사님들을 많이 알게 됨으로 필자의 신앙심도 조금씩 성장하게 되었다. 그러는 중에 박윤선 목사님을 가까이서 만나 뵙게 되었다.

1980년대에는 연례적으로 봄과 가을을 택하여 부흥사경회를 가졌다. 국내외 외부 강사님들을 많이 초빙하시므로 화성교회 성도들이 바른 신앙심을 갖도록 인도하셨다. 물론 합동신학교 교수님들이 초빙강사로 오실 때도 종종 있었다. 나의 집은 삼사 년 동안은 초빙강사 목사님들의 쉼터가 되어 식사와 다과를 나누시는 교제 장소가 되었다. 박윤선 목사님도 저의 집을 종종 오시곤 하였다. 박윤선 목사님이 거주하시고 계신 도곡동 사저에도 장경재 목사님을 모시고 찾아가 뵙기도 하였다. 그리고 영음사 출판물을 관리하시는 권사님과 이화주 사모님께서 반겨주시던 모습이 필자의 눈에 생생하다.

어느 날 합동신학교 건축이 얼마만큼 완공이 되어갈 때 건축 현장에서 건축 진행 상태를 바라보시면서 어린아이와 같이 순수하고 해맑은 표정으로 즐거워하시던 목사님의 모습이 필자의 눈에 선하다. 부흥사경회에 초빙되었던 목사님들 가운데서 고려신학교와 총회신학교 교수님으로 활약하시다가 미국으로 사역지를 옮긴 이상근 목사님(신학박사)께서 20여일을 필자의 집에 유숙하셨다. 박윤선 목사님과는 사돈 관계가 되시는 목사님이다. 이상근 목사님께서 유숙하시는 동안에 섭섭하지 않도록 박윤선 목사님과 이화주 사모님이 자주 오셨다.

어느 날 아내는 박윤선 목사님을 봐올 때 굳게 다무신 표정에 날카로우시면서 빛을 발하는 눈동자는 자신의 마음을 들여다보는 것 같고 그로 인해서 자신은 장차 하나님 앞에 나갈 때 두려운 마음이 앞서게 되는 것을 체험하는 기분이라고 내게 말하였다. 아내의 말에 나도 동감했다. 박윤선 목사님께서 설교하실 때 하나님을 향하신 뜨겁고 열정적이며 카랑카랑한 목소리는 지금도 나의 귀에 쟁쟁하다. 박윤선 목사님의 동료 목사님, 선후배 목사님들이 모이는 장소에 참석할 때가 있었는데 세상에 속한 정치, 경제, 사회에 관한 비도덕적인 사건들에 관하여 나누시는 것을 들어 본 적이 없다. 오직 하나님의 말씀에만 충절을 지키시는 목사님이셨다.

박윤선 목사님 뒤에는 과묵하시면서도 인자하신 이화주 사모님이 계셨다. 목사님의 주위에 세상에 관한 일들은 사모님이 맡아하시고 목사님의 건강까지도 완벽하게 보필하신 사모님을 나는 존경한다. 이화주 사모님은 어려운 선교사님들의 사모님들도 돌아보시고 격려하시고 위로도 하셨다. 그 모습을 보고 사모로서의 자격을 다 갖추신 분이라고 아내는 말했다. 내가 경제적으로 어렵다는 사실을 어떻게 들으셨는지 나의 아내를 부르시고 기도해 주시고 성경을 읽으실 때마다 은혜 받으신 요절을 적어서 가까운 측근들, 어려움을 당하는 성도들, 선교사 사모님들께, 심지어 내 아내에게까지 주시며 기도해 주신 것을 보고 박윤선 목사님과 사모님은 하나님이 세우신 사역자임을 더욱더 분명하게 알게 되었다.

1986년 12월 성탄절을 앞두고 나의 아내가 충현기도원에 가고 없을 때 화평교회 집사님들을 통하여 나의 아들에게 보내신 신세계 백화점 포장이 된 검은 가죽장갑과 과자류를 강남 도곡동에서 화곡동까지 보내주신 이화주 사모님의 넓고 깊으신 배려에 지금도 고마움을 잊을 수가 없다. 필자 외에도 박윤선 목사님이 섬기시는 본 교회에도 어려운 성도들, 선교사님들을 묵묵히 보살피신 사모님의 사랑은 그리스도의 사랑을 몸소 실천하신 분이셨다.

1987년 11월에 박윤선 목사님을 모시고 본 교회에서 부흥사경회를 가졌다. 그때 부흥사경회 마지막 날 주일 3부 예배 설교를 앞두고 박윤선 목사님과 이화주 사모님께서 나의 아들을 위해 안수기도를 해주셨다. 그 모습 그 사랑의 은혜를 잊을 수 없다고 나의 아내는 지금도 종종 말을 하곤 한다. 박윤선 목사님의 기도의 은혜로 필자의 아들은 지금 성악을 전공하고 캐나다에서 성가대 지휘자로 한인교회를 섬기면서 찬양 목회 졸업반으로 기도 가운데 석사논문을 준비하면서 말씀 전공(신학)을 준비하고 있다.

필자의 아들을 위하여 기도하실 때에는 박윤선 목사님이 마냥 건강하실 줄 알았는데 그 이듬해 1988년 6월에 질병을 통하여 하나님의 부르심으로 소천하셨다. 소천을 앞에 두신 박윤선 목사님의 병상을 찾아가 뵈었을 때 가슴에 심폐의료기를 군데군데 부착하시고 산소 호흡기에 의존하시고 계셨다. 그럼에도 불구하고 같이 병상을 찾았던 양영학 선교사님의 사역을 위하여 기도하시면서 물론 나를 위한 기도도 하시는 박윤선 목사님의 모습은 육체는 질병으로 쇠약하시지만 성령님에 의한 기도의 영은 강하심을 나타내셨다. 박윤선 목사님이 좀 더 세상에 계시도록 하나님께서 은혜를 베풀어 주셨으면 하는 아쉬운 마음에 착잡하였다. 소천하시는 모습을 지켜보던 나는 더 이상 서있지 못하였다. 박윤선 목사님을 중심으로 이상근 목사님, 이인재 목사님, 장경재 목사님, 지금은 하나님 보좌 앞에 계신 모습을 생각하니 필자의 마음에는 한없는 하나님의 은혜에 감사할 따름이다.

오 장로 기도가 살아 있소

오동춘 장로(화성교회)

정암 박윤선 목사님과 나

나는 1973년도 3월에 강서구 화곡본동으로 집을 옮긴 후 오안열, 오혜림 남매와 오상희 누이동생이 1973년 봄부터 화성교회 출석교인이 되었고 나와 아내 안송희 권사는 1975년 봄부터 화성교회로 나가기 시작했다. 화성교회 담임 목사이신 장경재 목사님은 당신의 은사이신 박윤선(1905~1988) 목사님을 자주 모셔 은혜로운 설교를 자주 듣게 했다. 장 목사님으로 하여금 뵙게 된 박윤선 목사님을 나도 신앙의 스승으로 모시게 되었다. 박 목사님이 설교하시기 위해 오실 때는 장경재 목사님은 예배 30분 전부터 교회 문 앞에서 스승을 기다리는 교훈적인 모습도 볼 수 있었다.

박윤선 목사님은 화성교회에 오시어 80년대 초에 사경회 강사로 힘찬 설교를 해 주셨다. 화성교회 40년사 기록에 의하면 1980년 6월 15일 디모데후서 4장 1절로 4절까지 인용하시고 '힘써 하나님의 말씀을 전하자'는 제목으로 설교하신 후 하늘나라 가시기 한 해 전인 1987년 6월 28일 열왕기하 20장 1절로 7절까지 인용하여 '히스기야의 기도를 배우자'까지 열여덟 번의 설교로 큰 은혜를 끼쳐 주셨다.

박윤선 목사님은 1982년 9월 21일부터 23일까지 합신 교단 67회 총회가 열렸을 때 근엄하게 참여하시어 지도해 주시던 모습도 눈에 선히 떠오른다. 화성교회 구 예배당 계단에서 박윤선 목사님을 모시고 장경재 목사님과 나는 사진도 한 장 기념으로 찍었다. 1981년도 개혁주의 신앙노선 문제를 놓고 일부 교인들의 반대로 화성교회가 시끄러울 때 나는 박윤선, 장경재 목사님이 지도하는 개혁신앙 노선을 따라 가는 것이 진리의 길이라고 강력히 주장했다. 나와 안만수 장로(현 화평교회 원로목사)는 장경재 목사님과 그 스승이신 박윤선 목사님의 개혁신앙 노선의 길을 절대 지지하며 교인들이 따라오도록 기도하며 최선을 다한 것이다. 반대하던 일부 교인들도 다 개혁신앙 노선으로 방향을 바꾸게 되었다. 이때 남서울교회 지하 예배당에 박윤선 목사님을 설립자로 하는 합동신학교가 섰다.

1980년 11월 11일자로 선 이 신학교 교사 후보지를 찾기 위하여 장경재 목사님은 그때 새로 처음 산 화성교회 봉고차 바퀴가 다 닳도록 안성, 조치원, 수원, 평택 등 경기도 수도권 일대의 땅을 다 둘러봤다. 나도 장경재, 박도삼 목사님과 함께 신학교 후보지를 보러 하루 종일 다녔던 것이다. 하나님 은혜로 수원 원천동에 자리 잡은 신학교 건축위원장을 맡은 장경재 목사님은 화성교회를 팔아서라도 신학교 건물을 짓자고 했다. 박윤선 목사님의 개혁신학 사상을 바른 신학으로 교육받은 장경재 목사님의 학교 사랑은 불같이 뜨거웠다. 화성교회 교육관을 지으려던 현시가로 7억 원에 해당하는 건축 헌금을 장경재 목사님 기도로 당회가 결정하고 합동신학교 건축헌금으로 바쳤다. 그것을 내가 남서울교회 합신 사무처로 갖다 준 것이다.

1985년 봄 어느 주일날 오후 장경재 목사님이 당신의 집으로 나를 불렀다. 장 목사님 사택으로 가니 박윤선 목사님이 계셨다. 인사를 드리고 나니 박윤선 목사님은 나를 보시고 "오 장로 신학교 이사가 되어 주시오"라고 말씀하신다. 나는 부족하여 이사를 할 수 없다고 극구 사양했으나 신학교 이사 중에 교육 이사가 필요하니 신학교를 위해 힘써 달라고 하셨다. 장경재 목사님은 신학교 건축위원장 일에 당분간 전념하고 오동춘 장로를 교육이사로 영입하게 하시고 이사회에도 당회에 논의하여 교회가 부담하라고 하셨다. 나는 박윤선 목사님 말씀에 순종할 수밖에 없었다. 장경재 담임 목사님을 이사직에서 빼고 박윤선 목사님은 교육이사가 필요하여 나를 지명해 주신 것이다. 감사한 마음과 박윤선 목사님의 인자한 사랑을 느끼면서 부족이 많은 나는 기도하여 최선을 다하기로 했다. 박윤선 목사님의 개혁신앙 노선에 화성교회 전위대 노릇을 한 내게 이사 자리가 올 줄은 꿈에도 생각할 수 없는 일이었다. 나의 아들, 딸이 그리고 사위까지 합동신학교 출신이 될 줄은 생각조차 못했다. 하나님만이 아시는 일이었다. 하나님은 나와 아내의 기도를 들어주시고 화성교회와 우리 가정을 한정 없이 사랑해 주신 것이다.

내가 이사가 된 이듬해 2월 23일 합동신학교에 명동 건물을 하나 바치며 학교 설립에 큰 공로를 이룬 최삼금 부산 새중앙교회(현 호산나교회) 권사이신 학교 이사장님이 하늘나라로 가신 것이다. 1986년 2월 23일 아침 9시 5분경 간경화증으로 소천하시며 당시 학교 빚 4억 5천만 원도 갚아 주시고 눈을 감으셨다. 박윤선 목사님 댁에서 신학교 이사와 교수 연석회의가 열렸다. 장례절차를 논의했다. 그 때 박윤선 목사님은 강남 개나리 아파트에 살고 계셨다.

2월 24일 숭신교회(당시 노윤석 목사 시무)에 20여 명이 모여 화성교회 버스로 경남 양산 시온목장으로 갔다. 신학교 이사인 안만수 목사님은 나와 버스를 타고 가며 장로장립을 거부하고 미국에서 수난 당한 이야길 내게 소상히 차중에서 이야기했다. 우리가 도착한 시온목장은 젖소목장이었다. 농장이 크고 넓었다. 나는 박도삼, 안만수, 윤영탁 목사와 함께 내원여관에서 하룻밤 자게 되었다. 노진현, 장경재, 신복윤 목사는 다른 여관에서 주무셨다. 2월 25일 화요일 아침은 구름 한 점 없이 푸르고 맑은 날이었다. 장례식은 오전 11시에 합동신학교 신복윤 교장님 사회로 시작되어 박도삼 목사님이 2남 5녀를 남기고 공군 군의관 출신 남편 곁에 묻히는 최삼근 권사님의 복된 삶과 죽음에 대해 은혜롭게 기도하셨다.

박윤선 목사님은 노진현 목사님을 잘 받들어 모신 최삼금 권사님은 신학교를 위해 헌신적으로 물질을 바치며 큰 공로를 이루고 주님 부르심을 받아 하늘나라로 가시는 성도의 죽음이 참 값진 죽음이라는 요지의 설교를 해주셨다. 나는 믿음의 큰 빛을 남기고 하늘나라로 가시는 최삼금 권사님의 빛 된 삶을 높이 평가하며 애도하는 조시를 봄빛 속에 읊었다. 산소가 조성되는 것을 보며 도시락으로 점심을 나눌 때 노진현 목사님이 도시락을 드시는 박윤선 목사님에게 농담을 하셨다. "박 목사님, 박사보다 목사가 더 나은기라요. 목사는 축도권이 있는데 박사는 없는기라요. 그러니 박사보다 목사가 더 좋지 않는기요." 노진현 목사님의 이 말씀에 박윤선 목사님은 빙그레 웃으시기만 했다.

장례를 다 마치고 상경할 때 나는 박윤선, 장경재 목사님과 함께 김해에서 비행기를 탔다. 나는 아직 비행기를 타 본 일이 없다고 했더니 신복윤 목사님이 내게 비행기를 타도록 양보해 주시고 내가 극구 만류해도 버스로 가서서 나는 처음으로 비행기를 타 본 것이다. 비행 도중에 박윤선 목사님은 당신 자리로 나를 부르시고 장 목사님과 함께 신학교 발전의 큰 일꾼이 되어 달라 당부하시면서 더욱 시도 잘 쓰라고 격려해 주셨다.

장 목사님은 나와 함께 강남 도곡동 개나리 아파트에 사시는 박윤선 목사님께 세배도 갔다. 신앙생활을 잘 해야 한다는 덕담도 들려주셨다. 최삼금 재단이사장 후임으로 박윤선 목사님은 당시 화평교회 집사인 동신건축 박승훈 사장을 이사장 후보로 추천해 주셨다. 노진현 목사님은 새중앙교회(현 호산나교회) 원병량 장로를 이사로 추천하셨다. 그리고 최삼금 권사의 장남인 이인성 교수는 종신이 사로 대우해 주자고 했다. 이사회는 다 허락하고 끝났다.

1988년 6월 12일 오후 장경재 목사님은 나와 신인복, 박준석, 박태훈 장로, 이종옥 권사를 대동하고 영동세브란스(현 강남세브란스)에 입원 중인 박윤선 목사님 심방을 갔다. 환자 침대에 앉아 우릴 맞아 주시는 박윤선 목사님을 위하여 장경재 목사님이 기도하시고 신인복 장로가 기도했다. 장 목사님은 나도 하라고 했다. 나는 하나님 사랑으로 박윤선 목사님을 낫게 해달라는 간절한 기도를 큰 목소리로 했다. 기도가 끝나자마자 박윤선 목사님은 "오 장로 기도가 살아 있소" 하시면서 기쁜 모습을 보여주셨다. 이 말씀이 내게 주신 지상의 마지막 말씀이 되고 말았다. 나와의 대화에서 담석증을 앓고 있는데 수술을 않겠다고 하셨다. 연령이 높아 마취했다가 안 깨어날 수도 있기 때문에 그냥 약물 치료를 하겠으며 곧 퇴원하실 것이라고 내게 잔잔히 말씀해 주셨다. 농담이 라도 하다가 소천하고 싶다고 하셨다. 황달기도 있어 보이는 박윤선 목사님은 이미 다가오는 죽음을 예감하고 계셨다.

나는 이 해 6월 18일 토요일 벧엘교회(김원명 목사 시무) 임직식에 가 축시 낭송을 하고 순서를 맡으셨던 장경재, 박윤성 목사님과 함께 신촌 세브란스병원 으로 입원 중인 박윤선 목사님 심방을 갔다. 97병동 51호실에 입원해 계셨다. 오늘 담석 수술하기로 했으나 기계 고장으로 내일로 미루었다고 했다. 최훈, 길자연 목사님도 다녀가셨다. 이화주 사모님 모시고 장경재, 박윤성 목사님이 기도해 드린 후 병실을 나왔다.

6월 22일 신촌 세브란스병원에 가니 박윤선 목사님은 중환자실에 누워 계셨다. 담로가 없어 담낭에 호수를 넣어 물을 빼내고 있다고 이화주 사모님이 말씀했다. 박형용, 윤영탁, 이동주 교수, 안만수, 신현수 목사가 와 있었다. 내가 쾌유를 비는 기도를 하고 헤어졌다. 6월 23일 화성교회는 박윤선 목사님 쾌유를 비는 온 교회적인 철야기도를 하기로 했다. 장경재 목사님 사회로 시작된 철야기도는 장 목사님이 장로, 권사, 집사 등을 지명하여 기도를 시켰다. 6월 25일은 화성교회 차인환 장로와 박윤선 목사님 심방을 갔으며 6월 26일, 6월 29일 이어 나는 병문안 심방을 갔다. 29일 박윤선 목사님 모습을 뵙길 원했으나 면회가 안 되었다. 산소 호흡기에 의지하는 박윤선 목사님을 위해 신학교 교수들과 화평교 회 안만수 목사님을 비롯한 성도들이 기도를 했다. 나와 김효중 집사(현 화성교회 시무장로)도 함께 기도하고 돌아왔다.

6월 30일 아침 6시 3분 온 교단적인 기도를 드렸으나 박윤선 목사님은 하나님의 부르심을 받고 84세로 하늘나라로 떠나셨다. 유해는 합동신학교로 옮겼다. 재단 이사회가 열렸다. 합동신학교장으로 결정하고 유족과 옥신각신 끝에 산소는 학교 뒷산 언덕으로 정했다. 유족 중에는 영적 딸인 이창숙 권사님이 칼빈처럼 소박한 무덤을 박윤선 목사님도 원한다고 하시면서 일산기독교공원 묘지로 가야 한다고 크게 주장을 폈다. 가족회의에서 설득되어 이사회 안이 수용된 것이다.

1988년 7월 2일 오전 9시 30분에 합동신학교 교정에서 고 정암(正岩) 박윤선(朴 允善) 목사 발인예배가 신복윤 목사(신학교 교장) 사회로 시작되었다. 묵도,

오 놀라운 구세주 찬송(446장) 순서에 이어 충현교회 이종윤 목사의 기도가 있었다. 윤영탁 목사가 마태복음 4장 1~4절까지 성경봉독을 하고 합동신학교 찬양대의 찬양 후 노진현 목사가 설교를 했다. 성경말씀과 같이 산 정암 목사는 말씀을 먹고 살다가 가신 훌륭한 목회자요 학자였다고 강조했다. 개혁주의 기수로서 성경 66권을 완전히 주석한 업적은 가장 큰 박윤선 목사의 빛 된 업적이라고 하며 고인을 깊이 추모하는 설교를 했다. 찬송 황무지가 장미꽃같이 233장을 부른 후 박형용 교수의 약력 소개, 고신대 교수인 이근삼 목사의 조사, 오동춘 합신 이사의 조시 낭독이 있었다. 정암 목사의 84세 한 평생 주님 말씀대로 살아가신 믿음, 소망, 사랑의 큰 삶의 열매와 큰 빛을 시로 찬양하며 이별의 아쉬움을 조시로 애도했다.

박승훈 이사장의 인사 후 찬송가 '날빛보다 더 밝은 천국' 291장을 부른 후 합동신학교 이사요 인천 송월교회 담임목사이신 박도삼 목사 축도로 정암 박윤선 목사 발인예배 순서는 다 마쳤다.

합동신학교(현 합동신학대학원대학교)의 제자들이 박윤선 목사님 유해를 예정된 학교 뒷동산 언덕으로 옮겼다. 화평교회 오창옥 장로가 산소를 잘 준비해 놓았다. 박윤선 목사님의 수제자로 일평생 스승 박윤선 목사님의 기도와 지도를 받은 장경재 목사님이 하관예배 집례를 했다. 대구 동흥교회에서 오신 김경호 목사님이 기도하신 후 장경재 목사님이 설교했다. 현 신학교 교장인 신복윤 목사를 여호수아로 앞세우고 신학교가 일사분란하게 큰 발전을 이뤄가자고 설교 요지를 말씀하시면서 정암 박윤선 스승의 남기신 뜻과 신학 사상을 잊지 말자고 했다. 장경재 목사님 축도로 하관예배는 은혜롭게 마쳤다. 다음 날 장경재 목사님은 도곡동 개나리 아파트에 있는 박윤선 목사님 자택을 방문하고 함께 간 화성교회 교인들과 예배드리며 이화주 사모님을 위로해 드렸다. 이화주 사모님은 나를 보고 "어제 오 장로님 조시에 큰 위로를 받았습니다" 하시면서 감사의 말씀을 해 주셨다. 부활 소망으로 다시 만날 박윤선 목사님을 생각하며 자녀들과 함께 잘 생활하시라는 위로를 드리며 우리는 장 목사님을 모시고 나왔다.

박윤선 목사님 성품대로 은혜로운 성경 구절 두 개가 박 목사님 산소 앞에 놓인 조그마한 돌에 새겨져 있다.

그러므로 내일 일을 위하여 염려하지 말라 내일 일은 내일 염려할 것이요 한날의 괴로움은 그 날에 족하니라(마태복음 6:34).

성도의 죽는 것을 여호와께서 귀중히 보시는도다(시편 116:15).

정암 박윤선 목사님 산소에 쓰인 이 성경말씀은 누구나 암송해야 할 거룩한 하나님 말씀이다. 정암 박윤선 목사님은 참 삶, 뼈 삶, 빛 삶의 삶을 살아오시면서 아호처럼 바른 바위 같은 신학 사상을 우리 교계와 나라에 남기셨다. 홍정길 목사님(현 남서울 은혜교회 담임목사) 시무하시던 반포동 남서울교회 지하 교육관에 바른 신학, 바른 교회, 바른 생활의 3대 교육 이념을 바탕으로 하나님의 뜻과 온 성도들의 기도로 합동신학교를 세우셨다. 신학교 발전에 온 힘과 정성과 기도를 쏟아 오시던 박윤선 초대 교장님은 2대 교장에 이사회에서 신복윤 목사님을 모시게 됨을 기뻐하셨다. 박윤선 목사님은 총장은 담임제가 은혜롭다는 말씀을 남기셨다. 그 말씀대로 김명혁, 윤영탁, 박형용, 오덕교 총장님들이 학교 발전에 큰 빛을 이루시고 담임제로 물러 나셨다. 지금은 합신 출신의 성주진 총장이 학교 행정을 맡고 신학 교육에 힘쓰고 있다. 합동신학대학원 뒷동산에 누워 계시는 박윤선 목사님은 합신 교단의 온 교회와 그간 30회 졸업생을 낸 동문 전체가 기도하며 후원하여 발전하는 학교의 튼튼한 모습을 기쁘게 바라보고 계실 줄 믿는다. 모세, 베드로, 바울 같은 큰 믿음의 일꾼들이 꾸준히 배출될 것으로 믿는다.

박윤선 목사님이 설립한 합동신학대학원대학교는 지난해까지 30회 졸업생을 배출했다. 나라 곳곳 세계 곳곳에서 목회와 선교활동을 모범적으로 잘하고

있다. 바른 신학, 바른 교회, 바른 생활의 합신 교단 3대 교육이념이 잘 실천되고
있다. 학교도 박윤선 목사님 기도대로 인준 신학교로 잘 발전해 가고 있다.

박윤선 목사님은 구 찬송가 363장을 즐겨 부르실 만큼 무거운 인생의 짐을
지고 살아가셨다. 장경재 목사님이 쓰신 붓글씨 휘호를 일찍이 당회장실에
걸어 두셨다. 지금은 새 예배당 당회장실로 옮겨 걸려 있다. 곧 祈禱一貫,
沈默精進, 眞實努力, 追求聖潔, 至死忠誠 등 다섯 가지 교훈적인 박윤선 목사님의
가르침이다.

84세 한평생 오직 성경말씀대로 진실하게 살아가려고 애쓰며 기독교계의
큰 지도자로 한 큰 별로 살고 가신 그 발자취는 해와 같이 크게 빛난다. 40여년
긴 세월에 걸쳐 성경주석을 다 풀이한 바른 성경풀이와 박윤선 목사님의 칼빈주의
개혁신학 사상이 기독교계의 항상 중심이 되길 빌어 마지않는다. 그리하여
바른 신학, 바른 교회, 바른 생활의 합신 교단 3대 교육이념이 기독교계의
개혁운동의 햇불이 되길 기도한다.

사랑에 빚진 자

이동주 교수(아세아연합신학대학교)

만남

튀빙겐대학교에서 박사학위를 마쳐가는 해에 박 목사님께서는 나를 합동신학
교로 불러주셨다. 그리고는 너무 독일에서만 공부하였기에 미국에서도 공부를
좀 해야 한다고 하시며 시카고 디어필드 트리니티신학교에 잠시 다닐 수 있도록
주선해주셨다. 그래서 나는 학위 논문을 대학원에 제출해 놓고 약 20명의 신학
교수님들이 돌아가며 내 논문을 읽고 평가해주는 6개월 동안을 이용하여 트리니
티신학교에서 입학을 했던 것이다. 그 때 박 목사님은 마침 LA 댁에 계셨다.
그리고 나에게 트리니티신학교 도서관에서 아돌프 슐라터의 주석 책을 빌려가지
고 LA 목사님 댁을 방문하라고 하셨다. 그 말씀대로 나는 박 목사님 댁에
도착하였다. 그런데 그날부터 내가 머문 사흘간 내내 가정예배 설교를 시키셨다.
그 일로 그동안 쌓였던 피곤이 몰려 입이 바싹바싹 말랐다. 합동신학교로 들어와
서 나는 박 목사님의 일곱째 딸로 호칭을 받았다.

방문

사모님의 초청으로 나는 가끔 박 목사님 댁에 다니러 갔다. 또 사모님께서
권유하시는 대로 목사님 댁에서 잠도 몇 번 잤다. 부끄러웠던 것은 내가 항상
목사님보다 늦게 일어나는 것이었다. 일어나면 들리는 신음소리가 있었다.
박 목사님께서 기도하시는 음성이었다. 새벽 4시부터 조반까지 서너 시간 기도하
시는 음성이었다. 목사님의 그 끊임없는 기도에 저는 주눅이 들었다. 낮에도
늘 진지하셨고 별로 웃지 않으셨다. 나는 사모님의 성함을 모르고 있었다.
사모님의 성조차 모르고 있었다. 그런데 나는 그 내외분께서 말씀하시는 북한
사투리가 때때로 우스웠다. 그래서 속말로 "니가 니가디?"하고 액센트까지

연습을 했다가 사모님께서 들어오시기에 "니가 니가디?"라고 말했다. 사모님은 니씨 성을 가지고 계셨던 것이다. 그 때 박 목사님 가정에 폭소가 터지지 시작하였다. 목사님께서 저를 보시면 "니가 니가디?"라고 말씀하시고 유쾌하게 웃으셨다. 이런 식으로라도 나는 목사님께 기쁨을 드렸다.

설교

박 목사님이 시무하시던 장안교회에서 목사님은 나에게 두 번 주일 예배 설교를 시키셨다. 그 때 강단의 높낮이로 차별 대우도 하지 않으셨다. 내 생각에 박 목사님께는 "무엇"이 중요하였고 "누가"는 별로 중요하지 않으셨던 것 같다. 합신에 좋은 교육을 받은 똑똑한 여성들이 많이 있는데 나는 이들이 모두 열국을 위한 훌륭한 메신저들이 되었으면 좋겠다. 박 목사님의 가르치심, 기도생활, 영혼사랑, 후배사랑의 본은 귀중한 유산이다.

나 좀 봅시다

박영선 목사(남포교회)

내가 박윤선 목사님을 처음 만난 것은 총신 신대원 졸업반에서 요한계시록 강의를 들은 것이었다. 기말 시험을 치렀는데, 문제 10개를 내시고 각 문제에 간단히 답하라고 하였다. 나는 그 지시에 충실하게 문제와 문제 사이의 빈칸에 아주 간단하게 답을 썼는데, 박 목사님은 나에게 D학점을 주셨었다. 너무 간단하게 썼던 모양이다.

그리고 5년여가 지나서, 박 목사님이 남서울교회 지하실에서 합동신학원을 이끌고 계시던 1983년 합동신학원에서 나도 강의를 하면서부터 깊은 관계를 맺어가게 되었다. 교수들이 돌아가면서 채플에서 설교를 하였는데, 어느 날 내 차례였다. 설교를 하러 올라가니 박 목사님이 맨 앞자리에 앉아 계셨다. 이 어른이 앞자리에 버티고 앉아계시니 당연히 너무 부담스럽고 조심스러워서 앞뒤를 살펴가면서 신중하게 설교를 진행하였다. 그러나 그것이 내게는 힘이 들 뿐 아니라, 자연스럽지도 않았다. 그래서 박 목사님에게 어떻게 보이든지 개의치 말고 나의 설교를 해야겠다고 결심하고 내가 준비한 메시지를 내 식으로 쏟아내고 내려왔다.

채플이 끝나고 내려오는데 박 목사님께서 "나 좀 보자"며 나를 사무실로 데리고 들어가셨다. 나는 뭔가가 잘못 됐구나 생각하고 바짝 긴장하여 따라 들어갔다. 그분은 내 손을 꼭 잡으시면서, 말씀하셨다. "나하고 생각이 똑 같수다!" 그분은 나의 설교 뒤에 버티고 있는 신학적 입장이 당신의 신학과 똑같은 "하나님의 절대주권" 사상이라는 것을 간파하신 것이다.

그리고 그 다음 학기인지, 나는 다시 설교를 하게 되었다. 이번에도 맨 앞자리에는 역시 박 목사님이 버티고 계셨다. 그러나 이번에는 박 목사님을 의식하지 않고 내 방식대로 마음껏 설교하였고, 설교를 듣는 학생들은 설교 가운데 여러

번을 박장대소 하며 웃곤 하였다. 설교를 끝내고 내려오는데 박 목사님이 손을
잡으며 긴장된 얼굴로 "나 좀 잠간 봅시다!" 하셨다. 나는 "이번에는 진짜 크게
걸렸구나" 하고 생각하면서, 설교를 그렇게 웃기면서 하지 말고, 신중하고
무게 있게 하라는 꾸중을 하실 것이라고 예상하고 따라 들어갔다. 사무실에
들어가자 박 목사님은 진지하게 말씀하셨다. "어떻게 설교를 그렇게 재미있게
할 수 있습니까? 그것을 좀 말해보시오." 그분은 손에 펜을 들고, 노트를 펴
든 채 받아 적을 준비를 하시고 나더러 설교를 그렇게 재미있게 하는 방법을
말하라며 재촉하시는 것이었다.

물론 내가 그 어른에게 말씀드린 것은 없지만, 나는 그 어른의 그런 모습을
보면서 선입견과 이미지에 의한 박윤선이 아니라, 정말 멋진 박윤선의 실체를
경험하기 시작한 것이다.

개혁측과의 교단 합동 문제로 한창 시끄럽고, 박 목사님이 합동 반대의 선두에
서 계실 때 어느 날 박 목사님은 새까만 제자인 나에게 단도직입적으로 물으신
적이 있다. "박 목사, 당신은 생각을 바로 하는 사람이니 내게 정직하게 말해주시
오, 내가 지금 잘하고 있는 것이오? 아니면 혹시 늙은이의 고집으로 잘못 판단하여
잘못하고 있는 것은 아니오?" 나는 그분의 이런 식의 겸손하고 진실하고 어느
순간에라도 중심을 바로 하려는 그 모습을 여러 번 경험하였다.

계시의존사색과 자율주의 파쇄

이원대 목사(뉴맥시코 갈릴리 장로교회 원로목사)

필라델피아에서 헤어진 지 20여년 만에 합동신학교에 찾아가 유영기 교수를 만났다. 유교수의 안내로 합동신학교의 뒷산에 모셔진 박윤선 박사님의 묘지 앞에 서니 옛날이 회상되었다. '계시 의존 사색'과 '자율주의 파쇄'를 그렇게도 뜨겁게 외치시던 박사님의 그 순수한 복음 신앙의 향기와 열정이 생각나서 그분께 대한 그리움이 가슴에 사무쳤다. 박윤선 박사님은 대학원장으로 계시면서 친히 쓰신 주석을 중심으로 바울 서신을 가르쳐 주셨다. 그의 가르침은 학문적이라기보다는 열정적인 눈물의 호소였다고 기억된다.

그의 호소의 주제는 언제나 계시의존사색과 자율주의 파쇄였다고 기억한다. 그에겐 인본주의적인 사상으로 세속화되어가는 교회에 대한 아픔이 있었고 은혜의 복음과는 반대로 자율주의로 달려가는 교계와 거기에 덩달아 따라가는 신학생들에 대한 애타는 눈물이 있었음을 기억한다. 부패한 교권주의의 횡포 아래서 변질되어 가는 교회와 교권주의 아래서 줄 서기하는 신학생들을 보고 교회로 하여금 교회가 되게 하기 위해 선지 생도들을 미래의 희망으로 기대하며 눈물의 선지자 예레미야처럼 외치셨음이 틀림없다. 오늘의 교회의 변질은 신학 사상의 변질에도 연유하지만 적어도 한국 교회는 신학 사상의 문제라기보다는 날마다 자아와 자율주의를 파쇄하여 자기 십자가를 지고 '나는 날마다 죽노라'하는 은혜의 복음이 생각과 삶 속에 실체화되지 않은 데 있다고 본다.

합동신학교의 동산에 박 박사님의 묘를 모신 것은 세속주의와 교권주의와 자율주의로 변질되어가는 이 시대를 거슬려 은혜의 복음으로 순교자적인 헌신과 열정으로 박 박사님의 숭고한 뜻을 이어가려는 소원으로 이해된다. 합동신학교나 교단이 행여라도 그 분의 귀한 유지(有志)에 거슬려 갈 때마다 "……너희는 선지자들의 무덤을 쌓고 의인들의 비석을 꾸미며……" 하시던 주님의 음성을 들고 베옷을 입어야 할 것이다. "내가 그리스도와 함께 십자가에 못 박혔나니 그런즉 이제는 내가 산 것이 아니요 오직 내 안에 그리스도께 사신 것이라 이제 내가 육체 가운데 사는 것은 나를 사랑하사 나를 위하여 자기 몸을 버리신 하나님의 아들을 믿는 믿음 안에서 사는 것이라"(갈 2:20). 아멘

조카사위의 마음에 비친 정암의 영상들

김수흥 교수(합동신학대학원 초빙교수)

나에게 비친 박윤선 목사님의 영상은 헤아리기 힘든 정도로 많다. 1963년 12월 어느 주일 박 목사님이 시무하시던 서울 동산교회를 찾아 등록한 이후 그 교회의 성도로서 목사님의 설교를 들으면서 한국 교회의 가슴에 비친 영상, 또 1964년 5월 말 목사님의 조카사위가 되어 그 집을 드나들면서 사랑을 받았던 한국 교회의 마음에 비친 목사님의 영상, 그리고 목사님께서 주석을 집필하시던 시절 교정을 해드리면서 아주 가까이 모셨던 때에 받았던 영상, 그리고 1969년 3월 초 총신에 입학하여 소위 헐떡고개(사당동 고개를 지칭하는 말)를 넘어 다니면서 총회신학교에서 목사님의 강의를 듣던 중에 받았던 영상, 아무튼 1975년 8월 말 서대문 소재 동산교회 부목사 직을 사퇴하고 미국으로 유학을 떠나던 때까지 만 11년 동안 목사님을 가까이 모시면서 받았던 영상은 영원히 지워지지 않을 영상이리라. 그뿐이랴. 미국으로 유학 간 후 1988년 6월 목사님이 천국으로 가시던 때까지 여러 해 동안 편지로 연락하면서 받았던 영상도 역시 작지 않은 영상이다. 이런저런 일로 한국 교회의 가슴에 남아 있는 목사님에 대한 인상을 여기에 다 쓸 수는 없을 것이다. 몇 가지만 써 보아도 유익하리라고 믿어 의심하지 않는다.

큰 인물이 될 분으로 태어나셨다

한국 교회는 이 분이야말로 남달리 큰 인물이 될 분으로 태어나신 분이구나 하고 정말 자주 느꼈다. 혹시 오랜 동안 기도로 인격이 성화되어서였을까. 목사님의 연세 60이 다 되어 한국 교회가 만났는데 많이 성화되시고 또 예수님으로부터 많은 지혜를 받아서 그런 것이었을까. 아무튼 보기에 놀랍게 큰 인물이었다. 우선 그분의 생각은 조잡한 데가 없었다. 누구를 나쁘게 생각하거나 혹은 비판하거나 하는 일이 없었다. 또 무엇을 자디잘게 생각하는 때도 없었다. 통이 컸다고 표현해야 맞을 것이다. 혹시 누가 갑자기 무엇을 질문해도 지도자적인 자질이 크게 묻어나곤 했다. 그가 미국 필라델피아에 오셔서 한국 교회가 시무하는 교회에서 집회를 하고 계실 때 그곳에서 목회하던 목회자들 몇 분이 모여 목사님에게 이런 질문 저런 질문을 했을 때 그는 한국 교회의 보기에도 놀랍게 답변하는 것을 보고 과연 지도자적인 자질이 대단하신 분이구나 하고 느꼈다. 목사님은 어느 한군데로 치우치는 법이 없었다. 어떤 작은 것을 생각하면서 큰 것을 놓치지 않으셨다. 언제든지 공평무사하셨다. 그는 자기중심적으로 생각하지 않고 항상 전체를 생각하고 말씀을 이어갔고 더욱 그는 하나님의 영광을 중심하고 말씀을 이어갔다. 그는 자기 개인의 고난은 큰 것이 아니었다. 그리스도를 위하여 고생해야 한다고 생각하면 그냥 뛰어들으셨다. 이런 지도자가 오늘날 우리 주위에 있다면 우리 주위가 더욱 달라지리라고 믿어도 될 것이다.

기도의 사람이셨다

그는 나에게 자주 "임자(나를 항상 임자라고 하셨다), 사람은 그저 기도한 만큼 되네"라고 하셨다. 이렇게 말씀하신 목사님은 하루 대략 3시간씩 기도에 전념하셨다. 마치 마르틴 루터가 세 시간씩 기도한 것처럼 목사님도 집에서 기도하시기도 하고 혹은 주로 산에 굴을 만들어 그 굴속에서 기도하셨다. 한국 교회가 한번은 부산 해운대에서 지내면서 바다를 바라보고 해수욕을 하면 위장병이 나을까하고 목사님이 사시던 곳에 갔었는데 해수욕에 대한 상식이 없어 몸을 완전히 태우고 해수욕을 더 할 수 없는 형편이 되어 하는 수없이 금정산의 어느 굴을 빌려 기도를 하는 수밖에 없게 되었는데 그게 목사님의 옆 굴이었다. 당시 목사님은 자신의 굴에서 기도를 하셨는데 아침에 세 시간 기도하시면서 세 시간 내내 얼마나 큰 소리로 기도하시던지 그 산 밑 300m 지점에서도 기도 소리가 들렸다. 그분의 기도는 처음부터 빨리 진전되지 않았다. "아버지 앞에 나아 왔사오니 불쌍히 여기시옵소서……" 어느 때는 이 기도를 한 20~30분이나 계속하시다가 다른 기도로 옮겨갔다. 시작 기도를 그렇게 오래 계속하신 데는 아마도 그 기도를 하다가 기도에 불이 붙으면 다른 기도로 옮겨가기 위해서였을 것이다. 그 기도를 하신 다음 다른 기도는 비교적 빨리 전진해 가신 것 같다. 그의 기도는 광범위하여 교계와 대한민국 전체를 감싸 안으셨다.

그가 기도하지 않을 수 없었던 것은 그가 주석을 집필하고 있었고 또 신학교 교수직과 교장직을 잘 감당하기 위하여 피치 못했을 것으로 보였다. 게다가 그는 우리 보통 사람들이 다 상상할 수 없는 고난을 당하셨다. 그래서 그는 교회 강단에서 '고난의 유익'이라는 제목으로 많은 설교를 하셨다. 그가 그 고난을 받으셨기에 그는 항상 애절하게 기도하셨다. 그의 기도는 한 교단을 움직였고 한국 교회 전체에도 큰 영향을 끼쳤다. 그는 기도의 사람으로 전혀 손색이 없으신 분이었다.

한 가지 일에 집중하신 분이었다

그는 주로 주석 집필에 집중하셨다. 그래서 그 외의 일에는 거의 건망증환자 수준으로 보였다. 목사님이 부산에 계실 때 가끔 서울에 오셔서 부흥회를 인도하시고 가는 날이면 은혜 받은 성도들이 이런 선물 저런 선물을 드렸다. 그러나 그 선물을 댁에까지 가지고 가시는 때는 거의 없었다. 그저 기차 선반에 그냥 놓고 내려서 다른 사람들 좋은 일만 하셨다. 그가 총회신학교 교수와 교장직을 수행하실 때 소위 헐떡고개를 넘어 가시면서 가끔 가방을 길바닥에 놓고 그냥 가셔서 학생들이 가져가 주는 때가 많았다. 그는 구두끈이 풀어졌을 때 구푸려 그 구두끈을 맨 다음 책가방을 집어 들지 않고 그냥 일어나서 걸어가시니 자주 그런 일이 발생했다. 이렇게 한 가지에 집중하시니 신구약 주석을 다 쓰신 것이 아닌가 싶다. 만약에 그 분에게 이창숙 권사님이라는 비서가 안 계셨더라면 그 분의 수중에서 남는 것이 없었을 뻔했다. 하나님은 참으로 훌륭하신 비서를 보내주셔서 일생 목사님의 일을 돕게 하셨다.

심령이 항상 불로 타고 있었다

그는 항상 성령의 불로 충만하셨기에 설교하시기를 좋아하셨다. 그래서 연세가 많이 드셔도 계속해서 설교하셨다. 얼마나 설교하시기를 좋아하셨던지 성도들은 그의 설교에 매료되었다. 그의 설교는 서론 부분에서는 약간 지루한 느낌도 주었으나 본론 부분과 결론 부분에서는 불이 일어나니 사람들이 정신을 바짝 차리기 마련이었고 또 큰 은혜를 받았다. 한번은 한성교회에서 설교하실 때 어느 장로님이 목사님을 위해 기도하시는 중에 "노종에게 은혜를 주셔서 건강하게 해 주시옵소서"라는 기도를 마쳤을 때 박 목사님은 설교 단상에서 "앞으로 노종"이라는 말을 하지 말라고 부탁도 하셨다. 그 말은 그의 사기를 꺾는 말이라고 하셨다.

목사님은 주석을 집필하시면서도 설교를 주석에 많이 삽입하셨다. 그는 많은 설교가들 중에서 특별히 스펄전을 좋아하셨다. 스펄전 목사를 바울 사도 이래 최대의 설교가로 평가하셨다. 그래서 그는 스펄전 목사의 설교집을 자주 참고하셨다. 그러나 그는 가끔 "스펄전 목사의 설교 중에도 어떤 설교는 좀 냉냉해"라고 한국 교회에게 귀띔해주셨다.

화평을 힘쓰신 분이었다

목사님이 화평을 힘쓰시는 중에 주장하신 것 큰 두 가지가 있었다. 하나는 교회에 싸움이 일어났을 때 다 그냥 놓고 나오라는 교훈이었다. 그래서 그 가르침을 받은 제자들은 그 말씀을 그대로 실천하여 크게 유익을 보았다. 목회자들이 대부분 자신이 시무하던 교회에 문제가 발생했을 때 교인들과 싸우지만 목사님의 교훈을 받은 제자들은 싸우지 않고 그냥 놓고 나왔다. 건물도 놓고 나왔고, 물건도 놓고 나왔으며 교인들도 다 그 교회에 두고 나왔다. 놓고 나온 목회자들은 훗날 더 큰 교회를 이루었다.

그리고 또 한 방면에 힘쓰신 것은 교단 간에 싸우지 말고 잘 지내야 한다는 것을 강하게 주장하셨다. 그래서 그 당시에 장로교회에서는 순복음 교회에 대하여 좋지 않은 인상을 가졌을 때에도 박 목사님은 순복음교회하고도 잘 지내라고 말씀하시곤 했다. 비록 순복음교회가 우리 장로교회와 강조점이 다르다고 할지라도 예수님을 그리스도로 고백하는 형제자매인고로 화평을 힘쓰라고 주장하셨다.

하나님께 쓰임 받을 수 있을까에 큰 관심을 보이셨다

목사님이 한국 교회를 위해서 그런 말씀을 자주 하셨는지 혹은 본인의 노년을 위해서 그런 말씀을 자주 하셨는지 정확히는 알 수 없으나 목사님은 주위에서 일찍이 직분에서 물러나시는 분들을 보고 안타까워하셨다. 그러면서 한국 교회에게 종종 물으셨다. "임자, 어떻게 하면 끝까지 사용될 수 있을까." 모세나 다윗이나 바울 사도 같은 분을 생각하면서 그런 질문을 하셨을 것으로 보인다. 한국 교회는 그 질문을 받으면서 그 문제를 많이 생각하게 되었다. 그래서 한국 교회도 나이 늦도록 쓰임 받는 노하우를 하나님께 받았다. 그 노하우란 다름 아니라 큰 약점이 없어야 하고 또 더 큰 비결은 많이 기도하는 것이었다. 일찍이 물러나서 정원을 가꾸고 혹은 여행을 하고 혹은 손자 손녀들을 돌보는 일을 하기보다는 주님의 일을 하는 쪽으로 가닥을 잡고 일하고 있다. 목사님으로부터 배운 바가 많았다.

교계를 많이 염려하신 분이었다

목사님은 자신이 시무하는 신학교나 자신이 몸담아 일하는 곳에 대해서는 절대로 말씀을 하시지 않았다. 그러나 교계 돌아가는 상황을 보시고 많은 염려를 하셨다. 특히 교권주의자들이 종횡무진 교권을 휘두르면서 활동하는 것을 보고 심히 염려하셨다. 그러나 어떤 개인을 지명하여 말씀하지는 않으셨다. 그렇게 염려하실 때 한국 교회는 목사님께서 주로 누구를 두고 염려하시는지 대략 알 수 있었다. 누가 보아도 염려할만한 일이 항상 교계 안에서 벌어지고 있었다. 목사님이나 한국 교회가 염려한 그 분들은 훗날 참으로 불행하게 되었다. 오늘날도 마찬가지이다.

나라를 많이 염려하셨다

목사님이 염려하신 분야는 두 분야였다. 하나는 국내 문제였다. 신문을 보시면서 국내 문제가 심상치 않게 돌아가는 것을 보고 염려를 많이 하셨다. 그러나 신문에 국내 문제에 대해 글을 쓰시지는 않았다. 나도 좀 이상하게 생각했으나 어떤 분들은 박 목사님의 이 점을 못마땅하게 생각했다. 대사회적인 문제를 두고 발언을 안 하신다는 것이었다.

그러나 나의 생각은 약간 달랐다. 이는 마치 바울 사도가 당시의 노예제도에 대해서 함구한 것이나 같지 않았을까. 바울은 노예해방을 외치지 않고 오히려 노예들이 해야 할 일을 말해주었다. 주인들에게 순종하기를 그리스도에게 하듯 하라고 권면했는데 그것은 그렇게 함으로써 결국은 하나님께서 노예들에게 복을 주셔서 노예해방도 되고 또 노예들이 주인들보다 더 높은 지위에 올라갈 수 있게 한 것으로 볼 수 있는데 그와 마찬가지로 목사님도 사회를 개량하기 위해서 복음 전도만 잘 하면 된다는 쪽으로 보신 것이 아닌가 싶었다.

목사님은 또 북한 공산주의에 대하여 염려하셨다. 그러나 그는 공산주의에 대하여 염려하시면서도 반공을 별로 외치지는 않으셨다. 아마도 복음을 잘 전하면 공산주의는 지면에서 사라지리라고 확신하셨던 것으로 보인다. 이는 마치 과거 영국에서 요한 웨슬리가 복음을 전파했기에 다른 사상들이 영국에서 맥을 못 추게 된 것과 같은 맥락으로 보인다.

아무튼 박 목사님이 나에게 끼친 영향은 정말로 크다고 할 수 있다. 나는 그 분이 하시던 일 중에서 하나인 주해서를 지금 집필하고 있다. 나는 주해를 쓰지 않으면 존재 가치를 상실하는 것으로 생각하고 있다. 그리고 몇몇 신문에 칼럼을 쓰고 있다. 이런 것들은 거의 목사님이 한국 교회에게 끼친 영향이라고 해도 무방할 것이다. 목사님이 끼치신 큰 영향은 앞으로 한국 교회에 영원히 남아 큰 변화의 씨가 되기를 소망한다.

외(外)제자가 내(內)제자에게

김 훈 목사(한누리전원교회 원로목사)

여러분들의 스승이신 박윤선 목사님을 처음 뵙게 된 것은 1961년, 이른 여름이었던 것으로 기억된다. 당시 고등학교를 갓 졸업한 나는 사명감이 무엇인지도 모르는 채, 친구들을 따라, 그 해 막 시작한 총신 대학부에 입학하였다. 그러나 우리나라에서 제일가는 신학교라는 담임목사님의 말씀은 아니더라도 목사님이 될 사람이 공부하는 곳이라는 사실 하나만 가지고 설레는 마음으로 찾아간 총회신학교는 여러 면에서 내게 큰 충격을 주었다.

첫째는 용산 역 앞에 있던 바닥 면적 80여 평(?)의 4층짜리 노란색 건물과(우리들은 옐로 하우스라고 불렀다) 100여 평 남짓한 뒷마당이 전부인 아담한 캠퍼스(?)와 주변 환경이었다. 지금도 잊어지지 않는 것은 화장실의 지린내가 교실에까지 들어왔던 것과 학교 근처에 윤락가가 있어서 오가기가 너무 거북했던 기억들이다. 수도원과 같은 캠퍼스를 기대하였던 나에게는 너무나 큰 충격이었다.

둘째는 신학부와 대학부를 모두 합해 전교생이 2백 명(?)도 안 되었다는 것과 내 눈에는 목사님처럼 보이는 나이 많은 학생들과 함께 공부해야 한다는 것도 어린 나에게는 너무 이상스러웠다.

셋째는 남산 아래의 회현동 기숙사에서 합동측과 통합측 학생들이 동거동식하며, 들어 보지도 못한 주제로 때때로 격렬한 토론을 하는 모습이었다. WCC, NAE, ICCC는 물론 합동과 통합이 어떻게 다른가도 몰랐고, 심지어 장로교회가 갈라진 것도 몰랐던 나는 "혼돈 상태"에 빠지게 되었다.

넷째는 그해 학우회장 선거를 하는데 영남과 호남 등 지방별 학우회가 따로 모여서 선거운동을 하는 것이었다. 타의에 의해 영남 모임과 호남 모임에 모두 참석하여 본 후의 나의 소감은 '황당함'이었다. 그때까지 지방색이라는 말 자체를 모르고 있었던 나에게는, 신학교에서 학생회장을 뽑는데 그렇게 지방을 따라 선거 운동을 한다는 것 자체가 너무나 놀랍고 충격적이었다.

다섯째는 총신이 대학인가를 받지 못한 곧 졸업해도 대학 졸업장이 없는 학원 같은 학교라는 사실을 뒤늦게 알고 난 후 나는 목사님께서 내게 거짓말을 한 것이 아닌가 하는 의심이 들 정도로 당황했다.

이래저래 낙심한 나는 입학한 그 날부터 하루하루 사명감(있기나 했었는지)과 학업 의욕은 물론 믿음마저 잃어가고 있던 그 해 이른 여름의 어느 주일이었다. 친구들을 따라 박 윤선목사님의 설교를 듣기 위하여 서울 충정로에 있던 동산교회에 갔었는데, 그 때 처음으로 그 분의 실물(?)을 보고, 설교를 듣게 되었다. 그러나 영적으로 무지했던 나는 그 분의 설교에서 특별한 은혜 같은 것은 느낄 수 없었다.

그저 무언가 모를 힘과 간절함이 있는 것 같다는 느낌만 받았을 뿐이다. 내가 처음으로 박 목사님의 강의를 들은 것은 1962년부터 1963년까지였다. 그러나 영적으로 너무나 어리고, 무지했던 나로서는 그 분이 가르치려고 하셨던 것이 무엇이었는지는 물론 무엇을 배웠는지도 기억하지 못한다. 다만 박 목사님 이 경건회에서 설교를 하실 때마다(내게는 그렇게 기억이 된다), 사명감이 없는 사람들은 지금이라도 신학을 그만두고 돌아가는 것이 모두를 위해서 좋다고 하시던 말씀만은 지금도 뚜렷하게 기억이 난다. 그러한 말씀이 사명감이 없었던 나에게 그 때마다 갈등과 죄책감을 주었기 때문이다. 그래서 그 분의 강의를 몇 과목 듣기는 했지만 사명감이 무엇인지도 제대로 몰랐고 무엇을 배웠는지도 기억하지 못하는 그 기간의 나는 그 분의 제자일 수 없다는 것이 나의 여전한 생각이었다.

내가 본격적으로 박 목사님의 가르침을 받은 것은 3년여의 군 생활과 1년의 방황 기간을 끝내고 1967년에 복학해서 졸업할 때까지 사당동에서 보낸 3년간이 다. 방황의 시기를 끝냈다고는 했지만 아직도 구원의 확신과 소명감이 확고하지 못했던 나를 지탱해 준 것은 학교 밖에서 받은 성경 공부와 기도훈련 그리고 학교 안에서의 그 분의 부흥회 설교 같은 뜨거운 강의였다. 나만 그랬던 것은 아니지만 그 분의 침 세례(?)를 받아야 그의 제자는 물론 제대로 된 목사가 될 수 있다는 전설(?) 때문에, 그 분의 강의 시간에는 남보다 일찍 등교하여 앞자리에 앉아서 여러 번 박 목사님의 침 세례를 받으며 강의를 듣기도 했고, 상도동에 있던 한성교회의 예배와 사경회에 자주 참석하여 은혜를 받기도 했다.

그러던 처음으로 그 분과 함께 일하게 된 것은 1984년경 헌법수정위원회의 위원이 되고 난 후 얼마동안이었다. 그 분과 함께 일하게 된 것이 너무나 영광스럽고, 부담이 되어 그 분의 의도를 이해하고, 조금이라도 보탬이 되고 싶은 마음에서 교회 헌법 공부와 연구를 하여 내 의견을 제시하게도 되었고, 가끔은 그 분이 내 의견을 물으시기도 하고, 받아주시기도 했다. 그리고 한번은 내가 섬기는 교회 형편에 대하여 물으시기에 용기를 내어 교회에 한 번 오셔서 설교해 주시기를 청하였는데, 그 자리에서 허락하시고, 얼마 후에 사모님과 함께 오셔서 말씀을 전해 주셨다. 집에서 식사도 하시고, 잠간 쉬셨다가 가신 적도 있다. 나로서는 그 분을 교회와 우리 집에 모실 수 있었다는 사실이 엄청난 영광이었다. 사실 총신을 졸업한 몇 년 뒤인 1973년경에 박형용, 홍정길 목사 등 몇몇 동창들이 인사를 드리려고 박 목사님 댁을 방문할 때, 끼어서 그 분의 집에 가 본 것이 처음이자 마지막일 정도로 그 분을 사사롭게 뵌 적이 없었기 때문이다.

햇수로 따지면 나는 5년간이나 그 분의 강의를 들은 제자이다. 또한 어느 성경공부 모임에 5년 동안 참여한 일이 있었는데 거기서 그 분의 성경해석에 틀린 부분이 있다고 주장하자 그것이 마땅치 않아 그 모임을 떠나기도 했다. 더욱이 합신 교단 태동기에 그 분을 교회 분리자라고 주장하는 사람들도 있었으나 그 말에 개의치 않고 돌아가실 때까지 25년 동안 그 분을 줄곧 따랐다. 그뿐 아니라 설교 준비를 할 때마다, 그 분의 주석과 비교해보고 나의 깨달음이 그 분의 그것과 같을 때에는 안심하고 설교를 하고, 때로는 그 사실을 교인에게 자랑스럽게 강조해온 것이 올해로 40년이다.

그럼에도 불구하고, 그 분의 댁과 병상을 찾아뵙지 못하고, 그 분의 장례식장에서도 앞자리는 직계 제자(혹은 일본식의 内弟子)의 몫이라는 생각 때문에 늘 먼발치에서만 바라보았고, 그러한 일이 아니더라도 그 분을 따를 때는 멀찍이 떨어져서 따르는 것이 당연하다고 생각하였다. 그렇게 된 것은 다음과 같은 제자 자격지심 때문이라고 생각한다.

첫째, 비록 5년 동안 그 분에게서 수업을 받았지만, 나의 학문이 그 분의 10분의 1, 아니 100분의 1에도 미치지 못하는 내가 그 분의 제자라고 자칭하는 것이 상식적으로 볼 때 합당치 않다고 생각되었기 때문이다.

둘째, 성경을 꿀송이같이 단 말씀으로 여기고 평생을 연구, 묵상, 주석하셨을 뿐 아니라, 침을 튀기며 설교하셨던 그 분의 말씀 사랑을 10분의 1, 아니 100분의 1도 따르지 못했기 때문이다.

셋째, "엎어 놓고 믿어야 합니다."라고 힘주어 말씀하셨던 그 분처럼 성경 말씀을 엎어 놓고 믿는 단순함과 말씀을 사랑하는 마음의 10분의 1도 물려받지 못했기에 차마 그 분의 제자라고 말할 용기를 낼 수가 없었기 때문이다.

넷째, 그 분의 인격, 특히 온유와 겸손을 10분의 1도 물려받지 못한 내가 그 분의 제자라고 하므로 오히려 그 분을 욕되게 할까 두렵기 때문이다.

다섯째, 그 분이 강조하셨던 기도일관, 침묵정진, 지사충성, 추구성결, 여주동행의 등의 삶을 10분의 1도 실천하지 못하는 내가 그 분의 제자라고 자칭하는 것이 언어도단일 수도 있다는 두려움 때문이다.

여섯째, 교회 중심, 교인 중심으로 헌법을 수정하려 하시던 그 분의 뜻이 모두 반영되도록 수종을 들지 못하고(예를 들면 목사와 장로는 매 3년마다 신임투표를 받아야 한다는 조문), 또 그렇게 그 분이 수정하신 법들이(예를 들면 임시목사 청빙투표나, 서리집사들의 수를 교인 5인에 1명으로 제한하는 조문 등) 목사 중심으로 완화되거나 현실에 따라 삭제되는 것을 막지 못하는 자책감 때문이다.

일곱째, 그 분이 합신을 세울 때 모든 것을 희생하고 앞장을 선 주체 세력이었으며, 가장 최근에 그 분에게서 배운 참신한 세대라는 자부심과 학생들의 수가 적어서, 그 분을 그 윗대의 어느 제자들보다 더 가까운 곳에서 뵐 수 있었고, 더더욱 사사로운 관계를 가졌다는 특권의식, 합신 제자들이 아니면 정암의 신학사상을 지켜갈 다른 제자가 없다는 사명감 등등으로 무장되어 돌아가신 스승님의 신학과 가르침에 무엇을 더하든지, 빼려는 사람들을 박윤선주의와 교훈의 이름으로 훈계하고 정죄하려는 최측근 직계 제자들의 기세에 눌림을 받아서이다.

위와 같은 여러 이유 때문에, 나는 앞으로도 내 자신을 박윤선 목사님의 제자라고 소개하지 못할 것이다. 물론 다른 사람들이 저를 박윤선 목사의 제자라고 인정해 준다면 영광으로 여기겠지만, 여전히 그의 내제자(內弟子)가 아닌 외제자(外弟子) 혹은 적자(嫡子)가 아닌 서자(庶子)라는 의식을 떨쳐내지 못할 것이다.

그러므로 칼빈주의자이신 그 분이 늘 "성경이 가라사대"라고 하였지 "칼빈이 가라사대"라고 하지 않으셨던 것처럼, 무슨 말을 할 때 "정암께서 가라사대" 하는 식으로 말하지 못할 것이다. 또한 그 분의 교훈을 무기로 삼아, 다른 제자들의 다른 깨달음을 거칠게 비판하지 않을 것이다. 또한 그의 가르침이 더 이상 수정될 여지가 없을 만큼 그 분을 무오(無誤)한 분으로 우상화하지도 않을 것이다.

또한 자기만이 그 분의 진정한 제자라고 자부하는 분들에게는 그들보다 훨씬 먼저 가르침을 받은 제자들이 많다는 사실과 그들보다 훨씬 훌륭한 제자들 역시 많다는 사실을 틈틈이 일깨워 줄 것이다. 또 박윤선 목사님을 자기들만의 스승으로 생각하고, 박윤선의 다른 제자들을 서자 취급하려는 합신의 제자들에게 그 분의 겸손과 온유를 배우라고 말해 주고 싶다.

그 무엇보다도 먼저 내 스스로 박윤선 목사님의 제자라고 인정할 수 있을 때까지 성경연구와 기도생활과 목회사역에 지사충성하고 특히 그의 인격 중에 겸손과 온유함을 닮아가기 위하여 침묵정진 할 것을 부탁하고 싶다.

주여.

정암의 제자들에게 은혜와 자비를 베풀어 주소서.

정암의 제자들이 정암의 이름으로 다른 정암의 제자들과 다투지 않게 하소서.

정암의 제자들이 정암을 우상화하지 못하게 하소서.

정암의 제자들이 정암의 이름을 함부로 이용하지 못하게 하소서.

정암의 제자들이 무엇보다도 그의 겸손과 온유를 본받게 하소서.

정암의 제자들 가운데 스승 정암을 능가하는 인물이 나타나게 하여 주소서.

정암의 제자들이 서로 존중과 협력으로 화목과 질서를 지키게 하소서.

주여.

정암의 제자라고 자칭하는 자들에게 은혜와 자비를 베풀어 주소서.

열정, 깨끗한 사랑, 예언자적 영안

김상복 목사(할렐루야교회)

정암 박윤선 목사님을 내가 처음 뵌 것은 6·25 직후 부산 파난 시절이었다. 평양에서 중학교 1학년을 다니던 내가 1950년 12월에 평양에서 피난을 와서 부산 광복동 용두산 중턱에 있는 일본식 건물인 부산남교회(당시 담임 한명동 목사)라는 교회에 다녔는데 그 교회와 고려신학교가 같은 건물을 사용하고 있었다. 남교회 교인들은 고려신학교 교수들을 주중에도 만나곤 했다. 박윤선 목사님은 당시 고려신학교 교수와 교장이어서 우리와 같은 어린 학생들도 늘 그 분을 만나곤 했다. 그래서 우리들에게는 박 목사님이 우리 교인과 같았다.

평소에는 그냥 오가며 뵈었지만 내가 특별히 박 목사님을 기억하는 것은 전국 학생신앙운동 수양회 때였다. 당시 부산남교회는 전국학생신앙운동 수양회가 모이는 장소였는데 단골 주강사 중의 한 분이 박윤선 목사님이셨다. 카랑카랑한 목소리에 날카로운 눈길에 불과 같이 뿜어내는 그 분의 열정적인 설교는 전국에서 몰려온 순박한 학생들을 온통 불구덩이로 끌고 들어가 성령의 불로 다 태우고도 남았다. 물론 그 때는 박 목사님이 40대 후반의 한참 젊으셨을 때여서 패기와 열정으로 가득 차 계셨다. 그래서 중, 고, 대학생들의 영혼 속에는 활활 타는 불덩어리들이 있어서 어린 가슴을 다 태워 그들은 교회 바닥에서 밤을 새우며 회개하고 기도하며 뒹굴게 했다. 은혜가 무엇인지 처음으로 경험하는 학생들에게 잊지 못할 경험들이었다. 그 영향을 받은 당시의 학생들은 자라나 한국 교계와 사회를 위해 영향을 끼친 분들이 많다. 나도 크게 영향을 받은 그 학생들 중에 한 명이었고 매년 열리는 전국 SFC 여름과 겨울수양회에 대학을 졸업할 때까지 빠진 적이 없었다.

박윤선 목사님의 말씀은 내가 중학교 1학년부터 대학 4학년이던 1960년까지 교회 집회, 각종 연합 집회, SFC 수련회에 늘 말씀을 전하셔서 항상 우리 삶의 한 부분이었다. 일편단심 하나님과 그의 말씀에 완전히 헌신된 그 분의 영적인 영향을 받으며 성장해 왔다. 1950년대에는 나의 큰 형님이 SFC 임원을 계속 하셔서 박 목사님과는 가깝게 함께 의논하며 학생운동을 이끌어 가셨다. 박 목사님께서 상처(喪妻)하시고 우리가 잘 알고 있던 삼일교회 전도사님과 재혼을 하셔서 우리는 사모님과도 친분을 갖고 있었다. 그러나 사실상 나와 박 목사님과의 관계는 나의 일방적 짝사랑이었지 개인적인 관계는 언제나 내 형님을 통한 간접적인 관계에 불과했다.

대학교 4학년이던 1960년 합동측과 고신측이 통합하여 박윤선 목사님이 부산에서 총회신학교가 있는 서울로 올라오신 후로는 박 목사님의 설교를 자주 들을 수 있는 기회가 별로 내게 없었다. 그러나 개인적으로는 박 목사님을 사모하며 그 분의 행적에 대해 늘 관심을 갖고 있었다. 학생시절 그 분이 우리에게 너무도 강하게 영향을 끼치셨기 때문이다.

1965년 나는 미국에 신학을 공부하러 떠났고 3년 후 M.Div. 과정을 끝내고 대학원 공부를 계속 하면서 미국인 교회를 9년간 목회를 했고 1972년 인디아나 신학대학 교수로 5년 동안 가르친 후 이제는 목회를 하지 않을 생각으로 1977년 워싱턴신학대학으로 옮기면서 미국에 이민 온 교포들을 처음 만나게 되었다. 1978년 워싱턴 지역 대전도대회의 강사가 되면서 미주한인교회에 알려져 캘리포니아에 있는 교회에 집회를 종종 가게 되었다. 그 지역 집회에 가면 박 목사님의 사모님과 자녀들이 나의 집회에 자주 참석하곤 했다. 나는 박 목사님의 사모님은 개인적으로 알고 있었으나 박 목사님의 자녀들은 잘 알지 못했다. 나의 학생 시절 나에게 결정적인 영향을 주신 박윤선 목사님의 자녀들이라는 말에 귀가 번쩍해서 관심을 갖고 대화를 나누기도 했다.

워싱턴신학대학에서 교수생활을 하고 있는 동안에 1980년부터 합동신학교가 설립된 후 두 번 박 목사님으로부터 합신에 와서 특강을 해달라는 요청을 받은 적이 있었다. 그러나 당시 신학대학의 풀타임 교수와 볼티모어에 벧엘교회를 창립하고 담임을 하고 있어 두 개의 풀타임 사역을 하던 나로서는 도저히 시간을 낼 수가 없어 그 귀한 기회를 미안스럽게 받아드리지 못했다. 그런데 1986년에 박 목사님의 후임이신 신복윤 교장 목사님으로부터 다시 합신에서 한 주간 동안 특강을 해달라는 요청을 받았다. 그 때는 세 번째 온 초청이어서 가야겠다는 마음이 강하게 들어 수락을 했다. 한 주간 동안 수업을 전폐하고 강의와 설교를 하는 것이었다. 나는 학자로서 한국 신학교에서 처음 하는 강의였기 때문에 그 동안 공부한 학문적인 강의를 하려는 생각을 하며 기도하고 있었다. 그러자 내 아내가 당신에게 일생에 한 번 밖에 기회가 없다면 한국 신학생들에게 무엇을 말하겠느냐고 물었다. 그 질문에 나는 학문적인 강의가 아니라 학생의 미래 목회에 도움이 되는 내용이어야겠다는 생각이 들어 '목회자의 리더십'을 강의 제목으로 정하고 일주일 동안 강의를 했다. 그 내용은 엠마오에서 책으로 출판되어 수십 차례 중쇄되었으나 지금은 절판 상태에 있다.

박 목사님은 나의 형님은 친히 아시지만 나와 개인적으로는 교류를 한 적이 없으셨다. 어떻게 해서 박 목사님이 나에 대해 계속 관심을 가지시고 끈질기게 초청을 하셨는지 잘 모른다. 캘리포니아 집회 때마다 만나곤 한 사모님과 그 자녀들을 통해 나에 대해 많이 들으셨다는 말을 들은 적이 있었다. 박 목사님은 한 시간도 빼지 않고 나의 강의와 설교를 들으셨다. 그런데 식사 시간이 되면 박 목사님은 나에게 바짝 다가오셔서 제 팔을 끼시고 식당에 가곤하셨다. 사실상 나는 좀 무안한 느낌이 들었다. 나를 개인적으로 잘 모르시는 고령의 목사님께서 젊은 목사인 나의 팔을 계속 끼시고 나란히 식당으로 들어가고 나오셨을 때 나는 그 분의 정직한, 어찌 보면 순수하고 깨끗하고 진한 사랑을 느낄 수 있었다. 나는 목사님을 어려서부터 많이 뵈었고 좋아했고 존경해 왔지만 목사님은 나를 잘 모르시는데 어떻게 그렇게도 다정하게 내 팔을 끼고 식당으로 들어가고 나오시나 의아하기도 하고 한편으로는 고맙기도 하고 또 한편 황송하기도 했다. 나의 강의나 설교 시간에 들으시는 모습은 말씀에 흠뻑 빠지신 분 같은 모습과 표정을 보이셨다.

목요일이 되자 박 목사님은 나를 부르셔서 본인의 사무실에 잠시 앉았다가 다시 일어나 아무도 없는 건너편 방으로 나를 데리고 가셨다. 불이 켜져 있지 않았는데 불을 켜시더니 저와 마주 앉으셨다. 그리고 내 손을 두 손으로 꼭 잡으시고 눈을 똑 바로 쳐다보시면서 진지한 표정으로 입을 여셨다. "김 목사님, 한국은 김 목사님이 필요합니다. 한국에 나오십시오. 꼭 나오십시오. 남은 생애를 한국에서 섬겨주세요"라는 내용의 말씀을 하셨다. 나는 그 분의 눈을 바로 쳐다보고 있었는데 두 눈에서는 굵은 눈물이 뚝뚝 떨어지고 있었다. 아무 말도 못하고 듣고 있었다. 너무 당황했다. 하늘같은 박 목사님께서 어린아이와 같은 나에게 한국에 나와야 한다고 간곡히 말씀하시면서 눈물마저 흘리실 때 나는 몸 둘 바를 몰랐다. 나는 그 당시 교회를 개척해서 교회가 한 참 왕성하게 성장 중에 있었다. 한국에 나온다는 것은 생각도 할 수 없는 시기였다. 나는 간곡한 말씀에 고마움을 느끼면서도 목사님께서 현실과는 너무 동떨어진 불가능한 말씀을 하시는구나라고 생각을 했었다. 왜 내가 한국에 나와야 하는지 더 설명을 계속 하셨다. 그리고 나의 손을 잡은 채로 한국에 나와 섬기도록 기도를 하셨다. 그리고 그 방을 나와 점심을 들러 함께 나갔다.

일주일간의 강의를 다 마치자 박 목사님께서 단에 올라가시더니 그 동안 강의에 대한 일종의 평가를 여덟 가지로 종이에 적으셔서 읽으셨다. 나는 강의하거나 설교를 한 후 어른 목사님의 평을 들어 본 적이 없었다. 내가 그렇게도 존경하는 박 목사님께서 직접 글로 써서 젊은 목사의 설교평을 하신다는 것은 나에게는 놀라운 일이었다.

박 목사님은 이렇게 말씀하셨다. 그의 메시지를 듣고 몇 가지 특징들을 정리해 보았다.

첫째, 김 목사님의 설교는 성경을 자구적(字句的)으로 해석한 것은 보이지 않았습니다. 그는 성경을 포괄적으로 해석하셨으며, 성경신학적인 강의라고 느끼며 은혜를 받았습니다. 그야말로 성경을 옳게 분별하는 디모데후서 2:15 말씀대로, 나 자신이 이 설교를 듣고 단맛을 느꼈음을 간증합니다.

둘째, 우리에게 대한 하나님의 사랑의 승리적 관철이라는 칼빈주의 5대

교리인 성도의 궁극적 구원이라는 기쁨이 있는 말씀이었습니다(요한 10:28
근거).

셋째, 인간의 전적 부패를 강조하셨습니다. 성경의 골자를 증거자의 설명으로
써, 절대 양보가 없이 절대 부동(不動)의 진리라는 사념(思念)을 가지고서 설교하
셨습니다.

넷째, 하나님은 우리의 과오를 초월해서 사랑하신다는 불가항력적인 은혜,
즉 거듭나서 구원받은 사람은 성령이 함께 하신다는 내용도 포함되었습니다.

다섯째, 신앙적·과학적 설교였습니다. 우리가 살고 있는 현실 가운데서
하나님의 말씀을 쉽게 설명해서 전파해야 하는데 그렇게 하셨습니다. 즉 사리를
분별해서 우리가 처신해야 할 일들을 과학적으로 설명해 주셨습니다.

여섯째, 리더십(Leadership)이라는 술어에 불편을 느낀다는 설명은 부족하
나마 내 자신이 생각하고 살아온 그것을 변호해 주신 것이었습니다. 왜냐하면
자원적인 노예적인 사역이 Ministry이기 때문입니다.

일곱째, 김 목사님은 낙천적 설교가(optimistic preacher)라고 생각합니다.
"항상 기뻐하라"는 데살로니가전서 5장 16절 말씀대로 살면서 하시는 설교이기
때문입니다. 즉 그는 늘 '주님'을 설교하고 있습니다.

여덟째, 심장을 쏟는 설교라고 평하고 싶습니다. 마음과 행동이 다른 설교자
가 아니라 자기의 심장을 꺼내어 보여주는 설교자라는 감동을 받았습니다.
마치 영혼을 쏟는 것과 같은, 심장을 쏟는 설교였습니다. 결론적으로, 그와
같이 귀한 하나님의 종이 이 나라에 다시 와서 귀한 사역을 감당해 주셨으면
하는 마음 간절합니다.(1986년 6월 박윤선)

이런 말씀을 하셨고 그 글을 제가 미국에 돌아간 후『목회자의 리더십』이란
책에 추천서로 실어놓은 제 책을 다음 해에 받은 적이 있다. 나는 놀랐다.
나의 설교에 대해 과찬해 주신 박윤선 목사님께 감사가 가슴에서 솟아올랐다.
그리고 고마운 마음을 품고 나는 미국으로 돌아갔다. 그러나 한국에 귀국한다는
생각은 전혀 하지 못했다. 나는 나의 바쁜 교수생활과 목회생활과 기타 각종

집회와 사역들로 인해 다른 생각을 할 겨를이 전혀 없었다. 그런데 1988년 여름 박 목사님께서 운명하셨다는 소식을 들었다. 그 소식을 전해 주신 김명혁 목사님은 운명하시기 전날 김 목사님을 불러 손봉호 교수를 불러오고 김상복 목사를 반드시 한국에 나오게 하라고 하셨다는 박 목사님의 유언을 전해주셨다. 나는 그 말을 전해 듣고 현실에 맞지 않는 말씀이어서 그 분의 마음에 고마움만을 갖고 있었을 뿐이다.

그런데 1988년 6월 박 목사님이 유언을 남기시고 소천하신 직후부터 한국에서 나에게 귀국을 강력하게 요청하는 소식이 전해오기 시작했다. 오비이락 같았다. 나는 그 요청에 개의치 않았고 역시 불가능한 요청이라고 제쳐 놓고 생각하지 않았다. 그 때는 1987년 일 년 전 5만 5천 평의 대지 위에 아름다운 벧엘교회의 새 성전을 완공했을 때요 이제 제2의 도약을 위한 준비를 한참하고 있던 중이었다. 교회는 크게 성장했고 목회에 기쁨과 축복이 쏟아지고 있던 때였다. 돌이켜 보면 내 일생에 가장 행복했던 황금기라 할 수 있었다.

가정이나 교회나 신학교나 방송국이나 기타 모든 사역들이 나의 인생의 절정에 이르렀던 것처럼 느껴지던 시기였다. 한 남자가 태어나 어떻게 이토록 행복할 수 있는가라는 질문을 자신에게 하기도 했던 시절이었다. 김명혁, 손봉호 박사를 비롯해서 한국 교계의 지도자들이 미국을 방문하면 나에게 하나 같이 귀국을 간곡하게 종용했다. 멀리 시골에 가서 수련회를 인도하고 있어도 그런 곳에도 찾아오셨다. 어떤 분은 밤을 새워 나를 설득하셨다. 그러나 나는 움직일 여건이 아니었다. 한국에는 많은 교회가 있고 훌륭한 목사님들도 많이 있는데 미국과 교포사회와 특히 젊은이들을 위해 미국에 꼭 필요한 나까지 왜 한국에 돌아가야 하나 전혀 나로서는 이해할 수 없었다.

2년 2개월 동안 한국과 나 사이에서 줄다리기를 하고 있는 동안 미국으로 자주 찾아오는 분들을 피해 안식년을 받아 영국 에든버러대학교 교환교수로 가 있었다. 그런데 몇 달이 지난 어느 날 밤 10시 기도 시간에 놀랍게도 하나님께서 나에게 한국으로 돌아가라는 분명한 말씀을 하셨다. 나는 당황했다. 그러나 그 메시지가 너무 확실해 할 수 없이 안식년을 포기하고 마국으로 돌아가 가족에게 통고하고 신학교와 교회에 사표를 냈다. 내 주위에서는 100% 나의 귀국을 반대했다. 그러나 결국 나는 어쩔 수 없이 원치 않는 귀국을 순종하는 마음으로 했다. 1990년 6월이었다. 그 때까지만 해도 그 과정 속에서 생각을 하지 못했으나 막상 26년 만에 생소한 한국에 돌아오자 박윤선 목사님의 말씀이 떠올랐다.

박 목사님이 4년 전이었던 1986년 눈물을 흘리시면서 처음으로 귀국을 권고하셨을 때 전혀 가능성이 없었다. 또 2년 후인 1988년 6월 박 목사님께서 병상에서 다시 마지막 유언처럼 나를 귀국하게 하라고 말씀하셨다는 소식을 들었을 때에도 가능성은 일체 내 머리에 들어오지 않았다. 그러나 시기적으로 볼 때 박 목사님의 나에 대한 유언이 있는 직후 한국에서 나의 귀국을 강력하게 요청하는 움직임이 나타났다. 물론 이 두 가지는 직접적으로 연계된 것은 아니다.

그러나 이상스럽게도 박 목사님의 유언과 나의 귀국 요청은 연결된 것이 아니고 따로 있은 일이었으나 시간적으로 차례로 일어났고 그 결과는 박 목사님의 말씀이 예언과 같이 현실화되어 이루어졌다는 것이다. 늘 기도하시는 박 목사님이 하나님의 섭리를 감지하셨던 것 같다. 박 목사님께서 처음 나에게 권고하신 지 4년, 또 유언하신 지 2년 만에 내가 한국에 돌아왔던 것이다. 깊이 기도하시는 박윤선 목사님의 영안이 나에 대한 하나님의 뜻을 멀리까지 보셨다는 생각을 해보았다. 에든버러에서 나타난 하나님의 말씀이 아니었더라면 나 자신과 미국에 있는 내 가족이나 교회나 신학교나 그 외 많은 친구들에게 나의 귀국은 전혀 예상 밖이었다. 오십도 넘은 나이에 내가 한국에 나와야 한다는 것은 이해가 되지 않았다. 박 목사님의 말씀에 따라 내가 귀국한 지 벌써 20년, 금년 며칠만 더 가면 이제 담임목회에서 은퇴하는 시간이 눈앞에 다가와 있다.

귀국 후 지난 20년 동안 나는 국내의 사역보다 국제적인 사역에 더 많이 관여했다. 합동신학대학원대학교에 여러 차례 설교나 강의를 위해 드나들 때마다 박윤선 목사님의 따뜻한 사랑과 열정, 또 나의 미래의 귀국까지 예견하신 그 영적 통찰력에 대한 감격을 가슴에 안고 있었고 사실상 내가 할렐루야교회에서

목회하는 동안 수많은 부목사들을 모셨는데 절대 다수가 합신 출신이었다는
것도 우연한 일은 아니었던 것 같다. 박윤선 목사님에 대한 일종의 은혜 갚음이라
할까!

귀한 만남 감격의 동행

박형용 박사(서울성경신학대학원대학교 총장)

사람은 만나고 헤어지면서 생활한다. 귀한 만남이 있는가 하면 어색한 만남도 있고 불행한 만남도 있다. 내가 박윤선 박사를 만난 것은 귀한 만남이었다. 박윤선 박사님의 이름을 들은 것은 1959년 대한예수교장로회 총회가 합동측과 통합측으로 분열된 후 남산의 총회신학교가 용산역 앞에 있는 자그마한 노란 빌딩으로 옮겨 온 때였다. 그 때는 합동측과 고신측이 합동하여 한 지붕 밑에서 살림을 하던 때다. 총회신학교가 남산에 소재하고 있을 때부터 신학교와 인연이 있던 나는 자연히 총회신학교의 용산 시절에 신학교 교수로 계셨던 박윤선 박사님의 이름을 들을 수 있었다.

박윤선 박사를 직접 만나게 된 것은 1967년 총회신학교에 입학하고 나서였다. 우리 학급에는 그 때 홍정길, 문인현, 서춘웅, 이춘묵 등이 있었는데 박윤선 박사의 강의 시간에는 하나님의 말씀에 흠뻑 빠져 들어가는 재미를 보았다. 특히 박윤선 박사가 경건회 예배에서 혼신의 힘을 다하여 입을 비틀면서 하나님의 말씀을 전하실 때는 모든 학생들이 은혜의 용광로 속으로 빠져 들어갔다. 신학교에서 박윤선 박사님과 같은 스승을 만난 것은 행복이 아닐 수 없다. 나는 신학교 3년 동안 박윤선 박사로부터 신약 과목 대부분을 배웠다. 신학교 3학년 때 서대문 근처에 소재한 동산교회 교육전도사로 봉사하게 되었는데 그 때 동산교회가 박윤선 박사에 의해 개척 설립된 교회임을 알게 되었다. 교육전도사로 있을 때 동산교회의 담임목사님은 김성환 목사님이셨다. 김성환 목사님은 내가 미국 유학가기 전까지 약 2년 동안 동산교회 교육전도사로 봉사하는 기간에 한 번도 "이렇게 해라, 저렇게 해라"고 말씀하신 적이 없다. 부족한 점이 많은 나였지만 창의성을 키워주시려는 배려에서 나온 지도 방침으로 알고 있다.

나는 미국 필라델피아 소재 웨스트민스터 신학대학원(Westminster Theolo-

gical Seminary)으로 유학을 떠났고 그 후로 잠시 박윤선 박사와의 만남은
멈추었다. 그런데 유학 중이던 1971년 박윤선 박사는 담석증 치료차 미국에
오셔서 잠시 동안 필라델피아에 머물면서 주석 집필을 하셨다. 그때 학생이던
나와 몇몇 사람들이 박윤선 박사님을 조금이나마 돕기 위해 모금을 한 적도
있다. 그때 함께 힘썼던 분들은 장상선 목사님, 최낙재 목사님, 정대현 교수님
등이었다. 장상선 목사님은 하나님의 부름을 받으셨고, 정대현 교수님은 이화여
대 교수로 계시다가 지음은 은퇴하셨으며, 최낙재 목사님은 독립개신교회라는
교단에 속한 강변교회의 담임목사로 봉직하고 계신다. 그때 우리는 모두 가난한
학생들이었기 때문에 많은 것으로 도울 수는 없었지만 사랑과 존경의 마음으로
박윤선 박사님을 조금 도울 수 있었다. 박윤선 박사는 건강이 조금 호전되어
1972년 7월에 다시 총신으로 복귀하셨다.

   박윤선 박사님을 다시 뵈올 수 있게 된 것은 1977년 필자가 모교인 총신대학교
신학대학원 교수로 부임한 이후이다. 부임할 당시 박윤선 박사는 총신에 계시지
않았다. 그런데 한국의 정치적 상황이 혼란하고 합동측 교단이 혼미 가운데
있을 때 1979년 3월부터 박윤선 박사께서 총신대학교의 대학원장직을 맡으셨다.
그 후 학교가 점점 소란스러워지자 총신대학교 이사회는 박윤선 박사에게 총장서
리로 수고해 주실 것을 부탁하였다. 이때부터 스승이신 박윤선 박사와 함께
같은 교수로서 총신대학교 신대원에서 가르치는 영광을 얻었다. 박윤선 박사는
경건회를 중심으로 총신 사태를 해결하기 위해 노력하였다. 총신에서 박윤선
박사와의 만남은 필자가 다른 동료 교수들과 함께 1980년 10월 23일 사직서를
제출함으로 끝이 났다. 사직서를 함께 제출한 네 교수들은 사직서 제출할 때까지
는 사직서 제출 문제에 대해 박윤선 박사와 전혀 의논하지 않았고 일단 결단한
후 사직서를 제출하고 총신 교정을 떠날 때 그 당시 학장 서리였던 박윤선
박사에게 하직 인사를 하고 사당동을 떠나 왔다.

   그런데 박윤선 박사께서도 총장서리를 사임하시고 일단 미국으로 건너 가셨다
가 합동신학교 설립 초기에 다른 교수들과 합류하여 합동신학원 초대 원장의

일을 맡으셨다. 필자는 이때부터 근접한 거리에서 박윤선 박사를 모시게 되었다. 박윤선 박사는 어린아이와 같은 마음의 소유자였다. 그분은 큰 그릇이셨으나 자신의 허물을 솔직하게 털어놓기도 하셨다. 또한 그는 제자들의 장래 사역에 대해 많은 관심을 가지고 계셨다. 박윤선 박사와의 사역은 감격의 동행이었다. 박윤선 박사는 합동신학교가 정부의 인가를 받으므로 1985년에 교장직을 신복윤 박사에게 물려주었으나 1988년 6월 30일 하나님의 부르심을 받을 때까지 적극적으로 학교 일에 참여하셨다. 지금 생각하면 박윤선 박사가 없었다면 합동신학대학원대학교가 현재와 같이 튼튼한 기초 위에 활발하게 활동할 수 있었을까 하는 질문을 해 본다. 그 대답은 부정적이다. 박윤선 박사는 그만큼 합동신학대학원대학교의 발전에 크게 기여하셨다.

하나님께 붙잡힌 기도와 말씀의 사람, 박윤선 목사님

김명혁 목사(강변교회 원로목사)

지난 30여 년 동안 나의 삶에 지대한 영향을 미친 분은 나의 스승 박윤선 목사님이시다. 내가 총신대의 교수로 봉직하고 있던 1979년 3월 박윤선 목사님께서 총신대의 신학원장으로 부임하셨다. 그 이후 나는 총신대에서 1년 7개월 동안 그리고 합동신학교에서 7년 7개월 동안 박 목사님을 가까이 모시고 함께 일할 수 있었는데 그것은 하나님께서 나에게 베푸신 특별한 은혜와 축복이었다. 나의 한평생에 있어서 이성봉 목사님 김치선 목사님 등이 나에게 깊은 신앙적 감화를 미친 분들이지만, 박윤선 목사님은 나의 삶에 지대한 영향을 미친 분으로 내가 가장 존경하고 가장 좋아하는 목사님이 되셨다.

어려운 일이 있으면 나는 언제나 박 목사님과 상의하곤 했다. 박 목사님도 나를 퍽 좋아하셨다. 박 목사님은 시간에 상관없이 나에게 전화를 거시고 그리고 하시고 싶은 말씀을 하시곤 했다. 때로는 질문도 하셨고 때로는 "이 말은 다른 사람에게는 하지 마"라고 하시면서도 하시고 싶은 말씀을 하시곤 했다. 나는 언제나 박 목사님의 입장에 동조했다. 박 목사님이 말하지 말라고 말씀했음에도 불구하고 나는 "박 목사님이 이렇게 말씀하셨다"고 말하면서 박 목사님의 입장을 교수들 앞에서 내세우곤 했다. 따라서 나는 박 목사님과의 친근한 관계 때문에 불필요한 오해를 받기도 하고 반대를 받기도 했다.

그러나 나는 박 목사님이 언제나 좋았다. 신앙적 감화와 인격적 감화 때문이었다. 박 목사님은 인간적으로는 소년처럼 단순하고 순박하고 정다웠고 신앙적으로는 하나님만 아시는 분이었고 하나님께만 붙잡혀 사신 분이었다. 박 목사님은 금욕주의자는 아니셨지만 다른 일에 시간과 마음을 빼앗기는 것을 원하지 않았다. 별세하시기 얼마 전 안만수 목사가 박 목사님을 즐겁게 해드리기 위해 서울대공원에 모시고 간 일이 있었다. 원숭이나 호랑이를 보여드렸지만 박 목사님은 그것들에는 별 관심을 나타내지 않으시고 "주여, 주여"만 하시는 것이었다.

교수님들이 함께 모일 때 피차 농담하는 것을 박 목사님은 별로 좋아하시지 않았다. 교수 세미나를 할 때도 언제나 기도원으로 가기를 원하셨다. 그의 마음이 항상 하나님께 가까이 붙어있기를 원하셨기 때문이다. 그래서 어느 철없는 합신 강사는 "합신이 기도원으로 가느냐?"고 불평과 비판을 하기도 했다. 박 목사님은 미국 유학 시절, 친구 되시는 방지일 목사님에게 편지를 하시곤 했는데 외로움 가운데 강한 우정을 느끼셨던 박 목사님은 이와 같은 편지를 쓰셨다. "나는 웬 일인지요 방제를 생각하고 웃기도 하고 울기도 합니다." 그러나 다음 순간 주님께 대한 회개의 고백으로 바뀌었다. "내가 주에게 끌리지 않고 한갓 우정이나 향정에 끌리었던 것입니다. 주를 떠나서 우정으로 주를 떠나서 향정으로, 이는 사단의 유혹이었나이다."

하나님께 붙잡힌 박 목사님의 삶은 자연히 기도 생활과 말씀 연구 생활로 나타났다. 박 목사님은 기도를 생활화하신 분이다. 기도를 쉽게 하신 분이 아니라 수고스럽게 하신 분이다. 총신에 계실 때 역삼동 개나리 아파트에 사셨는데 매일 새벽, 택시를 타고 총신에 오셔서 뒷산에 올라가 2, 3시간씩 기도하시는 모습을 한 6개 월 동안 옆에서 목격한 일이 있었다. 그때 나도 박 목사님을 흉내 내며 새벽에 총신 뒷산에 올라가서 기도하곤 했다. 박 목사님은 어디에 가실 때나 또는 사람들과 대화하는 시간에도 간간히 "주여! 주여!"라고 그의 영혼이 하나님을 향해 부르짖곤 했는데 영혼의 호흡 소리와 같이 들렸다.

1979년도 총신에 학생 소요 사태가 일어났을 때에도 박 목사님은 기도로 일관하셨다. 학생들이 이사회에 반기를 들고 일어서서 이사들과 교수들의 자동차를 뒤집어엎기까지 했다. 그런데 학교의 책임자이신 박 목사님께서 학생 대표들을 불러 타이르거나 사태 수습을 협의하는 대신 특별 기도회를 선포하시고는 밤마다 강당에서 기도회를 인도하셨다. 나는 처음에는 좀 불만이었다. 그럼에도 불구하고 나는 박 목사님이 인도하시는 기도회에 참석했다. 밤이 깊어지자 나는 박 목사님보고 "제가 기도회를 인도할 터이니 집에 가시라"고 하고는 밤 기도회를 인도하곤 했다. 그런데 며칠이 지나서 기도회의 효력이 나타나기 시작했다. 학생들이 저마다 일어나서 "내가 누구의 자동차를 뒤집어엎었습니다!"라고 소리를 지르며 회개하기 시작했다. 기도 일관의 박 목사님의 삶의 자세를 지금 돌이켜 볼 때 "바로 그것이다!"라고 새롭게 감탄하며 나는 지금 그 길을 찾아 나서고 있다. 행정이나 정치에 관심을 두기 전에 기도로 일관하며 하나님께로 향하는 것이 길선주 목사님과 주기철 목사님과 박윤선 목사님이 보여준 삶의 자세요 스타일이었던 것을 새롭게 배우게 된다.

나는 마지막 1주일간 세브란스 병원에 계신 박 목사님을 거의 매일 뵙곤 했는데 그때야말로 기도로 일관한 기간이었다. 나는 그때 안식년으로(평생에 처음과 마지막으로 가진) 8개월간 미국 휘튼 대학교에서 연구하고 있었다. 어느 날 꿈을 꾸었는데 박 목사님이 피를 토하고 쓸어져서 병원으로 옮겨져 갔다. 아침에 일어나서 한국에 전화를 걸었더니, 박 목사님께서 병원으로 가셨다는 것이었다. 나는 무의식중에 "그러면 그렇지!"라고 중얼거렸다. 그리고 나는 즉시 비행기를 타고 서울로 와서 세브란스 병원으로 달려갔다. 박 목사님께서 병상에 계시던 일주일 동안 박 목사님은 매일 기도로 일관했다. "산에 가서 기도하다가 죽고 싶다"고 고백하시기도 했다. 박 목사님을 찾아오시는 분들을 위해서 기도해 주시기도 했다. 그리고 "소위 박 목사의 의를 제해 달라"고 호소하며 기도하시기도 했다. 박 목사님은 결국 "주 예수여! 내 영혼을 받으시옵소서"라고 부르짖으며 주님 품에 안기셨다. 박 목사님은 기도로 일관된 삶을 사신 분이었다.

하나님께 붙잡힌 박 목사님의 삶은 평생토록 말씀을 사랑하고 연구하는 주경 신학자의 삶으로 나타났다. 박 목사님은 평생을 신구약 성경 66권의 주석 집필에 바쳤고 평생을 성경을 가르치는 데 바쳤다. 박 목사님은 "죽었다가 깨어나 다시 한 세상을 산다고 해도 나는 목사가 되어 성경을 증거하겠노라"고 자주 말씀하셨고, "내가 평생에 힘써온 중요한 일은 신학 교육과 성경 주석 저술이었다"고 말씀했다. 나는 지금도 박 목사님의 주석들을 세상의 여러 책들 중에서 가장 귀중하게 여기며 가까이에 두고 자주 읽는다. 그리고 설교할 때마다 자주 "박윤선 목사님이 이렇게 말씀했다"고 토를 달곤 한다. 박 목사님은 성경을 하나의 성경 신학적으로 체계화하는 데 만족하지 않고 말씀 한마디 한마디를 살아 있는 하나님의 말씀으로 받아먹고 말씀의 깊은 뜻을 발견하는 것을 최대의 기쁨으로 삼았다. 박 목사님에게 있어서 성경 말씀은 양식이요 생명이요 기쁨이요 보화요 등이요 빛이었다. 따라서 그의 주석과 설교에는 항상 새로운 영감과 통찰력이 나타났다. 박 목사님은 말씀을 사랑하고 사모하는 것이 무엇임을 자신의 삶으로 나타내 보여주시고 가르쳐 주신 분이다.

하나님께 붙잡힌 박 목사님의 삶은 또한 겸손과 진실과 착함의 인격으로 나타났다. 그의 얼굴에는 항상 잔잔하고 순박한 소년의 미소가 깃들어 있었고 가식이나 꾸밈을 모르는 진실이 풍기고 있었다. 성역 50년 기념 논총을 증정 받은 박 목사님은 "나는 83년 묵은 죄인이라"고 고백했고 임종 전에는 "세상 사람들이 나에 대해서 오해하는 소위 박 목사의 의를 모두 지워 달라"고 하나님께 부르짖으며 호소하시기도 했다. 박 목사님은 종존 나의 손을 꼭 붙잡고 격려와 위로와 훈계의 말씀을 주시곤 했다. "김 목사, 마음에 기쁨을 잃으면 안 돼!" "힘을 내!" "강의 준비를 더 잘해야 돼!" "주님을 바라봐!" 겸손과 진실을 찾아보기 힘든 오늘날 그것을 몸으로 실천해 보여주신 분이 바로 박윤선 목사님이셨다.

박 목사님은 또한 인간관계나 교파 또는 문화적 관계에 있어서 폭 넓은 이해와 시야를 가지고 계셨다. 기도와 은혜를 귀하게 여기는 사람은 통합측 인사들은 물론 루터파 인사들까지 교파를 초월해서 친하게 지내셨다. 독일 경건주의 계통의 학자 게르하르트 마이어 박사를 초청하여 말씀을 듣고 교제하면서 박 목사님은 매우 기뻐하시고 매우 만족해 하셨다. 그리고 여성 사역에 있어서도 개방적인 입장을 취했다. 여성인 이동주 교수가 합신에서는 물론 교회에서 설교하는 것을 당연하게 여기셨다. 이와 같은 개방적인 입장을 일부 교수들이 비판하자 박 목사님은 매우 속상해 하셨고 매우 안타까워하셨다.

박 목사님은 개혁주의적 삶을 몸소 실천하신 분이었다. 한국 교회 안에 칼빈주의 또는 개혁주의를 주창하는 사람들이 적지 않다. 그러나 대부분의 경우 개혁주의라기보다는 근본주의 또는 보수주의적 입장을 견지하고 있는 사람들이 많다. 박 목사님은 한국 교회 안에 개혁주의 신앙이 무엇이며 개혁주의 삶이 무엇인지를 가장 분명히 보여주시고 실천하신 분이었다고 생각한다. 칼빈주의 신학은 하나의 신학 체계에 그치지 않고 하나님 중심적 뜨거운 신앙과 삶의 원리로 나타남을 보여주셨다. 칼빈주의 신학이 배타적 분리주의가 아니라 적극적 포용과 교제의 삶인 것을 나타내 보여주셨으며 세상사에 무관심한 반 문화주의가 아니라 구제 사역과 선교 사역 등에 적극적인 관심을 나타내는 문화 변혁주의인 것을 가르쳐 주셨다. 그럼에도 불구하고 박 목사님은 결국 현세적인 정치 사회 문제에 치중하기보다는 하나님께 붙잡히고 하나님의 말씀에 붙잡혀서 기도하면서 한 평생을 사신 분이다.

내가 개나리 아파트에 사시던 박 목사님을 찾아가서 대화를 나누고 일어서려고 하면 박 목사님은 의례히 나보고 이런 말씀을 하셨다. "열쇠 잊지 마!" 내가 박 목사님과 이야기를 할 때 거의 매번 내가 가지고 다니는 열쇠 뭉치를 소파에 놓고 이야기하다가 그대로 놓고 나오곤 했기 때문이다. 사실 박 목사님은 나보다 더 건망증이 많으신데 나더러 열쇠 잊지 말라고 매번 당부하신 것이다. 나는 나의 평생에 하나님과 기도와 말씀에 붙잡혀 사신 나의 스승 박윤선 목사님을 만나게 하시고 그 분과 함께 일하게 하시고 그 분으로부터 배우게 하시고, 그 분의 사랑을 받게 하신 하나님께 무한한 감사와 영광을 돌리며, 나의 스승 박윤선 목사님께 무한한 감사와 존경과 사랑을 표한다. 박 목사님 사랑하고 존경합니다. 감사합니다. 그리고 제대로 살지 못해서 죄송합니다.

정암 박윤선 목사, 1905~1988년

벽을 향하여 기도하시던 목사님

홍치모 교수(총신대학교 명예교수)

정암 박윤선 목사님에 관한 이야기는 많다. 그 중에서 한국 교회가 직접 체험한 것 한 가지만 이야기하고 싶다.

고등학교 1학년 방학 때의 일이다. 당시 부산 고려신학교 학우회가 주최가 되어 여름 방학을 이용하여 수련회를 개최하였다. 제1회는 참석하지 못하였고 제2회가 개최하였을 때 참석하였다. 그 수양회는 1949년 7월 하순이었다. 주로 중고등 학생들이 많이 참석하였는데 부산 광복동에 있는 고려신학교의 강당을 빌려 개최하였음으로 앉을 자리를 얻기란 여간 힘이 들지 않았다.

저녁집회의 주 강사는 박윤선 목사님이 주로 담당하셨다. 저녁마다 말씀의 은혜와 성령의 은혜와 보혈의 은혜가 충만하였다. 나는 그 집회에 참석함으로써 기독교의 핵심 교리를 깨닫고 회개의 은사를 맛볼 수 있었다. 말하자면 구원의 은사를 맛볼 수 있었다. 박윤선 목사는 웅변가도 아니었고 동시에 달변가도 아니었다. 그러나 그가 설교를 할 때마다 복음의 능력이 나타나 젊은 학생들의 마음을 사로잡는 데 충분하였다.

나는 박윤선 목사의 설교를 듣고 비로소 그리스도인이 되었다. 수련회는 빨리 끝났다. 본래 좋은 시간은 빨리 가는 법이다. 나는 고려신학교에 재학하고 있던 누님(홍우길)의 소개로 그 때까지 잘 알려져 있지 않았던 기장 해수욕장을 찾게 되었다. 그 곳에는 이장수 전도사가 시무하는 작은 교회가 하나 있었다. 나는 그 교회 별채로 되어 있는 사랑방에 투숙하였다. 방은 두 사람이 겨우 잘 수 있는 크기의 방이었다. 짐이라야 가방 하나뿐이었다. 가방을 방구석에 두고 잠시 동안 한가롭게 누워있었다.

그런데 이게 웬일인가 전혀 생각지도 못했던 박윤선 목사님이 들어오시는 것이었다. 나는 벌떡 일어나 무릎을 꿇고 앉았다. 수양회 집회 시간마다 맨 앞에 앉고는 하였기 때문에 나의 얼굴을 기억하는 것 같으셨다. 어쩔 줄 모르고 당황하고 있는 나에게 다가와 내 몸에 손을 얹으면서 하시는 말씀이 더 누워 자라는 것이었다. 감히 목사님 앞에서 잘 수가 있는가. 머뭇거렸더니 계속 자라고 몸을 누르시는 것이 아닌가. 나는 할 수 없이 못 이긴 체하고 방바닥에 돌아누웠다.

조금 있노라니 기도 소리가 들려오기 시작하였다. 혼자 생각하기를 '아마 기도하시는가보다' 그렇게 생각하였다. 얼마 지나 뒤를 돌아보니 벽을 향해서 기도하고 계시는 것이 아닌가. 벽을 향해서 기도하는 모습은 세상에 태어나 처음 보는 일이었다. 그렇기에 영적 충격도 적지 않았다.

나는 그때까지 구약성경에 나오는 히스기야 왕이 적군이 쳐들어왔을 때 기도로 물리쳤다는 말씀을 들어본 일이 없었다. 그러므로 박윤선 목사의 기도의 모습은 나에게 신기하게만 느껴졌던 것이다. 비록 어린 소년이기는 하지만 그때까지 벽을 향해서 기도하는 모습을 보지 못하였기 때문에 신기하게 보여 졌을지도 모른다.

그 이후 하나님의 섭리로 박윤선 목사님과 잠자리를 같이 하는 일이 있었다. 어른하고 같이 자려고 할 것 같으면 긴장하기가 일쑤이다. 그래서 깊은 잠에 들기가 어렵다. 박 목사님이 서울에 올라오셔서 일을 보시게 될 것 같으면 나는 하루 종일 목사님과 행동을 같이 하여야만 되었다. 그 다음 날도 일은 계속되었다. 그럴 것 같으면 원효로에 있는 목사님 처남댁에 가서 자는 일이 종종 있었다. 나는 박 목사님 옆에서 잤고 둘째 아들 요한 군이 내 옆에서 자곤 했다. 아마 새벽 한 시나 두시 사이가 되었을 쯤으로 생각한다. 박 목사님이 일어나시는 것이었다. 나도 같이 일어났다. 목사님이 일어나시는데 내가 어찌 모른척하고 있을 수 있었겠는가. 내가 일어나려고 움찔하니까 임자는 그냥 자라고 하시면서 내 머리를 누르시는 것이었다. 나는 할 수 없이 못 이기는 척하고 그냥 누워있었다. 잠이 올리는 만무하였다. 역시 앉아서 벽을 향해서 기도하시는 것을 보았다.

박윤선 목사님은 문자 그대로 기도의 사람이라는 사실을 그렇게 직접 체험하였다. 나는 처음부터 목사님의 기도 생활을 흉내를 내려고 생각조차 할 수 없었다. 그의 몸에서 풍기는 엄숙성과 경건성은 나에게 공포감마저 주기도 하였기 때문이다. 그러나 마음의 불안감은 없었다. 무엇 한 가지를 골똘하게 생각하는 습성은 아마도 그의 기도 생활에서 나오지 않았을까 지금도 혼자 생각해 보곤 한다. 그후 나도 어떤 위기에 처했을 때 박 목사님과 같이 벽을 향해서 기도하곤 한다. 그래서 응답도 받았다. 박 목사님을 생각할 때마다 머리에 떠오르는 것은 벽을 향해서 기도하는 모습이다.

사라진 목사님을 찾아

정문호 목사(고려신학교 졸업)

산과 바다 어디든지 기도하기를 좋아하신 목사님

어느 해 박윤선 목사님을 모시고 온천장 교회에서 사경회를 할 때에 저녁 설교를 마치고 700미터 거리가 되는 숙소인 민생병원에서 돌아오시다가 목사님이 행방불명되셨다. 앞서 오던 우리 일행들은 목사님을 찾느라고 한 시간 동안 헤매었다. 한 시간 후에 금정산에서 내려오시는 것이 아닌가, 반가워서 목사님 어디 가셨댔어요. 대답이 '저 밝은 달이 좋아서……' 그렇게만 대답하셨다. 과연 목사님은 밝은 달이 좋아서 이 밤을 그저 보내기에 아쉬워 바위 위에서 기도하신 것이다. 과연 목사님은 산을 좋아하시고 바위를 좋아하시는 아호 그대로 '정암'인 것을 후에야 알게 되었다.

박윤선 목사와 나와의 인연

본인이 박 목사님을 만난 것은 군대에서 제대하여 1951년 봄에 고려신학교 예과에 입학했던 때였다. 군에서 제대한 나는 갈 곳이 없어 상이군인 정양원이 있던 온천장을 근거로 하고 온천장 교회에 출석하게 되었다. 1952년부터 몇 년을 거쳐서 고려신학교와 박윤선 목사님의 주석 출판에 큰 후원자가 되신 분이 바로 민생병원 원장 김선애 집사님이셨다. 고려신학교 한상동 목사님을 위시해서 이사들과 수뇌부들이 자주 민생병원에 찾아 온 것은 그 병원 안에 온천이 있었기 때문이다. 그리고 박윤선 목사님도 자주 온천장 교회에 설교하러 오실 때에 민생병원에서 유숙하셨다.

하나님의 말씀에 사로잡혀 있는 박 목사님

어느 달 박윤선 목사님을 모시고 사경회를 하게 되었다. 목사님이 주무시던 방 침대 아래서 자면서 목사님을 수종들었다. 이때 깜짝 놀란 일이 매일 밤마다 있었다. 그것은 다른 것이 아니고 목사님이 열두 시쯤 되면 주무시다가 벌떡 일어나서 성경을 외우는지 기도를 하시는지 하여튼 몇 십분 중얼중얼 하는 소리에 놀라 깨어보니 목사님은 성경을 외우고 계셨다. 이런 일이 매 저녁마다 있는 것을 옆에서 보고 목사님의 마음에 하나님의 말씀이 꽉 차 있구나 이렇게 느낀 적이 있었다.

박 목사님의 가정에 큰 시련이 닥쳐왔다

본인이 신학교 재학 중에 1953년 10월 목사님은 신학 연구차 화란으로 유학 가셨다. 가신 지 6개월이 되어(1954년 3월에) 사모님이 교통사고로 타계하셨다 (미군 트럭에 의하여). 그때 박 목사님은 49세였다. 목사님에게 큰 시련이 닥쳐온 것이다. 공부를 그만 두고 귀국한 목사님은 슬하에 5남매를 두고 떠난 사모님 때문에 비참한 형편에 처하게 된 것이다.

고려신학교를 사임한 후 서울로 떠난 박 목사님

박 목사님이 1960년도에 성수주일 문제로 이사회와 의견 차이가 생겨 고려신학 교를 사임하고(세밀한 내용은 생략함) 그 다음해 1961년 1월에 서울 동산교회를 맡아 3년 동안 시무한 일이 있었다. 이 동산교회는 나의 친척 아주머니 우경신 전도사(새문안교회를 그만두고)가 세운 교회다(박 목사님보다 숭전 1년 선배인 정재호 목사님의 사모님). 이러한 관계로 나는 서울에 오면 박 목사님 댁에 자주 방문했다. 나는 대전 중부교회를 시무하고 있었다.

박 목사님이 1963년 총회신학교 교수로 취임하고 다음해 교장으로 취임하셨다 (윤번제 교장). 1965년 3월에 총회신학 부산 분교로 내려가서 교수하였다. 몸의 과로로 교수직을 그만두고 몇 년 쉬게 되었다. 이 때 상도동에 있는 한성교회 를 개척하여 4년 동안 시무하였다. 다시 동산교회 교역자가 없을 때 설교 목사로 수고하셨다(동산교회 담임목사인 김성환 목사가 미국 유학 중에 있을 동안).

　부산 분교에서 교수하실 때 1965년(내가 대전 중부교회 시무) 이웃의 대전 중앙교회(양화성 목사 시무) 부흥회 강사로 오셨다. 이때 나는 대구 주암산에 가서 40일 금식하는 은혜를 받고 돌아와 있던 시기다. 양 목사님으로부터 정 목사가 40일 금식하고 며칠 전에 내려왔는데 목사님 알고 계신가라고 하였다. 박 목사님께서 나의 형편을 들으시고 낮 공부를 마치고 내가 있는 곳으로 찾아오셨는데 담화를 한 시간 동안 하게 되었다. 이때 은혜 받은 이야기를 하라고 하셔서 여러 이야기를 드리니까 "다만 내가 정 목사님에게 물을 것이 한 가지 있다. 금식하니까 말씀을 받고 깨닫는 감수성이 어떠하냐"는 그 한 가지 질문에 내가 여러 말로 답변을 드리자 깜짝 놀라면서 그 내용을 편지로 써서 보내달라고 하셨다. 그때 목사님은 나로 하여금 평생 잊을 수 없는 교훈을 주셨다.

평생 잊을 수 없는 큰 교훈을 주신 목사님

　"남이 하지 못하는 일을 하기도 힘들고 그 힘든 일을 한 사람이 성공하기도 힘들다. 왜 그러냐, 40일 금식했다고 자랑하기 때문이요 또 교만하기 때문이다. 그런고로 정 목사, 겸손해야 돼, 겸손은 은혜 받는 비결이요, 겸손은 주신 은혜를 보존하는 힘이요, 겸손이 은혜 자체이다. 그런고로 평생 겸손한 마음으로 목회해야 해." 이 말씀하시고 무릎을 꿇으시더니 "나를 위해서 기도해주게, 나의 자녀들을 위해서……" 내가 여러 번 사양했으나 감격한 마음으로 눈물로 기도하고 목사님이 나를 위해서 기도해 주신 일이 있다. 후에 편지를 보냈더니 그 편지의 내용이 목사님의 주석(창세기 출애굽기 주석 중) 출애굽기 34장 모세의 금식기도 난에 나의 편지의 내용이 기록된 것을 몇 년 후에 알게 되었다.

가르치심과 생활이 일치한 목사님

　74년에 70세가 되므로 교수를 사임하고 미국으로 가서서 LA 오렌지 카운트에 거주하면서 주석을 집필하는 데 전력을 하였다(1974~1979년 1월). 내가 1976년에 미국 LA 여러 교회를 맡아서 부흥집회를 하게 되었는데 그때 박 목사님도 부흥집회 매 시간마다 참석하였다. 쉬는 주간에 박 목사님 댁에 가서 3일 동안 같이 유숙하게 되었던 일이 있다. 나는 거기서 박 목사님의 다정다감하고 친절한 그 성품을 발견하게 되었다.

새벽 5시 반 지나면 사모님과 분방하여 한 시간 동안 기도하다가 마치면 다시 도킹하여 가정예배를 드리는 것을 매일 보았다.

내가 전자 오르간을 사가야 되겠는데 어디서 사야 되나 했더니 목사님이 이 근처 오르간 컴퍼니가 있으니 같이 가자하고 목사님이 직접 차를 몰고 30분이나 걸리는 곳에 찾아가서 한 시간 동안 판매원과 얘기를 하면서 좋은 오르간을 선택했는데 바로 로자스 오르간을 구입하여 서울 신용산교회로 부쳤다. 이때 얼마나 정성을 다해서 세밀하게 판매원과 영어로 말하는 것을 보고 목사님에게도 이런 다정다감한 면이 있었구나 하는 것을 깨달았다. 지금도 신용산교회에 가면 전자오르간 로자스가 있다.

기도의 용기와 결단의 사람

내가 안식년에 시카고에 가서 일 년 동안 있을 때 1980년 한국에 있는 총회신학교에서 소요가 일어났다. 대부분 교수들이 나가서 합동신학교를 세우게 될 그쯤에 하루는 차영배 교수께서 나에게 전화를 걸어왔다. 이영수 목사님을 바꾸어 주면서 이영수 목사와 이야기하시오 하고 나에게 말했다. 이영수 목사는 나에게 정 목사가 박윤선 목사님하고 친하니까 부탁하여 우리 총회신학교 나가지 말라는 요청을 하라는 부탁이었다.

이때 박 목사님은 침묵하면서 모처에서 기도하고 있는 중이었다. 이영수 목사와 전화를 끊고 나는 한국으로 박윤선 목사님께 전화를 했다. 목사님 이게 무슨 일입니까? 목사님 총회신학교를 떠나면 안 됩니다. 전화를 했더니 대답이 "이럴 수가 있느냐, 전권위원회를 만들어 놓고 교수들을 무참히 난도질하는 것이 하나님의 뜻인가, 교수 한 사람 키우는데 몇 십 년이 걸리는데, 이럴 수가 있느냐, 나도 기도를 마치면 곧 따라 나갈 것이다. 그러니 너도 속히 와서 나를 따르라"는 전화를 받았는데 보통 문제가 아니구나 싶었다.

안식년을 마치고 신용산교회를 다시 사무하게 될 때에 여러 번 교회를 사면하고 목사님을 따르기로 시도하였으나 여의치 않았다. 그리고 나는 박윤선 목사님을 아버지로 생각하는 장경두 목사(홍릉교회)와 만나서 같이 박 목사님의 사택을 찾아갔다. 목사님께 하소연을 했다. 우리가 큰 교회를 다 사면하고 목사님을 따라가면 교회를 소개해 주시겠습니까, 무슨 일자리를 소개하시겠습니까, 할 수 없잖아요, 그러니 난처합니다. 어떻게 하면 좋겠습니까, 목사님은 한참 생각하시더니 "지금 있는 데서 충성하면 돼"라고 말씀하셨다. 그 후에 나를 합신에 시간 강사로 기도학을 가르치라고 해서 봉사한 적이 있다.

가르침이 나로 하여금 사경사가 되게 했다

신학교 졸업반 때에 목사님이 우리들에게 하신 교훈을 잊을 수 없다. 그것은 다른 것이 아니라 "여러 학생들이 교회에 나가서 설교를 할 것인데 너무 죄, 죄, 정통, 정통, 진리, 진리, 세 번 이상 안 하는 것이 좋다." 그렇게 말씀하시자 학생 중에 하나가 목사님 왜 그렇습니까, 물었더니 "너무 강조하면 교인들의 마음에 은혜 받는 데 부담이 된다. 그리고 오히려 반감을 산다, 그런고로 성경만 말씀하고 예수만 강조하고 십자가 부활만 강조하라"고 하셨다. 이 말씀은 지금도 나의 말씀에서 떠나지 않고 그 교훈대로 나는 1,600교회 넘게 부흥회를 인도할 때마다 이 3가지를 외쳤다.

어느 시간에 박 목사님은 학생들이여, 사명감이 있느냐? 사명감에 대한 은사가 있느냐? 주의 일할 때에 기쁨이 있느냐? 주의 일에 성과가 있느냐? 이 4가지 중에 하나라도 없다면 신학을 그만두고 시장에 가서 지게를 지라! 이 말씀은 나로 하여금 평생 움직이게 하신 말씀이다.

박 목사님의 소천은 나에게 큰 슬픔이었다

1988년 6월 30일에 박 목사님이 소천했다는 말을 듣고 나는 합동신학교에 모신 목사님 빈소에 찾아가 '아버지'하고 하염없이 통곡하며 울은 적이 있다. 이때에 화주 사모님이 나에게 귀중한 말씀을 해 주셨다. 그 말씀은 "아버지께서 돌아가시기 전에 귀한 말씀을 하셨단다. 그 내용인즉 한국 교회, 그리고 모든 성도들이 박윤선 목사님은 기도의 사람, 말씀의 사람, 신앙의 사람, 이렇게 알고 있는데 모든 사람의 머리에서 박윤선은 지워버리고 예수님만 기억하게 하소서, 나는 긍휼하심을 입어야 할 죄인이외다라고 기도하셨다"라는 말을 나에게 들려주었다.

아 위대한 나의 스승이여! 믿음의 아버지여!

결론적으로 생각하면 박윤선 목사님은 나를 친아들보다 더 사랑했고 나를 있게 하신 목사님인데 내가 끝까지 목사님을 따라 섬기지 못한 것이 한없는 후회가 아닐 수 없다. 아! 위대한 스승이여, 다정다감하신 아버지와 같은 목사님, 목사님의 별명과 같이 나다나엘, 간사함이 없고 세상에 아무것도 모르고 하나님의 말씀만 붙잡고 살다 가신 그 목사님의 품에 안겨 통곡하고 싶은 마음이 여러 번 간절하다. 나는 지금 80세 가까운 연령으로 목사님을 생각할 때마다 그 교훈을 잊지 않고 용기를 가지고 청계산 기도원에서 일주일에 일곱 번씩 설교하는 것을 자랑스럽게 생각하며 큰 축복으로 알고 하나님께 항상 감사하고 있다(이 내용 외에도 여러 가지 에피소드와 인연이 많지만 이만 줄인다).

정말 기이한 세배 맞절[1)]

김의환 교수(부산 고려신학교 졸업)

1953년도에 고신대학교 처음 들어가서 박 박사님을 신학교에서 스승으로 알게 되었다. 정말 존경하고 사모하고 해서 사진을 내 방에 걸어 놓게 되었다. 고려신학교에서는 그냥 스승으로서만 모셨는데 총신에서는 같이 가르치면서 10여 년 동안 사귀었다. 정말 겸손하시고 인간미가 넘치셨다. 한번 우리 부부가 세배를 드리러 갔다. 그랬더니 의자에 앉아계시다가 내가 세배를 받을 수 있느냐, 옛날에는 사제지간이었지만 지금은 동료 교수인데 하시면서 맞절을 하자고 하시면서 내려오셔서 인사를 하셨다. 너무 황송해서 '아, 그럼 내가 길게 세배를 해 드려야겠다' 싶어서 머리를 바닥에 아예 딱 대고 한참 동안 있었다. 아무리 겸손해도 나보다는 먼저 일어나지 않겠나 하고 자신이 있어서 기다릴 만큼 기다리다가 우리 집사람에게 신호를 보내고 일어나보니까 아직도 머리를 바닥에 대고 계셨다. 세배를 드리러 갔다가 세배를 받게 되었는데, 우리 집사람한테 다시 절하자고 해서 90도로 절을 했다.

이번에는 절대 먼저 일어나지 않겠다고 각오를 단단히 했다. 하나부터 수를 세기 시작했다. 그래서 한참 세다가 무슨 생각이 들었냐면 '이렇게 인내력 테스트 하고 있는 것 아닌가, 이거 어떻게 끝장을 내야지'라고 속으로 말했다. 그러나 일어나려고 하는 참에 두 번 실수할 것 같아서 박 목사님을 쳐다봤는데 여전히 그러고 계시는 거였다. 그래서 내가 붙들고 의자에 앉으시도록 하면서 "이런 식으로 하면 됩니까" 그렇게 말씀드렸더니 의자에서 내려와 가지고 "그대는 멀리서 여기까지 왔으니까 내가 이 정도는 세배를 해야 하지 않겠느냐"고 얘기를 하셨다. 박 목사님을 생각하면 참으로 겸손하신 주의 종이다. 또 박 목사님은

---

1) 이 글은 정암20주년 기념대회 제3강좌 '한국 교회 원로들의 정암 박윤선 목사 회고' 간담회 내용에서 발췌하여 싣다.

스킨십이 상당히 좋아하시던 분이라고 했는데, 만나면 크게 안고서는 한참 동안 꽉 품으시곤 하셨다. 아주 팔 힘이 세시다. 전 좀 풀어줬으면 하는 그런 느낌까지 들만큼 다정다감한 인간미가 풍부한 어른이셨다.

　나는 당시 정암의 자택이 있는 상도동 가까이 이웃집에서 살았다. 한번은 아침 일찍 오셨는데 방에 들어오시더니 요즘 어떻게 사느냐고 물어보셨다. 그래서 무슨 말씀입니까 하니까 석 달 동안 우리 사례를 못 받았잖아. 그래도 우리 살고 있잖아요 말씀드리니까, 나는 지금 못 살겠어 그러시는 거예요. 지금 내가 김 목사님 집에 오게 된 이유는 도저히 내가 집에 못 있겠어서 지금 오는 길이오. 우리 집사람이 지금 빚내러 돌아다니다가 아무 집사님 집에서도 빚을 내주지 않아서 빈손으로 와가지고 지금 방바닥에 발을 뻗고 울고 있어요. 어떻게 하려고 이렇게 한 푼도 집에 가지고 오지 못 합니까 하니까 내가 남편으로서 아버지로서 대답할 길이 없어서, 김 목사도 똑같은 형편일 텐데 김 목사는 지금 어떻게 대처하고 있나 보러 왔어요.

　그 말 듣자 얼마나 눈물이 나던지……. 그런 어려운 이야기를 하시면서 김 목사, 같이 어려움을 겪으면서 주님의 선지학교를 돕고 있는데 이렇게 해도 앞으로 총신에 해 뜰 날이 올 거야 하면서 내 손을 꽉 잡아 주셨다. 그 스킨십. 얼마나 다정다감하셨는지 몰라요. 그래 기도하자 하시고 기도하고선 헤어졌는데 지금까지 이렇게 살아왔잖아요. 그 때에 이사회에서 미안했던지 교수들을 어느 호텔로 청해서 위로회를 한다고 위로를 해주었다. 그 당시 안용준 목사님이 신학교 총무로 있었는데, 이사님들이 우리를 잘해줘서 참 우리 잘 지내고 있습니다라고 하셨다. 그래서 내가 벌떡 일어서서 무슨 소리냐, 지금 3개월 동안 사례를 못 받고 고생을 해서 박윤선 목사님이 며칠 전에 우리 집에 와서 하소연하시는 것을 들었다. 총무처장이 다니면서 회개를 하도록 노력을 안 하고 이사들 앞에서 문제없다 하냐고, 제가 좀 섭섭하게 그랬다.

　그러면서 이사장님한테 이렇게 된 책임이 누구에게 있습니까? 그러니까 돌아가신 이모 목사님께서 나를 쳐다보더니 우리는 말이야, 교회 섬기면서 교회 형편이 어려워서 교회에서 사례를 못 주면 그렇게 따지지 않고 산에 올라가서 기도를 해서 해결을 한 이런 경험이 있는데, 젊은 교수가 일어나서 그렇게 총무처장을 책임추궁하면 어떻게 하느냐고 했어요. 교수님들도 어려우면 산에 올라가서 기도하는 우리들을 본받아야 된다는 식으로 이야기를 하셨다. 내가 너무 놀래가지고, 이 목사님 당신이 지금 이 박윤선 목사님, 박영희 목사님, 이 스승 앞에서 설교하려고 하느냐고, 당신이 책임 못 지고선 어려우면 산에 가서 기도하라는 식의 이런 값싼 설교를 하려고 하느냐고 책임지라고 따졌어요. 그랬더니 광주에서 올라오신 정모 목사님이 방바닥을 탁 치면서 젊은 교수가 사례를 따지고 어쩌고 하는 아주 어려움을 겪은 적이 있었다. 참 그 때 형편이 아주 어려웠는데, 박윤선 목사님이 한마디 하실 줄 알았어요. 그러나 가만히 계시더라고요. 그래서 역시, 나하고는 다르구나. 그저 주여! 주여! 하고 기도만 하시는 겁니다.

설악산에 가서 겪었던 이야기가 또 하나 있다. 전국 목사 장로 기도회가 설악산에서 모였는데, 박윤선 목사님이 저녁 집회 강사로 오신 겁니다. 낮 집회를 마치고 난 다음에 저녁 시간이 됐는데도 강사님이 안 오시는 겁니다. 그러니까 내 직감에 지금 박 목사님 어느 바위 위에 올라가서 기도하신다는 생각이 번뜩 들었어요. 그래서 총회 임원들이 넓디넓은 설악산 뒷산 이곳저곳을 찾아 다녔어요. 설교할 시간이 지났는데도 바위 위에 올라가서 그 때까지 기도하고 계셨어요. 그야말로 바를 정(正) 자 바위 암(岩) 자, 바위 위에 바르게 앉아서 기도하시던 목사님이십니다. 그래서 늦게 오셔서 기도회를 인도하신 겁니다.

그분의 영류(靈流)를 먹고 살게 되다

석원태 목사(경향교회 원로목사)

우선 정암 박윤선 목사님의 회고록에 글을 부탁받으니 새삼스럽게 만감이 교차함을 느낀다. 나는 신학교에서 박 목사님께로부터 신학을 배운 제자는 아니다. 불행스럽게도 고려신학교에 입학을 했을 때는, 그분은 벌써 부산을 떠나 서울로 가신 이후였기 때문이다. 그럼에도 그분과 맺은 영교(靈交)는 나의 한평생 삶에 많은 영향을 주고 있음이 큰 감사 중 하나다.

먼저 그분을 알게 된 것은 부산대학교 재학 시절, 프린트물로 된 그분의 요한계시록 강해를 접한 때부터였다. 그리고 전국 SFC 집회 시에 그분의 설교를 통하여 놀라운 영적 충동을 받았다.

내가 신학공부를 하기 전에는 그렇게 그분을 간접적으로 알게 되었고, 신학공부를 하면서 그분이 인도하는 몇몇 곳의 집회와 신학강좌에 참석하게 되었다. 나는 그분이 성경을 중심하여 토해내는 뜨거운 메시지에 큰 감동을 받았다. 특별히 그분의 설교나 강좌는 전 성경을 하나님의 주권적 언약에 근거하고 전개해 나가는 구속론적 주경이라는 것을 크게 깨닫게 되었다. 이것은 내가 그 어르신에게 심취해 버릴 정도로 매혹을 느끼게 된 내용이었다. 나중에 그분의 주석이 계속 출간됨에 따라 저는 책을 통하여 그분의 주경신학적 성경해석에 나의 영이 풍부해지는 행복함에 잠기곤 했다. 물론 지금도 이 행복을 씹으면서 살아가고 있다.

다음으로 그분과 직접적인 관계를 갖게 된 일들도 있다. 서울에 올라와서 고려신학교를 하게 될 때, 그분께서 몇 번 우리 학교에 오셔서 집회를 인도하셨다. 지금도 우리 고려신학교 학생들은 박윤선 박사님의 사상에 대하여 모르는 학생이 거의 없을 정도다. 내 자신이 먼저 그분의 영류(靈流)를 먹고 살게 되었으니 말이다.

　그 후에 저도 합동신학교에 집회와 경건회를 인도하는 일로 자주자주 왕래함으로 주 안에서의 만남과 교제가 이루어졌다. 어느 해에는 합동신학교에서 산상수련회를 가졌는데, 그때 강사로 초청을 받고 그 기간 동안 그분과 함께 지내며 아주 가깝게 교제하게 되었다. 그 일은 나에게 있어 결코 잊을 수 없는 신앙의 낭만으로 영원히 남아 있다.

　더욱이 개인적으로는 나의 장남 석기현 목사의 결혼식에서 주례를 해 주시고, 막내 딸 기향(基香)이의 결혼식 주례도 해 주신 그분의 사랑은 우리 가정에 영광으로 새겨져 있다. 그때 그분은 제 자녀들의 결혼식 주례를 하러 오시면서 친히 자신의 저서인 성경주석을 결혼 선물로 가지고 오셔서 전해 주셨는데, 그 일 역시 우리 가정은 결코 잊을 수 없는 일이다.

　마지막으로 그분께 대한 나의 소신(所信)은 이렇다. 그분은 철두철미하게 기도하는 영적인 지도자였다고 생각한다. 그것은 그분의 주님을 향한 사랑함의 뜨거움에서였다. 그것은 그분의 기도함에서였다. 그분은 큰일에나 작은 일에나 대화중에라도 갑자기 기도를 하자고 하시곤 하였다. 그리고 자신이 대화중에 주고받는 일에 대하여 기도함으로 주의 도우심을 기다리는 모습을 보여 주셨다. 그분이 고려신학교 재임 시에 학생들의 새벽기도회를 인도하시고 시간 가는 줄 모르고 개인 기도를 하시다가, 수업시간이 되어 학생들이 알려 주러 갔던 일이 여러 번 있었다는 이야기를 전해들은 적이 있다.

　그분은 진정 성경신앙의 학자였다고 생각한다. 내가 개인적으로 그분의 학교 집무실이나 그분의 가정을 방문하였을 때 한 번도 성경을 덮어 놓고 있는 모습을 본 적이 없다. 더욱이 그분이 개인 서재에서 성경주석 때문에 펼쳐 놓은 여러 책들 속에 앉아 있던 모습은 저로 하여금 감동을 받게 하고도 남음이 있었다. 그분은 주석을 위한 주석을 쓰는 자가 아니고, 성경을 믿고, 사랑하고, 전하고 싶은 성경신앙의 충동에서 글을 쓰신 분이라고 생각한다. 그래서 지금도 그분의 주석을 볼 때마다 나의 영(靈)이 요동한다.

　그분은 너무 소박하고 단순한 어린아이 같은 심성을 가진 인격자였다고 생각한다. 그분은 상대방의 말을 들을 때 마치 어린아이가 선생님이나 부모의 말을 믿고 듣는 것 같은 자세로 경청하곤 하셨다. 그러다가 그분의 마음에 옳지 않다고 생각되실 때는 분통을 터뜨리시는 모습을 보이시곤 하셨다. 그분은 무슨 일을 하거나, 말을 하고 권면할 때에나, 공석이나 사석에서 그분 자신이 먼저 항상 겸손하셨고, 또 후학들이나 만나는 자들에게 겸손할 것을 권면하셨다.

그분은 실로 불의에 대하여 정의로 분노하시던 어른이셨다. 그분이 설교 중에 하나님의 공의와 심판에 대하여 말씀하실 때 무서울 정도로 하나님의 가슴을 대변하시던 모습들이 지금도 제 마음속에서 사라질 줄 모른다.

내가 신학교에 가기 전에 부산남교회에 모인 당시 고려총회가 '신자 간의 불신법정 소송문제(고전 6장)'를 다루었다. 신자 간의 불신법정 소송이 가하다고 하는 편에 대하여 그분은 결코 불가(不可)하다고 하시는 자신의 입장을 밝히셨다. 그때 그 어른은 원고를 준비하여 차분차분히 '신자 간의 불신법정에서의 소송 불가론'을 발표하시다가 나중에는 의분에 복받쳐 목청도, 손도, 몸도 떨면서 큰 소리로 불가(不可)함을 외치시던 모습이 지금도 제 마음속에서 떠나지 않고 살아 있다. 온 총회와 방청석에 찬물을 끼얹은 듯 모두가 숙연해져 버렸던 그 장면은 정말 잊을 수가 없다. 옳고 그름에 대한 진리 분변을 토해내시던 그 모습은 마치 하늘에서 온 하나님의 사자처럼 보이고 느껴졌다.

그분이 고려신학교를 떠나신 일이나 서울에서 총신을 떠나 수원에서 합동신학교를 따로 세우신 일들은, 그분에게 있는 불의가 용납 안 되는 정의의 분노 때문이었다고 하는 맥락에서 보아야 할 것이다.

정암 박윤선 목사님!

한평생 영적 전투의 군사로, 실로 외로운 진리 투사의 길을 걸어가셨던 그 어르신은 지금 주 안에서 잠들어 계신다. 내가 수원 합동신학교에 갈 때면 어김없이 그분의 육신이 잠들어 계신 그분의 무덤을 찾곤 한다. 그분의 무덤조차도 아무런 단장도 없이 너무나도 외로이 홀로 누워계심을 보면서 저 제네바의 칼빈이 연상되기도 하였다.

100년이 넘는 한국의 기독교 역사에는 정암 박윤선 목사님이 닦고 걸어가신 길이 있다. 나는 그분이 걸어가신 그 길을 '개혁주의 신앙노선'이었다고 말하고 싶다. 나는 그분으로 말미암아 나 역시 그 길을 따라가는 역사의 후손이 되었다는 자부심을 가지고 오늘을 숨 쉬고 있다.

요한계시록 주석 출판과 나[1]

오병세 교수(부산 고려신학교 1회 졸업)

고려신학교는 1946년 9월 20일에 개교가 되었다. 그때 박형룡 박사님을 만주에서 모셔오기로 했는데, 나명환 전도사 모시려 가려다 못 갔다. 이런 형편 속에 아무튼 개교는 해야 되겠다 해서 박윤선 목사님이 교수로 취임하시는 동시에 교장서리라는 직분을 맡게 되셨다. 1947년 10월 14일에 박형룡 박사님을 모시게 되어 박형룡 박사님이 교장, 박윤선, 한부선 두 교수를 모셨다. 박윤선 목사님이 사실 미국에 두 번 유학을 하셨지만 늘 마음에 아무래도 교수를 하려면 박사 학위를 가져야 되겠다고 생각하셨다. 그래서 화란에 가서 개혁신학을 마치고 오시려고 했는데, 사모님께서 별세를 하시는 바람에 6개월 정도밖에 못하고 돌아오셨지만, 교장으로서 가신다는 것이 여간 문제가 아니었다.

그러나 그 때까지는 한국에 칼빈주의, 보수주의라는 말은 복음주의 계통에서 써왔지만 개혁주의 신학을 깊이 연구하시기 위해서 가셨다. 사실 교장이라는 책임을 맡으셨지만 학위를 하는 일이 더 중요하다고 생각하셨기 때문에 유학을 하셨던 것이다. 사모님이 별세를 하셔서 빨리 돌아오셔서 참 안됐지만, 또 그후 60년도에 미국을 거쳐서 다시 화란으로 가시려고 했지만 여러 가지 사정이 있어서 그것도 좌절이 됐다. 단순한 학위만이 아니고 개혁주의 신학을 확실히 깨닫고 이것을 한국에 크게 전파하겠다는 그런 사명감 같은 것을 가지고 노력하신 것이 아닌가 하는 그런 생각이 들었다.

나는 1946년 대구 서문교회 연신옥 목사님이 박윤선 목사님하고 김치선 목사님하고 자기하고 세 사람이 새로 신학교를 시작하는데 그리로 가라 해서 진해로 갔다가 그 신학교가 1946년 9월 20일에 부산진에서 고려신학교로 개교되

---

1) 이 글은 정암20주년 기념대회 제3강좌 '한국 교회 원로들의 정암 박윤선 목사 회고' 간담회 내용에서 발췌하여 싣다.

어 그때부터 그 밑에서 내과 2년, 목과 3년 합해서 5년 동안 여러 가지 공부를 하게 되어서 참 감사하게 생각한다. 그리고 1946년 6월부터 6주간 진해에서 신학강좌를 하는데, 그것이 고려신학교의 전신이다. 그 신학교는 신사참배 반대 투쟁을 해서 5~6년 수난하신 주남선 목사님과 한상동 목사님 두 분이 설립자이시고, 거기에 박윤선 목사님이 신학적인 면에서 주도를 해서 고려신학의 토대를 놓는 역할을 하는 14년간의 참 귀한 사역을 하셨다.

박윤선 목사님께서 한국과 미국에서 공부를 하시고 돌아와서 평양신학교에서 어학 강사와 또 표준 주석을 쓰는 수고도 하셨지만, 두 목표가 늘 영원히 계셨는데 '신학교육과 주석을 집필하겠다'는 것이었다. 그것이 만주 봉천신학교에서 이루어졌는데, 그것은 준비 단계였고, 실질적으로는 1946년에 부산 고려신학교에 오셔 가지고 헬라어, 히브리어를 위시해서 성경 주석을 하시면서 여러 가지로 수고하셨는데, 첫 번째 주석이 요한계시록 주석이다. 그것이 1949년 4월경에 나왔는데, 이 일에 조금 수종을 들었고 그 때 경남 창원 일동교회에서 총각 전도사로 있었다. 이 어른의 계시록 주석을 위해서 저와 함께 창원 일동교회에서 집사님들이 해주는 식사를 같이 하면서 합숙했다. 그때 뭐 녹음기도 없고, 타이프도 없으니까 구술을 하시면 나는 받아 적었다. 그때 목사님 수종을 드니까

정암 박윤선 목사 신구약 성경주석 완간 감사기념예배, 1979년 10월9일

주일 설교와 새벽기도는 목사님께서 맡으셔야 한다는 조건을 제시했다.

　주석 인쇄는 나의 육촌 형인 대구 서문교회 오병기 장로가 운영하는 대구 경북인쇄소에서 했다. 인쇄하는 중에 숙소는 대구역 앞에서 여관을 하고 있는 대구 서문교회 배수윤 장로님의 여관에서 숙식을 하면서 원고 교정을 하고 해서 제일 먼저 나온 것이 계시록 주석이었다. 첫 주석을 출간한 이후로 49년간에 걸쳐 성경 전체 주석을 완간을 했다는 걸 볼 때에 그 어른의 노력에 고개가 절로 숙여졌다. 그때 원고 교정을 할 때 목욕탕에서 목사님 때를 민다고 빨간 수건으로 밀어드렸는데 나중에 알고 보니 피부가 좀 벗겨질 정도가 되었지만 잘 참으셨던 기억도 난다.

박윤선 신학과 한국 교회

이종윤 목사(서울교회)

　박윤선 목사님을 많은 사람들이 존경하고 사랑하지만 나는 그분을 특별히 존경했고 내 인생에 크고 작은 일에 그분과 인연을 맺게 된 것은 결코 우연이 아닌 하나님의 섭리였다고 본다.

　내가 고등학교 1학년 시절 목사의 소명을 받고 기도할 때 박윤선 목사님은 고려신학교 교장으로 우리 교회에 오셔서 종종 말씀을 증거하셨다. 그 설교의 권위에 압도되어 내가 목사가 되면 박윤선 목사님 같은 분이 되어야겠다고 결심한 적이 있었다. 나는 총신 신대원 재학시절 그분의 강의를 들었으니 제자라는 자리에 앉는 영광을 우선 얻었다. 내가 미국 필라델피아에 있는 웨스트민스터 신학대학원에서 B.D(지금의 M.Div)를 마치고 스코틀랜드 세인트앤드루스 대학에서 Ph.D를 받은 후 다시 필라델피아에 돌아와 아내(홍순복 박사)의 학업이 마치기를 기다리는 동안에 RPCES(지금의 PCA)에서 목사 안수를 받게 되었다. 그때 필라델피아 노회에 나는 특별 청원을 해서 안수식에 박윤선, 이인재, 이상근 목사님들을 모시고 안수를 받는 특혜도 가졌다.

　나는 귀국하여 ACTS에서 신약교수를 하던 중 전주대학교 총장직을 수임토록 하다가 내 모교회인 충현교회 목사로 청빙을 받아 취임하였는데 위임예배시 나는 박윤선 목사님을 설교자로 모셨다. 그전에 할렐루야교회를 시무할 때에도 박윤선 목사님은 내 신학과 신앙의 사표로 종종 강단에 모셨다. 그 분이 세상을 떠나기 한 주 전쯤 신촌 세브란스 병원에 문병 갔을 때 세 가지 말씀을 주셨다. "이 목사님은 김창인 목사님의 순교적 신앙을 잘 전수하십시오." "한국에 개혁주의 성경신학을 확산시키는 일을 위해 힘써 주십시오." "나는 빨리 천국가고 싶으니 속히 나를 데려가 달라고 기도해 주십시오." 그래서 나는 목사님의 손을 잡고 가슴에 손을 얹은 다음 울먹이는 기도를 했다.

박윤선 목사님 천국 환송 예배시 나는 기도 순서를 부탁받아 많은 제자와 추모 성도를 대표하여 박 목사님과 마지막 이별하는, 영광의 나라로 입성하는 순간에 하나님께 기도를 드렸다. 나는 내 인생의 중요한 순간마다 박윤선 목사님을 찾았고 그를 따랐었기에 그를 추모하는 마음이 애절했다.

박윤선 목사님은 그리스도의 남은 고난을 온 몸에 채우기를 원했던 사도 바울처럼 오로지 한국 교회와 신학교육을 위해 생명과 사랑을 완전히 쏟아 붇고 간 한마디로 기도의 사람이요 경건의 사표임이 틀림없다. 그가 필생의 작품으로 남긴 신구약 성경주석은 펜으로 쓴 것이 아니고 무릎으로 썼다할 만큼 그는 깊은 기도로 진리를 깨닫고 체험하고야 해석을 해 나갔다. 그의 설교는 진실 그것이었고 진리에 대한 확신에 불타 있었다. 한평생 하나님과 하나님의 영광을 위하여 자신을 불태웠다.

스스로 죄인의 괴수로 자책하면서 누구에게든지 사랑과 겸손의 도를 실천으로 보여주었다. 그는 한국교계의 척박한 풍토와 분위기 속에서도 오직 하나님께 매달려 기도하므로 위로부터 오는 위로와 평안을 얻었으며 보수신학자로서 빠지기 쉬운 독선과 화석화 된 전통으로부터 해방된 참 자유인이었다. 예배당은 성전이 아니라든가 여전도사가 강단에서 사경회를 인도할 수 있다는 그의 열린 마음은 신앙과 신학을 분리하지 않은 기독교인의 바른 신학과 바른 삶이 무엇인지를 보여준 것들이다.

방지일 목사는 박윤선과 오랜 신앙 동지요 숭실대학과 평양신학교의 동창생으로 박윤선을 '우리에게 있는 나다나엘'이라 불렀다. 그에겐 간사함이 없고 주님이 찾으시는 참 이스라엘 사람으로 기도의 사람이요 성경에 열중하였으며 특히 요한계시록 전장을 암송(헬라어로도?)하였다고 한다.

박윤선은 방지일 등과 숭실대학 재학 시절 기독학생 청년회를 조직하고 여름과 겨울에 전도대를 파송하고 특별집회를 인도하기도 했다. 그는 말씀만 전하는 것이 아니고 집회시 헌금 시간에는 자기 회중시계를 헌납하기도 하는 순전한 모습을 보이기도 했다. 박윤선은 미국 유학 시절 친구인 방지일에게 보낸 편지들을 방지일 목사가 공개한 바에 의하면 그가 얼마나 일편단심 주님밖에 모르고 살기를 원했는지 짐작할 수 있다. "…주여, 나는 처자도 모르옵고 부모도 모르옵고 친구도 모르옵고 사업도 모르옵나이다. 어떤 주의에 충(忠)함도 모르옵니다. 다만 성신만 알기를 원하오며 다만 경건 생활만 알게 하옵소서." 그의 이 기도문은 그가 어떻게 경건하게 살기를 원했는지를 보여준 좋은 예증이 될 것이다.

목사는 강단이 없으면 죽은 목숨

'목사는 강단이 없으면 죽은 목숨'이라고 한 박윤선 목사님은 자기 강단이 있어야 말씀을 받기 위한 골방과 밀실을 가질 수 있기 때문이라고 했다. 이처럼 기도와 설교를 중요시한 그의 개혁주의적 신앙과 신학을 우리는 다음 몇 가지로 간추려 볼 수 있을 것이다.

① 오직 하나님께 영광 – 그의 설교와 주석 그리고 경건생활은 모두가 하나님 영광을 위한 사상으로 집약된다. 남들이 박윤선을 기도의 종 또는 말씀의 종이라 부를 때마다 그는 그 말 자체를 두렵게 생각하고 운명하는 시간까지 나는 죄인 중에 괴수라고 고백했다.

그의 성역 50주년 감사예배시 박윤선 목사님은 답사를 통해 다음과 같이 고백했다. "나는 어렸을 때 새를 잡았는데 그 때 마음이 두근거렸습니다. 그러나 지금 이 순간에 이 축하를 받고도 마음이 두근거리지 아니하니 나는 철면피입니다. 그리고 나는 83년 묵은 죄인입니다. 지금까지 무엇을 이룬 것이 있다면 그것은 내가 한 것이 아니고 하나님께서 하신 것입니다. 하나님만이 영광을 받으셔야 할 것입니다." 그의 신앙과 신학은 '오직 하나님께 영광'(Soli Deo Gloria) 또는 '하나님 면전에서'(Coram Deo)라는 사상으로 일관되어 있다.

② 오직 성경 사상 – 그는 성경을 모든 진리의 척도라고 주장한다. "성경은 하나님의 말씀인 만큼 모든 것에 대하여 바로 해석하여 줍니다. 곧 천지 만물을 바로 해석하여 줍니다. 성경이 만물에 대한 학문의 교과서는 아니지만 만물을

통일시키는 옳은 진리에 관계시켜 해석하게 합니다. 따라서 성경 진리는 모든 만물계의 모든 이치들을 진리 되게 하는 진리입니다."

③ 오직 은혜 사상 – 인간의 전적 타락과 부패를 깨달은 사람만이 하나님의 은총을 바라보게 된다. 워필드는 "내가 시장에 다녀왔는데 어찌하여 사람들이 나를 돌로 치지 않을까?"라고 하였다고 한다. 자신은 흉악하고 음침하며 옳은 것이 없는 죄인임을 알았기 때문에 그런 말을 했듯이 박윤선 목사님은 항상 자신은 어쩔 수 없는 죄인임을 고백하면서 인간의 자율주의로는 불가능하기 때문에 하나님의 은혜를 구하는 사상으로 가득 채워져 있다. 오직 하나님의 은혜(Sola Gratia)란 인간의 책임 회피나 노력을 무시하는 것이 아니고 오히려 하나님의 은혜를 받기 위해 피나는 노력을 경주해야 할 것을 말한 것이다. 그는 하나님의 거저 주시는 은혜를 강조하면서 은혜 받은 만큼 노력해야 하고 노력하게 되는 그 자체가 벌써 은혜라고 한다. 말할 수 없는 하나님의 은사는 다른 것이 아니라 하나님이 우리에게 주신 독생자 예수 그리스도이기 때문에 그의 신앙과 신학은 '오직 하나님 은혜'사상으로 절정에 이른다.

④ 오직 믿음 사상 – 박윤선은 신앙의 사람이다. 그의 신학도 신앙이며 그의 삶도 '오직 믿음'(Sola Fide)이라는 큰 맥락에서 이해된다. 그가 말하는 믿음은 관념적인 것이 아니고 실제적인 것이다. 구체적인 행위로 나타난 그의 믿음은 하나님과 동행한(하나님을 기쁘시게 한) 에녹처럼 그를 움직이게 했다. 하나님께 나아가는 믿음으로 그는 기도했고 성경을 해석하고 설교를 한 것이다.

박윤선 목사님은 한국이 낳은 진정한 칼빈주의자다. 옹졸하고 아집에 빠진 폐쇄주의적 신학자가 아니라 우리의 사회와 삶을 개혁시켜준 우리 시대의 자랑스러운 개혁주의 신앙과 신학의 아버지다.

누가 뭐래도 기도꾼은 박윤선입니다

방지일 목사(영등포교회 원로목사)

[다음 소개하는 글은 정암의 기도의 삼총사이셨던 방지일 목사님께서 본서의 출간에 즈음하여 보내주신 회고의 내용이다. 방지일 목사님은 99세 연세이시다. 방 목사님은 "닳아 없어질지언정 녹슬지는 않으리라"는 마음으로 현재에 이르기까지 자신의 몸이 녹슬지 않도록 닳아 없애고 계신다. 방 목사님은 "주 예수께 받은 사명 곧 하나님의 은혜의 복음 증거하는 일을 마치려 함에는 나의 생명을 조금도 귀한 것으로 여기지 아니하노라"고 고백한 사도 바울처럼 오늘도 세계를 누비며 복음 전파 사역에 자신의 몸을 닳아 없애고 계신다. 하늘의 부름을 받으실 때까지 닳아 없애는 그 길을 가실 것이다.]

박윤선 김진홍 방지일은 셋이 한 몸이라고 할 수 있는 기도 동지들인데 김진홍이 나이는 제일 많고 나는 가장 어린 사람이었군요. 우리는 신성 중학, 숭실대학, 평양신학 세 학교를 같이 다녔기에 너, 나 하고 살았군요. 누가 뭐래도 기도꾼은 박윤선입니다. 그 때는 산 기도를 가서 습기 때문에 땅에 앉아 있지도 못했습니다. 비닐도 없던 때인데 우산을 만드는 데 쓰던 유단이라고 하는 천에 기름 들인 그 천 한 조각을 사서 가지고 가면 그래도 밤새 앉아 있어도 괜찮은 편이었지요. 그리고 물병에 물을 가지고 가고, 미숫가루 한 봉지를 가지고 가서 타서 마시면서 계속 기도하던 기억이 새롭습니다.

우리 셋이서 같이 기도한 제목은,

첫째, 엘리사의 기도같이 '갑절의 영감을 주세요'라고 구하는 것이고,

둘째, '기름 짜내듯 살게 해 주세요',

셋째, '설교는 물론 오늘의 삶이 내 마지막이라 생각하고 전 생명을 쏟는 삶을 살게 해 주세요'였습니다.

    이는 에스더의 전용어가 아니라 우리의 할 말이니 '죽으면 죽으리라. 내일이
또 있다고 생각 말고 오늘 내 생명을 걸고 살자'는 말들이 서로서로 격려하는
말이었군요. 박윤선 목사가 미국 있으면서 내게 보낸 간단한 편지의 말들이
벌써 기록으로 나와 있기도 하지요. 깊이 있게 보냈었던 한 가지 편지는 '단(壇)의
설교보다는 가정에서 가족에게 하는 설교가 가장 중요하다. 내 언행 일체가
내 식구들에게 하는 귀한 설교로다'라는 말을 보내 주셨더군요. 그저 한번
참고하세요. 감사합니다.

방지일 박윤선 김진홍, 1973년

한국 교회의 큰 스승 4/

내가 본 정암의 목사상

유영기 교수(합동신학대학원)

만남은 누구에게든지 소중하다. 일생 중에 가장 소중한 만남은 부모님과의 만남이라고 한다. 그 이유는 이 세상에서 수많은 새로운 차원의 만남을 가능케 하는 출발점이 되기 때문이다. 그러나 그보다 더 소중한 만남이 있다. 하나님과의 만남이다. 이 만남은 영원과의 만남의 출발점이기 때문이다.

내가 세상에 태어날 때 경건한 어머니와의 만남을 주신 하나님께 감사드린다. 그러나 내가 살아계신 하나님과의 만남을 가능케 하신 분은 정암이었다. 이것을 생각할 적마다 정암과의 만남을 허락하신 하나님께 감사드린다. 정암은 영적으로 새로운 차원의 세계로 나를 인도하여 주셨다.

1. 첫 만남

고등학교 2학년에 다닐 때 2학기 첫 주일 예배를 드리려고 토요일 날 미리 교회 위치를 확인한 다음 동산교회를 찾았다. 당시 그 교회는 교인들이 많은 편이었으나 예배의 모든 순서를 정암이 맡아서 진행했다. 정암은 설교하기 전에 대표기도를 드렸는데 예배를 위하여 또 교인들과 교회를 위하여 간절하고 애절한 기도였던 것으로 기억한다.

정암이 기도를 시작한 지 얼마 되지 않아 나의 마음속에 이 분은 살아계신 하나님께 기도드리는 목사님이라는 생각이 들었다. 그 기도는 바로 옆에 계시는 분에게 간청하는 것처럼 들렸다. 이때 나의 마음에 박 목사님 밑에서 신앙생활을 해야겠다는 마음이 생겼다.

초등학교 시절은 그저 맹목적으로 교회를 다녔다고 생각된다. 그러기에 하나님이 계시느냐 아니 계시느냐 하는 것이나 예수님의 십자가의 죽음에 대하여 생각해 보지 않았다. 중학생 시절부터 시골을 떠나 도시에서 학교를 다니기 시작하면서 점차 교회를 마지못해 다니는 내가 되었다. 이때부터 하나님이 살아 계신 것도 같고 그렇지 않은 것도 같았다. 예수님이 나를 위하여 십자가에 죽은 것도 같았고 때로는 그 사실이 믿어지지 않기도 했었다. 솔직히 그런 의문이 나의 주요 관심사가 되지도 못했다. 그런 내가 정암의 기도를 들으면서 그런 생각을 하게 된 것은 하나님의 은혜임이 틀림없었다. 따라서 이 경험은 내가 정암을 잊을 수 없는 영원한 영적 스승으로 모시는 계기가 되었다.

첫 설교에서 감동을 받다

기도 후에 이어진 정암의 설교가 다시 한 번 나를 사로잡았다. 설교 내용은 다니엘서에 나타난 다니엘의 세 친구의 믿음에 대한 것이었다. 당시 나는 4·19 학생혁명 이후 이 세상이 내가 기대했던 대로 돌아가지 않는 것을 보면서 염세주의에 빠져 있었다. 그런데 정암의 설교를 통하여 나와는 전혀 다른 생각을 품은 동년배들이 있었다는 것을 알게 되었다. 그들은 아무도 자신들을 죽일 수 없다고 생각하면서도 죽어도 좋다는 생각으로 살고 있었다.

그들을 그렇게 만든 것은 그들이 처한 환경이 아니라 그들의 하나님에 대한 믿음이라는 정암의 외침을 들었을 때, 나는 도대체 그 믿음이라는 것이 무엇인가라고 반문하게 되었다. 우리도 그들과 같은 믿음을 소유하면 그들과 같이 될 수 있다는 정암의 외침은 그들과 정반대의 생각을 하며 사는 나의 마음을 사로잡았다. 그때부터 예배에 빠지지 않고 정암의 설교를 듣기로 작정하고 고등학교 남은 기간 동안 주일 오전예배, 저녁예배는 물론 수요예배를 서울에 있는 동안은 한 번도 빠짐없이 출석했다. 당시 나는 하나님이 정암의 설교를 통하여 무슨 말씀을 전할지 모른다는 생각에 이르게 되었다. 따라서 예배를 빠질 수가 없었다.

나는 정암이 신학교에서 목사가 될 신학생들을 가르치시는 신학교 교수님이시라는 말을 들었음에도 불구하고 첫 주일 예배에서 그의 설교를 들으면서 무식한 분도 성령의 은혜를 받으면 저렇게 확신을 가지고 힘 있게 설교할 수 있다고 생각하게 되었다. 나의 표현대로 말하자면 정암은 신령한 목사님이었다. 점차 시간이 지남에 따라 정암은 신령한 목사님일 뿐 아니라 실력 있는 목사님으로 알게 되었다.

나는 동산교회를 열심히 출석하여 정암의 설교를 듣는 중에 하나님의 살아 계심과 예수 그리스도가 나의 죄 때문에 나를 위하여 십자가에 죽으신 것을 믿고 알게 되었다. 정암은 성경말씀은 알고 믿는 것이 아니라 믿으면 알게 된다고 역설하곤 하였다. 정암은 "성경은 위에서 주신 하나님의 계시의 말씀이기 때문에 먼저 믿어야 된다. 먼저 믿고 시작해야 된다. 그 누구도 성경을 믿지 않고는 성경의 진리를 알 도리가 없다. 성경, 즉 하나님이 주신 계시의 진리는 먼저 믿고 다음에 알게 된다."고 강조하셨다. 정암의 설교를 듣는 중에 성경에 기록된 기적들을 하나하나 믿게 된 것이 아니라 한 순간에 모든 것을 믿게 되었다.

두 인생의 차이

정암은 인간의 무능과 무가치함에 대하여 몇 번의 연속 설교를 하셨다. 당시 나는 세상을 비관적인 눈으로 바라보고 있던 때인지라 정암이 인생은 안개와 같다고 하실 때 맞장구를 쳤다. "너 지렁이 같은 야곱아!" 하실 때는 그 말이 '맞다!' '맞다!' 하며 내심으로 손뼉을 쳤다. 지렁이는 한번 뒤집어지면 자신의 힘으로는 다시 원위치로 되돌아갈 수 없다고 하셨다. 모든 육체는 풀과 같고 그 모든 영광은 풀에 꽃과 같으니 풀은 마르고 꽃은 떨어진다. 그러나 주의 말씀은 세세토록 있다는 야고보서를 본문으로 하신 설교는 지금도 아주 생생하다. 그러나 정암 설교의 총 결론은 천하를 주고도 바꿀 수 없는 것이 인생이라고 하였다.

그는 "사람이 만일 온 천하를 얻고도 제 목숨을 잃으면 무엇이 유익하리요

사람이 무엇을 주고 제 목숨을 바꾸겠느냐"는 말씀에 근거하여 천하보다 귀한
것이 인생이라고 설교하셨다. 어떤 인생은 천하를 주고도 바꿀 수 없는 인생이고
어떤 인생은 잠간 보이다가 없어지는 인생이냐고 정암은 물었다. 세상에서
소위 잘 나가는 사람들은 천하보다 귀한 인생을 사는 것이고 길거리에서 청소를
하거나 연탄 달구지를 끄는 사람들은 잠간 보이다가 없어지는 인생이냐고 물었다.
정암의 답은 이 세상만 알고 저 세상이 있다는 것을 모르고 사는 자는 그가
세상에서 어떤 사람이든지 잠간 보이다가 없어지는 삶을 사는 자이고 저 세상이
있는 것을 알고 주님을 믿는 사람은 그가 비록 길거리에 청소하는 자일지라도
천하를 주고도 바꿀 수 없는 인생이라고 외쳤다. 그 이유는 이 세상은 잠간이고
저 세상은 영원하기 때문이라고 하였다.

하나님의 말씀은 덮어놓고 믿어야 합니다!

정암의 설교 중에 지금도 기억하는 것은 그가 종종 "그러니깐 하나님의 말씀은
덮어놓고 믿어야 합니다"라는 외침이었다. 예수 그리스도를 믿는 자의 삶에서
가장 중요한 것은 하나님의 말씀을 덮어놓고 믿는 것이라고 하였다. "덮어놓고
믿는다"는 말의 의미는 성경 말씀은 이성이나 환경에 비추어 따지지 말고 무조건
믿어야 한다는 것이다. 왜냐하면 하나님의 말씀은 일점일획이라도 반드시 없어지
지 아니하고 다 이루어지기 때문이라고 강조했다. 정암이 설교하시면서 특히
무엇을 강조할 때는 언성은 높아지고 얼굴은 약간 이글어지고 손바닥으로는
강대상을 치곤하였다.

나는 정암이 설교 중에 그렇게 강조할 때 종종 목소리를 한 옥타브 높였으면
하였을 때가 있었다. 그럴 때면 정암의 설교는 내 마음을 사로잡고 나도 모르게
주먹이 쥐어지곤 하였다. 가슴이 두근거리고 온 몸에 전율이 오면서 통곡하는
때도 있었다. 그런 경험을 한 나로서 내가 후학들에게 설교를 통하여 조금이나마
그런 정암을 그려볼 수 있게나 하였는가를 생각할 때 죄송한 마음 금할 길이
없다.

서울에 있었을 때 수요일이면 아예 학교 도서관에 있다가 가방을 들고 교회에 갔다가 늦게 집으로 돌아왔다. 그런 나의 모습이 친구들에게는 이상스럽게 보였던 것 같았다. 한 번은 친구가 "너 대학에 갈려고 하느냐"라고 물었다. 대답 대신에 "너는 대학에 갈 것이냐"고 되물었다. 그는 간다고 대답했다. 나는 "네가 가는 대학 왜 내가 안가"라고 대답했다. 그 친구는 대학에 떨어지고 나는 합격했다.

나는 정암의 설교들을 모두 기록하였다. 앞으로 써먹겠다는 생각을 하고 그렇게 했다. 정암의 설교를 가능하면 하나도 빠트리지 않고 잘 기록하기 위하여 고삼 때 한글 흘림체를 배웠다. 그렇게 일 년 반 정도 모아 놓았던 정암의 설교 기록 모음들을 모두 잃어버렸다. 그 후부터 메모하는 습관을 그만 두었다. 지금 생각하면 좋은 습관이었는데 아쉬움이 남는다. 그러나 그 때는 하나님께서 내가 정암의 설교를 써먹기 위해 기록하는 것을 원치 않으신다는 생각이 들어 그만 둔 것이다.

예수 믿는 것은 땅 짚고 헤엄치기다!

나는 예수를 잘 믿는 것은 어려운 일이라고 들어왔고 그렇게 생각했다. 그런데 어느 주일 저녁 설교에 설명도 없이 "예수 믿는 것은 땅 짚고 헤엄치기다!"는 말씀부터 강조하셨다. 이어서 그 이유를 설명하셨다. 땅을 짚고 헤엄치는 자는 강물이든지 바다물이든지 두려워하지 않듯이 예수 믿는 자는 시험이나 환난을 두려워하지 않는다고 하셨다. 헤엄치는 자가 땅에 손을 짚고 헤엄치듯이 믿는 자는 예수를 의지하여 세상을 살아가기 때문에 어떤 것도 두려워 할 필요가 없고 예수만 의지하면 어떤 것도 이길 수 있다고 하였다.

한걸음 더 나아가 세상일은 일한 만큼 대가를 얻지 못하는 경우가 비일비재하다고 하셨다. 사람이 일찍 일어나고 늦게 누우며 수고의 떡을 먹어도 그 결과는 허사인 경우가 많다고 하셨다. 그러나 예수 안에서 한 수고는 절대로 그런 일이 없다고 하셨다. 수고한 대가를 반드시 거둔다고 하셨다. 어떤 경우에는 그 수고가 씨앗이 되어 인내로 기다리면 반드시 기쁨으로 30배 60배 100배로 단을 거둔다고 하셨다. 사람이 힘들어하는 것은 힘들어서라기보다는 노력한 만큼 결과를 얻지 못하기 때문이라고 하셨다. 그러나 주 안에서 행한 모든 것은 행한 것 이상의 열매를 맺게 되기 때문에 예수 믿고 행하는 것은 쉬운 일이요 땅 짚고 헤엄치기라고 하셨다.

예수를 믿는 것이 힘들어 보이는 이유는 믿음으로 사는 삶의 결과를 바라보지 못하기 때문이라고 하였다. 믿음으로 사는 것은 씨를 뿌리는 것과 같다고 하였다. 씨를 뿌리는 데는 눈물과 땀이 필요하다고 하였다. 그럼에도 불구하고 농부들이 땀을 흘리는 일을 기쁜 마음으로 하는 것은 추수의 계절을 바라볼 수 있기 때문이라고 하였다. 그러기에 농부가 땀을 흘리면서 씨를 뿌리면서도 그것이 힘든 일이라고 생각지 않는다는 것이다. 농부는 때로 흉년이 되면 심은 대로 거두지 못한다고 하였다. 그러나 믿음의 삶에는 흉년이 없다고 하셨다. 그러므로 믿는 것은 땅 짚고 헤엄치기라고 하셨다.

죄는 암과 같은 것

정암이 충무로 위치한 충현교회에서 전국 목사 장로 기도회에 주강사로 초청되었다. 그때 나는 장로도 목사도 아닌 고등학생으로 참석하여 은혜를 받았다. 지금까지 기억하는 것은 시편 51편을 본문으로 하여 죄의 심각성에 대한 설교였다. 정암은 집사보다 장로의 죄가, 장로의 죄보다 목사의 죄가 더 크고 주님의 몸 된 교회를 망치는 경우가 더 많다고 하였다. 죄는 암과 같은 것이라고 하였다. 죄는 자신도 모르는 가운데 암처럼 커져간다고 하였다. 고통이 없기 때문에 처음에는 자신도 죄 짓는지도 모르고 죄를 짓는다고 하였다. 남들이 모르는 경우가 많다고 하였다. 어디에서 어디까지 암인지를 구별하기 어렵듯이 죄가 그렇다고 하였다. 살기 위해서는 죽음을 무릅쓰고 수술을 해야 한다고 하였다. 어떤 경우는 수술을 해도 재발하듯이 죄를 회개하고도 또 그 죄를 짓게 된다고 하였다. 죄는 그처럼 무서운 것이라고 강조하였다.

정암이 죄를 말할 때는 거의 매번 죄와 더불어 피 흘리기까지 싸우라고
하였다. 정암은 죄를 말하면서 간악한 마귀의 궤계를 말한 것을 기억한다.
마귀는 안방에까지 들어와 죄를 짓게 한다고 하였다. 안방에서 정죄하는 말을
서슴없이 한다고 하였다. 그곳은 죄를 지으면서도 죄 짓는지도 모르고 죄를
짓는 곳이라고 하였다. 정암의 말씀이 마음에 새겨졌다. 나는 결혼해도 그
짓은 않겠다고 말이다. 그러한 나도 아내와 단둘이 있으면 입방아 짓을 종종
한다.

정암의 말씀을 마음에 새긴 나는 입방아 짓을 잘하면서도 아내가 조금 입방아
짓을 하면 그것은 죄 짓는 일이라고 하지 말라고 할 때가 종종 있다. 그럴
때면 아내의 대꾸는 두 가지다. "당신은 나보다 더 입방아 짓을 더 잘하면서
내가 조금하는 것을 왜 못하게 하느냐"고 대꾸한다. 다른 하나는 "내가 다른
사람에게는 이런 말을 하는 것 보았느냐? 그러나 당신은 내 남편이기 때문에
하는데 그것조차도 받아주지 않으면 나는 누구한테 내 속에 있는 말을 할 수
있겠느냐"고 대꾸한다. 나의 대답은 한결 같다. "만일 우리가 잘못 알았다면
죄 짓는 일을 하고 있는 것이 아니냐?" 이런 입방아 짓 때문에 나와 아내의
심사가 뒤틀릴 때가 종종 있다. 그럴 때마다 다시는 그 짓을 하지 않겠다고
다짐한다. 그럼에도 불구하고 마귀의 간악함을 알면서도 종종 마귀가 박수치는
일을 하고 있는 한심스러운 나를 본다. 정암의 말씀대로 마귀는 정말 간악한
존재임이 틀림이 없다.

신령한 목사냐 아니면 실력 있고 설교 잘하는 목사냐?

이미 앞에서 언급한 대로 나는 정암의 설교를 들으면서 무식한 분이 성령의
은혜를 받아 저렇게 확신을 가지고 힘 있게 설교한다고 생각하였다. 나의 표현대
로 말하자면 정암은 신령한 목사님이었다. 점차 시간이 지남에 따라 정암은
신령한 목사일 뿐 아니라 실력 있는 목사님이심을 알았다. 나의 어린 시절에는
'신령한 목사'라는 말이 있었다. 나는 "우리 목사님은 신령한 목사님이셔"라는

말을 종종 들었다. 어떤 목사님을 신령한 목사님이라고 부를 때 그 말을 하는 자나 듣는 자가 그 목사님에 대하여 일반적으로 다음과 같이 생각하였다. 그 목사님은 성경말씀을 열심히 읽고 그대로 설교하는 분이시다. 교인들에게 전한 말씀대로 살려고 몸부림치는 목사님이시다. 그 목사님은 양들을 위하여 열심히 기도하는 분이시다. 성도들을 위한 목사님의 기도는 성도들의 삶 속에서 응답되곤 한다. 그러기에 그런 목사는 경건하고 진실한 참 목사이시며 성도들의 사랑과 존경받는 목사이시다.

그러나 이제 '신령한 목사'라는 말은 이미 흘러간 옛 고전어가 되고만 느낌이다. 오늘날은 '신령한 목사' 대신에 '설교 잘하는 목사' 또는 '실력 있는 목사'라는 말이 애용되고 있다. 물론 대부분 설교 잘하는 목사나 실력 있는 목사는 옛날 말로 하자면 신령한 목사일 것이다. 그러나 내가 말하고자 하는 바는 일반적으로 설교 잘하거나 실력이 있는 목사라는 말 속에는 그가 어떻게 사느냐에 대해서 오늘날 한국 교회 성도들이 무의식중에 일지는 몰라도 큰 문제로 삼지 않는다는 사실을 보여 주고 있다는 점이다.

나는 때때로 정암은 신령하고 실력 있는 목사님이지만 설교를 잘하는 목사님은 아니라는 말을 듣게 되었다. 어떤 분은 "박윤선이 설교의 재능을 많이 가지고 있었던 것은 아니었다. 때로 그의 설교는 그 표현이 정확하지 못하고, 강조점이 멋있는 말로 치장되지도 않았다. 그 목소리 사용도 현대 설교 기법의 측면에서 보면 효과적이지 못하였다. 때로는 무자비할 정도로 강하였고 힘이 들어가 있었다."고 논평하였다. 그럴 때마다 나는 정암이 설교를 잘하는 목사님이 아니라는 말을 인정할 수 없었다. 도대체 설교 잘하는 목사의 기준이 무엇이라는 말인가?

귀만 즐겁게 하는 설교를 하는 자가 설교 잘하는 설교자란 말인가? 설교를 들으면서 "아~ 하"라고 지적 동의만 얻어내는 설교를 하는 자가 설교 잘하는 설교자란 말인가? 물론 그렇다고 말할 수 있겠다. 그러나 그런 설교를 들었는데 그 이후 아무 것도 일어나는 일이 없었다고 한다면 그래도 그런 설교를 하는 자를 설교 잘하는 설교자라고 말할 수 있겠는가? 심령을 윤택케 하는 설교, 그 설교를 들으면 주먹이 쥐어지고 심령에서 "오~호"라는 부르짖음이 나오는 설교, 삶의 변화의 원동력이 되는 설교를 하는 자가 진정으로 설교를 잘하는 자가 아니겠는가? 하나님의 말씀을 풀어 주심으로 심령에 불붙게 하는 설교를 하는 자가 설교 잘하는 자가 아니겠는가? 정암이 바로 그런 설교자라고 생각하며 그런 정암의 설교가 그립다.

2. 총회신학교에서 만남

내가 정암을 스승으로 만난 것은 1970년 총회신학교에서였다. 그때는 학생의 신분은 아니었다. 그 해에 입학시험은 보았으나 신체검사 결과 결핵으로 판명이 나 불합격하였다. 결핵은 전염병임에도 불구하고 나는 도저히 일 년을 참을 수 없어서 박윤선 목사님의 강의만을 골라 들었다. 지금까지 기억에 남는 것은 "계시의존사색"에 대한 강의였다. 그는 이 원리가 인간이 자기의 지혜로는 하나님을 알 수 없고 오직 하나님의 계시에 의해서만 알게 된다는 점을 강조하는 반틸(van Til)에 근거한 것이라고 하셨다. 이렇게 반틸을 알게 되었다.

계시의존사색

정암은 강의 시간에 애국가 가사에 있는 "하나님이 보우하사"라는 구절을 지적하면서 "대부분의 한국 사람들이 '하나님이 보우하사'를 부른다고 할지라도 그들이 부르는 하나님은 성경이 말하는 하나님은 아니다. 왜냐하면 그들은 하나님이 예수 그리스도의 아버지이심을 알고 애국가를 부르는 것이 아니기 때문이다. 그러므로 우리는 '하나님이 보우하사'라고 부를 것이 아니라 '예수님이 보우하사'로 불러야 진정한 의미에서 '하나님이 보우하사'가 된다."고 강조하였다. 정암은 불신자가 일반계시를 통하여 하나님을 알 수 없다고 강조하였다.

불신자가 일반계시를 통해서는 이 세상을 창조한 창조주를 인정할지는 모른다고 하였다. 그러나 그들이 일반계시를 통해서는 우리 죄를 위하여 십자가에 죽으신 예수 그리스도의 아버지 되시는 하나님은 절대로 알 수 없다고 단언하였다. 정암은 일반계시는 불신자가 창조주 하나님을 알도록 하는 목적으로 주신 것이 아니라 특별계시(성경)를 믿는 자들이 하나님의 권능과 사랑과 위대하심을 찬양하도록 하기 위하여 주신 것이라고 강조하였다. 그러기에 정암은 특별계시를 믿는 자만 일반계시의 진정한 의미를 알 수 있다고 주장하였다.

다음으로 기억나는 단어는 "자율주의"이다. 정암은 "자율주의는 하나님을 절대의 주님으로 알지 않는 동시에 하나님을 무시하고 나가는 사색이다. 따라서 이 사색은 그 첫걸음부터 하나님을 무시하고 떠났으니 그런 사색의 행진은 영원히 하나님을 만나지 못한다"고 지적하였다. 정암은 자율주의자들이 때때로 주장하는 중립적 혹은 편견 없는 연구는 있을 수 없다고 말하였다. 그것은 스스로 속은 생각이라고 단언하였다. 그 이유는 이러했다. "유신론이란 참된 한 하나님(창조주)은 절대적인 신이시므로 인간(피조물)은 첫걸음부터 하나님의 절대적인 주권 아래 있으므로 하나님께 대한 지식은 하나님을 제외하고는 성립할 수 없다. 창조주 하나님에 대한 지식을 제외한 인간의 지능 작용은 참된 지식을 얻지 못할 뿐 아니라 그 행동이 벌써 하나님의 절대적 권위를 무시하고 나타난 것이니 만큼 갈수록 하나님과 멀어질 뿐이다." 그러므로 "하나님의 절대적 주권을 벗어나서 자기의 자율주의를 성공적으로 성립시킬 수 있는 줄 안다면 그것은 진리에 대한 반역"이라고 정암은 강조하였다.

정암은 자율주의를 반대하면서 인간이 하나님 아버지를 알 수 있는 유일한 길은 오직 하나님께로부터 주어진 계시를 의존하여 사색할 때에만 가능하다고 강조하였다. 이 계시의존사색은 자율주의 사상을 버리고 어린아이처럼 겸손하게 하나님께서 주신 계시(성경 말씀)를 받아야 하나님을 알 수 있다는 절대적인 믿음을 가지고 사색(인식 행위)하는 것을 의미하였다.

정암은 계시의존사색으로 말미암아서만 인간이 구원을 받는다고 단언하였다.

그는 이 단언을 에덴동산의 사건을 예로 하여 좀 더 구체적으로 설명하였다. "아담과 하와가 범죄 한 뒤 하나님과의 교제는 단절되었다. 그러나 하나님께서는 영원히 그들과 그들의 자손을 버리시기를 원하지 않으셨다. 그러므로 아담과 하와의 범죄로 하나님과 그들 사이에 교제가 단절되었음에도 불구하고 하나님께서는 초자연적 간섭을 통하여 구원하실 것을 그들에게 계시하셨다. 이 구원은 하나님께서 인간에게 자기를 (구원의 하나님으로) 나타내심으로 인간이 (구원의) 하나님을 알게 되어 이루어진다"고 하였다. 그는 하나님께서 인간에게 이렇게 나타내심을 계시라고 말하였다. 그는 이 계시가 성경을 통하여 여러 모양으로 나타났음을 지적하면서 '하나님의 나타나심'(Theophanie), 곧 예언과 이적은 계시일 뿐 아니라 그의 백성을 구원하심과 관계되어 있다고 말하였다. 그런데 이 하나님의 나타나심은 예수 그리스도의 성육신으로 최고 정점에 이르게 되었다. 이 모든 계시의 사실들은 온 인류를 위하여 마침내 기록된 말씀, 곧 성경으로 전승된다. 정암은 하나님께서 인류를 구원하시기 위하여 계시를 주셨음을 강조하면서 이에 근거하여 인간은 계시의존사색을 통하여서만 구원을 받을 수 있다고 설명하였다.

천년왕국에 대한 다른 견해가 분열의 근거가 될 수 있는가?

3학년 교실에서 "천년왕국"에 대한 정암의 견해를 듣게 되었다. 천년왕국에 대하여 말씀하는 중에 기억나는 것은 천년왕국에 대한 견해로 신학교나 교단이 갈라져서는 안 된다고 강조하신 점이다. 정암은 구약 요엘서 2장 28절 이하를 예로 들었다. 구약의 관점에서 요엘서를 보면 최후의 구원과 심판은 동시에 일어나는 것으로 해석될 수 있지만, 오순절을 통과한 신약의 관점에서 보면 구원과 심판은 분명히 시간적으로 구분된다. 이처럼 천년왕국도 그럴 가능성이 있음으로 천년왕국에 대한 견해가 자신과 다르다고 해서 그를 이단시해서는 안 된다고 강조하였다.

칼빈주의는 칼빈의 주의가 아니라 성경주의이다

강의실에 들은 단어 중에 "칼빈주의"에 대한 정암의 정의가 기억에 새롭다. 정암은 칼빈주의는 "칼빈의 신학사상만을 주장하는 주의가 아니다"고 강조하였다. 칼빈이라는 이름은 붙었으나 "칼빈주의는 성경주의"라고 하였다. 그 이유는 칼빈이 성경을 깨달아 체계를 세운 주의이기 때문이라고 하였다. 또한 칼빈주의는 개혁되어야 하는 개혁주의라고 하였다. 칼빈이 성경의 모든 진리를 깨달아 체계를 세운 것이 아니기 때문에 후대에 성경에 대한 바른 깨달음이 있을 때는 그 깨달음은 칼빈주의에 더하여야 질 것이라고 하였다. 정암은 만일 칼빈이 칼빈주의라는 말은 들었으면 불쾌히 생각하고 내 이름을 빼라고 했을지 모른다고 하였다.

칼빈은 자신의 로마서 주석 헌사에서 다음과 같이 말했다. "하나님께서 그의 종들이 그들의 주제의 모든 부분에 대한 충분하고 완전한 지식을 각기 소유할 만큼 그들을 결코 축복하지 않으셨다. 하나님께서 우리의 지식을 그렇게 제한하신 목적은 첫째로 우리를 계속하여 겸허하게 하기 위함이요, 또한 우리의 동료들과 교제하기를 계속하도록 하는 데 있다……우리는 성경구절들의 해석에 관해 영구불변의 일치된 견해를 우리 가운데서 금세(今世)에 기대하여서는 안 된다." 개혁교회는 항상 개혁하여야 한다고 주장한 칼빈이 오늘날 다시 살아서 개혁교회를 본다면 무어라고 말하겠는가? 아마도 그는 겸손을 촉구하지 않을까 생각해 본다. 하나님께서 오고 오는 모든 세대에게 주신 성경말씀을 한 세대의 몇몇 사람들에게 맡겨 다 해석하도록 않았다는 것을 상기시킬 것 같다.

나의 기억이 정확하다면 정암은 자신의 설교에서 제네바를 방문하였다고 하였다. 좌우간 정암은 설교 중에 칼빈의 무덤에 대하여 말하였다. 칼빈의 무덤이 있는 공동묘지에 가서 묘지를 지키는 분에게 칼빈의 무덤이 어디 있느냐고 물었더니 그 분은 한 무덤을 가리켰다. 그 무덤에는 J. C라는 표지판만 있었다고 한다. 정암의 말대로라면 칼빈은 자신의 이름이 알려지기를 원하지도 않았다고 생각된다. 당시에 칼빈의 무덤에 대한 정암의 언급은 어린 나에게 정말 감동적이었다.

젊었을 때 기도 많이 하고 나이 들면 성경연구에 몰두하라

정암에게 배워본 자는 정암이 강조하는 것 중에 가장 중요한 두 가지가 무엇이냐고 물으면 대답 못할 자가 없을 것이다. 그것은 말씀과 기도이다. 지금까지 기억하고 있는 것은 정암이 강의 도중에 여러 번 "젊었을 때에 기도 많이 하고 나이 들어서는 성경연구에 몰두하라"고 하신 말씀이다. 얼핏 "젊어서나 나이 들어서나 항상 많이 기도하라"고 하지 않은 것을 이상스럽게 생각할 수 있다. 물론 나이 들어서는 기도하지 말라는 말씀이 아닌 줄 우리 모두 잘 안다. 정암은 기도는 싸움이요 전투이기 때문에 육체적인 힘이 필요하다고 하셨다. 이 교훈은 자신의 기도의 삶에서 체득된 지혜라고 생각한다.

정암은 설교나 강의 중에 자신의 삶에 대한 말씀은 좀처럼 하지 않았다. 그 이유는 성경인물 이외의 어떤 사람의 삶도 마땅히 본받아 행하여야 할 당위성이 있는 그런 삶이 없다는 것이었다. 또한 자칫 잘못하면 자기 자랑을 하는 죄를 짓고 다른 사람들에게 호기심을 불러 일으켜 성경보다 그렇게 말하는 그에게 관심을 기울이도록 하는 잘못을 범할 수 있기 때문이었다고 생각한다. 고 이창숙 권사님은 "목사님들이 대개 자랑들은 하지 않지만 그래도 자식들 자랑은 하는데 하나님께서 박 목사님에게는 그것조차도 못하도록 조치하셨다"고 하시는 말을 들었다.

그러나 감사하게도 정암은 자신의 기도생활을 엿볼 수 있는 글들을 여기저기에 조금씩 남기셨다. 그 중에 정암의 자서전인『성경과 나의 생애』(영음사, 1992)와 "나의 생애와 기도생활"이라는 제목으로 설교한 내용에서 좀 더 구체적으로 볼 수 있다("성경적 기도생활", 제3회 서울 케직 메시지, 두란노서원, 1987, 12). 정암은 "산을 볼 때에 이상스러운 생각이 나고 또 들을 볼 때에도 역시 마찬가지"라고 하셨다. 정암은 그 이유는 예수님이 그런 곳에 가서서 기도하셨기 때문이라고 하시면서 그곳은 고요한 한적한 장소로 전심전력으로 하나님을 찾을 수 있기 때문에 우리 인생에게 중요한 행복한 장소가 된다고 하셨다. 정암은 그런 장소가 필요한 이유는 일반적으로 우리가 하나님께 기도한다고 하면서 "머리로만 찾고, 심령으로 찾지 않기 때문이요, 우리의 인격 전체가 하나님을 찾는 자세가 아니가 때문이다"고 하셨다.

정암의 기도는 애쓰는 기도였다. 응답 받을 때까지 끝까지 물고 늘어지는 기도였다. 하나님께서 정암을 기도 훈련시키시기 위하여 정암으로 하여금 고난의 삶을 살도록 하셨다. 정암이 당한 고난은 자신이 자취한 고난이라기보다 자신의 힘으로는 해결할 수 없는 고난이었다. 그가 당한 고난은 때로는 어머니, 가난, 신사참배와 망명생활과 자녀와 질병으로 인한 것이었다. 정암의 기도는 애절하였다. 그 애절한 이유는 모친이 하나님을 믿지 않아서였다. 믿지 않는 모친을 위한 정암의 기도가 애절하고 간절한 기도였음은 쉽게 추측할 수 있다. 정암은 모친이 믿기까지 끊임없이 기도를 한 것은 자명하다.

정암의 신학교 시절부터 친구이신 방지일 목사님은 "우리에게 있는 나다나엘"이라는 글에서 정암의 모친이 정암이 믿는 것과 목사가 되는 것을 얼마나 극렬하게 반대하였는가를 전하여 주고 있다. 방 목사님의 글에 의하면 정암이 부친의 제사를 드릴 때 모친이 통곡하는 틈을 타서 부친의 사진을 들고 슬쩍 나가자 정암의 모친은 식도를 들고 아들을 죽이겠다고 하시면서 아들의 뒤를 쫓아갈 정도이었다(방지일, "우리에게 있는 나다나엘", 『박윤선의 생애와 사상』, 47–49쪽). 그러나 정암의 모친도 결국 믿음의 사람이 되었다. 방 목사님은 정암의 모친이 믿게 된 결정적인 요인은 계속된 합심 기도라고 하였다. 정암은 그때의 감격을 다음과 회상한다.

"나는 유학 중에도 간절한 마음으로 나의 모친이 회개하고 주님을 영접하시게 되기를 위해 계속 기도하였다. 마침내 그 기도는 응답되어서 모친은 예수 그리스도를 믿을 뿐 아니라, 성경을 사모하여 그때부터 한글을 배워서 신구약을 일독하셨다고 한다. 구원의 은혜를 깨달은 어머니는 붓글씨로 요한복음 3장 16절의 말씀을 써서 미국에 있는 나에게 보내 주셨다. 나는 그 글을 받고 너무나 기뻐서

하나님께 감사기도를 드렸는데, 그때의 감격이 지금도 생생하다."(방지일, 75)

정암은 그의 말년 얼마동안을 제외하면 일생동안 가난 속에 살았다. 그가 가난 속에 드린 기도는 부하게 해달라는 것이 아니었음이 분명하다. 그러나 정암은 일생동안 당했던 가난이 그로 더욱 간절하고 애절하게 기도하도록 하였을 것은 자명하다. 어느 때는 학업을 위하여 가족의 생계를 위하여 다른 때는 가난한 신학교의 재정을 위하여 그리고 주님께서 그에게 주신 사명을 이루어 가는데 지장이 되지 않도록 그는 간절히 기도할 수밖에 없었을 것이다. 정암은 만주 봉천신학원에서 4년간 가르치셨다. 그때에 자신의 사명과 관련하여 다음과 같은 기도를 드렸음을 말하고 있다.

"나 같은 사람은 목사요, 또 부족하지만 어느 방면에 대해서 봉사할 것이라는 확실한 신념을 가질 때에 그것이 소명감이 아니겠습니까? 나는 어디에서 어떻게 일할 사람이라고 생각하는 것이 중요합니다. 제가 1941~1945년까지 만주에 있었습니다. 그때 제가 새벽마다 기도한 것은 제가 원하는 것이 있어서입니다. 하나님께서 이 기도를 들으시고 반드시 그때가 오면 나를 그 방면으로 사용해 달라고 기도했습니다. 지금도 그 기도를 잊어버리지 않습니다. 저는 그 기도가 이루어졌다고 생각합니다."

정암은 기도의 응답에 있어서 즉시로 응답되는 경우도 있지만 어떤 경우는 기도한 자가 죽은 후에 이루어지는 경우가 있으므로 낙심하지 말고 기도해야 할 것이라고 설교할 때에 종종 강조하셨다. 그럴 때마다 조지 뮬러의 기도 응답을 소개하곤 하였다. 그것은 믿지 않는 다섯 명의 영혼 구원을 위한 것이었다. 그 내용은 다음과 같다. "뮬러가 기도한 지 18개월 만에 또 한 사람은 5년 후에 그리고 한 사람은 6년 후에 주님의 품으로 돌아왔고, 그 나머지 두 사람은 뮬러가 죽은 후에 회개하고 주님의 품으로 돌아왔다고 한다."

정암은 본인이 하신 대로 큰 소리로 기도할 것과 길게 기도할 것을 강조하셨다. 어떤 이는 큰 소리로 기도하는 것은 잘못되었다고 주장하기도 한다. 심지어 하나님이 귀가 먹은 것이 아닌데 왜 큰소리로 불경건하게 기도하느냐고 책망하기도 한다. 물론 항상 큰소리로만 기도하는 것도 문제일 것이다. 그러나 큰소리로 기도하는 것은 우리가 큰소리로 기도해야만 응답해 주시기 때문이 아니라 우리의 간절성 때문이라고 정암은 말하였다. 또한 작은 소리나 묵상기도를 할 때 자칫하면 잡념이 들어 기도를 방해하기 때문이라고 하였다. 또 기도는 영적전투와 같다고 하였다. 군인이 군가를 부를 때 힘을 주어 부르듯이 원수 마귀와 싸우는 것과 같은 기도는 큰 소리로 하여야 한다고 하였다. 정암이 할 수만 있으면 길게 기도하라고 하신 것은 우리가 한두 시간을 기도한다 할지라도 하나님 면전에서 드리는 것 같은 시간은 그 긴 기도 시간 중에 매우 짧은 순간인 때가 너무 많기 때문이라고 하였다. 수많은 기도의 응답을 체험한 정암은 우리가 어떻게 기도하여야 할 것을 다음과 같이 교훈한다.

"우리가 범하기 쉬운 오류는 뜨거움이 없는 기도입니다. 제가 여기서 지금 깨달은 것은 이 문제 (하나님의 뜻을 구하는 기도)에 있어서 뜨거운 것이 무엇인가라는 것입니다. 그것은 매달리는 모습으로 나타납니다. 매달린다는 것은 '달라 달라' 그러면서 놓지 않고 계속하여 조르는 것입니다. 그만큼 뜨겁고 집중적이고 참으로 고생을 무릅쓰고 애를 태우면서 계속해서 하는 기도를 말하는 겁니다. '그저 나는 모르는 문제인데 하나님이 알아서 하세요' 그래서는 안 됩니다. 기도는 뜨거워야 한다는 깨달음을 가지고 여러분에게 부탁을 드리는 바입니다. ……하나님은 그를 찾는 우리의 기도가 뜨거워야 할 것을 강조하십니다. 즉 간절해야 한다는 뜻입니다. 주시기 전에 놓지 않는 일, 힘써 많은 기도를 하고 일어서면서도 조금 더 해야 되겠다는 그 마음이 남아 있어야 되고, 다른 일을 하면서도 아직도 그 기도를 중얼거리고 있을 정도로 끊이지 않는 심정으로 우리들이 기도를 해야 합니다."(『성경적 기도생활』, 두란노서원, 127-128쪽)

우리는 하나님께서 정암에게 성경 말씀에 대한 확신을 심어 주시고 또한 정암 안에 소원을 갖도록 하여 간절한 기도를 계속 하게 하실 뿐 아니라 그의 기도가 응답되도록 하심으로 정암이 기도 응답에 대한 확신을 갖도록 하심을 볼 수 있다. 이근삼 목사는 정암의 "그 열정적 외침은 우리들의 가슴을 뜨겁게 하였고 눈을 밝혀 주었습니다. 한 말씀 한 말씀, 한 구절 한 구절, 하나님의 말씀을 주석적으로 밝혀 주시는 말씀들은 성경 원어의 깊은 지식과 끊임없는 연구의 열심과 하나님의 구원의 크신 사랑을 깊이 감사하면서 기도로서 확신하시고 영혼들을 사랑한 긴장에서 나오는 영감 있는 가르침과 외침이셨습니다."라고 고백하였다. 정암의 성경 말씀에 대한 확신과 기도와 응답에 대한 확신이 정암으로 한국 교회와 신학을 아름답게 수놓을 수 있도록 하셨음을 알 수 있다.

　나는 끝까지 물고 늘어지는 정암의 기도를 강대상에서 드리는 그의 기도 모습에서 보았다. 예배 시 성경 봉독 직전까지 의자 앉지 않고 무릎 꿇고 몸을 앞뒤로 흔들면서 기도하는 모습을 보았다. 이와 관련하여 정암의 말씀이 주목된다. "설교에 있어서 골격을 준비하고 그 피와 살도 다 정비해서 이것이 성경적으로 제 자리에 정비되도록 조직이 되어 있어야 합니다……성경말씀으로 (설교)말씀을 정비하는 것이 기도입니다. 그렇게 하지 않고 기도도 하지 않으면 또 있어야 될 것이 없습니다. 다시 말하면 성령의 역사가 사람들이 느낄 정도로 역사하는 것이 매우 빈약하다는 것입니다. 결국 사람은 뼈만 있어도 안 되고 살만 있어서도 되지 않습니다. 설교를 잘하기 위해서는 먼저 성경 말씀으로 확실하게 준비가 되어 있어야 합니다. 그러나 그보다 더욱 중한 것이 있습니다. 그것은 기도로 무장하는 것입니다."

　내가 대학생 시절 합동측 기관지인 기독신보에서 다음과 같은 기사를 읽은 기억이 지금도 새롭다. 대구에서 목사 장로 기도회가 열렸는데 옆방에서 밤새도록 신음 소리가 들려 염려했는데 알고 보니 강사로 오신 정암이 하나님께 매달려 기도하는 소리였다는 것이다. 나의 스승은 그렇게 기도했는데 그의 제자라고 자처하는 나는 어떻게 기도생활을 한 것인가 되묻지 않을 수 없다.

한밤중에 정암이 춤을 춘 이유

　어느 날 정암이 강의실에 정말 기뻐하는 모습으로 들어오셨다. 정암 특유의 미소를 지으시면서 간밤에 너무 기뻐서 춤을 추었다고 하였다. 우리 동기생들

모두는 호기심을 가지고 정암의 그 다음 말을 기다리고 있었다. 처녀가 달밤에 체조를 한다는 말은 들었지만, 도대체 무엇 때문에 환갑이 훨씬 넘은 저 노인네가 춤을 추었을까? 강의실은 조용하고 엄숙해졌다. 정암은 다시 한 번 미소를 짓더니 그 이유를 설명하였다. 성경이 사람을 변화시킨다는 것을 깨닫고 춤을 추었다고 하였다. 그러시면서 "하나님의 말씀과 기도로 거룩하여짐이니라"(딤전 4:5)는 말씀을 읽는 중에 그런 확신이 와서 너무 기뻐서 춤을 추었다고 하였다. 전혀 예기치 못한 정암의 말씀에 우리 모두는 약간 실망하였다. 지금에 와서야 그런 정암이 우러러 보인다. 어찌 정암을 천진난만하신 분이라고 부를 수 있겠습니까만 우리에게 그런 정암을 주신 하나님께 감사드릴 뿐이다.

이 세상에서 최고의 신학교는

정암은 신학교란 하나님의 말씀을 깨닫게 하는 학교가 되어야 한다고 하였다. 하나님의 말씀을 깨닫기 위하여 간절히 사모하여야 한다고 하였다. 강의 시간을 빼먹지 말고 숙제도 건너뛰지 말고 강의 시간에 졸면 안 된다고 하셨다. 성경을 열심히 읽고 말씀을 깨닫게 해 달라고 열심히 기도하여야 한다고 하였다. 그러나 말씀을 깨닫는 데 최고의 신학교가 있다고 하였다. 이 말씀을 하시고 약간 뜸을 드리셨다. 그 순간 잠시 동기들은 각자 그 신학교가 어떤 신학교일까 생각들 하고 있는 것 같았다. 나도 생각해 보았다. 정암은 뜸을 들인 후 그 신학교는 고난의 신학교라고 하였다.

그 이유를 설명하였다. 어떤 성경 말씀을 깨달아서 기뻐했는데 일주일 후에 그 말씀에 대한 또 다른 깨달음을 얻는 경우가 있다고 하였다. 그런 배경 속에는 대부분 고난이 자리 잡고 있다고 하였다. 정암은 시편 저자가 "고난당하기 전에는 내가 그릇 행하였더니 이제는 주의 말씀을 지키나이다"(시 119:69)라고 하신 말씀을 인용하시면서 고난의 유익을 말씀하셨다. 주의 종들은 고난을 피하려 하지 말고 고난 속에 하나님의 말씀을 깨닫는 축복을 누리라고 하셨다.

신학공부 하다가 죽는 것도 순교다. 나는 신학공부 하다가 죽는 자를 보기를 원한다는 말씀은 우리가 너무 잘 아는 말씀이다. 이 말씀은 우리에게 말씀 연구에 전심을 다하라는 정암의 간곡한 부탁이요 소원이다.

3. 결혼식장에서 만난 정암

정암이 나의 결혼식을 주례하셨다고 말하는 것은 자랑하기 위한 것이 아니다. 정암이 자신의 자택에서 어떻게 하고 계셨는가를 소개하기 위함이다. 당시 정암은 주례를 부탁해도 거절하였다. 그 이유는 어떤 제자는 해 주고 다른 제자는 부탁하는데 거절할 수 없어서였다. 당시 정암의 관심은 주석과 가르치고 설교하는 일에 전심을 쏟고 있을 때였다. 그럼에도 불구하고 정암이 결혼식 주례를 해 준 것은 내가 그의 눈에 들었기 때문이 아니라 내가 줄서기를 잘 했기 때문이다. 동산교회 몇 집사님들의 도움을 받아 허락을 받은 것이다. 허락을 받고 두근거리는 마음으로 정암의 상도동 자택에 처음 찾아뵙는 영광을 누렸다.

잔치상 같은 큰 상에 여러 책들을 펼쳐놓고 정암은 앉아 계셨다. 그 옆에 고 이창숙 권사님도 타이프 앞에 앉아 있었다. 인사드렸으나 보는 둥 마는 둥 몇 마디 하시고 별 관심이 없다는 듯이 주석에 바쁘니 빨리 돌아가기를 바라는 것 같아서 꾸벅 인사하고 돌아왔다. 그런데 정작 문제는 주례사에서 발생하였다. 주례사가 너무 길었던 것이다. 혹시 신부가 쓰러지는 것은 아닌가 염려하였다. 주례사의 한 가지 내용은 "부모를 떠난다는 것은 경제적으로 독립하라"는 것을 의미한다고 하셨다. 그때 나는 두 가지를 결심하였다. 앞으로는 부모님에게 경제적 부담을 드리지 않겠다는 것과 절대로 주례사를 길게 하지 않기로 작정한 것이다. 대신에 신랑신부를 미리 불러 조언하기로 하였다.

4. 미국 유학 중에 만난 정암

나는 1977년 1월 말경 눈으로 하얗게 덮인 웨스트민스터에 도착하였다. 나의 웨스트민스터 유학생활은 어려웠다. 재정적인 어려움이 많았다. 그러나 그것은 내가 넘지 못할 산은 아니었다. 가장 어려웠던 것은 정해진 기간 안에 석사과정을 마친다는 것이었다. 사실 그 자체가 마치 절벽 앞에 서 있는 기분이었다. 내가 필라델피아에 갔을 때 정암은 필라델피아에 잠간 머문 다음 서부로 떠났다가 다시 총신으로 돌아간 후였다. 1979년은 웨스트민스터가 개교한 지 50주년이 되는 해였다. 그 50주년을 맞이하여 개교 이래 처음으로 웨스트민스터 동문 4분에게 명예박사 학위 수여식을 거행하였다.

4분 중 두 분이 한부선 선교사님과 정암이었다. 명예박사 학위수여식을 마치고 저녁에 기숙사 식당에서 교민 교인들이 마련한 축하연이 있었다. 간하배 교수님은 말할 것도 없고 웨스트민스터 여러 교수님들도 참석하였다. 정암

The Bulletin
OF WESTMINSTER THEOLOGICAL SEMINARY · PHILADELPHIA

1988, NO. 5

Yune-Sun Park (WTS '36): 1905-1988

Dr. Yune-Sun Park, a recipient of an honorary doctorate at Westminster's Jubilee in 1979, died in Korea on June 30, 1988. He earned a Th.M. at WTS under J. Gresham Machen in 1936 and was also honored with a D.D. by Faith Theological Seminary in 1954.

"Dr. Park taught in the classroom until the last days of his life," commented WTS president George Fuller. "His vast writing will continue to have great usefulness in the churches."

Park was the author of a 19-volume commentary in Korean on the entire Bible, the first of its kind. Missions professor Harvie Conn, who served as a missionary in Korea for 12 years before joining the WTS faculty, regards Park as "one of Korea's finest and most literate spokesmen for the Reformed faith.... His commentaries are strongly theological in content, Dr.

Dr. Yune-Sun Park

Park being very careful not to treat the text as an isolated linguistic phenomena.... His works

also possess a strong homiletical flavor, sometimes including entire sermons at the end of appropriate chapters."

Formerly president of the Hap Dong Presbyterian Theological Seminary in Suwon, Korea, Park was professor of New Testament there at the time of his death. Prior to that he had been president and taught New Testament at The Presbyterian General Assembly Theological Seminary (Chong Shin), in Seoul. Shortly after World War II the Korea Theological Seminary in Pusan (Kosin) grew out of a theological retreat led by Dr. Park during the summer of 1946.

A memorial service was held for Park in Van Til Hall on the WTS campus on Monday, July 11. Participants included Dr. Sunoon Kim ('63), president of the Korean WTS Alumni Association; other OPC missionary and WTS alumni; representatives from the alumni associations of the three Korean seminaries with which Dr. Park was associated;

Piety and scholarship

In the Introduction to *Piety and Scholarship: Essays presented to the Rev. Yune-Sun Park in honor of his fifty years of ministry* (Yung Eum Sa, Seoul, 1987), WTS alumnus Bruce Hunt ('35/36) noted: "We met at WTS where we were both students of Dr. J. Gresham Machen....In those first classroom contacts, I was very much impressed by his unusual ability in comprehending deep theological questions....

"All during our youth and the early days of our ministry, the Korean Presbyterian Church—of which Dr. Park was a member and with which my parents and I worked as 'missionary-members'-was in a struggle with the Japanese government....[which] demanded that Korean Christians....worship the emperor as a god.

"For refusing to do this, both the college and seminary...from which Dr. Park had graduated were closed by the authorities. Many of the teachers and students suffered imprisonment and torture while, others, like Dr. Park, went into exile....

"During the more than fifty years I have

known him, I have found Dr. Park to be a man of scholarly ability, yet always friendly and unusually humble. Along with his work as a seminary professor, he has shown a concern for teaching God's Word in Bible institutes and conferences, as well as to the whole church. He has written a set of commentaries that includes every book in the Bible. And while a professor, he also pastored several congregations in Pusan and Seoul."

Bruce Hunt receives an honorary doctorate at Jubilee ceremonies in 1979.

WTS president George Fuller presents Yune-Sun Park with an honorary doctorate at Westminster's Jubilee in 1979

and OPC missionary Bruce Hunt, who was a fellow student and teacher at WTS. Special music was provided by the choir of the Korean Young-Sang Presbyterian Church (Korean American Presbyterian Church), Horsham, PA, at which several WTS students work as staff members. (Tape recordings of the service, in the Korean language only, are available from Westminster Media. See coupon on page two to order.)

박윤선 목사 명예신학박사 학위 수여식
1979년 미국 웨스트민스터 신학교

자신은 나의 결혼식 주례를 하셨는지도 모르는 것 같았다. 나 역시 그것을 알리고 싶지도 않았다. 한마디 말도 드리지 못했다. 그 축하연에 전 고신대 총장이었던 황창기 박사와 나의 지도교수인 개핀 교수님이 참석해서 정암의 축하연을 빛내 주었다.

그 축하연에 참석했던 개핀 박사는 황 박사와 나를 번갈아 보면서 그의 특유의 윙크를 해 주었다. 나는 그의 윙크를 정암처럼 하라는 격려의 윙크로 해석했다. 황 박사와 나는 우리도 정암처럼 되어보자는 무언의 다짐을 하였다. 우리에게는 큰 위로와 용기를 주는 축하연이 되었다. 그로부터 개핀 교수님은 나를 달리 대하는 것 같았다. 만 일 년 후 개핀 교수 밑에서 그렇게도 어렵게 보였던 석사학위를 마치고 당시 정암이 교장으로 계셨던 총신으로 돌아오게 되었다.

5. 합동신학원에서 만난 정암

미국 유학을 마치고 1980년 11월에 시작한 2학기부터 제자임에도 불구하고 합동신학교에서 정암과 함께 신학생들을 가르치는 영광을 누리게 되었다. 긴 시간은 아니었지만 정암을 좀 더 가까이에서 교제할 수 있었다. 한마디로 그의 경건한 삶을 볼 수 있었다. 정암의 젊은 시절의 경건에 대한 간절한 흠모를 다음 기도에서 볼 수 있다.

주여 나는 처자도 모르옵고, 부모도 모르옵고, 친구도 모르옵고 사업도 모릅니다. 어떤 중의에 충(忠)함도 모릅니다. 다만 성신(聖神)만 알기를 원하오며, 다만 경건생활만 알게 하옵소서. 어떤 주의(나의 선입견으로 보아 옳다는 것)를 중심하여 사물을 취급할 것이 아니옵고, 성경에 가르친 경건생활의 호흡이 나에게 건설되는 것만을 원하여 사물을 취급케 하옵소서. 사람을 판단하지 않게 하시며,

다만 주님이 가르치신 대로만 힘쓰게 하옵소서. 나의 주의를 없이 하시며, 나의
사업도 없이 하시며, 다만 경건생활만 있게 하옵소서. 주님의 이름으로 비옵니다.
(『성경과 나의 생애』, 131~132쪽).

정암의 경건에 대하여 크게 셋으로 구분하여 생각해 볼 수 있다. 첫째와
둘째 구분은 미국 유학 이전과 이후이다. 셋째는 정암의 신학교 강의와 목회와
주석을 통하여 나타난다. 첫째 시기에서는 정암의 경건한 삶을 볼 수 있다면
둘째 시기에서는 정암의 경건한 삶뿐 아니라 경건에 대한 성경적 견해를 바로
정립할 수 있는 성경신학적 원리를 터득한 때이다. 셋째 시기는 자신이 체득하고
정립한 경건을 제자들과 후배 교수님들에 가르치고 보여준 시기이다. 정암이
합신에 몸담고 계시면서 제자들과 후배 교수님들에 가르치고 보여준 경건은
어떤 것이었는가?

그의 경건은 "체험적으로 깨닫고 그의 것이 된 경건"이다. 성경에 기초한
학문적 연구와 체험적 깨달음이 서로 조화를 이루고 있다. 정암은 경건의 사람임
에도 불구하고 경건주의자는 아니었다. 그는 성경 속에 있는 신비를 다 인정하면
서도 신비주의를 배격하였듯이 경건주의에 빠지는 것을 경고하고 반대하였다.
정암은 경건주의자들이 하나님 앞에서의 경건을 추구하는 것이 아니라 사람
앞에 내보이기 위하여 추구한다고 지적하였다.

하나님의 면전에서(Coram Deo)

정암이 말하는 "경건은 하나님 앞에서 떨며 즐거워하는 것"을 의미하였다.
신학생들과 수학여행을 떠나기 위하여 집합 장소인 강의실에 가 보니 정암이
제일 먼저 와 있었다. 정암은 칠판에 Coram Deo라고 글자로 크게 써놓고
웃으면서 우리들을 기다리고 있었다. 아무 말씀도 하지 않고 웃는 얼굴로 우리를
보면서 칠판을 쳐다 보라는 듯이 눈짓하였다. 정암이 Coram Deo를 칠판에
써놓은 이유를 설명하지 않았지만 우리 모두 수학여행 중 어디에서나 "하나님

면전에서"라는 의식을 갖고 잘 다녀오라는 뜻인 줄로 생각하였다.

경건한 자처럼 보이지 않는 경건한 정암

얼핏 정암을 잘못 보면 그는 경건한 자처럼 보이지 않을 수 있다. 왜냐하면 서로의 기준이 다르기 때문이다. 어떤 분들은 경건의 형식과 모양을 중시하는 반면에 정암은 내용을 중시했기 때문이다. 그들의 경건은 사람 앞에서 내보이는 경건을 추구하였으나 정암은 하나님 앞에서의 경건을 말하였기 때문이다. 정암의 경건은 하나님 앞에서의 떨림과 즐거움이었고 하나님께서 공급하시는 힘에 의지하여 하나님의 명령에 순종하는 하나님의 거룩하심을 닮아 가려는 경건이었다.

정암은 경건의 모양은 있으나 경건의 능력을 부인하는 거짓된 경건에 빠지지 말도록 강권하였다. 떨림과 즐거움의 삶으로서 경건을 영위하기 위해 정암은 외식에 빠지지 않도록 진실을, 교만에 떨어지지 않도록 겸손을, 하나님께서 쓰시기에 합당한 거룩(성결)을 강조하셨다. 정암은 만물보다 거짓된 마음을 가진 우리가 하나님 앞에서 진실하고 겸손하며 거룩한 삶을 살 수 없음으로 항상 회개할 것을 촉구하셨다.

정암의 한자성어

정암은 하나님 앞에서의 경건한 바른 삶을 위하여 다음 몇 가지 한자성어를 제창하였다. 정암은 하나님과 동행하는 즐거운 삶을 위하여 여주동행(與主同行)을 외치셨다. 경건이 사람 앞에 내보이는 삶이 아니기에 침묵정진(沈默精進)을 제창하였다. 정암이 가장 싫어하는 것은 외식이었다. 그러기에 "우리의 생명은 진실입니다"라고 강조하시며 진실노력(眞實努力)을 제창하였다. 정암에게 "진실노력은 진실히 노력하라는 뜻입니까?"라고 물었더니 정암은 대답하기를 "소원이 진실하면 노력하게 된다"라는 의미라고 하였다. 하나님을 섬기는 성결한 삶이 화목을 해치지 않도록 성결화목(聖潔和睦), 추구성결(追求聖潔)을 제창하였다. 경건은 무엇보다 그리스도를 닮아가는 삶으로 알았기에 그리스도의 뒤를 충성스럽게 좇아가기 위하여 육체의 쾌락을 물리치고 죄와 더불어 싸우되 피 흘리기까지 싸우는 삶을 살기 위하여 지사충성(至死忠誠)을 제창하였다.

이상의 한자 성어만큼 잘 알려지지는 않았으나 다니엘과 다니엘의 세 친구 또 모르드게와 에스더처럼 신앙의 절개와 용단을 내리고 살아가라는 뜻의 신앙용단(信仰勇斷)도 있다. 하나님과 주님만을 찬양하며 중심하는 삶을 살 것을 촉구하시는 송영위주(頌榮爲主)도 있다. 그 밖에도 항상감사(恒常感謝), 신앙충만(信仰充滿), 기도일관(祈禱一貫) 등이 있다.

합동신학원이란 이름의 유래

정암이 기도할 때 "진리로 하나이 되게"라는 표현을 자주 사용하셨다. 합동신학원 이름도 비록 지금은 형편상 갈라져 있지만 언젠가는 진리로 하나 되기를 원하시는 정암이 강력하게 주장해서 채택된 이름이다. 어떤 목사님이 지금 몸담고 있는 교단을 떠나 정암을 따르는 것에 대하여 물었을 때 "임자는 그대로 거기 있으라우!"라는 하신 말씀은 아직도 생생히 기억하고 있다. 정암의 말씀 속에는 두 가지 의미가 있다고 생각한다. 첫째는 합동을 원하시는 그의 마음을 읽을 수 있다. 다른 하나는 개혁의 의지가 없는 제자에게 억지로 개혁의 멍에를 지우고 싶지 않아서였을 것이다.

여기에 정암의 아픔이 있었고 개혁에 대한 그의 강력한 의지가 있었음을 알 수 있다. 그가 개척하였던 교회를 떠나면서도 제자 목사에게 어떤 부담감도 주지 않고 떠난 정암에게 분리주의 운운은 정말 정암을 몰라도 너무 모르는 말이다. 교리적인 문제가 아닌 윤리적인 문제로 갈라서는 것은 분리주의자의 소행이라는 말을 들으면서도 정암은 아무런 대꾸도 하지 않았다. 다만 실행이 따르지 않는 교리는 산 교리가 아니라고 하시면서 그 위험성을 지적하였다. 그대로 삶에 반영되지도 않는 교리를 붙들고 사는 것은 한편으로는 속아서 사는 삶이요 다른 한편으로는 거짓을 진리인 것으로 받들고 사는 거짓과 위선의 죄를 짓는 것이라고 하였다. 그러기에 정암은 거짓과 위선을 그렇게도 싫어하셨다.

정암이 분리주의자인가 아닌가는 그를 따르는 제자들이 증거하여야 할 몫이라고 생각한다. 정암은 합신 초기부터 성도는 하나님 앞과 사람 앞에서 진실하여야 한다고 외치다가 본향으로 가셨다. 정암은 교역자들이 이 일에 앞장서야 함을 강조하셨다. 정암은 한국 교회 지도자들이 성도들만 모른다면 하나님은 알아도 상관없다는 듯이 거짓과 외식을 주식(主食)으로 삼으면서 "너희 의롭다고 자처하는 자들아 해볼 테면 해보라! 그러나 승리는 우리의 것"이라는 듯이 활보하는 현실을 바라보면서 이대로는 하나님 앞에 설 수 없다고 생각하셨다. 정암이 합동신학교 원장이 되신 지 얼마 되지 않은 때에 저에게 "나는 이대로는 하나님 앞에 설 수 없다"고 하셨다. 40년이 넘게 신학교 교단에서 가르쳤으나 바로 가르치지 못했기 때문이라고 하셨다. 정암이 바로 가르치지 못했다니 그게 무슨 말이겠는가?

정암은 자신이 성경주석 완간에 전심하다 보니 신학교에서 배우는 제자들과 인격적인 교제가 없었으니 그게 무슨 바른 교육이 되겠느냐고 하셨다. 정암이 합동신학교 원장이 되셨을 때는 주석을 완간한 후였기에 본향에 가실 때까지 고려신학교 때나 총회신학교 때보다 가르치는 강단에서나 사석에서나 더욱 제자들과 인격적인 교제를 통하여 자신의 경건한 삶을 전수하고 가셨다. 우리가 진정으로 정암을 스승으로 모시고 정암을 스승이라고 부르기를 원할 뿐 아니라 정암의 제자들로 소개되기를 원한다면 우리의 스승인 정암에게 지켜야 할 최소한의 예의가 있다고 생각한다. 그것은 제자가 스승을 닮는 것이 아니고 무엇이겠는가? 스승의 소원대로 우리가 사는 것이다. 정암의 제자 된 우리 모두는 정암이 그렇게 전수하여 주고 싶어서 생명을 담보로 하고 우리에게 글과 가르침과 삶으로 보여 준 그의 경건 앞에 자신과 삶을 비추어 보아야 한다.

정암은 요한계시록 3장 18절을 본문으로 "우리의 개혁"이라는 제목으로 '가짜 목사'에 대하여 다음과 같은 요지의 설교를 하였다. "무언가 신학교를 나왔다고 해서 다 가짜 목사인가? 그렇지 않다. 착각하지 말자! 교육부가 인가한 신학교를 나왔을지라도 하나님을 만나지 못하고 또한 하나님의 존재를 믿지 않고 하나님을 전하는 목사가 가짜 목사다. 하나님의 말씀대로 살지 못하는 자신의 비참함을 볼 줄 모르고 심상히 한 세상을 살아가는 목사가 가짜 목사가 아니고 누구이겠는가?"

개혁은 남이 아닌 나와 우리를 향하여!

합신 시절에 하신 정암의 설교에서 아직도 기억이 생생한 것은 개혁에 대한 정암의 말씀이다. 내가 마음에 새기고 있는 말씀은 개혁을 부르짖는 자들이 조심해야 한다고 강조하신 그 부분이다. 나 역시 정암이 강조한 대로 살지 못하고 있음을 솔직히 고백한다. 그러나 때때로 정암의 말씀이 기억이 나서 나 자신을 반성해 보고 추슬러 본다. 정암은 개혁이란 나를 향한 부르짖음이어야 한다고 하였다. 우리를 향한 부르짖음이어야 한다고 하였다. 그렇지 못할 경우 잘못하면 개혁을 부르짖는 자가 독을 품은 독사로 변할 수 있다고 하였다. 독사의 자식들이 될 수 있다고 하였다. 그렇게 되면 개혁을 부르짖다가 개혁의 대상으로 전락될 수 있다고 하였다. 정말 그렇다는 생각이 든다.

경건의 전수

정암은 자신이 항상 기도에 전심한 것뿐 아니라 기도에 전심하도록 가르쳤다. 정암은 하나님 앞에서 경건하게 살기 위하여 죄와 더불어 피 흘리기까지 싸우다가 가신 우리의 스승이다. 싸움에 실패하셨을 때는 처절하게 회개하신 우리의 스승이다. 정암은 자신의 경건을 제자들 앞에서 자랑하지는 않았지만 제자들도 하나님 앞에서 경건하게 살기를 원하셔서 자신의 경건이 전수되기를 소원하신 우리의 스승이시다. 그러나 경건의 전수는 지식의 전달만으로 이루어질 수 없다. 지식만 전수받고 삶의 뒷받침은 없이 경건하고자 할 때는 거짓된 경건이 될 수밖에 없다. 그것은 우리의 스승이 가장 싫어하셨던 외식이다.

　정암이 주님의 품에 안기기 2~3년 전에 사랑하는 제자에게 나는 너무 외롭다는 말씀을 하셨다고 들었다. 신학교 교사 신축을 위하여 먼저 헌금하시고 기공식 설교에서 "이 신학교와 함께 죽기를 원하지 않는 자는 이제라도 늦지 않으니 속히 이 자리를 떠나라"고 목이 메어 하시던 정암이 교수님들과 제자들이 그를 떠나지 않았는데도 너무 외롭다고 하신 이유는 무엇이었겠는가? 정암이 마지막으로 몸담았던 합동신학교를 시작하면서 지금까지 여러 신학교에서 가르치신 자신의 행적을 뒤돌아 볼 때 이대로는 주님 앞에 설 수 없다고 하시면서 이제 나에게 준 마지막 순간까지 제자들과의 교제를 중점으로 하여 신앙 인격의 훈련, 다시 말하면 경건 훈련에 전력을 다하겠다고 하셨다. 정암은 그 말씀대로 살았다고 확신한다. 그런데 외롭다니 이게 웬 말인가?

　경건에 대한 지식은 전달할 수 있다. 그렇다고 정암의 후학들이 자동으로 경건한 사람이 되는 것이 아니다. 경건은 그리스도의 십자가의 삶을 전심으로 사모하고 어떤 고난이 올지라도 그렇게 살기로 일사각오하고 지사충성하는 자에게 주어진다. 정암은 한국 교회의 현실, 특히 목회자의 외식된 삶을 통탄하며 이 땅에 경건을 심어 경건한 자들을 낳기 위하여 신학교를 다시 시작하였고 또한 산모의 심정으로 강의실과 강단에 서서 가르치고 외치셨다. 그러나 이 땅에 경건한 자들을 많이 낳기를 바란 정암의 염원도 죄송스럽게도 다 이루어졌다고 감히 말할 수 없다.

　정암의 염원의 성취는 그의 소관이 아니라 하나님의 소관이기에, 비록 정암은 주님의 품에 안겼지만 하나님께서 진정 이 땅에 정암의 경건이 전수되기를 원하신다면 아니 하나님께서 경건한 백성을 남겨 두시기를 원하신다면, 경건을 사모하는 자들을 일으켜 세우시고 엘리사에게 허락하셨던 갑절의 영감처럼 그들에게 경건의 모양이 아닌 경건의 능력을 허락하실 것이다. 나는 정암의 소원이 곧 하나님의 소원이라고 감히 말하고 싶다. 그러기에 나는 정암의 경건은 그의 경건을 갑절이나 사모하는 자들을 통하여 이 땅에 더욱 깊이 뿌리 내리고 한층 더 빛을 발하게 될 것이라고 확신한다. 그렇게 되려면 엘리사가 엘리야를 끝까지 따라 간 것같이 정암의 뒤를 끝까지 따라 가야 할 것이다.

그 스승의 그 제자답게 사는 길은 무엇인가? 그 길은 무엇보다도 우리가 정암을 닮는 일에 힘쓰는 것이다. 정암과 인격적으로 교제를 가졌던 제자들은 그의 설교를 듣고 통곡의 회개를 한 경험들이 있다. 정암의 설교를 들을 때 가슴이 뜨거워지는 체험을 하기도 하였다. 정암의 주석을 읽을 때 깊은 감동을 받기도 하였다. 정암에게 직접 배우지 못한 후배들에게 정암은 이런 분이었다고 말로만이 아니라 우리의 삶으로 보여 주어야 할 책임이 있다. 그런데 만약 우리에게 그런 삶이 없다면 마치 눈물 없이 쓴 글을 독자가 읽으면서 눈물을 흘리기를 바라는 것과 같을 것이다. 만일 그런 결과를 바란다면 그것은 자신을 기만하는 것이요, 그런 글을 읽으면서 눈물을 흘리는 독자는 사기를 당하는 것이리라.

한밤중에 걸려온 정암의 전화들

정암이 전화 거실 때 전화를 받는 이가 정암에게 전화가 왔다는 것을 직감할 수 있는 정암만의 특유의 표현 방식이 있다. 정암이 나에게 전화하신 내용 중에 특별히 기억나는 것은 몇 차례 한 밤중에 전화를 주신 것이다. 제자들을 가르치고 있는 제자는 자고 있는데 그의 스승은 한밤중에 연구하시다가 긴가 민가 한 것이 있어 자빠져 잠자고 있는 제자에게 전화를 건 것이다. 정암은 일단 자신을 알리신 후 전화가 너무 늦지 않았나로부터 시작하신다. 나는 잠을 안자고 있는 것처럼 "아닙니다"라고 대답하면 그 다음 말이 이어진다. 몇 번의 그런 전화를 받았기 때문에 무엇 때문에 전화 거신지를 안다. 그것은 성경이나 책을 읽다가 의문이 나는 것에 대하여 묻는 것이었다.

정암이 모르는 것을 자빠져 잠만 자는 제자가 어떻게 알겠는가? 다섯 번인가를 전화하셨는데 그 가운데 잘은 모르지만 한 번밖에 이런 것 같다고 대답했을 뿐이다. 그 정도 되었으면 다음에는 그런 전화를 하지 않으셔야 마땅한데 계속하여 전화를 하셨다. 나는 그런 전화를 정암에게 한 번도 드린 적이 없는데 말이다.

정말 정암의 겸손과 열심 앞에 고개를 숙일 수밖에 없었다. 어쩌면 이 늙은이는 이렇게 제자들을 위하여 수고하고 있는데 너는 자빠져 잠만 자고 있느냐고 하는 무언의 질책인지도 모른다는 생각을 해 본다.

약속하신 새 땅을 향하여

정암은 개인적으로는 찬송가 363장 "내 모든 시험 무거운 짐을 주 예수 앞에 아뢰이면 … 불쌍히 여겨 구원해 줄이 은혜의 주님 오직 예수"를 즐겨 부르셨다고 들었다. 그러나 정암이 예배 때에 자주 부르는 다른 찬송들이 있었다. 동산교회 시절에는 주일 저녁예배나 수요기도회 때에 찬송가 82장 "나의 기쁨 나의 소망되시며 나의 생명이 되신 주…나의 생명과 나의 참 소망은 오직 주 예수뿐일세"를 자주 부른 기억이 난다. 이제 뒤돌아보니 그 찬송은 십 수 년을 혼신의 힘을 다하여 하나님을 섬겼던 부산을 떠나 어떤 의미에서는 미지의 땅인 서울에서 개척하는 정암에게 힘이 되는 찬송이었을 것이다. 또한 하나님 이외에 그 어떤 것도 의지하지 않겠다는 마음의 결단을 보여주는 찬송이었다고 생각된다. 합신에서는 찬송가 382장 "허락하신 새 땅에 들어가려면 맘에 준비 다하여 힘써 일하세"를 많이 부른 기억이 새롭다. 특히 후렴 "여호수아 본받아 앞으로 가세 우리 거할 처소는 주님 품일세"를 부를 때는 찬송을 부르는 학우들이 마치 각자가 여호수아가 된 것처럼 비장한 각오를 하면서 힘차게 찬양하였다.

어느 날 찬송가 382장을 부르려는 데 정암이 가사 중 "허락하신 새 땅에"를 "약속하신 새 땅"으로 바꾸어 부르자고 하셨다. 정암은 다음과 같은 취지로 그 이유를 말하셨다. 이스라엘 백성이 기를 쓰고 가나안 땅에 가려고 하였기 때문에 하나님께서 할 수 없이 그들에게 가나안 땅을 허락한 것이 아니다. 가나안 땅은 허락의 땅이 아니라 약속의 땅이다. 현재 여러분들에게 허락된 땅은 없다. 오히려 여러분들 중에는 합신을 택했기 때문에 허락된 사역의 장에서 쫓겨난 학우들도 있다. 그러나 여러분들에게는 하나님께서 약속한 가나안 땅이 분명히 있다. 여호수아처럼 그 땅을 향하여 말씀과 기도로 나아가자! 그런 의미에서 우리에게 주신 사역의 장은 "허락하신 새 땅"이 아니라 "약속의 새 땅"이다.

정암이 말했던 "약속의 새 땅"은 눈에 보이는 땅만을 의미했던 것이 아니었다. 그럼에도 불구하고 합신은 약속의 새 땅을 찾아 이곳저곳 가보다가 약속의 새 땅 원천동에 자리 잡게 되었다. 하나님께서 약속하신 새 땅은 여호와 눈이 항상 그곳에 있어 이른 비와 늦은 비를 적당한 때에 내리는 땅이었듯이 합신 동산은 그런 곳이 되었다고 생각한다. 학교 뒷산에는 높은 원두막처럼 보이는 망대가 있다. 이쪽은 합신이요 저쪽은 한국 지리원이다. 그 망대는 지리상으로 한국의 중앙을 표시하는 망대이다. 하나님께서 이런 약속의 땅을 주신 것이 놀랍다. 다만 하나님께서 주신 이 아름다운 약속의 땅에서 속히 멸망하지 않도록 겸손히 하나님만 섬기는 합신 가족들이 되어야 하겠다.

정암은 약속의 새 땅을 말하면서 제자들에게 개척과 선교를 강조하셨다. 교회 개척과 선교는 하나님께서 우리에게 주신 약속이라고 하시면서 제자들의 가슴에 교회 개척과 선교의 불을 붙이셨다. 당시 정암이 강조한 개척은 이치에 맞는 말처럼 생각되었다. 왜? 교회에서 쫓겨났고 또 오라는 교회가 없기 때문이었다. 교회 사역을 위한 오직 남은 길은 교회 개척밖에 없었기 때문이다. 그러나 선교는 아무래도 억지처럼 보였다. 당시 선교는 물질이 많이 필요로 하는 일이기 때문에 큰 교회나 교세가 큰 교단에서 하는 사역이라고 생각되었기 때문이다. 그러나 오늘 합신 하면 세계선교를 위하여 하나님께서 세운 신학교라고 해도 억지라고 할 분은 없을 것이다. 정암이 강조한 선교에 대한 나의 잘못된 시각이 천국에 가면 정암에게 사과드릴 것 중에 우선순위가 되어야 할 것 같다.

정암의 마지막 설교와 마지막 강의

"신학을 공부하다가 죽는 것도 순교다"고 하신 정암 자신은 신학을 공부하다가 주님의 품에 안기신 것도 아니고 83세가 되도록 강의하다가 돌아가셨다. 그렇게 말할 자가 없겠지만 어찌 보면 정암이 자신은 안 죽으면서 제자들에게만 공부하다가 죽으라고 독려한 것이 되었다고 말할 수도 있겠다. 그러나 그것은 어불성설이다. 왜냐하면 정암은 매일 죽을 각오로 아니 나에게는 내일은 없다는 생각으로 오늘을 사셨기 때문이다. 정암이 항상 제자들에게 강조하신 것은 설교할 때마다 이 설교가 나의 마지막 설교라는 심정으로 설교하라고 하셨다. 그는 그렇게 제자들을 독려만 하신 것이 아니라 본인도 우리에게 그런 본을 보이셨다.

내가 총신 1학년 때에 정암이 간경화로 국립의료원에 입원하신 적이 있었다. 얼마 뒤 퇴원하신 후 강의실에 진기한 광경이 벌어졌다. 정암이 마치 이 동네 저 동네 돌아다니며 약을 파는 약장수처럼 마이크와 스피커를 몸에 장치하고 강의실에 들어선 것이다. 처음에는 스피커 소리를 조절하면서 조용조용 강의를 하셨다. 그러나 얼마가지 않아서 마이크와 스피커를 내던지셨다. 정암은 의사의 지시대로 조용조용 강의할 수 없었기 때문이다. 정암은 죽으면 죽었지 열정 없이 강의할 그런 분은 아니었다.

한번은 이화주 사모님이 정암은 정말 못 말리는 분이라고 하시면서 웃으셨다. 왜 그리 웃으시냐고 물었더니 주치의가 정암과 대화한 내용을 알려 주셨다. 미국에서 다시 총신으로 나오실 때 이야기로 생각된다. 의사가 정암에게 다시 강단에 서면 생명이 위험하다는 최후의 통첩을 내렸다는 것이다. 그때 정암이 사모님에게 죽을 날이 얼마 남지 않았으니 기회가 있는 대로 죽기 살기로 하나님 말씀을 증거하실 것이라고 하셨다는 것이다. 그 후에 정암은 합동신학교 설립에도 동참하셨다. 합동신학교는 하나님께서 정암의 죽음을 담보로 하여 이 세상에 태어나게 하신 것이라고 감히 말하고 싶다.

새 학기가 시작되어 두 번째 주간 수요일에 한 후배 교수가 박영선 목사에게 물었다. "이번 학기는 첫 주간부터 빠지지 않고 강의를 하니 무슨 특별한 이유가 있느냐"고 물은 것이다. 건강 상태가 늘 양호하지 못한 박영선 목사이기에 대개 학기 첫 시간은 휴강하는 경우가 많기 때문에 그런 질문은 던졌던 것이다. 박영선 목사의 입에서 놀라운 대답이 흘러나왔다. "왜 그런 것 같아? 내 건강이 좋아졌기 때문인 줄 알아? 아니야! 혹시 이번 학기 강의를 다 마치지 못할지도 모른다는 생각이 들어 기를 쓰고 첫 주부터 나온 거야! 살다보면 내 말 이해할 때가 올 거야!" 이 대답에 후배 교수는 자신도 목회를 하는 처지로서 박영선 목사의 그런 모습이 존경스럽다고 하였다. 박영선 목사가 자신의 건강이나 교회 형편을 보아서는 강의할 수 없지만 다음 세대를 책임질 신실한 목회자들을 길러내는 일이 그렇게 소중하다는 일념 하에 한 학기 한 학기마다 기를 쓰고 출강하는 줄로 안다. 바로 이 점에서 나는 박영선 목사님에게서 정암의 모습을 엿 볼 수 있었다.

그 아버지의 그 아들

정암 회고록 관계로 정암의 자제 박성은 박사와 메일을 주고받는 일이 몇 차례 있었다. 한번은 그가 다음과 같은 내용의 메일은 보내왔다.

> 저는 지금 필라델피아에 있는 동부 westminster 신학교에 Th.M.을 시작하기 위해서 등록하러 잠깐 와 있습니다. 황당하게 들리실 줄 모르지만, 일단 서부에서 저의 환자 진료와 UCI(University of California, Irvine)에서 맡은 일은 계속 해야 하므로, 일단 매주 한 번씩 비행기 타고, 일주에 한 날로 강의 시간이 압축될 수 있는 한, Orange County의 가까운 공항에서 필라델피아까지 통학하기로 했습니다. 하는 데까지 하기로 했습니다."

박 박사의 메일을 받고 다음과 같이 답을 하였다. "서부와 동부를 오가며 공부한다는 말에 다시 정암의 말씀이 기억납니다. 한편의 설교를 완성하기 위하여 필요하다면 부산까지라도 가서 설교 자료를 구할 마음으로 준비하라는 말씀을 하셨습니다. 정암이 80세 이후에도 나에게 책을 부탁하신 것을 생각할 때 박 박사야말로 그 아버지에 그 아들인 것이 틀림없습니다."

무덤에서 웅성웅성하는 소리

우스개 소리를 한마디 하려고 한다. 내가 이스라엘이 있을 때 히브리대학에서 허리가 구부러지고 손을 떨면서도 강의하기 위해 강의실로 향하는 노 교수님들을 때때로 볼 수 있었다. 한 번은 유대인들은 언제까지 공부하느냐고 물으면서 대답하기도 전에 죽을 때까지 하느냐고 물었다. 아니라고 하였다. 그러면 언제까지 하느냐고 물었다. 그랬더니 뜻밖의 대답을 하는 것이었다. 유대인들은 120세까지 연구한다고 하였다. 그 말을 듣고 나도 우스갯소리를 한마디 했다. 내가 공동묘지에 갔더니 여기저기에서 웅성웅성하는 소리가 들려 자세히 들어보았더니 그 소리가 무덤 속에서 나는 책 읽는 소리였다. 그 때는 몰랐는데, 당신의 대답을 듣고 보니 이제야 그 이유를 알겠다고 하면서 서로 쳐다보며 웃었다. "박 박사님, 하나님의 사전에는 '너무 빠른 것도 없고(not too early), 너무 늦은 것도(not too late)' 없답니다. 서부에서 동부로 일주일에 한번 씩 왕래한다는 것은 어찌 보면 미친 짓처럼 보일 것입니다. 그러나 소원을 두고 행하시는 하나님께서 그 아버지의 그 아들이 서부와 동부의 왕래하는 황당하게 보이는 일을 미래에 귀하게 사용하실 것입니다."

6. 영국 유학 중에 만난 정암

박 박사님이 아닌 박 목사님!

내가 다녔던 대학교는 잉글랜드와 스코틀랜드 경계 지역에 위치한 당시 인구 2만 5천정도 되는 도시였다. 영국에서는 가장 오래된 성당이 있는 곳이었고 대학생이 7~8천이 있는 대학도시였다. 거기에서 시골 조그만 교회로 출석하였다. 예배를 마치고 대화하는 중에 내 귀에 가끔씩 들려오는 구절이 있었다. 그것은 "그 박사가 말하기를" 또는 "그 박사에 의하면" 하고 무어라고 말하는 것이었다. 몇 주일이 지난 뒤 가까워진 영국 분에게 "그 박사"가 누구냐고 물었다. 그가 "그 박사"는 "로이드 존스"를 말한다는 것이었다. 물론 내가 다녔던 교회는 성공회가 아니라 조그만 보수 독립교회이었다. 나는 우리가 정암을 무어라고 부르는가를 생각해 본다. "박 박사님!" 어쩐지 어색하다. "박 교장님! 박 교수님!" 역시 어색하다. 정암에게 어울리는 것은 누가 뭐라고 해도 "박 목사님!"이다. 왜 그런지는 나도 모른다. 구태여 말해 보려면 박 목사님은 그 어떤 것보다 자신이 목사임을 그렇게 소중하고 영광스럽게 여기셨기 때문일 것이다.

나는 영국에서 박사 코스를 하는 중에 고등학교 시절 들었던 정암의 설교가 기억이 나 다시 정암을 만나게 되었다. 어느 날 지도 교수가 논문의 질을 높이라고 하면서 나의 견해와 다른 세계적으로 이름 있는 학자를 택하여 칼을 뽑아 목을 자르듯이 그의 견해를 박살을 내라고 하였다. 나는 그 말을 듣고 학자를 하나 찾아 그의 견해를 고찰하는 중에 그가 나에게는 골리앗과 같은 존재라는 것을 알게 되었다. 내가 그렇게 생각하게 된 것은 그는 비록 세계적인 성경학자였지만 성경을 허무는 자였기 때문이다. 그러나 문제는 내가 다윗이 아니라는 데 있었다.

나를 삼일만 따라 다니면

고민하는 중에 고등학교 시절에 들었던 정암의 설교가 떠올랐다. 정암은 설교에서 예수님은 죄가 없으신 분이라는 것을 설명하면서 다음과 같이 말한 것이 기억났다. "여러분! 저는 죄 없는 거룩한 목사가 아닙니다. 만일 여러분들이 저를 삼일만 따라 다니면, 여러분은 저에게서 죄악의 냄새를 맡을 수밖에 없을 것입니다. 그러나 예수님은 죄 없는 분이시기에 예수님을 삼 년씩이나 따라 다녔던 제자들, 예를 들면 베드로는 예수님은 죄가 없는 분이라고 고백하였습니다. 그처럼 예수님은 나를 포함해서 어떤 인간과도 다른 분이십니다. 그 분은 하나님의 아들이시요 하나님이십니다. 그는 죄와 상관없는 분이시나 우리 죄 때문에 십자가에 죽으신 것입니다. 그러기에 예수님이 십자가에 못 박혀 죽으실 때 그 장면을 지키고 있던 로마 군대의 백부장은 예수님은 의인이었다고 고백하였습니다."라고 설교하셨다.

나는 정암의 설교에서 말한 대로 그 학자 뒤를 따라가 보기로 했다. 그 학자의 견해 중에 무엇이 잘못되었는가를 찾기 위하여 그의 뒤를 좇아가듯이 그의 저서를 샅샅이 뒤지는 심정으로 열심히 읽기를 계속하였다. 정암의 설교가 결국 나를 살려 주었다. 나는 그 신학자에게서 골리앗의 이마를 발견하게 되었다. 나는 다윗은 아니었지만 다윗처럼 하나님의 능력을 힘입어 그 신학자의 약점(이마)를 향하여 돌을 던졌다. 그 신학자는 나와 나의 지도교수 앞에 골리앗처럼 쓰러졌다. 물론 그 신학자는 내가 자신을 쓰러뜨린 사실을 아는지 모르는지와는 상관없이 아직도 건재하다.

독일어 원서를 보내 주시오

내가 영국에 유학하던 중 정암과 몇 번의 서신 왕래가 있었다. 그 중에 잊지 못할 교훈적인 서신이 있다. 정암의 그 서신을 받은 때는 정암이 주님 품에 안기신 2년 안쪽으로 기억된다. 서신의 주요 내용은 두 권의 책을 구입하여 보내달라는 것이었다. 한 권의 책 제목만 기억하고 있다. 그 책은 "불트만의 비신화화"이었다. 영어로 번역된 책은 이미 읽었으니 독일어로 된 책을 구입하여 보내달라는 내용이었다. 그 이유는 학생들에게 좀 더 정확하게 불트만의 견해를 비판 소개하기 위함이라고 하였다. 나 같았으면 영어로 번역된 책만으로 충분하다고 생각하였을 것이다. 그 연로하신 정암의 학구열과 제자들 사랑 앞에 송구스럽고 죄송한 마음 금할 길 없었다.

서신 끝자락에는 그가 나를 위해서 기도한다는 말도 빼지 않고 썼다. 나는 솔직히 정암이 나를 위하여 기도하신다는 말을 그냥 내가 하는 식으로 이해했다. 얼마 전 나전목양교회 윤문기 목사님을 만나 정암에 대한 글을 부탁하였을 때 전혀 상상도 못한 말을 듣게 되었다. 정암이 강의실에 와서 학생들에게 영국에서 공부하고 있는 유 목사를 위하여 기도하라는 부탁을 여러 번 하셨다고 하였다. 그 말을 듣는 순간 나는 어찌할 바를 몰랐다. 나를 그렇게 사랑해 주신 정암이 자기 옷을 네 벌이나 내어 주어 주셨던 정암 아니 합신의 미래를 그렇게 생각하셨던 정암이 눈물겹도록 감사했고 그리워짐을 어찌할 수 없었다. 어려웠던 영국 유학 생활을 무사히 마치게 된 배후에는 정암과 후배 목사들의 기도가 있었다는 것을 늦게야 알게 되었다.

정든 교단을 떠나야 할 때에야 비로소 나는 이 사실을 알게 되었다. 이 사실을 조금이라도 미리 알았더라면 좀 더 정신을 차리고 제자들에게 조금 더 사랑하는 마음으로 다가갔을 텐데 하는 아쉬움이 있다. 그 순간이나마 정암의 바람을 저버리고 살았던 나 자신이 한스러웠다. 윤 목사님은 자신이 몇 번 정암을 찾아가 뵈었는데 한 번은 집을 나서는데 분주히 뒤 따라와서 차비나 하라고 봉투를 호주머니에 쑤셔 넣어 주셨다고 하였다. 순간 나는 정말 죄송스러웠다. 나는 제자들을 부려먹고도 식사 한 번 대접한 적이 없는데 말이다. 나같이 부족한 자를 스승이라고 대접해 주는 제자들에서 진심으로 용서를 구한다. 또한 나 같은 자에게 기대를 걸었던 정암에게 늦게나마 사죄하는 마음 간절하다.

7. 이화주 사모님을 통하여 만난 정암

정암이 주님의 품에 안길 때 나는 영국에서 공부하고 있었다. 한번은 정암이 학위 공부를 중단하고 그냥 돌아오면 어떠하겠느냐는 편지를 보낸 적이 있었다. 나는 다만 침묵으로 정암의 뜻을 거역한 적이 있었다. 항상 죄송한 마음이었다. 유학을 미치고 돌아와 사모님을 뵈었을 때 사모님에게서 비슷한 마음을 읽을 수 있었다. 사모님을 찾아뵈었을 때 사모님께서 몇 마디 하시다가 "유 목사! 나 박 목사님에게 큰 죄를 지었어!"라고 말씀을 꺼냈다. 정암은 병원에 가는 것을 원하지 않으시고 기도원에 가서 주님 만날 준비를 하시겠다고 하셨다는 것이다.

아들이 의사인데 그럴 수는 없어 병원에 입원하게 되었고 수술을 해 보니 간이 녹아 있어서 의사들도 손 댈 수 없어 그냥 봉합했다고 하시면서 눈시울을 붉히셨다. 돌아가시기 얼마 전부터는 소금이 조금 들어 있는 음식은 한 번 맛을 보신 후는 다시는 입에 대지 않으셨다고 하시면서 벌써 그 때 간이 완전히 망가진 것인데 그것도 몰랐다고 하셨다. 사모님이 목사님 말씀대로 기도원으로 모셨으면 수술 때문에 당하는 고통은 덜 하셨을 텐데 사모님이 정암의 고통을 더 하게 하셨다고 하였다. 사모님의 말씀을 들으면서 나 역시 죽음 앞에서 어떻게 하여야 할 것인지 정암의 산 교훈을 통하여 다짐해 보았다.

8. 천국에서 만날 정암

박윤선이라는 이름을 듣는 순간 내 가슴이 두근거리기 시작하였던 때가 엊그제 같다. 그때 가슴이 그렇게 두근거렸던 나 자신을 생각할 적마다 나는 아마도 한 소년의 첫 사랑이 그런 것이 아닐까 하는 생각이 들곤 하였다. 이제 바울의 고백처럼 세월이 지남에 따라 천국에서 정암을 만날 그 날은 점점 더 가까워지고 있다. 이 세상에서의 만남은 일방적이었다. 정암은 설교하거나 강의하시고 나는 정암의 말씀을 경청하곤 하였다.

합신에서 정암을 만났을 때 나는 정암의 설교가 좀 더 유머스러워졌다고 느껴졌다. 전에는 좀처럼 정암은 설교를 하면서 웃는 법이 없었고 또 정암의 설교를 들으면서 웃는 일도 별로 없었다. 합신에서 정암은 그 긴장된 세월 속에서도 설교 중에 웃기도 하셨고 그의 설교를 듣는 학생들이 폭소하는 경우도 가끔 있었다. 전혀 그럴 분이 아닌 그런 분에게서 그런 말이 나오기 때문에 웃는 경우도 있었다. 일상의 대화에서도 더욱 그런 느낌을 갖게 되었다. 때로는 천진난만 인상을 풍기기도 하셨다.

　천국에서 정암을 만날 때 정암은 어떤 모습일까 생각해 본다. 정암이 하얀 차아를 드러내 보이시면서 환히 웃는 모습으로 이 자상에서보다 더욱 천진난만하게 나를 덥석 안아줄 것만 같다. 나는 그런 정암의 품에 안기는 것이 기쁘기는 하지만 약간 긴장된 마음으로 안길 것 같다. 전혀 그렇게 하시지는 않겠지만 정암이 책망하는 물음을 하실 것 같은 일말의 두려움이 내 안에 있기 때문일 것이다. "유 교수, 내가 선배 교수들과 함께 일구어 놓은 합산을 위하여 얼마나 수고하다가 왔느냐"고 묻는다면 "죄송합니다"라는 말 외에 드릴 말이 없을 것 같다.

　나는 비록 정암의 기대에 부응하는 삶을 살지 못하고 천국에서 정암을 만나겠지만 정암에게 위로와 소망이 되는 말씀은 드릴 수 있어 다행이라고 생각한다. 나는 정암이 뿌린 씨앗에 열심히 물을 주고 가꾸는 후배들 교수들이 있음을 보고 드릴 것이다. 그들의 수고와 노력으로 정암이 그렇게도 소원했던 진실한 삶을 생명처럼 소중히 여기며 여주동행 하는 신령하고 경건한 삶을 영위하는 제자들이 주님의 몸 된 교회를 위하여 지사충성하고 있음을 보고드릴 것이다. 세계 곳곳에서 복음을 전파하는 침묵정진하며 지사충성하는 작은 정암들이 선교 사역을 감당하고 있음을 보고할 것이다. 정암의 따뜻한 품에 조금이라도 덜 긴장된 마음으로 안길 수 있도록 얼마 남지 않은 기간이나마 지사충성하며 침묵정진하기를 소원한다.

정암의 손과 발이 되신 이창숙 권사님

박성은 교수(고 박윤선 목사의 4남)

지금부터 약 45년 전, 저희 집에 30대 초반의 한 여전도사님 같은 분이 찾아 오셨다. 부모님께서는 그 분을 '이 선생(님)'이라고 부르도록 하셨다(이제부터 고 이창숙 권사님을 '이 선생님'으로 호칭함). 그 후부터 이 선생님께서는 매일 아침 저희 집으로 출근하셨다.

이 선생님은 아버님 박윤선 목사님의 책상 앞에 조그마한 호마이카 밥상을 펴놓고 꿇어앉아 목사님의 불러주시는 말씀을 원고지에 받아 적고, 아버님의 서재에서 보내시며 또 저의 식구들과 함께 점심 식사뿐 아니라 집에서 해 먹던 찐빵, 삶은 고구마 등 간식들까지 함께 나누는 식구가 되셨다. 어머니 말씀인즉, 이제부터 이 선생님은, 전적으로 아버님의 성경 주석 출판을 도우실 거라고 하셨다.

45년 전부터 시작된 인연

그 당시 이 선생님 외에도, 몇몇 남녀 전도사님들이 저희 아버님에게 말씀으로 은혜를 받고, 신학적으로 사부처럼 생각하며, "아버님, 아버님" 하면서 저희 집에 자주 드나드셨다. 그렇게 하면서 아버님의 일을 돕기도 하셨고, 저희 자녀들은, 그 분들을, "이 슨(선)생님, 권 슨(선)생님(현재 일본에서 사역하시는 권재남 선교사님), 강 슨(선)생님(작고하신 강기순 전도사님)" 하고 부르면서 사랑을 많이 받았었다. 그 분들 중 이 선생님이 전적으로 주석 사업을 돕게 되어, 우리 가정과 매우 특별한 관계를 갖게 되었고, 완전히 우리 식구 중한 분같이 되신 것이다.

우리가 미국으로 이민 간 후에도 한국에서 돌봐야 될 우리 가정의 여러 가지 업무들을 열심히 돌봐 주셨다. 이 선생님께서도 박윤선 목사님을 "아버님"이라고 부르게 되었고, 우리가 잠시 한국에 나올 때마다 큰 누님 이상으로 반겨 주시고 보살펴 주신 분이시다. 그것은 모두 다 말씀의 스승이신 박윤선 목사님께 받은 은혜를 보답하려는 생각에서였을 것이다.

이창숙 선생님은 45년 전 성경 주석과 결혼하셨다고 말하고 싶다. 평생 성경 주석, 특히 박윤선 성경 주석이 잘 되길 위해 갖은 노력을 다하고 사셨으며, 박윤선 성경 주석이 알려지도록 전심을 다해 자신을 바치셨던 분이다. 그 당시 60년대까지만 해도 기술이 발달하지 못했고(인터넷, 컴퓨터 기술 등) 영음사는 퍽이나 가난하여 기금도 없었다. 성경주석 한 권 낼 때마다 출판비를 한국에 나와 있는 선교사들을 통하여 미국 교단 등으로부터 빌어서 인쇄비를 마련하곤 했다.

박윤선 주석 위해 일생 보내

자기를 위해서는 단 돈 십 원도 이렇다 하게 쓰지 않으신 이 선생님께서는 자신의 신학과 신앙의 스승이신 박윤선 목사님께서, 그가 항상 주장하셨던 세 가지 일, 즉 성경 주석과 신학 강의와 설교 사역을 효과 있게 잘 감당하실 수 있도록, 온갖 문서 정리 업무와 그 외 포괄적인 비서의 일을 탁월하고 철저하게 또 매우 자상하게 잘 감당하셨다.

이 선생님께서는, 글밖에 모르시고 기도밖에 모르시는 우리 아버지 박 목사님의 손과 발이 되시며 섬기셨다. 돌아가신 아버지가, 당신의 주석 서문에 이창숙 선생님의 노고에 대해 한두 마디 쓰려고 몇 번 시도하신 적이 있었다. 그럴 때마다 펄쩍 뛰시며 "만일 그렇게 하면 모든 하던 일 다 그만 두겠다"며 극구 자기 자신을 숨기려 했던 이 선생님, 우리가 옆에서 너무도 똑똑히 보았다.

땅에서 별 영광 못 받으셨으니, "이 선생님의 면류관이 아버지보다 더 클지도 모르겠어요!" 하고 농담도 한 기억이 난다. 천국에 가면 별별 예기치 못했던 일들이 있다던데 일편단심 주를 사랑하시고 항상 첫째 소원은 '순교적 죽음'이라

말씀하시던 것도 기억이 난다. 주님의 고난을 말씀하실 때면, 늘 울먹이시곤
했다.

순교자의 정신으로 감당해

약 1년 반 전, 심장 판막질환과 또한 관상동맥 질환으로 개심 수술을 하셨지만,
심장 수술을 마치시고 3~4개월의 치유 과정을 거친 후 상당히 경과가 좋았다.
허나 이제 이 선생님도 70후반으로 접어드셨고, 특히 그가 고질적으로 앓고
있었던 이미 상당히 진행된 류마치스 관절염 때문에 관절 파괴가 너무 심하였다.
이 선생님의 거동은 너무 힘들고 느릴 수밖에 없었다. 문을 두드려도 열어
주기 위해 걸어 나오시는 것이 5분도 더 걸리는 것 같았다. 혼자서는 도저히
업무를 보시기 어려운 상태가 되신 것이다.

기본적으로 살아가시는 것도 24시간 도우미가 필요한 정도였으나 워낙 극기하
시던 이 선생님은 계속 영음사를 지키셨고 오랫동안 영음사를 위해 근무한
박성희 집사와 계속 열심히 영음사를 위해 꾸준히 일하셨다. 영음사의 재정이
어려워져 기술자들의 월급도 충분히 주지 못하자 중요한 기술직원들도 나오지
못하게 되었다. 그래도 이 선생님께서는 자세를 조금도 흐트러뜨리지 않으시고
일을 계속하려고 노력하셨다.

일단 개심 수술 경과가 좋다고 여겨 우리는 기뻤고, 이 선생님 자신도 영음사를
위해 마무리할 여러 가지 큰일들 때문에 4~5년은 더 사시길 원하셨다. 물론,
매일매일 주님 만날 준비를 하시면서 여러 가지 약을 복용하신 채 하루하루
어려운 거동으로 일을 계속 하셨다. 일의 진도는 예전에 비할 바 아니었으나,
워낙 강인하시고 잘 참으셔서 우리가 이 선생님의 아픔을 너무 몰랐던 것 같다.

자신의 병 숨겨가며 일하셔

혼자, 그 무거운 짐을 지고 사례가 적어서 일꾼도 오려 하지 않는 상황에서,
한밤중에 아픈 심장 움켜쥐고 눈물로 순직하셨다. 당신께서 원하시는 대로

물리적으로 순교는 하지 못하셨지만, 그에 못지않은 순직은 하셨다. 그렇게도
널리 알리고 싶었던 청교도적 개혁주의 신학의 보감인 박윤선 주석 더미 아래서,
당신이 생명을 바쳐 순교 정신으로 일하시던 책상 앞에서, 항상 앉아서 일하시다
고달프면 잠깐 숨 돌려 쉬시던 의자 위에서 조용히 주님의 부르심을 받으셨다.

일편단심의 이창숙 선생님! 이젠 그 힘든 류마치스로 일그러진 수족을 접으시
고, 표절하여 한탕 하려던 출판 도적들 앞에서도 꼿꼿이 서서 조금도 깜빡이지
않던 그 작은 눈을 조용히 감으시고, 수술로 흉터투성이가 되어 헐떡이는 심장을
뒤로 한 채, 훨훨 날아서 우리 주님 계신 그 아름답고 즐겁기 만한 주님 계신
곳으로 떠나 가셨다. 다시는 돌아오지 않을 양으로……

이젠 그곳에서 당신이 그렇게 사모하던 주님 만나고, 또 그렇게도 흠모하시던
순교자들도 만나시고, 이 땅에 계신 동안 스승으로 모셨던 저희 아버님 박윤선
목사님도 만나시면서 좋은 시간을 갖고 계실 줄로 믿어 의심치 않는다.

평생의 숙원 마치신 이 권사님

원래 수녀가 되려고 하셨지만, 개신교로 들어오시어 성사되지 않았다고 한다.
원래 독신으로 교역자 없는 어려운 지역 목회를 하시고자 하셨지만, 성사되지
않았고, 독신으로 말씀 주해서를 내는 데 평생을 헌신하셨다. 돌아가실 때
시신을 기증하려 문서로도 남겨 두셨지만 성사되지 않았다. 아마도 그의 류마치
스로 인해 관절이 일그러졌고 수술한 후 과로 탓으로 쇠해진 심장 때문이리라.
원래 순교하기를 원하셨으나 이루어지지 않았고 그 대신 충성하시던 일터에서
조용히 순직하셨다. 항상 자는 것처럼 조용히 누워서 죽겠다고 말씀하시더니,
조용히 앉아서 소천하셨다.

일편단심 청교도적 신앙으로, 하나님의 말씀 해석을 위한 주석 편찬에, 보기
어려운 꼼꼼함과, 그 누구도 말리기 어려운 지극한 열정과 순교적 정성을 바쳤던
고 이창숙 님은 이제 머지않아 조국 대한의 교회가 청교도적 개혁주의 신앙에
든든히 세워지고, 하나님의 말씀인 신구약 성경을 건전한 주해로 무장해서,

명실공히 전 세계를 향하여 선교의 사명을 감당하는 영광의 날을 하늘에서 볼 것이다. 머지않아……

나의 아버지 정암 박윤선[1]

박성은 교수(고 박윤선 목사의 4남)

정암 소천 20주기를 맞는 이 시점에서, 정암의 생각을 가까이서 여러 해 동안 보았고 그와 많은 장벽 없는 대화를 가졌던 사람으로, 적어도 몇 가지 관점에서는, 정암의 생각을 그 누구보다 가깝고 깊게 이해하고 있다고 생각한다. 멀리서나 가까이서 정암을, 스승으로 동역자로 리더로 존경하고 사랑했던 여러분들에게, "정암의 생각이 이러 이러한 것이 있었습니다."라고 전하는 것으로 받아 주시기 바란다. 정암에 대한 여러 가지 생각이 우리의 뇌리에서 이미 상당히 희미해져 가고 있을 이 시점에서, 교회 쇄신을 위해 매우 중요하다고 생각되는 내용들을 뽑아서 여기 써본다. 당시 80세에 가까웠던 인생의 선배로서, 한국 교회를 향해 심히 염려하는 안타까운 심정으로 가졌던 내용들이다. 오늘 이 내용들이, 적어도 우리 개혁 교단을 향한 신선한 도전과 자극이라도 되었으면 한다.

정암 박윤선 목사께서 28년 전, "분열주의"라는 비난을 무릅쓰고 합동신학교 설립을 위해 뜻이 같은 후배 교수들과 손을 잡았을 때, 그에게는 많은 생각이 있었다. "나의 말년에, 이런 오해와 비난을 무릅쓰고 새로운 운동에 가담할진대, 이번 기회에, 차라리, 개신교가 갖고 있는 근본적인 사상을 한국 교회에 되살리고,

---

1) 이 글은 박성은 교수가 정암 박윤선 목사 20주년 기념 강좌에서 "정암 박윤선의 교회 정치론 회고"라는 제목으로 강의한 내용 중에서 아버지 정암을 아들인 박성은 교수의 입장에서 바라본 것들로서 특히 우리 후학들에게 교훈되는 부분들을 요약 발췌한 것이다. 박 박사는 미국 남가주 대학(USC), 웨스트민스터 신학교(California) M.A.R., 연세대학교 의과대학 의학박사 학위를 받았다. 현재 미국 캘리포니아대학교(UCI) 의대 임상 부교수이며, 캘리포니아 Anaheim에서 통증의학 및 신경내과 병원을 운영하고 있고, 캘리포니아 Buena Park 나침판교회 자원봉사 전도사로 섬기고 있다.

특히 한국 교회가 해온 잘못된 관행들을 성경적으로 재검토하여, 주님이 원하시는 교회로 되돌려 놓는 결정적인 봉사를 할 수 있다면 어떨까"라고 생각하시게 되었다. "어떻게 하면, 한국 교회를 개혁자들이 지향했던 교회로, 교회의 기둥이요 사도들이 세웠던 본래 모습의 교회로, 그 무엇보다, 교회의 머리이신 예수 그리스도께서 기뻐하시는 모습으로 바꾸어 놓을 수 있으면 참 좋겠다." 하는 소원으로 시작했다.

정암은 한국 개신교회 변질의 가장 궁극적인 원인은, 무엇보다도 "개혁주의 사상의 부재"뿐 아니라 "부실한 신학 교육"에 있다고 생각했다. 물론 정암의 평생 사역의 목표 중 하나는 신학 교육을 통하여 하나님이 기뻐하시는 교역자들을 배출하는 것이었다. 그의 소원은, "하나이(하나가) 열을 당하고 천을 당하는 진리의 용사, 일당백의 영적 장수"를 키우는 것이었다. 신학 교육은 언제나 생각만 해도 그의 가슴을 뛰게 하는 일이었다. 그러나 한국 교회에게, 정암은 그의 마지막 10년을 여지없이 퇴락해가는 한국 교회를 초대교회의 순수함과, 종교개혁 당시의 개혁자들이 가졌던 정신을 살려내려고 투쟁(struggle)하는 모습으로 비쳐졌다.

그러나 우리가 잊지 말아야 하는 것은, 정암이 그의 생전에 누차 강조한 대로, 개혁이란 두말 할 것도 없이 말씀에 기준한 나 자신의 성찰로부터 시작하며, 우리들 자신을 향한 뼈를 깎는 회개로부터 시작함을 깊이 기억할 필요가 있다. 우리가 잘 아는 대로, 개혁주의는 결코 완성된 제도를 가진 개혁교회를 의미하지 아니하고, 계속해서 개혁해 나가는 교회를 말한다는 것도 기억해야 될 것이다.

정암이 소천하기 전, 마지막 4년을 한국 교회가 정암과 함께 한국에서 기거하는 축복을 누렸다. 그때는, 한국 교회가 미국 웨스트민스터 신학교(Westminster Theological Seminary)의 졸업을 한 학기 남겨 둔 상태였다. 당시 한국 교회는, 웨스트민스터와 그밖에 수학했던 다른 신학교들의 실천신학 교수들에게 들었던 "현금의 개신교에 대한 여러 가지 문제점들"을 정암에게 들려 드리면서 그의 의견을 여쭙고 상당 시간 얼굴을 마주 대고 토론도 할 수 있었음을 생각하고 하나님께 감사드린다. 당시 정암이 문제 삼은 이슈(issue)들 중에는 한국 교회의 고유의 문제도 많았지만 이미 구미에서도 한동안 논의되고 있었던 문제들도 많았다. 이 글에서는 한국 교회와 관계된 부분만 언급하겠다.

1. 헌법주석

정암은 그의 평생, 원래 교회 정치나 교회 헌법 등에 깊은 관심은 없었다. 그가 평생 관심을 갖고 한 일은, 일제 강점기와 여러 전쟁을 거친 가난하고 아직 과도기에 있었던 한국 교회와, 극히 열악한 환경 속에서 성경 연구를 위한 교육도, 그럴 시간도 없이 이리 뛰고 저리 뛰고 하는 한국의 목회자들을 위한 성경 주해의 발간이었다. 한국 교회의 강단을 살찌우기 위한 성경주석서 발간이 그의 문서 선교의 초점이었다. 특히, 각 방면으로 "쪼달리는" 한국 목회자들을 항상 생각하였다. 그의 단순한 생각에는, 신학 교육을 통해서 계속 개혁주의 생각을 가진 교역자들을 많이 배출함과 동시에, 개혁주의 성경주석을 빨리 한국 교회에 내어 놓으면, 그것을 통해서 교회가 점진적으로 새로워지리라 믿었던 것이다.

그러나 역사는 그가 생각한 대로 흘러가 주지 않았다. 그의 평생을 통해서, 교회 안의 여러 가지 투쟁과 분열들을 친히 겪으면서, 교회의 질적 퇴락을 많이 목격하고 괴로운 마음도 많이 가졌었다. 정암은, 마음속 깊이 "교회가 이래서는 안 되겠다" 하는 강렬한 생각이 후반기 삶을 통해 많이 갖게 될 뿐 아니라, "교회의 정치 구조가 고쳐지지 않으면, 그가 주석해 놓은 성경 말씀도 제대로 교회를 위해 쓰이지 못하겠구나."라는 생각도 많이 갖게 되었다. 특히, 그의 마지막 사역지인 대한예수교장로회 합동 교단(사당동 총신)을 떠나오는 과정과 합동신학교를 섬겨 나가면서, 개혁의 생각들이 더욱 더 강렬하고 더 분명하게 되었다.

　말년 70세 중반에 신학 교육을 재개하면서, 특히 합동신학교 설립에 가담하면서, 잘못되어가는 한국 교회를 바로잡아야 된다는 거의 강박적인 생각에 사로잡히셨다고 보인다. 또한 이렇다 할 교리적 차이도 없이 이루어진 "분열의 당위성"에 대해서도 깊이 생각하게 되었기 때문이었을 것이다. 분열주의라는 잘못된 비난에 올바른 대답을 하기 위해 '교회 정치 모범'(헌법주석)을 새로 정리해서 출판해야 하겠다고 생각하신 것 같다. 복음주의 중심 교리에는 전혀 차이가 없다 할지라도 총회신학 측하고 다른 길을 가야 하는 상황에서, 교회의 정치규례에서 확실한 차별화를 말하고 싶으셨기 때문이었을 것이다. 동시에 그가 오래 전부터, 교회와 그 성경적 운영에 관해 품고 있었던 생각들을, 그가 평생 해온 성경주석과 탐구해 온 성경신학적 원리에 의거해서 개혁주의 "헌법주석"을 1982년 완성하여 한국 교회에 제시하게 되었다.

　합동신학교를 시작하고 나서 상당히 빠른 속도로 그 책을 내신 이유는, 합신과 개혁파 교단이 시작부터 개혁 정신으로 발전해 나갈 지침을 세워야겠다는 소원이 있었던 것으로 추측된다. 무엇이 개혁자들이 꿈꿨던 교회 정치 형태였으며, 무엇이 그 후 생겨난 개신교 개혁주의 교회들이 지향한 정치 방법이었는가 하는 것을, 작금의 한국 개신교가 당면한 문제를 의식하면서, 정암 자신이 이제껏 뼈가 저리는 쓰라린 경험들과 그가 그 동안 연구한 성경 해석을 바탕으로 저술한 것이다. 한국 교회가 이렇게 계속 진행한다면 더욱 더 많은 사람들이 교회에서 등을 돌릴 수도 있을 것이며 불신 사회로부터 지탄도 면치 못할 것이며, 특별히, 영적 열매를 거두지 못할 것이라는 것을 염두에 두고 글을 쓰셨다.

　물론 이것은 이제까지 한국 교회가 시행한 것은 모두 다 틀린 것이며 정암이 제시한 것은 다 옳고 모든 것을 정암의 생각대로 바꿔야 한다는 그런 생각은 결코 아니라고 본다. 다만 무엇이 더 성경이 원하는 것인지, 앞으로 어떤 패러다임으로 가야 다음 세대에 더 성경적인 교회로 접근할 것인가에 대해 과감하고 심도 있고 겸허하게 생각해 보자는 것이다.

　어떤 분들이 생각하시길, "정암은 목회 경험이 별로 없었던 분인데, 어떻게 교회 운영에 관하여 이러니저러니 하는가?"고 의아해 하기도 한다. 그러나 정암은 신학 교수 사역을 해도 항상 목회에 직접적인 연결을 가지고 할 것을 원하신 분으로, 그가 숨을 헐떡이며 마지막 숨을 거두실 때에도 몇몇 후배 및 제자 교수님들에게, "정식(tenure) 교수 임용은 꼭 목회 경험 몇 년 이상 있는 분들로 하시오" 하시면서 숨을 거두셨다(한국 교회가 옆에서 목격함). 한국 교회가 알고 있는 정암의 목회 사역은, 서울 한성교회(3년 반), 서울 동산교회(3년), 부산 성산교회(2년 반), 만주 오가황교회와 베자상교회 등에서 (2~3년) 단독 목회를 하셨고, 그 밖에 서울 동산교회, 서울 성도교회, 미국 펜실베이니아의 한인 중앙교회, 마산 문창교회 등에서 3개월~1년 정도 이상의 설교 봉사 사역 및 임시 당회장직을 수행하셨다.

정암은 헤르만 바빙크(Hermann Bavinck)의 주장을 따라, "신학은 그 자체로 서 일종의 예배 행위"이며 교회와 연관을 멀리 하면 할수록 잘못되어 가는 것이라 하였다. 정암은 교회를 모르면 신학을 가르칠 수 없다고 주장했다. 그가 헌법 주석을 쓴 배경에는, 단순히 시행해 보지도 못한 탁상공론이 아니고, 그가 한국 교회의 과도기에 성경주석을 써서 한국 교회 강단에 말씀 전파의 자료를 제공하려 했듯이, 교회 헌법주석을 써서, 한국 교회의 성경적 정치 질서를 바로 잡는 자료를 제공해 보려는 절박한 생각이 있었다. 아마도 그래서 책도 "헌법 주석"이라 칭한 것 같다(한국 교회의 추측).

2. 정암의 교회관의 기초

정암에게, 신약 교회의 직분은 단연코 은사에 따라 부르심을 받은 섬김의 (ministerial) 직분이므로 주어진 은사를 따라 다른 직분들처럼 봉사하는 것이다 (롬 12장). 맡은 일의 성격을 따라 직분의 우선순위는 존재하나(예를 들어 예언직 분인 말씀 전파자는 다른 직분보다 기능적으로 우선한다), 그 직분을 수행하는 자가 섬기는 마음(ministerial mind)으로 하지 않고 성실하게 수행하지 않으면, 회중의 선택을 못 받을 수도 있는 것이다.

　정암은 교회는 주님의 몸이요 영적 단체이니 신본주의적인 운영으로 해 나가야 될 것을 강조하였다. 그러면 무엇이 신본주의적인 교회 운영인가? 로마 가톨릭교회처럼 한두 사람의 영적 지도자의 독단으로 밀고 나감을 말하는가? 그리스도의 머리되심을 어떻게 이 땅의 교회에서 실행하는가? 신본주의적인 교회 운영은, 한마디로, "주님의 부르심을 받은 백성들"(교회의 정의)이 질서 있게 주권을 행사하는 것을 말한다고 정암은 믿었다. 즉 그리스도께서 다스려야 될 교회가 한 개인에 의해서 좌지우지되지 않아야 된다는 것이다. 정암에 의하면 신본주의적인 운영 방법은 다음과 같은 주안점을 갖는다.

　첫째로, 리더는 기도와 삶에 모범을 보이며 말씀을 깊이 연구하고 잘 가르쳐서 그것을 토해서 주님이 앞서 가시게 하는 것이다(말씀과 기도에 전무). 말씀으로 잘 가르침은 회중들이 올바른 결정을 내리도록 준비시키는 것이다. 말씀으로 잘 가르쳐야 (정암의 표현에 따르면, "꼴을 잘 먹여야…") 되며 리더들의 윤리적 모범이 중요하다(벧전 5:3, "오직 양 무리의 본이 되라").

　둘째로, 말씀으로 잘 가르쳐진 회중에 의한 "민주적 방법"을 핵심이라고 믿었다. 물론 회중들은 말씀 사역자들의 인도를 최대한 순종하고 사역자는 주어진 리더십을 십분 활용하되, 다만 독단적인 처사로 주도해서는 안 되고 항상 감동과 감화로 할 것을 주문한다. 꼭 기억할 것은, 그리스도에 의해 직접 세워진 사도들도, 교회 직분 선출에 회중이 제비 뽑도록 하고, 그렇게 뽑혀진 사람들을 안수로 승인만 했다는 사실이다. 사도들은 회중이 뽑은 집사들에 관해 왈가왈부한 증거는 없다. 교회의 리더들은 항상 회중의 결정을 존중해야 되는 것이다. 독단이나 개인의 고집으로 밀고 나가려고 하는 신학교 졸업생들을 충고하실 때 "인본주의로 하지 말라우…"라고 하시곤 했다.

　정암이 말하는 인본주의란, 회중과 함께 결정하고, 회중이 동의한 질서와 규율에 순응하지 않고, 자기주장을 주님의 것처럼 하는 것이다. 그것이 바로 주님의 머리되심에서 벗어나는 것이다. 만일 회중이 잘못된 결정을 할까 봐 염려되는가? 그 때는 회중을 잘못 가르친 말씀 인도자의 책임을 주님이 물으실 지도 모르며, 회중의 영적 성숙을 위해 지도자의 기도가 충분치 않은 책임을 물으실 지도 모를 것이라고 정암은 말하며, 교역자가 원하는 어떤 귀한 계획에 회중이 반대하는가? 아마도 그 교회는 그 귀한 일을 위해 아직 준비가 안 되었을지 도 모른다는 것이다. 지도자인 내가 원하는 대로 안한다고 "안달복달"할 필요가 없으며, 지도자가 어떤 인위적인 방법을 써서도 절대로 안 된다는 것이다.

3. 교회는 평안해야 그 본질적 사명을 감당할 수 있다

가시적 교회의 평안은, 복음 전파에 절대로 필요 불가결한 요소이다. 그러나 아직 불완전한 지상 교회는, 아직 죄성을 완전히 벗지 못한 직임을 받은 사역자들 과 회중이 편견, 나태, 무식, 미움 등으로 인해 평화가 깨어질 수 있다. 정암은 이 점에서, 리더의 책임성과 역할을 매우 중시한다.

정암은 언제든지 자기(교역자)로 인해서 교회에 분란이 있거나 교인들의 과반수가 자기를 지지하지 않으면, 결단코 교회에 계속 머물지 말고 속히 그 교회를 떠나길 주문했다. 그것이 주님의 몸 되신 교회를 진정으로 위하는 길이라 고 역설하였다. 한국 교회가 아는 대로, 정암은 자신의 생애를 통하여 여러 차례 교회의 분열을 경험하였고, 자신이 직접 간접으로 관여되어 있을 때는, 항상 자신이 있던 자리를 비켜 주는 방법을 취하였다. 그것이 하나님의 영광을 가장 위하는 것이라고 믿었다.

적지 않은 사람들이, "왜 거기 남아서 그 부패된 상황을 고치려하지 않느냐?"고 되묻는다. 이에 대한 정암의 대답은, "물론, 해보지도 않고 무조건 그곳을 탈출하 라는 그런 것은 아니다. 투쟁할 만큼 투쟁하고, 고쳐 보려는 시도를 할 만큼 해보고, 그래도 될 가망이 보이지 않으면 그리 하라는 뜻이다." 온유와 성실로 노력을 최대한하고 나서도 안 되는 데도 계속 거기 있으면, 결국 많은 시간을 낭비할 뿐 아니라, 사람도 많이 잃을 수도 있고 여러 가지로 영적인 손해를 많이 본다. 물론 판단을 잘못하면 성급하게 결정할 우를 범할 수도 있는 것은 사실이므로 조심해야 될 것이다.

그러나 복음의 핵심 요소가 같다면, 방법론에 대해서 좀 달라도 서로 같은 복음을 전하는 다른 방법을 취할 수 있다고 보았다. 계속 갈라진 형제를 형제로 보며 같은 복음 전선을 유지하다가 나중에 기회를 보고 합칠 방법을 모색하라고 주문한다. 남아서 함께 계속 투쟁을 해서 얻을 것이 없다고 본 것이다. 정암이 새로 시작한 신학교의 이름을 합동신학교라 칭한 이름이 그 좋은 예라고 할 수 있다.

4. 장로교 정치의 궁극적 정치 권위

정암은 자신의 "헌법주석" 서문에서 "장로교의 원리는, 교회의 주권은 일반 교인에게 있다는 것"이라고 분명히 못 박는다. 지상 교회의 정치권은 위에서부터 내려오는 것이 아니라, 밑에서부터 올라온다고 본 것이다. 이 문제에 대해 한국 교회는 많은 오해가 있다. "교회의 주권은 주님께 있으므로 교회의 정치는 민주주의적이 아니다"라고 하면서, 마치 교회의 주권이 주님에게 있다는 것이 마치 어떤 영적 지도자(목사나 장로) 한 사람에게 있는 것과 동일한 것으로 이해하고 있는 듯하다. 정암의 생각은 그와 상반된다. 문제는 가시적 지상 교회에서 어떻게 평화와 질서를 가지고 주님이 교회의 머리되심을 세워 나가느냐 하는 것이다.

교회의 머리가 그리스도라는 것은, 그리스도의 말씀이 교회의 최고 헌법이라는 것이며, 그 말씀으로 모든 것을 해나가라는 것이다. 가시적 교회를 민주적으로 운영하라는 뜻은, 땅 위의 교회가 그리스도의 머리되심을 실현시키며 언약

공동체인 지상 교회를 질서 있게 세워 나가려면, 삼위일체 하나님과 기록된 말씀인 성경 이외에 그 어떤 개인이나, 그 어떤 소수의 훌륭한 지도자들이라도, 회중의 동의 없이 독단적으로 운영해 나갈 수 없다는 것이다. 물론 여기에 일종의 전제가 있는데 그것은 회중이 말씀으로 잘 가르쳐져야 제대로 된 결정들이 나온다는 것이다. 회중의 잘못된 결정은, 궁극적으로 말씀 사역자의 책임이다. 정암은 말씀으로 잘 가르쳐진 중생한 회중의 의견을 질서 있게 수렴해서, 가시적 지상 교회의 그리스도의 머리되심을 세우는 것을 가장 성경적인 것으로 보았다.

정암은 자신의 교역 50~60년 동안, 소수의 교회 지도자들이 실수하는 것을 수도 없이 보아왔다. 정암은 합동신학교가 출범할 당시부터 목회자를 포함한 교회의 모든 지도자들은, 일정 기간을 두고 신임을 묻는 신임투표를 시행해야 된다고 주장했다. 교회론 연구가들은, 그 제안을 "가히 혁명적"이라 일컫은 분들도 있다. 당시는 많은 교역자들이 거기에 반대했기 때문에 시행되지 못했다. 그런데, 요즈음 많은 교회들이 장로들에게는 신임투표를 받게 하는 사례들이 늘어가고 있다. 앞으로 형평성 문제가 일어날 것으로 보인다. 정암의 생각에는 매우 큰 잘못을 저지르지 않은 목회자라면 신임을 주기적으로 묻는 것이 그들의 위치를 더 공고히 할 가능성이 많고 교회의 분란을 조기에 매듭짓는 데 큰 도움을 줄 것으로 보았다.

만일 어떤 교회가 민주적 의사 결정에서 지도자들이 제시한 매우 훌륭한 성경적인 결론을 따라가지 않는다면, 그것의 책임은 회중에게도 있지만, 그 회중을 제대로 가르치지 못한 리더십에도 있다고 할 수 있을 것이며 그 교회는 아직 그런 훌륭한 일을 할 준비가 안 된 것이라 할 수 있다. 따라서 회중을 말씀으로 잘 가르치는 것(예언 사역)은 극히 중요하며, 사역자가 말씀을 가르치는 일을 잘하도록 협조와 생활 보장 및 적절한 예우는 성경이 보장하는 것이다(딤전 5:17).

지금도 로마 가톨릭교회의 개개 신자들은, 중대한 교회의 교리에 대해서도, 교리의 내용은 전혀 몰라도 "교회가 믿는 것을 믿습니다"라고 "도매금"으로 고백하면 구원 얻는 믿음 안에 있다는 것이다. 정암의 걱정이 바로 그것이었다. 점점 개신교 교인들이 무식한 상태에 머물러 있고, 지도자들의 직분 중심주의(직분의 봉사적 기능보다 그 직분 자체에 위엄과 권위를 부여함)는 개신교 정신, 아니 진정한 성경이 가르치는 평신도 정신에 맞지 않는다고 보았다. 그것이 한국 개신교를 약하게 만드는 요인이라고 본 것이다.

5. 신약 교회의 직분론

정암은 개혁파 교회론 학자들 델렌과 몬스마(I. Dellen & M. Monsma)에 전적으로 동의하며, 말씀 선포(preachers)는 선지직분에, 다스리는 일 (teaching elders & ruling elders)은 왕 같은 직분에, 긍휼 베푸는 일(deacons)은 제사장직에 비유한다.

정암은 신약 시대의 항존직은 세 가지로서, 첫째, 선지직분(예언, 즉 말씀을 전문적으로 연구하여 전하는 일)에 가장 가깝게 연계되는 목사직, 둘째, 왕 같은 직분(교회를 모범과 지혜로 다스리는 일)에 연계되는 장로직분(물론 가르치는 장로로서 목사는 동시에 다스리는 장로도 되므로 선지직과 왕 같은 직을 공유한다), 셋째, 제사장직(중보의 직분은 이미 그리스도의 초림으로 성취되었으므로, 이제 제사장직에 현저히 남아있는 긍휼을 베푸는 일에 해당되는 집사직분으로 그리스도의 몸인 교회가 운영되어 나간다고 주장하는 개혁주의 교회정치 학자들인 델렌과 몬스마(Dellen & Monsma)의 주장을 적극적으로 받아들였다. 상당히 흥미롭게 생각하고, 평신도 사역을 앙양시킨다는 차원에서, 또한 베드로 사도의 "너희는 왕 같은 제사장이요"라는 말씀에 근거하여 많은 생각을 하셨다. 아마도 집사직분에 대해 심히 계급적인 생각을 갖는 한국 교회의 상황에서는 수용하기 어려운 개념이라 생각된다.

또한 정암은 "그가 혹은 사도로 혹은 선지자로 혹은 복음 전하는 자로 혹은 목사와 교사로 주셨으니"라는 에베소서 4장 11절 말씀을 신약 교회의 직분론에 관한 매우 중요한 구절로 인용하시곤 했다. 여기서 "목사와 교사로"(tous de poimenas kai didaskalous)를 해석함에 있어서, 11절 전반부에 나오는 다른 직분들(사도, 선지자, 복음 전하는 자)과는 달리, 두 직분, 즉 "목사(pastors)"와 "교사(teachers)"를 지배하는 정관사는 "목사" 앞에 정관사(tous=the) 하나만 붙어있다. 즉 "목사"와 "교사"는 한 직분이라는 많은 개혁주의 주석가들에 전적으로 동의하시고 목사는 바로 "말씀 강론"과 "영적 돌봄"을 한 업무라고 하심과 동시에 같은 구절 앞부분에 "사도"직이 따로 있어서 분명코 "목사"나 "교사"나 "전도자"가 결코 "사도"와는 동일시할 수 없다고 하신 것이다. 또한 정암은 여러 장로교 및 개혁 교회 헌법들을 들여다보면서 교회의 현재 항존직들에서 우리 한국 교회가 갖고 있는 그런 식의 계급적 관계가 없음도 파악하였다.

정암은 미국에 거주할 때나 미국에 쉬러 들어오셨을 때도 주일이면 자주 훌륭한 설교로 많은 사람들을 주님께로 인도하는 세대주의 교단들의 교회들도 자주 참석해서 보고 그들의 순수함과 복음에 대한 열정을 많이 칭찬하셨다. 정암은 자주 설교를 훌륭히 해내는 목사들에 대한 부러움을 표현하시곤 했다. "저렇게 교인들을 잘 멕(먹)여서, 많은 영혼을 살리는 것이 너무 좋구나!" 하시곤 했고, "죽은 정통……어디다가 써먹깐?" 하시곤 했다. 물론 그것은 정암이 평생 전파했던 개혁주의적인 신앙 체계가 무용지물이라는 것은 아니다. 사실 그 반대로 그가 마음속 깊이 지닌 안타까움의 표시였다. 장로교적, 개혁주의적인 신앙 체계가 이론과 교리는 다른 비 개혁주의 체계보다 우수한데 그 열매가 적어 안타까웠던 것이다.

정암은 오늘날 교회가 함부로 직분을 주는 것에 대단히 불만이 많았다. 그는 미국의 잘 되어가는 복음주의 교회들이(물론 장로교회는 아니었으나) 교인은 오륙천 이상인데 집사는 겨우 50여명밖에 안 되지만 그들이 매우 헌신적으로 교회를 섬겨 나가는 것을 보고 매우 깊은 감명을 받은 다음, 도대체 서리집사라는 것을 그렇게 많이 계속 유지하고 있는 한국 교회를 매우 탐탁지 않게 여겼다(사실

요즈음 어느 교회 가든지 이전부터 믿던 신자라고 하면 무조건 그저 "집사님" 이라고 부른다). 집사직이 그렇게 우스운 직분은 아니지 않는가? 만일 직분을 주어서 교인 수를 유지하려 한다면, 교회의 직분을 주어 헌금을 조금이라도 더 나오게 하려 한다면 그것은 교직의 "매관 매직"이라 하였다. 정암의 생각에는 설사 서리집사 제도를 필요에 따라 계속 유지하더라도, 오로지 믿음이 충실하고 꼭 일할 수 있는 분들에게 미리 기도하게 하고 동의를 얻어서 소수만 택하도록 권하셨다. 교회의 직분을 체면이나 교인을 잡아두려는 목적이 아닌 순수하게 직능 위주로 택해야 신본주의적이라고 하였다.

한번은 정암이 1960년대에 서울 서대문에 소재한 동산교회를 목회하실 때 서리집사를 세우면서 "누구는 빼고 누구는 또 세우고"에 관한 시험이 있자, 정암은 작년에 서리집사 했던 사람들은 다 물러 나고, 새해에는 교회에 나오기 시작한 지 오래 안 되는 분들 중 집사 자격 있는 분들로 세워보자고 해서 그렇게 실천한 적이 있다. 정암은 한국 교회가 갖고 있는 서리집사 제도에 대해 매우 불만을 토로하곤 했다. 일 년 내내 제직회 한 번 참석 안 하는 사람들에게 직분을 주어야 하는 것은 교직의 남용이라고 믿었다.

6. 교회의 모든 치리 회의들은 진정한 의미에서 높낮이가 없다

정암은 구미 각국의 교회 정치 문헌을 섭렵하면서 한국의 노회와 총회의 정치적 횡포에 대해 상당히 느낀 바가 많았다. 특히 자신의 오륙십 년 사역 중 맨 마지막에 일어났던 1980년 초 당시 반독재 운동에 편승해서 일어난 총회신학교 학생 소요는 정암으로 하여금 많은 기도와 더불어 많은 생각을 하게 하였고, 그간 가졌던 잘못된 교회 정치에 대해서 근본적인 대처를 해야 한다는 강한 결심을 하게 하였다. 소위 총회 전권 위원들의 법을 무시한 무질서한 행동은 정암뿐 아니라 당시 많은 신학교 교수들조차 실망하게 하였다. 그래서

정암은 진정한 교회 치리회가 가진 권리가 무엇인지에 대해 매우 심각하게
탐구한 것 같다.

정암에 의하면, 교회의 진정한 권위는 그리스도에게서 나오나 그것을 지상교
회에서 현실화시킬 때 개교회가 그리스도에게서 받은 빼앗을 수 없는 본질적
권한이 있으며 개교회 안에서는 회중이 모든 가시적 치리 권세의 중심이 된다는
것이다. 결코 가톨릭교회나 감독교회처럼 위에서 내려오는 권위가 아니고 아래서
부터 올라가는 권위라는 것이다. 즉 "민주적 권위"라는 것이다.

그리스도의 지체이며, 그리스도의 영, 즉 성령의 감동을 받은 언약 백성들의
민주적 발의를 존중하는 것이 바로 그리스도의 머리됨을 세우는 것이라 하였다.
어떤 이들은 이런 생각을 전통적 장로교의 생각과 다르다고 하면서 정암의
교회 정치 사상을 "회중적 장로교"라고도 말하나, 사실 이러한 생각은 개혁자들과
그 후 위그노 교회 등 역사적인 여러 개혁교회들이 강조를 해오던 사상이다.
제네바 신앙고백서(1536) 등에 의하면, 칼빈은 어떤 기준에 의해 선정된 "경건한
평신도"들을 차출하여 권징에도 참여하게 하며, 목사 혹은 장로의 임명에서도
교회의 회중들과 긴밀하게 협의했다고 되어있다. 그밖에도 종교개혁 당시 "왕
같은 제사장이요"라는 베드로 사도의 표현을 주시하면서 생겨난 "만인 제사장론"
은 유럽의 여러 교회법들에 직간접으로 많이 반영되어있음을 볼 수 있다.

소위 "상회"라고 하는 치리회들을 일컫는 번역을 못마땅하게 생각하였다.
심지어는 여러 가지 문건 등을 노회에서 총회로 올려가는 데 있어서, 한국의
초창기 헌법에서 "봉정하다"라는 한자식 표현까지 정암은 별로 안 좋게 여기셨다.
그것은 마치 총회가 노회 위에 있고 왕처럼 군림하면서 그 문건을 받아들이는
것처럼 보인다는 것이다. 즉 교회 정치의 원리들을 놓고 과거의 여러 장로교
헌법들을 검토하시던 중에 개교회가 가진 유일한 권한에 대한 언급들을 보고
매우 감명을 받으신 것으로 보였다. 또한 교회의 여러 치리 단체(개교회, 노회,
총회) 등이 그들 간에 진정한 계급이 없다는 것을 갈파하면서 상기된 얼굴로
한국 교회에게 설명해 주셨던 것을 본인은 기억한다.

정암은 과거 한국 장로교 교단들이 총회를 일컬어 "장자 교단"이라는 칭호를 사용하면서 더 훌륭한 교회라는 우월감을 비추려는 것에 대해 대단히 잘못된 것이라 말씀하시고 안타까워 하셨다. 또한 당회, 노회, 대회(synod), 총회 등이 수직적 계급이 없다고 공공연히 주장하는 개혁주의 교회 정치학자들의 말에 성경학자로서 깊이 동감하면서, 어떻게 해서라도 그 원리들을 빨리 한국 교회 지도자들에게 알려주고 싶어 하셨다. 칼빈도 자신의 기독교강요에서 그렇게 이야기하고 있으며, 그의 정신을 가장 깊이 물려받아 세운 프랑스의 칼빈주의 그룹 위그노들의 교회와 네덜란드의 개혁교회 등에서도 직분의 높낮이를 두지 않고 있다.

7. 교회 연합에 대한 정암의 사상

정암은 교회나 교단이 분열로 겪는 어려움에 대해서도 한국 교회에게 많은 말씀을 하셨다. "교회 지도자라는 사람들이 서로 반목하게 되면, 어린 신자들이 교회에 어떻게 남아 있겠나? 그런 상황은 리더가 양보해서라도 빨리 끝나게 해야 된다." "하나님의 영광 수타(심히) 가리우디(가리우지)……" 하시면서, 심한 안타까움을 토로하시곤 했다. 왜냐하면 "교회의 본질은 부르심을 받은 회중"이라고 굳게 믿었던 정암은 가시적 교회의 주역도 교역자가 아니라 회중이라고 믿었다. 그 어떤 지도자라도, 자기를 반대하는 사람들이 혹시 불의하게 반대하더라도 그것이 민주적 방법으로 객관적 결과가 나오도록 합의되면 좋지만 그렇지 못하면, 교역자가(그가 논란의 당사자라면) 교회를 위해서, 특히 어린 신자들을 위해서 빨리 비켜주어야 교회가 평안하다고 믿었다.

물론 훨씬 복잡한 상황이 많으므로 그렇게 단순화할 수 없을지는 모르나, 원리적인 면에서 그렇다는 것이다. 정암이 신학교 교실에서 많이 강조하시길, "목장의 주인은 내가 아니고 예수님이고, 양 무리는 나의 양 무리가 아니고 참 목자장이신 그리스도의 것이다. 우리는 목자장의 종이다. 우리는 섬기는 사람에 불과하니 예수님의 자리를 찬탈하지 말자'고 주장하시곤 한 것을 정암의 클래스에서 배우신 분들은 다 기억하실 것이다. 지상 교회의 가장 중요한 실체는 사역자가 아니고, 그리스도의 몸인 회중이라는 것이 개신교의 원리이다. 대의정치도 결국 민주 정치이므로 같은 원리일 것이다. 정암은 개교회적으로나 교단적으로 어떤 본질적인 이슈가 아닌 것이라도(예를 들면 신학 교육에 대한 방법론) 그것이 해소되지 않고 계속 싸움으로 번지면 어떤 일정한 기간 동안 비상한 노력을 했으나 길이 열리지 않을 땐 서로 인정하면서 갈 길을 가는 것이 좋다고 역설하셨다.

서로 동질성을 확보할 수 없는데 계속 같은 곳에 있으면서 반목질시하는 것보다, 일정한 거리를 두고 복음 전파의 걸음을 걸어가는 것이 교회의 평안과 하나님의 영광을 위해 좋다는 것이다. 물론 갈라서기 전에 충분히 검토하고 화해와 타협의 가능성에 대해 여러 각도로 검토하기 위해 당사자들이 만나 대화하는 노력을 최대한으로 시도해야 하겠고, 서로 그리스도 안에서 형제로 인정하면서, 갈라지더라도 언제든지 다시 화해할 문을 열어 놓고 노력하는 것을 전제하고 말이다.

정암은 자신을 가리켜 "분열주의자"라는 비판의 소리를 과거에도 여러 차례 들어 오셨다. 과거에 그가 자신의 스승 메이첸(G. Machen) 박사에 대해 분열주의자라고 비난하는 소리를, 한국의 어느 유명하신 장로교 목사님에게 들었을 때, 그는 원통함을 금치 못하여 강론하던 강대상을 강하게 내리쳤고 그 강대상은 그 자리에서 반으로 쪼개진 일도 있었다. 그러나 자기 자신에게 가끔 던져진 "분열주의"라는 비난에 대해서는 사실 아무 대응도 하지 않으셨다. 말년에 가서 마음속에 정리된 교회 연합의 원리를 몇 군데에서 말씀하셨다. 특히 그가 소천하시기 전 마지막 합신 교단 교역자 수양회에서 자신의 교회 연합에 대한 정리된 원리를 강한 어조로 이야기하고 자신의 60년 강단 사역을 마감하셨다.

그러나 그가 오랜 기간 몸담은 총회신학교 진영에서 떠나, 새로운 신학교를 젊은 교수님들과 함께 시작했을 때, 적지 않은 비판이 일었다. "교리적 차이 없이 어떻게 그렇게 분열로 치닫게 할 수 있습니까"라는 강렬한 비판은 그가 매우 아끼고 자랑스럽게 생각하는 제자 목사님에게서도 나온 것이다. 그의 마음속에는 항상 큰 부담으로 남아 있었다. 또한 합신을 중심으로 어쩔 수 없이 조성된 개혁 교단을 세워 나가다가, 그가 매우 아끼고 존중하던 지도자 몇 명이 "떨어져 나왔던 합동 교단(사당동 총신)과 빨리 합치지 않는다"는 이유로 정암과 뜻을 같이 하지 못하고 떠나게 되자, 정암의 마음에 가슴 아프고 괴로운 시간이 있었던 것을 한국 교회는 옆에서 보았다.

정암에 의하면, 교회 연합에 대한 우리의 안목을 좀 넓게 갖자는 것이다. 그것은 물론 외부적 구조적 연합과 일치를 포기하자는 것은 결코 아니었다. 다만 조급한 조직적 연합은 다시 분란을 초래한다고 여겨 금하셨다. 그래서 정암은 주장하기를 우리와 같은 신앙 고백을 하는 교단이라면, 그리스도 안에서 함께 같은 멍에를 진 형제로 알자는 것이며 그들을 인정해 주자는 것이다. 그런 교단들과는 서로 배울 것이 있으면 배우고 일정 단계에 다다르면 서로 강단 교류도 하면서 서로 하나 됨을 확인해 나가고 그 후 또 일정한 기간을 거쳐서 조직적 연합도 실천에 옮겨보는 스텝도 밟자는 것이었다.

만일 복음 운동을 해나가는 데 있어서 방법론에 보조를 맞추지 못하는 것, 즉 조화를 이루지 못하면 같이 일할 수 없으니 서로 다른 길을 갈 수밖에 없다는 것이다. 그러나 세상 앞에서나 불신자들 앞에서 서로 같은 하나님, 같은 구세주를 섬기는 형제로 고백하고 그렇게 표명하자는 것이다. 그러면 갈라져서 싸운다는 소리는 안 들을 것이며 그것으로 하나님의 영광을 당장 가리지는 않을 것이다. 즉 정암은 주장하길, 고백적 연합(confessional unity)과 조직적 연합(structural unity)을 어쩔 수 없이 구분할 수밖에 없다는 것이다. 그래서 그 어떤 기독교 교단이든지 그것이 기독교의 기본 진리라는 면에서 우리와 일치하면 그들과 우리는 조직적으로 한 지붕 밑에 있지 않아도 한 고백적 교회 안에 있다고 보는 것이다. 다만 방법론이 다르며 그것이 타협이 이루어지지 않는데 억지로 구조적으로 성급히 연합한다고 해서 진정한 연합이 되겠느냐고 되묻고 있다. 정암은 말한다. "인내하면서 단계적으로 (교단 교류도 시도하면서) 구조적 연합으로 진행해 나가자."

정암은 폐쇄주의(exclusivism)에 대해 엄중하게 경고한다. 정암은 복음주의라는 커다란 테두리 안에서 우리의 개혁주의는 견지하되, 오로지 그 테두리는 분명히 하라고 경고한다. 혼합주의(syncretism)는 안 된다. 또한 소위 개혁주의라는 정통주의의 약점을 잘 인식하고, 전도에 능한 파라처치 운동(para-church movement)에서도 그 장점들을 취사선택하도록 주문하셨다. 정암의 이러한 반 폐쇄주의를 두고 어떤 이들은 오해하기를 정암이 마치 비 복음적인 자유주의를 주장하는 사람들이나 WCC 같은 기관과도 무작위로 교류하라고 한다고 잘못 이해하는 분들이 있는 것은 매우 안타까운 일이다. 그것은 정암을 잘 모르고 하는 말이라고 선을 긋고 싶다.

사실 정암은 소위 복음주의의 경계(boundary)에 대해서는 상당히 까다로울 정도로 따진다. 그에게는 발트주의자(Barthian)가 복음의 순수성을 해롭게 한다는 데 대해서 의견을 바꾼 적이 없으며, 제한적 성경무오주의(limited inerrancy)는 소천 직전에도 절대 용납하지 않았다. 그러나 불건전하지 않은 신비주의나 세대주의나 파라처치 운동 등에 대해 극단으로 치닫지만 않으면 서로 교류함으로 그들에게서 배울 뿐 아니라 우리의 가진 좋은 점도 줄 수 있는지를 모색하도록 권한다.

결론

정암이 우리를 떠난 지 20년이 되었다. 그가 병상에 누워 마지막 숨을 몰아쉴 때 코에는 피가 흐르는 호스를 끼고, 몸에는 서너 개의 수액 주사 라인과 두세 개의 체액 호스가 꼽혀있었으며 얼굴과 두 눈동자는 극한 황달로 샛노랗게

변해 있었다. 쉰 목소리가 잘 들리지도 않았으나 병문안 오셨던 교수님들은
귀를 그의 입에다가 대고 머리를 끄떡이며 한참 들으셨다.

정암은 말씀을 하시다가 자주 샛노란 눈을 치켜뜨면서 들으시는 교수님들을
확인하시곤 하신 것을 한국 교회는 생생히 기억한다. 남아있는 교수님들에게
하신 말씀들을 한국 교회는 옆에서 눈물로 들었고 그것들을 지금도 생생하게
기억하고 있다. 신학교를 맡기시면서 여러 말씀을 하셨는데, 요점은 "앞으로
채용하는 테뉴어(정식) 교수들은 적어도 2~3년 단독 목회 경험이 있는 분들만
교수로 받아 들여서, 합신으로 하여금 교회를 아는 신학교가 되게 하라"는
것이었다. 실천하기 쉽지 않은 주문이었다. 그밖에도 교수님들에게 말씀하신
다른 내용들과 종합해서 판단해 보면 그 핵심 의도는 "교회를 진정 사랑하지
않고 영성에 무관심하고 또한 윤리적으로 탁월치 못하면 아무리 학적 수준을
갖춘 교수라도 그런 분들이 학교를 승계하면 한국 교회를 새롭게 할 수 없다"는
것이리라!

이제 그가 우리를 떠난 지 20년이 지났고, 한국 교회의 판단에 한국 교회가
쉽지 않은 역사적 시점에 당도했다는 생각에서 회고하는 마음으로 정암의 교회
개혁을 회고했다. 교회론 중 극히 일부 밖에 되지 아니하나, 개혁주의 관점에서
어떤 것이 신약 시대를 향해서 하나님께서 그토록 원하시는 교회의 모습일까
하고 생각하신 것이다. 정암은 구원사적인 성경 해석의 관점에서 그리스도의
교회의 머리되심을 실현함이란 교회의 지체요 몸인 중생한 회중에게 그들의
위상을 자각시키고 그들 고유의 사명을 그들에게 되돌려 줌에 있다고 생각했다.
그것은 또한 교회의 민주적인 운영을 포함한다고 믿었다. 한국 교회도 거기에
시급함과 절박함이 있다고 생각되어 좀 과감하고 원색적인 서술도 마다하지
않았다. 정암이 자주 인용하던 성경 구절인 "나는 죽으나 하나님이……"(창
49:21)라는 구절의 의미를 새삼 깨닫게 된다.

이 글에서 밝힌 바를 우리가 지금 당장 이루어 내지는 못한다 하더라도
위에 언급한 문제를 깊이 생각함과 동시에 우리에게 신선한 자극이 되어 통일을

얼마 남기지 않은 이 시점에서, 민족을 책임지는 건강한 교회로 거듭나고 준비되는 작은 시발점 되었으면 한다. 자격 없는 사람이 떠나신 부친을 기대어 어려운 논제를 다루었다. 죄송한 마음 없지 않다. 앞으로 더욱 더 이 분야의 훌륭한 학자들과 연구자들과 일선 목회자들의 연구가 더해지고, 더 탁월한 논문들이 가세하여 한국 개신교의 밝은 앞날을 비췄으면 한다. 끝으로 "오로지 나(하나님)의 신으로라야 됨"(슥 4:6)을 깨닫고 하나님께 간절히 부르짖음과 정암이 생전에 거듭거듭 부르짖었듯이, 우리 자신들부터 "살 깊이 성찰하고 회개하며," 우리 자신부터 "과감하게 개혁하는" 정신으로 나아갈 때, 머지않아 세계 교회를 책임질 건강한 한국 교회가 조국 대한에 자리 잡게 될 것이다.

개혁교회의 목사상

박윤선 목사

개혁 교회는 개신 교회라는 말과는 좀 다르다. "개혁 교회"는 '칼빈주의 교회', 혹은 '개혁주의 교회'를 의미한다. 그런데, 개혁주의 교회, 혹은 개혁 교회라는 것은 지금 우리 시대에 와서 또 한 번 종교개혁을 하는 교회라는 말은 아니다. 개혁 교회는 일찍이 16세기에 루터와 칼빈을 비롯하여 개혁자들이 종교개혁을 이루어서 우리들에게 전해 준 그 유산을 지키는 운동이다. 그러므로 우리 시대의 "개혁"이란 것은 이미 성경대로 이루어 놓은 개혁 교회를 그대로 잘 지키자는 교회 운동이다. 이같이 종교개혁의 유산을 잘 지켜 나가는 것이 우리들의 책임이다.

한 가지 예를 들어 말하면, 오늘날은 비참하게도 교회 교리가 불신임을 당하고 있는 때이다. 그러므로 우리의 개혁운동이 교리와는 관계가 없는 것이라고 장담할 수는 없다. 어느 교회든지 교리를 문서로 가지고 있는 것만으로는 교리를 가졌다고 할 수 없다. 교리를 문서로 가지고 있으면서도 그 교리를 수호하지 않는 교회는 문제가 있다.

오늘날 교회들은 동서양을 물론하고 좋지 못한 유사점이 있으니, 그것은 참 교회의 세 가지 표지 가운데 하나, 즉 하나님의 말씀을 가감 없이 바로 전해야 하는 이 문제에 있어서 너무나 미급한 형편이라고 생각된다. 목회자들은 그 자신이 성경을 바로 깨닫고 바로 전하는 성경 중심의 목회를 하려고 계속 힘써야 된다.

그뿐 아니라, 권징 시행을 바로 하는 것이 참 교회의 표지인데, 오늘날 교계에는 권징 시행이 거의 없는 실정이 아닌가! 하나님의 말씀에 의지하여 권징을 바로 시행하는 때에 교회의 권위가 서게 되고, 주님의 영광이 교회에 나타나게 되고,

온 교회가 하나님 앞에서 다 함께 정신을 차리게 되고, 하나님을 두려워하는 거룩한 삶이 나타나게 된다.

교권주의라는 것은 교회론에 있어서, 일찍이 종교개혁자들이 순교하면서까지 성경대로 주장하여 이루어 놓은 그 교리를 지키지 않는 것이다. 그 교리들 중에서 특히 "만인 제사장" 교리는 거의 지켜지지 못하고 있는 실정이 아닌가! "만인 제사장"(벧전 2:9) 교리란, 교역자나 일반 신자나 차별이 없이 구원받은 성도는 모두 다 하나님 앞에서 "제사장"이라는 것이다. 목사는 한 계단 더 높은 제사장도 아니며, 대제사장도 아니다. 신약 시대의 대제사장은 오직 예수 그리스도 한 분뿐이시다(히 4:14). 그런데, 많은 교회들에서 이루어지고 있는 실상은 어떠한가? 목사 혼자서 독단적으로 교회를 운영해 나간다고 하리만큼 너무도 지배적이니, 이런 문제도 개혁하여, 목사를 비롯해서 모든 신자들이 진리대로 바로 살아야만 되겠다.

목사는 신자들에게 성경을 명확하게 가르쳐서 그들로 하여금 자신의 신분을 바로 알고, 하나님을 바로 섬기도록 도와주어야 하며, 또 그들로 하여금 주님의 사랑의 강권을 받아서 진실과 인내로써 주님의 교회를 희생적으로 봉사하도록 지도할 책임이 있다.

1. 소명을 받음

개혁 교회는 목사에 대하여 그의 소명 의식(召命意識)을 생명처럼 주장한다. 그러면, 소명감을 확인하는 방법은 무엇인가? 부활하신 예수님께서 베드로를 부르실 때에 "요한의 아들 시몬아 네가 나를 사랑하느냐"라고 물으시고, "주여 그러하외다 내가 주를 사랑하는 줄 주께서 아시나이다"라는 베드로의 대답을 받으신 후 "내 양을 치라"(요 21:16)고 말씀하셨다. 이 말씀에서 우리는 "주님을 사랑함"이 소명 받은 자에게 있어서 심장과 같은 요소임을 알게 된다.

목사들이 주님의 일을 한다고 하면서 그 일에 치중하여 주님을 잊어버리는 경우가 허다한 줄로 안다. 우리가 무슨 일을 하든지 심령으로는 계속 주님을 찾아야 하겠고, 언제나 주님을 사모하는 마음으로 우리의 가슴이 뜨거워져 있어야 하지 않겠는가.

우리는 주님을 사랑하는 그 재미로 우리의 사명을 수행해야 한다. 사람이 사랑을 받고 사랑을 주는 데서 인생의 참된 즐거움과 보람을 느끼게 되는 것은 사실이다. 베드로전서 1장 8절에, "예수를 너희가 보지 못하였으나 사랑하는도다 이제도 보지 못하나 믿고 말할 수 없는 영광스러운 즐거움으로 기뻐하니"라고 한 말씀과 같이, 보이지 않는 주님을 사모하며, 그의 은혜를 더 받고자 갈망하면서 보이지 않는 세계에 흥미를 가지고 그 세계를 향하여 긴장해 있는 그것이 주님을 사랑하는 자의 특징이라고 할 수 있다.

그런데, 하나님의 소명을 받고 하늘의 복된 소식을 전파하는 귀한 위치에 있는 목사로서 보이는 이 세상 것에 더 흥미를 느끼고, 보이지 않는 것에 대해서는 건망증과 무관심, 또는 외면하는 자리에 있다면 그는 거기서부터 타락하는 것이다. 목사가 되어서 신령한 기쁨을 모르고 목사로서의 영적 체험이 없다면, 그는 불행한(불쌍한) 자리에서 살고 있는 것이다.

2. 성령의 감화

성령의 감화에 대하여는 주님을 위하여 사역하는 이들이 다 아는 바이다. 성령의 감화는 무엇보다도 성경과 나와의 관계가 밀접해질 때에 성경의 위대한 권위가 내 속사람에게 느껴지며, 성경의 위대한 내용이 내 속사람과 접촉될 때에 깨달아지는 거기에서 체험하게 되는 것이다. 나의 이 말은 나의 신앙적 양심으로 하는 것이며, 개혁 교회의 모든 목사들이 다 동일한 체험을 하는 줄로 생각한다. 나의 고백은 "온 세상 사람들이 성경을 안 믿어도 '나'는 믿겠다.

'나' 자신(육의 사람)이 성경을 안 믿어도 '나'(중생한 자아)는 믿겠다"라는 것이다.

뿐만 아니라, 우리가 성경을 묵상할 때에 역시 성령의 감화를 받는다. "묵상"이라는 것은 성경을 깨닫기 위하여 깊이 생각하며, 또한 성경대로 행하기 위하여 생각하는 것을 말한다. 매사에 있어서 내가 어떻게 하는 것이 성경 말씀에 부합되는지, 내가 선택한 방법이 성경 말씀을 지키는 데 걸림이 되지 않는지, 항상 성경과의 관계를 살피며 생각하는 것이 "묵상"이다. 이처럼 하나님의 말씀을 계속 묵상하는 그 마음에 성령의 감화가 임한다.

개혁 교회의 유명한 목사 리차드 백스터는 대학 과정을 공부하지 못한 목사였다. 그러나 그는 항상 성경을 깊이 연구하고 그 말씀을 늘 묵상하였으므로 창세기부터 요한계시록까지 성경을 환하게 알고 있었다. 그러므로 그는 "걸어다니는 성구사전"(Walking Concordance)이란 별명을 받을 정도였다. 그는 목회에 열매를 많이 맺었다. 그가 어느 지방 교회에 부임했을 때에 그 지방에는 신자가 두 가정뿐이었다. 그런데, 그가 그곳을 떠날 때에는 두 가정 외에는 그 마을 사람들이 다 주님을 믿었다는 기록이 있다.

목사는 성경을 묵상함으로 성령의 세미한 음성을 들어야 하며, 그 마음속에 성경 말씀을 뜨겁게, 그리고 생명력 있게 깨닫는 은혜를 받아야 한다.

목사는 또한 설교 사역에 의해서 성령의 감화를 늘 체험한다. 그가 강단에 설 때 어느 때에는 성령의 역사가 임하지 않는 체험을 하고, 어느 때에는 성령의 역사가 임하는 체험을 하는데, 그 때마다 깨닫는 것이 참 많다. 참 목사라면 설교 원고를 아무리 잘 준비했을지라도 그 마음에 죄를 품고는 은혜로운 설교를 하지 못한다. 성령께서는 죄를 용납하시지 않으므로 먼저 회개해야 된다. 성령의 감화를 받는 것이 목사의 생명이다.

3. 파수꾼

개혁 교회의 목사는 파수꾼이어야 한다. 하나님의 교회의 파수꾼은 진리를 잘 지키는 사람이다. 파수꾼은 낙심하지 않는다. 낙심하는 것은 목사들에게 있어서 금물이다. 우리 목사들은 누구보다도 나 자신부터 개혁하도록 힘써야 된다. 우리가 다 함께 "자신부터 고치자"고 하는 것은, 마치 병자들이 피차에 그 병을 고치자고 하는 말과 같은 것이 아니겠는가!

파수꾼은 깨어 있다. 목사는 깨어 있어서 자기를 살펴야 된다. 우리는 겸손한 마음으로 선배나 동역자에게 말하기를, "나 자신은 올바로 목회한다고 생각하고 있는데, 내가 고쳐야 할 것이 무엇인지 가르쳐 주시오" 하면서 자신의 개혁에 대하여 연구하며, 한국 교회 전체를 위해서, 세계 교회를 위해서 차원 높은 바른 교회를 세워 나가려고 힘쓰자.

만일 우리가 스스로 만족하여서 우리 마음에 뚜렷한 각성이 없고, 우리의 목회 생활에도 이렇다 할 개선이 없이 여전히 정치성을 가지고 그 자리에 머물러 있다면, 그것은 하나님의 진노를 쌓는 두려운 일이다.

4. 봉사

개혁 교회의 목사는 섬기는 자세로 일해야 된다. 교회사를 읽어 보면 중세 교회의 부패상이 여러 가지로 나타나고 있다. 그 가운데 한 가지는, 교직자들이 입는 가운 문제라고 할 수 있다. 교직자가 가운(gown)을 입는 그 자체를 죄라고 말할 수는 없지만 그것을 입기 시작한 동기가 그리 좋지 않았고, 또 그것을 사용해 오면서 많은 죄악도 발생했다고 생각한다.

로마의 콘스탄틴 대제가 기독교를 국교로 만들다시피 하고, 그가 예루살렘의 감독에게 금실로 짠 가운을 선사하였다. 그 이후부터 교직자들이 이 가운을 발달시켜서 색상도 다양하게 흰 가운, 검은 가운, 푸른 가운 등을 만들어 입고 교권을 과시하는 도구로 삼아 왔다.

그런데 오늘 개혁 교회의 목사들이 이 세상의 영광을 좋아하여 무엇을 하나 걸쳐 입고서 거룩한 모양을 내며, 하나님의 귀한 백성을 우롱하는 이러한 시대가 되어버렸다. 가운을 입는 목사들이 어느 때에는 흰 가운, 어느 때에는 검은 가운을 입고, 또 가운에 걸치는 것도 여러 가지로 바꾸어 그것으로 어떤 권위를 나타내려고 하는 인상을 풍기니, 이것은 다시 종교개혁 이전의 모습으로 돌아가는 것이 아니겠는가? 어쩌다가 한 번 가운을 입는 그것은 죄가 아니지만 그것을 입음으로써 목사의 심리가 이상스럽게 돌아가고, 동시에 만인 제사장주의의 성경적 교회 생활에 폐단이 생기게 된다면, 그것은 위험하다.

이 시대에 많은 교역자들이 자기는 교회에서 구별된 특수층의 신분으로 생각하고 그렇게 처신하면서 그것이 습성화되고 풍토화됨으로써 스스로 속고 있다. 또한 이런 사상에 물든 교인들 역시 그 목사를 볼 때에는 어떤 상층급 신자로 생각하고 있으니, 이 모두가 얼마나 성경을 위반하는 잘못인가!

목사는 마땅히 섬기는 자로서 교우들에게 성경을 바로 가르치려고 계속 힘써야 되며, 교우들 중 한 영혼도 어두운 자리에 머물지 않도록 그들을 바로 지도하려고 항상 깨어 있어야 한다.

5. 고난을 받음

베드로전서 4장 14절에, "너희가 그리스도의 이름으로 욕을 받으면 복 있는 자로다 영광의 영 곧 하나님의 영이 너희 위에 계심이라"고 하였다. 여기 "계시다"라는 말은 헬라어 원문대로 직역하면 "안식한다"는 말이다. 그저 존재한다는 말이 아니고 안식한다는 말에서 우리는 깨달을 것이 있다. 영광의 영, 곧 하나님의 영께서 그리스도를 위하여 고난 받는 신자를 만족하게 여기신다는 것이다.

하나님은 그리스도의 이름으로 고난 받는 목사를 사랑하신다.

박윤선 목사 친필 휘호

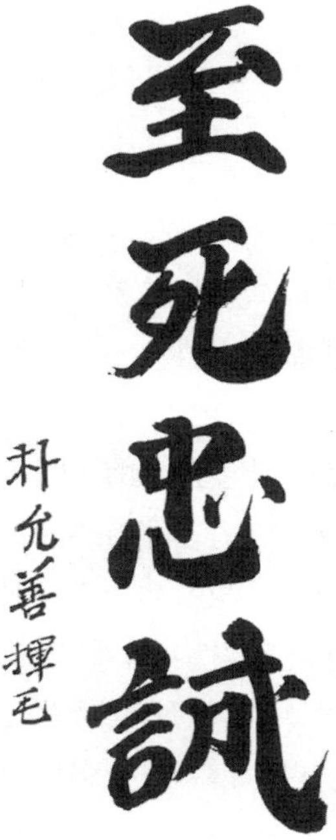

합신의 3대 이념

박윤선 목사

1. 바른 신학: 개혁주의 신학의 주요 원리

(1) 하나님의 주권

우리는 기독교 교리를 중요시한다. 교리 문제는 신앙생활의 실제 문제이다. 제각기 성경주의라고 하지만 어떤 방법으로 성경을 해석하는 성경주의인지, 그것이 문제이다. 성경을 성경으로 해석하는 바른 해석 원리를 가진 성경주의만이 참된 성경주의이다.

교리(敎理)라는 것은 사람이 성경을 깨달은 대로 가지는 공고백(公告白)인데, 이 공고백의 차이로 인하여 교파가 이루어지는 것이다. 즉, 이 세상에서는 기독교 안에 여러 교파가 있을 수밖에 없다. 그 이유는, 이 죄악 세상에서는 신자들(특히 지도층)이 성경 교리를 다르게 가지는 까닭이다.

개혁주의는 인간의 사상이 아니라, 성경의 본뜻을 바로 찾아서 가르친 신학 사상을 의미한다고, 우리는 믿는다. 그러면, 개혁주의의 기본 원리는 무엇인가? 그것은 학자들 간에 서로 조금씩 다르게 말하지만, 일반이 인정하는 답안은 "하나님의 주권"(sovereignty of God)이다.

하나님의 주권 사상은 칼빈(J. Calvin)이 성경에서 얻은 것이다(왕하 19:15; 욥 42:2; 시 24:1, 33:11, 139:7~10; 잠 16:4, 21:30; 사 14:24, 45:7, 54:5; 단 4:35; 롬 9:15~18 참조). 칼빈주의(개혁주의)의 규준(規準)은 성경이다. 칼빈주의는 성경에서 시작하고 성경을 진행하고 성경으로 마감한다. 칼빈주의는 성경이 가는 데까지 가고 성경이 멎는 데서 멎는다. 그 이유는, 칼빈주의는 성경에 기록된 말씀은 바로 하나님의 말씀이라고 믿기 때문이다. 이것은 위기신학과 대조된다. 위기신학(바르트주의)에서는 시간·공간 세계에서는 적극성 있는, 또는 상태성 있는 것을 하나님의 계시(啓示)라고 하며, 하나님의 섭리적 활동을 인정하지 않는다.

개혁주의는 성경 말씀 그대로, 하나님은 우리의 머리털까지 세시며 참새 한 마리가 땅에 떨어지는 것까지 관계하고 계심을 믿는다(마 10:29~30). 개혁주의는 초월(超越) 세계에서 뿐 아니라, 시간 공간 세계에도 하나님의 무소부재(無所不在)를 생각한다.

(2) 개혁주의 성경관

개혁주의에서는 자연계시(自然界示: 피조 세계)도 인간으로 하여금 하나님을 알게 하기에 충족하다고 생각한다. 그러나 인간이 그의 죄 때문에 자연계시 그것만으로는 하나님을 아는 데 이르지 못함을 시인한다. 하나님께서 그의 백성에게 특별계시, 곧 성경을 주셨으니 이 성경은 하나님께서 나에게 지금 하늘에서 친히 말씀하시는 그 말씀이라고 생각한다.

성경은 자연계시의 일들을 바로 해석해 준다. 뿐만 아니라, 성경은 자연계시가 보여주지 못하는 하나님의 모든 의지와 구원의 경륜을 말해 주며, 단번에 주신 계시이지만 언제나 충족한 절대적인 표준의 말씀이 되는 것이다.

첫째, 이 말씀은 인간에게 충고를 주는 정도의 것이 아니라, 이 말씀을 순종치 않으면 망할 수밖에 없고, 이 말씀으로만 구원을 받을 수 있는 절대적인 말씀이다.

둘째, 이 말씀은 전폭적으로 하나님의 감동으로 기록된 것이어서 절대로 오류가 없는 말씀이다.

셋째, 이 말씀은 성령의 감화하심으로만 깨달을 수 있음을 믿는 고로, 성령으로 말미암은 중생(重生)이 성경 연구에 선행(先行)되어야 함을 주장한다.

넷째, 성경의 역사적 문법적 요소를 깊이 연구해야 할 것을 강조한다. 그

이유는, 성경 저자들이 그들의 살고 있었던 그 시대의 문화와 지식을 그 기록에
반영시켰기 때문이다. 개혁주의가 주장하는 유기적 영감설은, 성경 저자들이
그 저술에 있어서 자신들의 지식도 사용했다는 것이다.

그러므로 성경 해석자는 고고학이나 역사학에 의하여 성경시대의 문화와
배경을 자세히 연구함으로 성경을 깨닫는 데 도움을 받는다. 예를 들면, 성경
저자가 세속 문화의 어떤 자료를 인용했을 수 있으니(딛 1:12), 그렇다면 해석자는
그 자료를 그 문원에서 연구하는 것이 필요하다. 이 점에서 우리가 명심할
것은, 성경 저자가 세속 문화의 자료를 인용할 때에도 하나님의 영적 감동에
의하여 바로 채택한 사실이다.

개혁주의 신앙은 성경에 관하여 다음의 중요한 속성들을 믿는다.

1) 성경의 권위(權威)

칼빈은 디모데후서 3장 16절을 해석함에 있어서, 로마 가톨릭교회의 성경
교리를 그대로 해명하였다. 곧, "교회는 시간적으로든지 논리적으로든지 성경보
다 앞선다. 교회가 없이는 성경이 있을 수 없으나, 성경은 없어도 교회는 있을
수 있다"고 한 말이다. 이 학설은 성경이 전적으로 교회에 의존하고 있다는
것이다. 그러나 개혁주의 신학은 이 점을 반대하고 성경의 독자적 신빙성 교리를
말한다. 이 교리는 교회보다도 하나님의 말씀이 시간적으로나 논리적으로나
우선이 되는 권위를 가지는 동시에, 모든 인간들의 사상이나 특별히 교회의
모든 사상까지도 성경의 말씀으로 판단되어야 할 것을 가르친다. 동시에, 이
교리의 의미는 인간의 협력이나, 이해(理解)나, 증명이나, 동의(同意)의 원조를
기다릴 필요 없이 성경은 독자적으로 진리의 권위를 가지고 있음을 의미한다.

어떤 이는 말하기를, "성경이 있기 전에 교회가 있었다"고 한다. 그러나
성경은 기록된 문서로 있기 전에 이미 불문계시(不文啓示)로 있었던 것이 원인이
되어서 교회가 일어나게 된 것이며, 성경이 그 존재의 형태에 있어서는 교회

창립 시대와 교회 전성 시대 사이에 시간차가 있지만, 그 존재의 원리는 그 어느 때나 공통이다. 그러므로 시간적으로든지 논리적으로든지 성경의 권위가 교회보다 앞서는 것이다.

무엇보다도 성경 자체가 분명히 가르치기를, 하나님의 말씀은 불문적(不文的)으로 혹은 성문적(成文的)으로 독자적 존재이며, 교회의 증거가 된다고 한다(신 4:1; 사 8:20; 겔 20:19; 눅 16:29; 요 5:39; 엡2:20; 딤후 3:15; 벧후 1:19 참조).

교회는 하나님의 말씀을 증거하는 입장이고, 하나님의 말씀은 교회 위에서 있는 것이다. 교회는 하나님의 말씀에 대한 신앙을 사람의 마음에 결코 발생시킬 수 없다. 그 일은 오직 하나님의 말씀과 성령의 능력으로만 이루어진다. 그리고 성령께서는 하나님의 말씀으로만 역사하신다(렘 23:29; 눅 8:11; 요 14:26, 16:13-14; 롬 1:16; 히 4:12; 벧전 1:23 참조).

칼빈은 특히 사람이 하나님의 말씀을 믿게 되는 점에 대하여 그의 기독교강요에 길게 논술하였으니, 그것은 "성령의 증거"라는 교리이다. 성령의 증거는 사람으로 하여금 성경을 하나님의 말씀으로 믿도록 하는 역사이고, 성경 이외에 어떠한 새로운 계시(성경과 동등한 권위의 말씀)를 주시는 운동이 아니다. 다시 말하면, 성령의 증거는 엄정(嚴正)한 의미에서 계시(啓示)가 아니고 사도와 선지자의 유전 내용, 곧 성경이 하나님의 말씀인 것을 승복(承服)하게 하시는 역사이다.

2) 성경의 필요성(혹은 필연성)

로마 가톨릭교는 교회의 독자적 신빙성을 생각하고, 교회 자체가 성령으로 말미암아 살아갈 수 있는 자체적 충족성을 가졌다고 한다. 그러므로 가톨릭은 교회의 본질에 대한 성경의 필요성을 느끼지 않는다. 이와 같은 생각은 가톨릭만이 아니라 모든 그릇된 신비주의자들의 생각도 마찬가지이다. 그릇된 신비주의적이었던 영지주의(Gnosticism) 학파는 성경을 풍유적(諷諭的)으로 해석하여 영지주의 체계에 맞도록 이용하였다. 그들은 말하기를 "인간이 영적 발달에 따라서 성경을 참고하게 되는 그 발달의 초급에서는 성경이 유용하지만, 그 발달의 높은 단계에 이르러는 성경을 초월하거나 성경을 사용하지 않게 된다"고 하였다. 중세에 프랑스와 독일에 있어서 그릇된 신비주의자들은 성경을 하나의 도구, 즉 명상이나 입신에 이르는 사닥다리로 생각하였다. 뿐만 아니라 낭만주의 신학자 슐라이어마허는 성경을 교회의 산물이라고 하여 시대를 따라 새 것이 보충될 수 있다고 생각한 것이다. 이러한 사상은 교회의 존재와 그 유지를 위하여 성경이 먼저 있어야 할 것과 절대적으로 필요한 사실을 무시한 것이다.

3) 성경의 명백성

로마 가톨릭교는 일반 신자들에게 성경을 공개하지 않는 것을 원칙으로 한다. 그 이유는 그 교회 지도층의 판단에, 성경은 오묘하여 일반 신자들은 알 수 없고, 또 그들의 아는 것을 위험시했기 때문이다. 그리하여 교황들 이외의 사람들에게는 성경 해석권이 부여되어 있지 않았다. 만일 어느 학자의 해석이 옳다 할지라도 교황의 승인이 없이는 그것을 아무에게도 가르칠 수 없도록 금지하였다. 이와 같이 가톨릭은 교중의 권리, 즉 성경을 읽고 배우고 해석할 수 있는 자유를 제한했던 것이다.

그러나 성경은 일반 신자들이 알 수 없는 말씀이 아니다. 이 말씀은 누구든지 다 읽도록 하기 위하여 기록된 것이다(신 30:11).

개혁주의 교회는 성경의 명백성 교리를 성경적으로 바로 주장한다. 요한일서 4장 1절에, 영을 분변하라고 하였는데 이 말씀은 교직자에게만 해당되는 말씀이 아니다. 모든 신자들은 일반적 의미에서 하나님 앞에 제사장이므로(벧전 2:9) 평신도들도 하나님의 말씀을 읽을 권리가 있고 또한 많이 배워서 진리를 분변할 특권을 갖는다. 성경의 교훈은 교회가 거짓 선지자를 영접하지 않아야 한다고 가르친다(요이 1:10 참조). 그 말씀의 내용은 신자들이 하나님의 말씀을 익숙히 알아야 될 것과 진리를 옳게 분변해야 된다고 가르친다.

4) 성경의 충족성

성경의 충족성 교리는 "성경의 완전성"이라고도 부른다. 로마 가톨릭교는 성경에 불완전한 점이 있다는 의미에서 성경에 교황들의 유전을 보충하였다. 그러나 개혁주의는, 성경은 우리의 신앙생활을 교도하기에 언제나 충족하다고 주장한다. 그리스도께서 육신으로 오셔서 인류의 구원을 완성하셨으니만큼 그가 계시자로서 그 계시를 완성하신 것이다. 히브리서 1장 2절의 말씀은 분명히 신약 계시(新約啓示)의 최종성 혹은 완전성을 증거한다.

위에서 개혁주의 성경 교리를 네 가지로 지적하였다. 여기서 한 가지 더 생각할 것은 '사람이 성경을 어떻게 하나님의 말씀으로 믿게 되는가' 하는 문제이다. 아브라함 카이퍼는 말하기를 "사람이 성경을 하나님의 말씀이라고 인정하여 믿게 되는 것은 그에게 임하신 성령의 증거로 되는 것이므로 그것을 과학적으로 증명하기는 곤란하다. 이는 마치, 소경이 눈을 뜬 후에 말하기를 '그가(예수께서) 죄인인지 내가 알지 못하나 한 가지 아는 것은 내가 소경으로 있다가 지금 보는 그것이니이다'(요 9:25)라고 한 것과 같다. 이 일을 누가 신비주의라고 할지라도 무방하다. 신자는 그의 마음에 있는 이와 같은 신비주의에 의하여 '성경은 하나님의 말씀'이라는 권위에 자기를 속박시킨다.

하나님의 말씀인 성경의 권위에 대한 나의 승복을 과학으로 설명하려 할 필요가 없는 것은 마치 우리의 폐(肺)가 과학적 설명 이전에 이미 호흡을 돕는 것과 마찬가지이다"라고 하였다. 카이퍼의 이 말은, 성경 말씀이 인간의 이성(理性)을 초월하였지만 그것과 모순되지는 않는다는 것이다. 칼빈도 카이퍼의 해석과 마찬가지로 성경의 권위는 과학으로 설명할 수 없고 오직 성령의 증거로만 믿을 수 있다고 하였다. 그와 동시에 그는 성경의 내용이 인간의 이성과 모순되지 않는다는 사실을 길게 논증하였다.

(3) 개혁주의 인생관

로마 가톨릭교에서는 하나님과 사람 사이에 교회를 두고 하나님과의 직접 교제를 막는 경향이 있다. 그렇지만, 개혁주의는 신자와 하나님 사이에 그리스도 외에는 어떠한 매개체도 용납되지 않는다.

개혁주의는 영웅숭배 사상을 배척한다. 제네바에는 칼빈에 관한 비문(碑文)이 없을 뿐 아니라, 그의 무덤에는 잡초가 덮였고 자그마한 팻말이 세워져 있을 뿐이다. 자유주의 신학도 사람과 사람 사이의 무차별을 주장한다. 그렇지만, 그 사상 체계가 하나님의 주권을 주장하지 않는 입장이므로 사람들 간의 무차별을 참되이 성립시키지 못하고, 또한 참된 조화 있는 자유의 세계를 강력히 실현시키지도 못한다.

개혁주의는 사람과 사람의 관계도 하나님의 주권 중심으로 취급한다. 다시 말하면, 사람들은 다 같이 하나님의 형상으로 지음 받은 사실과 다 함께 멸망 받아 마땅한 죄인인 사실을 생각하여 남에게 주장하는 자세를 하지 않고 동등한 인간으로 생각하게 된다. 동시에 여기서는 그 동등한 사람들 가운데 나타난 하나님의 설계도 무시하지 않는다. 다시 말하면, 하나님은 각 사람에게 각각 다른 재능과 기회를 주신다. 따라서 사람들은 하나님이 주신 그 선물로써 봉사와 책임 이행을 해야 할 것이라고 강조한다. 그리고 책임 봉사자에 대하여는 주님 안에서 합당한 대우를 해야 한다고 가르친다. 따라서 개혁주의 사회는 강력하고 엄숙한 분위기 속에서 진정한 조화가 있고 질서가 있는 자유 세계를 이루어 간다.

(4) 개혁주의와 과학

기독교는 과학을 무시하지 않는다. 그 이유는, 하나님께서 천지 만물을 창조하신 후에 사람으로 하여금 그 모든 것들을 정복하고 다스리라고 명령하셨기

때문이다(창 1:28 참조). 네덜란드에서 있었던 무서운 종교전쟁(1572~1609)은
개신교 세력과 스페인의 구교 세력과의 충돌이었다. 그때에 네덜란드에서는
개혁주의 진리를 세우기 위하여 많은 피를 흘렸다. 그 나라는 전쟁에서 승리한
직후에 무력 강화에 착수하지 않고 과학 발달을 위하여 힘쓴 결과 레이든 대학을
세우게 된 것이다. 우리가 잘 아는 대로 네덜란드에서 망원경과 현미경과 온도계
가 발명되었다.

진정한 기독교 세계에 과학이 발달되는 원인을 몇 가지로 말할 수 있다.

1) 과학 자유를 믿는 까닭

아무도 어떠한 방법으로도 과학 행위를 방해할 수 없다. 중세에 구교의 교권(敎
權)이 순전한 과학 행위를 압제했던 것은 일대 유감이다. 정치의 권세나 혹은
탈선한 교권의 그 같은 처사는 하나님의 이법(理法)에 합당치 않은 것이다.
만일, 과학의 주장에서 비진리가 있다면 그것은 순연한 과학적 이론으로써
방지해야 될 것이다. 과학 자유로 인한 논쟁으로 말미암아 여러 가지 이론들이
나오게 된다. 그렇지만 그 모든 이론들 때문에 과학과 참 종교가 충돌되는
것처럼 생각할 필요는 없다.

진정한 의미에서 순전한 과학과 참 종교는 서로 충돌되지 않는다. 왜 그런가
하면, 참 종교를 계시(啓示)하신 여호와 하나님께서 과학의 법칙이 되는 모든
이법들을 자연계에 창조해 두셨기 때문이다. 그러므로 비록 진리에서 탈선한
그릇된 과학이라 할지라도 참 종교를 이치 있게 무시하지는 못한다. 그 이유는,
그릇된 과학도 그 연구 행위에 있어서는 참 종교의 기본이라고 할 수 있는
신념(하나님의 창조의 이법에 대한 신념)을 기초하고서만 진행될 수 있기 때문이
다. 어떠한 과학 행위든지 그 연구의 기초는 신념인 것이다. 예를 들면, 사색의
터가 되는 개념들, 곧 아프다는 것, 무겁다는 것, 달다는 것 등의 이법들은
증명하기보다는 그대로 믿어야만 되는 직관적(直觀的) 진리이다. 이처럼, 과학
은 그 어떠한 종류든지 신념에 기초하여 쌓아 나가는 것이다. 그런고로 과학과

참된 종교는 서로 충돌되는 것이 아니다.

2) 하나님의 예정을 믿는 까닭

하나님의 예정을 믿는 자는 온 우주 만물이 한 분 하나님의 의지에 의하여 통일되었다고 믿게 된다. 우리가 만일 하나님의 예정을 믿지 않는다면, 이 세상의 만사 만물은 일정성(一定性)이 없고 모두 다 불규칙한 것이고 불확실한 것이고 우연적인 것일 수 있으니, 그렇다면, 그런 세계는 법칙의 세계가 아니므로 연구의 대상이 될 수 없는 것이다. 그런 세계에는 체계(體系) 있는 어떠한 지식도 건설될 수 없는 것이다. 그런고로 사물들의 통일성과 견고성과 질서에 대한 신앙은 과학을 장려하게 되는 것이다.

3) 과학의 영역을 인정하는 까닭

칼빈은 그리스도의 십자가를 출발점으로 하여 창조의 원리를 바로 깨닫는 데 이르렀다. 의(義)의 태양이신 예수님 안에 모든 지혜와 지식이 감추어 있다(골 2:3). 기독교는 구원의 종교로서 인간의 구원 문제를 해결한다. 그 결과는 영혼의 영역에만 미치는 것이 아니라 하나님께서 영혼과 함께 지으신 만물에도 나타난다. 참 신자는 영원을 보는 빛으로 시간을 본다. 영원한 것과 시간적인 것은 그리스도 안에서 통일되어야 한다. 하나님께서는 천지 만물을 창조하시고 그 만물에 그의 영광을 나타내신 것이다. 그러므로 기독 신자는 영원과 시간을 이원론적으로 대립시킬 것이 아니다. 그런데 과거에 기독교가 시간적인 방면의 생활을 무시하면서 과학을 중요시하지 않은 과오를 범한 바가 있었다. 그리스도 께서 주신 구원은 개인 관계의 것만 아니고 우주 구원의 의의(意義)를 가진 것이다(마 19:28; 롬 8:21).

개혁주의는 과학을 중요시한다. 암스텔담의 피터 플라시우스는 유명한 설교 가인 동시에 지리학에 풍부한 지식을 가진 전도자였다. 그러므로 그 당시의 많은 선원들이 그의 지도를 사용하였다. 개혁주의는 영원한 것만을 강조하지 않고 하나님께서 창조하신 시간적인 것도 중요시하여 그것들을 불신자보다 더욱 깊이 연구해야 될 것을 역설한다.

(5) 개혁주의와 일반은총

개혁주의는 하나님의 사랑을 특수은총(그리스도의 구원)에서만 발견하지 않고 일반은총에서도 발견한다. 일반은총이라는 것은 신자와 불신자가 함께 누릴 수 있는 은총이다. 카이퍼는 일반은총에 대하여 다음과 같이 생각하였다. 하나님의 은혜에는 두 종류가 있으니, 둘 다 인간의 전적 부패를 전제로 하고 있다. 그 하나는 특수은총이요, 다른 하나는 일반은총이다. 특수은총은 영원한 구원과 관계가 있는 중생의 은혜이며, 또한 죄의 병통을 없애며 죄의 뿌리를 제거하는 일을 한다. 반면에 일반은총은 다만 죄성(罪性)을 어느 정도 제어하는 작용을 할 뿐이다. 그래도 이 작용 때문에 인류 사회는 부패한 가운데서도 어떤 종류의 질서와 정의가 보존(保存)되고 있다.

그뿐만 아니라, 카이퍼는 다시 일반은총의 적극적 방면을 보여주었으니, 하나님께서는 인류에게 부여된 재능을 어느 정도 발휘하도록 그들을 보전(保全)하여 주신다는 것이다. 그러므로 일반은총도 하나님의 긍휼히 여기시는 덕이다. 하나님께서 사람들을 그들의 죄대로 버려두신다면 그들은 아주 멸절되고 말 것이다. 그러나 하나님께서 은혜로 그들의 죄의 세력을 제재하시며 또한 창조된 재능을 보전하여 주시는 것이다.

칼빈은 그의 기독교강요에서 말하기를, "우리는 성령께서 주시는 놀라운 은사(恩賜)들을 잊어버리면 안 된다. 그것은 인류(택한 자와 불택자 모두)가 공통적으로 받은 재능이다. 성령께서 신자들과 교통하시는 특수은총은 그들을 성화(聖化)시키시기 위한 것이지만, 또 다른 방면에 있어서는 모든 피조물들을 보전케 하시는 성령의 역사도 있다"(제2권 제2장 16절)고 하였다(시 36:7, 104:3, 145:9, 147:9; 고전 3:1~2; 히 6:4~5 참조. 창 6:3; 시 81:11~12;

행 7:42; 롬 1:24, 26, 28; 살후 2:6~7 비교).

칼빈은 또 다음과 같이 말한 바 있다. "우리는 종종 어느 시대에나 단순한 천품(天稟)으로 유덕(有德)하게 살려고 힘써 온 사람들을 볼 수 있다. 물론 그들의 덕행 가운데는 근본에 있어서 그릇된 것도 있지만 어느 정도 취할 만한 좋은 것도 있음을 우리는 무시할 수 없다."

2. 바른 교회

(1) 교회는 성결(순결)해야 됨

"형제들아 내가 하나님의 모든 자비하심으로 너희를 권하노니 너희 몸을 하나님이 기뻐하시는 거룩한 산 제사로 드리라"(롬 12:1).

인간은 자존자(自存者)가 아니며 자율자(自律者)도 아니다. 그는 의존자(依存者)로서 하나님을 섬길 자이다. 그가 하나님을 섬김에 있어서 기억해야 할 것은 하나님께 모든 것을 바쳐야 된다는 사실이다. 본문의 "너희 몸을……드리라"는 말씀은 우리 자신을 드리라는 것과 같다. 우리가 우리 자신을 바쳐야 되는 이유는, 나 자신이 모든 것의 초점이기 때문이다. 그리고 우리가 우리의 몸을 드리는 이유는, 하나님께로부터 받은 모든 은혜를 다 큰 것으로 아는 까닭이다. 우리가 작은 은혜라고 생각하는 그것도 지극히 높으신 하나님께로부터 온 것이므로 결코 작은 것이 아니다. 우리가 우리의 몸을 하나님께 드리는 것은 그것으로 은혜를 갚을 수 있는 까닭이 아니라, 그것이라도 드려서 감사의 뜻을 나타내려 함이다. 우리는 하나님에게서 받은 은혜를 생각할 때에 몸보다 더욱 중요한 것이 있다면 그것도 드려야 할 것이다. 그러면, 구체적으로 말해서 "거룩한 산 제사"는 무엇인가?

1) 성령으로 말미암아 성화(聖化)되어 감

성화는 무엇보다도 기독 신자 자신이 성령으로 말미암아 깨끗해지는 것이다. 그는 전에 즐기던 죄악을 끊는다. 헨리 알라인(Henry Alline)은 시편 38편을 읽다가 그 말씀이 자기의 영혼 속으로 밀려들어오는 듯한 은혜를 받고 죄를 심히 아프게 깨달으면서 기도하던 중 사죄의 기쁨을 얻었다고 한다. 1823년에 빌리 브레이(Billy Bray)는 기도하기를, "당신이 말씀하시기를, '구하는 이마다 얻을 것이요 찾는 이가 찾을 것이요 두드리는 이에게 열릴 것이니라'고 하셨지요, 나는 믿나이다."라고 하였다. 그 때 그는 자신의 영혼이 아주 새로워지는 사실을 체험하였다고 한다.

하나님께서 일하시는 방법은 여러 가지이다. 일반적으로 사람들을 성화시키시는 하나님의 방법은 점진적(漸進的)이다. 우리가 성결을 찾아야 할 이유는, 육체적 행복보다 더 귀히 여겨야 되기 때문이다(히 12:4).

2) 성별(聖別)을 힘쓸 것

"성별"은 무엇인가? 그것은 진리를 비진리와 섞지 아니함이며, 하늘나라의 것을 세속화하지 아니함이다. 고린도후서 6장 14~17절에 말하기를, "너희는 믿지 않는 자와 멍에를 같이하지 말라 의와 불법이 어찌 함께 하며 빛과 어두움이 어찌 사귀며 그리스도와 벨리알이 어찌 조화되며 믿는 자와 믿지 않는 자가 어찌 상관하며 하나님의 성전과 우상이 어찌 일치가 되리요 우리는 살아 계신 하나님의 성전이라……그러므로 주께서 말씀하시기를 너희는 저희 중에서 나와서 따로 있고 부정한 것을 만지지 말라"고 하였다.

신자들 중에는 성별을 이해하지 못하는 이들이 많다. 그들은 혹시 말하기를, "교회에서 '정통', '비정통' 하며 서로 갈라지는 일이 있으니, 신학이란 것은 집어치우고 신앙으로만 서로 하나 되기를 힘쓰면 좋지 않겠는가?" 한다. 그러나 이것은 하나님의 말씀보다 사람들의 마음을 더 존중하자는 잘못된 말이다.

교회가 진리를 증거하다가 어떠한 희생을 당하든지 그것은 소금의 직분을 행한 것이고 성별의 생명을 가진 운동이다. 우리는 옛날부터 내려오는 교회의 역사를 회고해 볼 때 성별 운동은 당연한 것이었고, 그것이 속화 운동과 충돌해 오면서 교회의 생명을 보전하였다는 것을 우리는 잘 알고 있다.

상고시대의 가인과 아벨의 다툼은 성별과 속화의 충돌이었다. 아벨은 가인의 속화 운동에 삼키우지 않고 끝까지 참된 신앙을 파수했으므로 성경은 증거하기를, "저가 죽었으나 그 믿음으로써 오히려 말하느니라"(히 11:4)고 한다.

스웨덴 서부에는 교회가 많기로 유명하다. 또 그곳의 기독 신자들은 비타협주의로도 유명하다. 그 나라의 성도들은 교회에서 사경회를 하는 몇 날 동안 계속 상점 문을 닫고 집회에 참석했다고 한다. 그 나라 교회에 이 같은 신앙 분위기가 이루어진 것은, 19세기에 헨릭 솨토(Henrik Schartau) 목사가 모든 합리주의자들과 충돌해 가면서 성경 진리의 절대성을 파수한 결과이다. 그 당시에 솨토와 함께 바른 신앙 노선에서 일하던 목사들은 책벌도 받았고 출교도 당했다. 그러나 마침내 그들의 진리 파수 운동으로 말미암아 스웨덴의 서부는 강한 신앙의 지역이 되었다.

노르웨이에는 한스 닐센 하우게(Hans Nielsen Hauge)란 신앙 인물이 일어나서 합리주의와 충돌하고 아홉 번이나 투옥된 일이 있었다. 그는 현대 "노르웨이의 아버지"라고 불린다. 그만큼 그의 신앙적 영향력은 컸다.

(2) 교회는 화평을 유지해야 됨

"모든 사람으로 더불어 화평함과 거룩함을 좇으라 이것이 없이는 아무도 주를 보지 못하리라"(히 12:14).

교회는 "순결"을 주장하는 동시에 "화평"도 주장한다. 그런데, 이 둘은 함께 주장되기 어려운 경우가 있으니, 신자들이 순결을 주장하는 가운데 순결치 못한 자들의 공격을 당하여 다툼이 일어나기 쉽다. 순결과 화평은 함께 있어야 할 것이나 이 둘의 공존(共存)을 유지하기는 참으로 어려운 일이다. 그렇지만,

교회의 지도자들은 이 둘의 공존을 위하여 노력해야 된다. 그 노력이 진리와 법도에 근거한 것이라면 좋은 열매를 가져올 수 있다.

1) 화목하는 자는 남을 잘 이해하는 자이다. 그는 남들의 실수를 자신의 실수와 같이 생각하고 자신도 별 수 없는 존재라는 것을 깨닫는 자이다.

2) 화목하는 자는 옳은 말이라도 부드럽게 하는 자이다. 잠언 15장 1절에, "유순한 대답은 분노를 쉬게 하여도 과격한 말은 노를 격동하느니라"고 하였다. 신자들이 혹 의분(義憤)으로 인하여 과격하게 말하다가 화목을 깨뜨리는 일이 있다.

3) 화목하는 자는 용서하는 자이다. 남을 용서하는 것은 마침내 자기에게 유익을 가져온다. 잠언 19장 11절에 말하기를, "노하기를 더디 하는 것이 사람의 슬기요 허물을 용서하는 것이 자기의 영광이니라"고 하였다. 신자들이 서로 용서하지 못하고 머리카락을 쪼개듯이 작은 허물까지 들추어낸다면 그것은 잔인한 행동이다.

(3) 교회는 증인 단체가 되어야 함

"오직 성령이 너희에게 임하시면 너희가 권능을 받고 예루살렘과 온 유대와 사마리아와 땅 끝까지 이루러 내 증인이 되리라"(행 1:8).

이 말씀은 예수님께서 승천하시기 직전에 그의 제자들에게 최후로 주신 말씀이다. 동시에 이 말씀은 교회에 사명을 주신 지상 명령이다.

1) 교회는 세상 나라의 특권 계급이 아님

부활하신 예수님을 바라보는 제자들의 소망은, 예수님께서 이스라엘 나라를 회복하신다면 그 때에 저희들은 특별한 대우를 받게 될 것이라는 기대였다. 예수님은 그들의 이 같은 야망을 교정하시고, 그들의 사명은 오직 증인(그리스도의 증인)이 되는 것이라고 가르쳐 주셨다. 그리스도의 증인은 이 세상에서 핍박과 멸시를 받게 되지만, 그 가운데서 성령님의 능력으로 말미암아 그 일을 감당하게 된다.

화란의 스미테스(Smietes) 목사는 복음적인 전도자이다. 그의 간증에 의하면, 그 자신과 부친과 모친이 함께 교회를 개척하기 위하여 벨기에의 부르게(Brugge)라는 도시에서 건물을 하나 사서 깨끗이 수리하고, 그 동네 주민들을 초청하였다. 교회로 모이는 첫 주일 예배에 그의 부친은 설교하고, 그의 모친은 독창하고, 그는 풍금을 쳤다고 한다. 그 시간에 참석한 사람은 한 사람뿐이었는데, 그는 술에 취하여 들어와서 예배를 방해하였다. 그 전날 초청을 받은 많은 사람들은 반대자들의 책동과 방해로 인하여 오지 못하게 되었고, 다만 술 취한 그 사람만이 반대자들의 보냄을 받아서 참석하였던 것이다.

그런데 그 예배가 끝난 뒤에 그 술 취한 사람은 예수를 믿겠다고 굳게 약속하였고, 그는 신실한 신앙인으로 일평생을 살았다고 한다. 우리는 이 중대한 사실을 기억하자! 즉 핍박이 있는 곳에 성령님의 역사가 특별히 나타난다는 것이다. 베드로전서 4장 14절에 말하기를, "너희가 그리스도의 이름으로 욕을 받으면 복 있는 자로다 영광의 영 곧 하나님의 영이 너희 위에 계심이라"고 하였다. 복음 증인의 분깃은 이 세상에서 주장하는 권세를 가지는 것이 아니라, 도리어 멸시와 핍박을 받음이다.

교회는 세상 권세를 의지하지 말고 성령님의 권능을 의지해야 된다. 과거에 국가와 교회의 관계 문제에 있어서 국교주의(國敎主義)를 취했던 이들은 이 진리를 알지 못했던 것이다. 4세기에 콘스탄틴(Constantine) 대제가 기독교를 국교로 선포한 결과, 교회는 점점 형식주의로 흘렀고 신령한 증인은 약화되었다. 오늘날 구라파에도 기독교를 국교로 한 나라의 교인들은 대다수가 주일에 교회 출석을 않는다는 통계가 발표되었다. 이사야 2장 22절에 말하기를, "너희는 인생을 의지하지 말라 그의 호흡은 코에 있나니 수에 칠 가치가 어디 있느뇨"라고 하였다.

2) 교회는 정치운동에 직접 가담할 수 없음

교회가 직접적으로 정치 운동에 가담하지 않는 이유는, (1) 교회의 일은 신령한 일이요 육체적 업무가 아니기 때문이며, (2) 교회의 이름으로 정치 운동에 나가면 불신 동포들과 경쟁이 일어나므로 국가에도 해로울 수 있기 때문이며, (3) 그 정치 운동에 실수가 있을 때에는 온 교회와 그리스도의 이름에 욕이 돌아오기 때문이다.

그러므로 국가에 대한 일반 사항에 있어서는 신자들이 개인 자격으로 행할 수 있고, 특별히 정부나 국가에 대하여 신령한 일을 하는 경우에는 독일 슈피르스(Spiers)에서 모일 종교회의(宗敎會議)를 앞두고 신교(新敎)의 영적 승리를 위하여 찰스 5세(Charles V)에게 신령한 교리를 밝히 해석하는 편지를 보냈다. 그 이유는, 그 때에 찰스 5세가 그 종교회의를 소집하도록 했기 때문이다. 칼빈의 편지는 실상 신교도들을 대표한 것이라고 할 수 있다. 그 편지의 내용은 순전히 신령한 일에 관계된 것이었다.

3. 바른 생활

그러나 주의 날이 도적 같이 오리니 그 날에는 하늘이 큰 소리로 떠나가고 체질이 뜨거운 불에 풀어지고 땅과 그 중에 있는 모든 일이 드러나리로다 이 모든 것이 이렇게 풀어지리니 너희가 어떠한 사람이 되어야 마땅하뇨 거룩한 행실과 경건함으로 하나님의 날이 임하기를 바라보고 간절히 사모하라 그 날에 하늘이 불에 타서 풀어지고 체질이 뜨거운 불에 녹아지려니와 우리는 그의 .약속대로 의의 거하는바 새 하늘과 새 땅을 바라보도다(벧후 3:10~13)

(1) 거룩한 행실

"거룩하다" 함은 하나님의 소유가 되는 것을 말한다. 그것은 나 자신을 하나님께 내어 맡김이다. "행실"이란 말은 히브리어 할락에 해당되는데, 생의 방법을 가리킨다. 기독 신자는 그리스도 안에서 사는 방법을 취한다. 여기서 방법이란 것은 개별적인 행위를 말하기보다 생애를 의미한다. 그러므로 "거룩한 행실"은 "거룩한 생애"라고 번역해야 된다. 거룩한 생애는 하나님께 나 자신을 맡김이다. 마치, 수술 받을 환자가 담당 의사에게 그의 몸을 전적으로 맡김과 같이, 나 자신을 하나님께 온전히 맡김이다.

(2) 경건함

"경건"으로 번역된 헬라어 유세베이아는 '좋게 놀란다'는 어원적 의미를 가진다. 신자는 어떠한 일을 하든지 어디서나 항상 "하나님 앞에서"(Coram Deo) 살아야 된다(고전 10:31). 그뿐 아니라 그는 특별한 자리, 곧 정신 차려 성경을 읽음과 깨어 기도함으로 하나님 앞에서 살게 된다. 이 두 가지는 경건 생활의 원천이다. 그는 이때에 하나님을 만나게 되고, 하나님을 만남으로 좋은 놀람을 체험하게 된다. 인생의 목적은 하나님을 아는 데 있다. 이 세상의 행복은 있어도 좋고 없어도 좋다.

여기에 한 가지 첨부할 것은 경건한 자의 대인관계이다. 경건한 자는 사람다운 사람이 되어야 한다. 루터는 다음과 같이 말하였다. "기독 신자로 멎어지는 자는 신자가 아니다." 이 말은 사람 상대로 의(義)를 행해야 된다는 것이다. 즉 경건하다고 하여 세상과 격리되어 사는 것이 아니고 참으로 사람들과 잘 화합해야 된다는 것이다. 이것은 정략적(政略的) 합작도 아니고, 능률 증가의 목적으로 사회적 세력을 규합하기 위한 단결도 아니다. 이것은 나 자신을 희생하고 남을 유익하게 하려는 이웃 사랑의 생활이다. "하나님 아버지 앞에서 정결하고 더러움이 없는 경건은 곧 고아와 과부를 그 환난 중에 돌아보고 또 자기를 지켜 세속에 물들지 아니하는 이것이니라"(약 1:27).

(3) 내세를 사모함

인류는 이 세상 문명에서 만족을 얻고자 한다. 그러나 이 세상 문명은 먹고 마시고 자식들을 잘 길러내려는 것밖에 무엇이 더 있는가? 카알라일(Carlyle)의 말과 같이 현세의 문명은 돼지 문명이다.

내세를 사모하는 삶은 영혼 본위의 삶으로 나타난다. 몸은 죄로 인하여 죽은 것이지만 영은 의(그리스도의 義)를 인하여 산 것이다(롬 8:10). 몸은 조상 때부터 지은 죄로 인하여 죽는 벌을 받도록 되어 있다. 이 몸은 죽고 영혼을 구원하여 완전케 하시는 것이 하나님께서 세우신 순서이다.

그리스도께서 십자가에 못 박혀 죽으심과 부활하심으로 말미암아 죄인에게 "지혜와 의로움과 거룩함과 구속함이 되셨으니"(고전 1:30), 그리스도로 말미암아 구속받은 신자는 "새 하늘과 새 땅"을 바라보는 자가 되었다. 이 참된 소망을 가진 신자는 아침이나 저녁이나 무슨 일을 하든지 주님의 재림을 기억하고 행해야 된다.

합심 기도

진실로 다시 너희에게 이르노니 너희 중에 두 사람이 땅에서 합심하여 무엇이든지 구하면 하늘에 계신 내 아버지께서 저희를 위하여 이루게 하시리라. 두 세 사람이 내 이름으로 모인 곳에는 나도 그들 중에 있느니라(마 18:19~20).

이 말씀에 근거하여 합심 기도라는 제목으로 말씀하겠습니다. 18절에 "합심하여 구한다"는 동사의 헬라어 원문은 συμφωνειν입니다. 여기에서 συμ은 "함께 또는 같은"을 의미하고 φωνειν은 "소리내다"는 의미입니다. 따라서 합심 기도는 "함께 또는 같이 소리 내어 하는 기도"를 말합니다. "함께 소리 낸다, 같은 소리 내다"는 말을 생각할 때 조심하여야 할 것은 마음을 같이 한다는 데 등한히 하는 것 아니라 도리어 그것을 구체화하는 표현이라고 생각됩니다. 행동까지 함께 움직이는 것 그만큼 합치되는 기도를 말합니다.

1. 합심기도의 중요성

합심 기도에 있어서 첫째로 생각할 것은 그 중요성입니다. 여기 19절에 있는 말 여러분 보시죠. "진실로 다시 너희에게 이르노니 너희 중에 두 세 사람이 땅에서 합심하여 무엇이든지 구하면 하늘에 계신 아버지께서 저희를 위하여 이루어 주시리라." 여기 땅에서란 말이 나와 있고 하늘에서는 말이 나와 있습니다. 사실상 18절에도 역시 땅과 하늘을 대조시켰어요. 18절 보면 "진실로 너희에게 이르노니 무엇이든지 너희가 땅에서 매면 하늘에서도 매일 것이요 무엇이든지 너희가 땅에서 매면 하늘에서도 매일 것이요 무엇이든지 땅에서 풀면 하늘에서도 풀리리라." 이 땅과 하늘의 대조를 말씀하시면서 기도 응답의 확실성을 강조합니다. 그 중요성이 그렇다 그 말입니다.

그 중요성은 첫째로 하늘과 땅의 거리가 문제되지 않는다 그 말입니다. 하늘과 땅의 거리 문제를 말하자면 하나님 계신 곳이 어디신가 말할 때에 우리가 어디라고 지적은 못하나 지극히 높은 데라고 말할 수 있습니다. 그러면 지극히 높은 데가 어느 정도 높은 데인가 우리는 그것을 측량 못합니다. 땅과 하늘은 그만큼 멀리 떨어져 있어요. 그러나 합심 기도 앞에서는 땅과 하늘의 거리가 없어진다 그 말입니다. 우리가 외부적 관찰로 볼 때에 저 별세계만 해도 너무나 요원해서 우리 인생이 추측할 수가 없으며 어떻게 상상할 수도 없습니다. 그러나 태양계가 이렇게 되어 있고 이 별들이 저렇게 펼쳐져 있는 것이 인류 세계에 어떻게 영향을 끼치는 것 등을 생각해 볼 때에 아무리 넓어도 그것은 결국 인류 중심으로 되어 있다 그 말입니다. 물론 여기서 그리스도 안에서 인류 중심이지요. 뭐 궁극적으로는 하나님 중심이지만 하나님이 이런 모든 시설을 하시는 데 있어서 인류 중심으로 하셨더라 그 말입니다.

우리는 우주학을 공부할 때나 천문학을 공부할 때나 참 너무 방대해서 뭐 인간이 무엇인가 이런 정도의 생각이 나지만 다시 생각해 보면 우리는 이것을 양적으로 볼 문제가 아니라 질적으로 봐야 할 문제입니다. 이 우주는 양적으로 우리가 다룰 때에 잘못할 수 있습니다. 우리는 어떠한 거리 관계라든지 그 대소 관계라든지 이런 것에 신경을 너무 쓸 필요는 없어요. 우리는 다만 질적으로 이 우주를 보면서 땅 중심이로구나 결국 그렇게 본다 그 말입니다. 물론 하나님 중심 속에서 땅 중심, 하나님께서 이 우주를 지었을 때에 땅을 그 초점으로 했구나. 저 태양도 이 땅에 비교하면 뭐 말로 형용할 수 없이 큰 것이지만 크다고 그것이 중심이 아니라 그것이 땅을 중심으로 비추기 위해서 창세기 1:14("하나님이 가라사대 하늘에 궁창이 있어 주야로 나뉘게 하라 또 그 광명으로 하여 징조와 사시와 일자와 연한이 이루라") 이 말하고 있으니 그대로지 다른 것 있겠나? 저 별들의 세계에 또 무엇이 있지 않겠나 하지만 그러나 성경에 의하면 거기에 여기 땅에 있는 것보다 중요한 것이 있다 생각할 것 없고 그것들도 결국 이 땅에게 어떠한 영향을 주기 위해서 있다 그 말입니다.

사사기 4, 5 장을 읽어보면 가나안 왕을 이겨내는 이스라엘 장군이 전쟁에서 승리한 것은 별들이 싸워줬다고 하고 있으니 별들이 싸워 줬다는 것은 결국 별들이 이 땅 위에, 무슨 비가 오고 혹은 강수가 나는 이런 것 등을 다 조절한다 그 말이지요. 그 강수가 나가지고 결국 저 가나안 왕이 패전을 시킨 거란 말예요. 이제 우리가 생각해야 될 것은 이 우주 만물을 하나님이 지어냈을 때에 이 지구를 중심해서 지으셨으며 또 특별히 사람들을 중심해서 지으셨으며 보다도 하나님이 택한 백성을 위해서 궁극적으로는 의미를 가지도록 한 거란 말예요. 하물며 주님이 오셔서 이 땅에 피를 흘리셨는데 그 피를 믿으면서 주님께 매달리는 사람들을 하나님이 보시지 않겠습니까? 합심하여 기도할 때에 하나님이 들으시지 않겠습니까? 우리가 혹 잘못 생각하기를 하나님은 너무 멀리 계시다 그러한 생각을 할지는 몰라도 그것은 잘못된 생각이지요. 하나님은 집중적으로 우리를 사랑하시건만 우리는 그렇게 무지몽매하여 하나님의 품을 떠나서 제가 살겠다고 하고 제가 영광 받겠다고 하고 제 멋대로 이렇게 달음질치니까 문제가 되는 거지 과연 하나님의 뜻을 따라서 주님 중심주의로 주의 피를 믿고 매달릴 때에 하나님께서 응답하지 아니하겠습니까? 너희가 땅에서 합심하여 기도하면 하늘에 계신 하나님께서 이루어 주신다고 말씀했어요.

합심 기도의 중요성은 둘째로 물량의 대소가 문제가 안 됩니다. 왜 그런고 하니 여기 19절에 있는 말씀, 땅에서 두 사람이 합심하여 무엇이든지 구하면 이 두 사람이란 말을 썼어요. 그 합심에 있어서 그렇게 아주 귀중성을 말씀하고 계십니다. 이 두 사람이 합심할 때에 참 문제가 해결된다는 말이 아닙니까. 물량의 대소가 문제가 아닙니다. 많은 사람이 있어야 하나님이 응답해 준다 그런 말씀이 없어요. 여기 있는 말씀은 합심을 중요시합니다. 두 사람이 합심하여 기도하면 하나님께서 이루어 주신다고 말씀했습니다. 지금 우리가 이상한 시대에 처하여 있습니다. 사람들의 마음이 다 갈래갈래 갈라져 있으며 교파들과 교파들이 갈라져 있으며 또 대교파라고 해서 무슨 큰 좋은 것이 있는 것도 아닙니다. 그 안에는 또 역시 단 두 사람의 합심기도가 있는가 하는 의문이 되는 이러한 복잡한 교계임을 우리가 뭐 부인할 수가 없습니다. 물량주의로 사람들을 그저 태산같이 모으면 무슨 큰 일이 날 거라 하지만 절대로 그런 것이 아니고 첫째로 중요한 것이 합심이란 말입니다. 그래서 지금 우리나라 민족사에 있어서 위기라고 할 수 있는 때에 정신 차려야 된다 그 말입니다. 단 두 사람이라도 합심해서 기도해야 하며, 다른 교파를 뭐 이상스럽게 보기보다는 선별해서 같이 기도할 수 있는 사람이 참으로 있는가 하고 거기 가서도 찾아야 하고 과연 이렇게 성도들이 합심해서 두 사람씩이라도 기도할 때에 이것이 결국 큰 문제를 성취시킨다고 저는 봅니다.

우리는 옥스퍼드 대학에 일찍이 6명의 학생들이 낟가리 속에 들어가서 기도한 결과가 얼마나 큰가를 봅니다. 영국이 그때에 무척 부패했어요. 사회가 혼란하고 참 살 수 없는 세상이 되어 있었어요. 하지만 참 그 여섯 사람이 그 조용한 자리에서 서로 모여서 기도한 결과 세계적으로 큰 부흥을 일으키게 된 것 아닙니까? 횟필드, 웨슬레 이런 사람들이 다 그때에 사회를 개혁시킬 정도로 참 진리가 부흥되었고 능력의 역사가 영국을 흔들어 내는 이러한 운동이 있었던 것을 우리가 믿습니다. 지금 이 한국 민족사에 있어서 크게 경성할 때가 되었는데 바로 이러한 때에 있어서 경성하지 아니하면 언제 경성하겠습니까. 참으로 지금은 공산당도 이상한 신학을 뒤집어쓰고 이렇게 교계에 침투해 오는 때에요 지금은. 언제 어떤 사람이 들어올지 모릅니다. 무슨 장난을 칠지도 모릅니다. 이 교계에 무슨 장난이 있을지 모릅니다. 이러한 때에 참 우리가 두 사람씩 두 사람씩 마음 맞는 사람끼리 기도할 수 있지 않습니까. 전체가 마음은 맞지 않는다 하더라도 두 사람이 마음 맞출 수 없습니까? 그 두 사람이 기도하는 가운데 다만 당파만 이루지 아니하면 이것은 하나님이 응답하는 기도가 되는 겁니다.

당파란 것 무엇입니까? 어떠한 이권을 위해서 기도하는 것, 자 우리 한번

이 신학교 분위기를 우리가 잡아보자 한다든지 혹은 교계의 분위기를 조만간에
우리가 목사 되어 나가면 잡아보자 한다든지 이러한 무슨 그러한 이권에 의해서
두세 사람이 혹은 몇 사람이 모여 기도한다면 그것은 망하는 길이죠. 교회를
소란케 하는 일이 될 것이고 하나님의 은혜는 못 받고 정치 기술자들만 되어가지고
교회를 어지럽게만 할 일이 앞으로 있을 거예요. 이러한 당파주의의 사심을
버리고 오직 "하나님 힘을 주시옵소서. 은혜로 충만하게 하여 주시옵소서.
우리들이 전부 기도 충만한 사람들이 되게 하여 주옵소서"라고 애써 기도해야
할 때입니다. 전체를 위하는 의미에서 참 땀 흘리면서 기도하는 그 기도, 두
사람이 기도하지만 이것이 진짜 합심기도이고 하나님이 응답하는 기도고 하늘과
땅이 가까워지게 하는 기도라 그 말예요.

　모라비아 교파가 100년 동안 기도를 계속하였는데 두 사람이 기도 자리에
가서 기도하고 또 그 뒤에 두 사람이 또 교대해서 기도하고 계속 100년을
했습니다. 이렇게 기도한 결과 모라비아 교파는 선교지를 택하는 데 있어서
사람들이 가기 싫어하는 곳인 그린랜드라고 하는 그러한 곳에 선교사를 보냈습니
다. 이러한 위대한 일을 교회 역사상에 한 것을 우리가 기억합니다. 마음들이
맞지 않으니 전체가 모여서 기도하는 것이 은혜롭지 않기 때문에 두세 사람씩
각각 마음 맞는 사람끼리 기도할 때에 기도를 옳은 기도를 하니까 하나님께서
그 기도를 들으시고 결국 전체가 다 합심이 돼서 기도하는 데까지 이르렀고
그 교파가 100년 동안 계속 기도의 불을 끄지 않고 기도한 역사를 우리가
압니다.

　예수님이 합심기도에 대하여 말씀하실 때에 젊은 분이신 것을 아시죠. 예수님
이 30대이었습니다. 그리고 제자들도 다 비슷비슷하지 않았겠습니까? 그 청년
시대에야말로 결사적으로 기도를 못한다면 나이 많아서 합니까. 못해요, 못해요.
신학생 시절에 안한다면 언제 할 겁니까? 참으로 우리는 다른 교파에도 사람을
좀 구해서 기도할 동지가 없겠는가 찾아 두세 사람이 하는 기도운동이 전국적으로
번진다면 하나님께서 우리 교계에 은혜를 반드시 주실 것으로 믿습니다. 그저

이대로 정신 못 차리고 있다가는 그저 여전히 한 3년 하고 나가서 목사 되는 그런 식으로 그저 나 한평생 살아간다 하는 식의 이러한 사고방식은 썩어진지 오래된 것이고 벌써 구린내 나는 지가 오래된 것이에요. 지금 그럴 때가 아니란 말이에요. 지금에 와 가지고 지금 어떠한 위험한 일들이 발생하고 있는지 여러분 아시지요. 우리가 이런 때에 참 정신을 차려야 되겠습니다.

이제 말과 같이 당을 지어서 어떠한 이권을 위해서 우리 몇몇이 좀 해보자 하는 이러한 것은 부당한 것이고 도리어 폐해를 가져오는 것이요. 그런 합심은 쓸 데 없어요. 또 지방관념 지방 사람끼리 마음이 맞아 돌아가는 것 같은 것 이거는 아예 없어지도록 우리 사회에서 근절시켜야 되지 않겠습니까? 더욱이 교계에서 이런 것은 근절시켜야 되지 않겠습니까? 그것을 누가 합니까. 지금 이 새로이 자라는 싹들이 이것을 해야 되지 않겠습니까. 진리보다도 지방에 대한 열심으로, 진리보다도 우리 지방이 무얼 잡아야 되겠다 하는 식의 이런 사고 방식은 다 멸망하는 것입니다. 주님을 버리고 진리를 버리고 무엇보다도 지방의 열심 이것 되겠습니까? 불신자들도 이 문제들을 양성화 해 가지고 토론을 하며 말을 하는 것을 신문지상으로도 우리가 보지요. 교계에서 이런 문제를 감히 내지도 못해요. 그러다 오해를 살까 봐 누가 지방주의자라고도 생각하고 말하지 않을까 하는 이러한 오해를 받을까 봐 무서워서 말도 못하는 이러한 실정이 아닌가 그 말입니다. 내 집안에 있는 이 지방주의 심리가 보이면 그것을 위해선 내가 싸워야지 다른 지방 사람이 말해야 그것 서지를 않아요. 뭐 어디는 지방색이 없나요. 이것이 한국 민족의 고질이란 말입니다.

옛적에 돌 가지고 동네끼리 서로 싸우는 이것과 같은 거라 그 말이오. 주님을 몰랐으니 그랬지만 주님 아는 세계에선 주님 중심하고 살아야 되겠고 회의하는 가운데도 어느 것이 옳은가 어느 것이 진리냐 이것을 표준삼아서 내 지방 사람들이 과연 부인을 해도 내가 옳다고 생각을 하면 내 지방 사람들에게 지탄을 받아도 내 그것을 순교의 각오를 가지고서 그것을 따라가야 되지 않겠습니까. 진리의 깃발을 높이 들어야 돼요. 진리의 깃발을 높이 들어요. 무엇으로 합심을 하렵니까?

합한다는 것은 다르게 합하는 것 아니라 소수부터 먼저 올바른 길을 잡아 나가면서 두세 사람이 모여서 기도하고 두세 사람이 모여서 기도하고 이렇게 마음들이 먼저 옳게 되고 주를 향하는 이러한 형제들이 되어 가지고서 정말 집을 다 헐고 합하는 것이 좋겠다고 할 때에 합하는 거지 집만 허물면 어떻게 되란 말입니까?

2. 합심기도는 예수 이름으로 하는 기도

무엇으로 합심해야 되느냐? 20절이 보여주는 대로 예수의 이름으로 합심합니다. 그저 합심한다고 해서 마구하는 것 아니에요. 도적들도 합심합니다. 죽자 살자 서로 합해요. 서로 작업도 조직적으로 잘 해 나갑니다. 뭐 악한 일에 합심하란 말이 아니지 않습니까. 그 밑에 말이 없어도 알 수 있는 일이에요. 그 밑에 있는 말이 무엇입니까. 20절에, 내 이름으로 모이는 곳에 내가 거기 있겠다 거기도 역시 두세 사람이라고 했어요. 내 이름으로 모이는 곳에 내가 거기 있겠다. 우리는 예수와 운명을 같이 한 사람입니다. 예수를 믿는 사람은 예수와 운명을 같이 한 사람이에요. 운명을 같이 하겠다고 결단을 내린 사람들이 바로 신자입니다. 운명을 같이 하도록 된 것이 무엇인가요? 우리도 천당 가겠다 그거예요. 우리도 주님이 가신 그곳에 우리도 가겠다 그 말이에요. 우리의 마지막은 주님과 같이 되는 것을 원한다는 그 결심 하에서 우리가 예수 믿기 시작했고 지금까지 이 길을 가고 있는데 그것이 바로 믿음입니다. 운명을 같이 하겠다고 걸어가는 것이 믿음인데 천당을 가겠다 이랬다면 길도 같이 가야 됩니다. 예수와 같이 길도 같이 가야 돼요. 그것이 예수의 이름을 쓸 수 있는 자격입니다. 누구나 그 예수의 권위 있는 이름을 쓰는 것 아니에요. 나쁜 짓 하라고 이름 주시는 예수님 아닙니다. 우리가 누구의 명함을 쓸려면 그 사람이 좋아하는 것을 할 수 있어야죠. 적어도 그 사건에 있어서는 그 사람과 운명을 같이 하는 거예요. 그건 사람의 세계에서 그렇습니다.

우리가 예수 믿는 일은 영원토록 예수와 운명 같이 하는 건데 같이 걸어가야 돼요. 험한 길이라도 같이 걸어가야 돼요. 그래야 우리가 운명을 같이 하는 건데 이것은 고행주의가 아닙니다. 예수와 같이 가려면 힘이 드는 험한 길이 있다는 것입니다. 하지만 이것을 알아야 돼요. 주님 따라 간다 그겁니다. 주님 따라간다. 여러분이 무슨 어려운 일을 만날 때 그 일을 잘 처리할 수 있는 능한 사람을 앞세울 때 마음이 평안합니까? 평안치 않습니까? 아무리 어려운 일을 당한다 하더라도 그 일이 봄날에 눈 녹듯이 쉽게 문제를 해결해 주실 분이 앞장섰는데 무슨 걱정입니까? 이 세상에서 나 홀로 걸어간다 할 때에는 그 길이 얼마나 더 험한지 압니까? 결국은 죄악의 길을 갈 건데 죄악의 길이 얼마나 험하고 불행합니까? 죄 지으면 감옥에 가요. 감옥에 안 갈 정도로 죄를 지었다 할지라도 그 마음이 늘 죄스런 마음이고 불행이 늘 따라 다니고 진짜 기쁨이라는 것은 맛보지 못하는 생활이지요.

우리가 지금 경성할 문제가 있습니다. 보통 때가 아닙니다. 주와 운명을 같이한 우리들인즉 예수의 이름을 쓸 수 있어요. 또 예수님은 이름을 쓰도록 해 놓은 다음에는 간섭하세요. 일단 명함을 주고 내 이름을 쓰라고 했으면 내가 거기에 관심이 늘 있지요. 나는 그것을 책임져야 돼요. 일이 이렇게 되든지 저렇게 되든지 내가 책임져야 돼요. 정말 우리가 예수님의 이름을 쓸 만한 자격이 있습니까? 그 예수님의 그 권위 있는 이름, 권세 있는 이름, 천하를 천지를 창조하신 그 이름 이제 그 이름을 쓰도록 해 준 것이라. 믿는 자는 내 이름으로 구할 때에 이보다 더 큰일도 하리라는 그 내용의 말씀이 요한복음 14장에 있지 않습니까? 주님과 운명을 같이 하는 사람이 되어 있는가? 그렇다면 주님의 이름을 쓸 수 있습니다. 기도할 때에 주님께 매달릴 수가 있습니다. 이것 주십시오! 주십시오! 이것이 주님이 원하시는 일 아닙니까? 주십시오! 과연 우리가 그 이름을 쓰면서 매달릴 수 있는 것이 너무나도 확실합니다. 오늘 우리가 합심기도에 좀 하겠다 하지만 말고 마음 맞는 사람기리 A와 B가

합해서 어느 시간에 어디 가서 기도하고 C와 D가 또 그렇게 하고 우리 전체가 이와 같이 하고 또 참 같이 기도할 만한 사람이 없는가 찾고 해서 좀 우리 한국 교계가 이 기도 운동으로 반드시 하나님이 기뻐하시는 그 노선으로 들어서야만 될 것이라고 생각합니다. 다 같이 기도합시다.

하나님 아버지 감사합니다. 오늘은 보통 때가 아닙니다. 주여 기도할 때인데 아직도 우리가 정신 못 차리고 있지나 않는지요. 불쌍히 여겨주시고 기도에 뜨거움을 주시며 기도에 힘을 주셔서 기도로 모든 일을 이루어 가겠다는 그 지조가 철석같이 서서 과연 우리 신학교는 기도의 신학교 되도록 하나님이 은혜 주옵소서. 예수 그리스도 이름으로 비옵나이다. 아멘.

(88.05.12. 소천 직전 합신 채플에서 정암의 최후 설교)

성도의 죽는 것을
여호와께서 귀중히 보시는도다
(시편 116 편 15 절)